JN417722

로스쿨형법총론

Law School Criminal Law

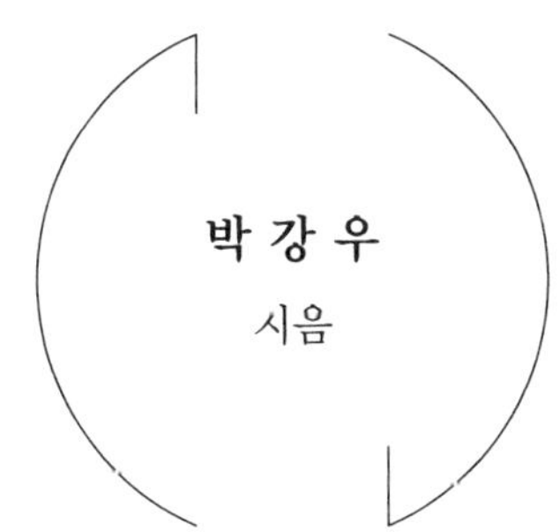

박 강 우
지음

준커뮤니케이션즈

저자약력

박 강 우

약력

○고려대학교 법과대학 졸업 (법학사)
○동 대학원 석사과정 졸업 (법학석사)
○동 대학원 박사과정 졸업 (법학박사)
○전 한국형사정책연구원 연구원
○충북대학교 법과대학 조교수, 부교수, 교수
○미국 캘리포니아 주립대학교 얼바인캠퍼스 방문학자
○사법시험, 행정고시, 변호사시험 등 각종 국가고시 출제위원
○현재 충북대학교 법학전문대학원 교수

저서 및 논문

○위험형법론 (2008, 한국학술정보)
○범죄학이론 (공역, 2017, 나남출판)
○로스쿨 형법각론 (2014, 진원사)
○"형사절차에서 대화윤리 적용의 가능성과 한계",
"형사입법 및 판결형성과정에서 비례성원칙의 의의 및 한계" 외 다수

머리말

이번 겨울은 유난히 길고 추웠다. 그러나 계절의 변화는 어김없이 찾아오고 봄의 기운이 곳곳에서 감지되고 있다. 간결하고 이해하기 쉬운 형법교과서의 출간을 목표로 형법총론 초판이 나온지 6년이란 세월이 지났다. 그동안 형법의 개정과 새로운 판례의 축적이 많이 있어서 일찍부터 개정판의 필요성을 절감하였지만, 차일 피일 미루다가 오늘에야 새로운 판을 내게 되었다.

형벌의 전세계적인 강성화현상은 우리나라도 예외가 아니어서 형법에서는 유기징역의 상한이 15년에서 30년으로 상향되었고(가중의 경우 50년), 무기징역 또는 무기금고를 선고받은 사람에 대한 가석방기간이 10년에서 20년으로 상향조정되었다. 하지만, 형벌의 범죄예방효과가 불확실함에도 불구하고 형량을 무조건 강화하는 것만이 능사는 아니라고 생각한다. 범죄에 대한 대중들의 반응은 항상 즉자적이고 감정적인 측면이 앞서기 때문에 이성적 숙고나 반성적 사고에 친하지 못하다. 그 몫은 여전히 형법학자이나 범죄학자들의 것이라고 생각된다.

이번 개정판에서 내용상의 대폭적인 수정은 없지만, 제5편 형벌론을 새로이 추가하였고, 새로운 판례중 중요성이 크다고 생각되는 판례를 빠짐없이 반영하려고 노력하였다. 변호사시험을 비롯한 국가시험에서 판례의 비중은 거의 절대적이어서 학생들은 판례만을 제대로 이해하고 외우기에도 시간이 벅차다. 하지만 저자는 이론적 토대위에 구축되지 않은 판례지식은 기초가 빈약한 사상누각에 지나지 않음을 항상 학생들에게 역설하여 왔다. 학설은 원리나 원칙에 기반하여 판례를 비판하지만, 판례는 학설의 비판보다 현실의 구체적 타당성을 우선시한다. 학설과 판례는 서로에게 비판적 영향을 미치면서 형법실무가 올바른 방향으로 나아가도록 하는데 협력적 관계를 유지해야 할 것이다. 아무쪼록 이 책이 형법을 입문하는 학생들에게 좋은 길잡이가 되어 준다면 더 이상의 보람이 없을 것이다.

끝으로 이 책의 교정을 정성스럽게 보아준 충북대 로스쿨의 설경, 정우승 학생과 이 책의 출간을 위해 애써주신 준커뮤니케이션즈 박준성 사장님께 감사의 말을 전하고 싶다.

2017년 2월말 봄이 오는 개신골에서 저자

목차

제2편 범죄론 49

1

제 1 편

형법의 기초이론

제1장 형법의 기초개념
제2장 형벌이론(형벌의 의미와 목적)
제3장 형법의 해석
제4장 형법상의 제원칙
제5장 형법의 적용

제 1 장
형법의 기초개념

제1절 형법의 의의와 과제

1. 형법의 의의

형법은 범죄(crime, Verbrechen)와 그에 대한 형사제재(criminal sanction, Kriminal Sanktionen)를 규정한 법이다. 다시 말해서, 형법은 범죄를 법률요건(구성요건)으로, 형벌 및 보안처분을 법률효과(형사제재)로 삼는 법규범의 총체라 할 수 있다. 협의의 형법에는 1953년 법률 제293호로 제정된 형법전(형식적 의미의 형법)만 해당되지만, 광의의 형법에는 명칭과 법전상의 위치를 막론하고 무엇이 범죄이고 그에 대응하여 어떠한 형사제재가 부여되는가를 정한 모든 법률이 포함된다. 형식적 형법전 뿐만 아니라 실질적 의의의 형법에 대해서도 죄형법정주의, 보충성원칙, 책임원칙, 비례성원칙과 같은 형법의 일반원칙이 적용된다. 실무적으로 우리나라에는 협의의 형법보다 '폭력행위 등 처벌에 관한 법률', '성범죄처벌에 관한 특별법', '특정범죄가중처벌에 관한 법률'과 같이 형법전보다 자주 적용되는 특별형법의 과잉현상이 만연되어 있다.

한편, 구류, 과료와 같은 가벼운 형벌 내지 단순한 행정법규 위반에 대한 과태료가 과해지는 행태를 규율하는 법체계(경범죄처벌법, 도로교통법 등 범칙금 또는 과태료규정이 있는 각종 행정법규)를 질서위반법이라 한다. 우리나라에는 2007년 질서위반행위규제법이 제정되어 2008년부터 시행되고 있다.

[주요 특별형법]
가정폭력범죄의 처벌 등에 관한 특례법, 경찰관직무집행법, 교통사고처리특례법, 군형법, 도로교통법, 독점규제 및 공정거래에 관한 법률, 모자보건법, 범죄피해자구조법, 보안관찰법, 부패방지 및 국민권익위원회의 설치와 운영에 관한 법률, 치료감호법, 성매매알선 등 행위의 처벌에 관한 법률, 성폭력범죄의 처벌 등에 관한 특례법, 소년법

2. 형법의 체계적 지위

첫째, 형법은 전체 법체계 중에서 공법에 속한다. 즉, 형법은 국가와 범죄자인 개인 간의 법률관계를 규율하며, 형법에서는 평균적 정의(형식적 의미의 평등)보다는 배분적 정의(실질적 의미의 평등, 구체적 타당성)를 강조한다. 이는 甲과 乙이 똑같은 범죄를 저질렀더라도 甲과 乙의 범죄 동기, 정황, 피해보상노력 등을 구체적으로 고려하여 형량이 결정되므로 최종 선고형은 달라질 수 있음을 의미한다.

둘째, 형법은 국가권력을 입법, 행정, 사법으로 나누었을 때 사법법에 속한다. 즉 개인의 범죄행위에 대하여 국가의 사법권행사를 규율할 목적으로 제정된 법률이다.

셋째, 형법은 실체법이다. 즉, 형법은 확정된 범죄사실을 전제로 하여 범죄가 성립하는가, 성립한다면 어떠한 형사제재를 과하여야 하는가를 문제 삼는다. 이에 대하여 형사소송법은 범죄사실을 어떠한 절차를 거쳐 확정할 것인가를 문제 삼는 절차법이다.

3. 형법의 과제

오늘날 형법은 어떠한 과제를 갖는가? 보통 두 가지 과제가 형법의 과제로 일컬어진다. 첫째, 적극적 과제로서 범죄로부터 일반인들의 법익을 보호하는 보호적 과제가 형법에 주어져 있다. 즉 범죄는 일반인들의 법익(개인의 생명, 자유, 재산, 명예, 신용, 공공의 안전, 건강, 건전한 성풍속, 국가의 안전 · 존립 등)을 침해하므로, 형법은 범죄를 형벌로 억제하여 일반인들의 법익을 보호해야 한다. 형법의 법익보호는 다른 법에 의하여 불충분할 때에만 보충적으로 이루어져야한다(형법의 보충성). 왜냐하면, 형사제재는 다른 법적 제재보다 그 해악이 크고 당사자에게 중대한 영향을 미치기 때문에 가급적 자제되어야 하고 다른 규범이나 법적 제재가 우선 투입되어 해결되지 않는 문제들에 대해서만 보충적으로 적용되어야 하기 때문이다.

둘째, 형법은 소극적 과제로서 국가의 자의적 처벌로부터 범죄자를 보호해야 하는 과제를 갖는다(보장적과제 내지 정형화과제). 이와 관련하여 독일의 형법학자 리스트(Franz v. Liszt)는 "형법은 형사정책의 뛰어넘을 수 없는 한계"라고 말함으로써 아무리 효율적 형사정책이라 하더라도 형법 규정이나 원칙을 벗어나서 적용될 수 없다고 역설한 바 있다. 역설적이게도 형법전은 범죄자나 일반인보다는 법관을 구속하기 위한 규범이라고 할 수 있다. 일반인은 형법전의 제정이전에도 전통적 도덕나 법에 의해 형법적 금지규범과 요구규범을 대개 알고 있기 때문이다(도둑질이나 강도질이 나쁘다는 것은 법제정 이전에 일반인들에게 인식되어 있다).

이 두 가지 과제의 상호관계는 어떠한가? 형법의 두가지 과제는 상호모순적이기는 하지만, 동시에 추구되어야 하며, 어느 한 과제도 소홀히 할 수 없다. 보호적 과제에 치중하다 보면 보장적 과제에 소홀할 수밖에 없고, 보장적 과제에 치중하다 보면 보호적 과제에 소홀할 수 있음을 우리의 형법사가 보여주고 있다.

제2절 형법전의 구성

형법전은 총칙과 각칙으로 구성된다. 총칙(제1조~제86조)은 모든 범죄와 형벌에 적용되는 일반원리를 규정하고 있다. 총칙은 각칙과 일반법 대 특별법의 관계에 있으므로 각칙의 규정이 총칙에 우선 적용된다. 예컨대, 형법총칙 제19조(독립행위의 경합)는 모든 범죄에 대해 적용되는 규정이고 각칙 제263조(상해죄의 동시범의 특례)는 상해죄 등에만 적용되는 규정이므로 상해죄의 동시범에 대해서는 제263조가 제19조보다 우선되어 적용된다. 총칙은 다시 제1장 형법의 적용범위, 제2장 罪, 제3장 刑, 제4장 期間의 4개장으로 구성된다.

형법각칙 (제87조~제372조)은 개별적 범죄와 그에 대한 형벌에만 적용되는 원리를 규정하고 있다. 각칙은 일반적으로 보호법익에 따라 국가적 법익에 관한 죄, 사회적 법익에 관한 죄, 개인적 법익에 관한 죄로 나뉜다.

연 습 문 제

1. 형법의 적극적 과제와 소극적 과제는 무엇이며, 양과제는 어떠한 관계에 있는가?
2. 우리 형법전에서 형법총칙과 각칙의 구성은 어떻게 되어 있으며, 각칙에서 개별범죄의 배열순서는 무엇을 기준으로 되어 있는가?
3. 형법의 법체계적 지위는 어떠하며, 추구하는 정의는 다른 법률과 비교하여 어떻게 다른가?

제3절 범죄의 개념

1. 각 범죄개념의 분류와 기능

범죄의 개념이 무엇인가에 대하여 여러 견해가 제기된다. 먼저, 절대적 범죄개념은 시간과 공간을 초월해서 타당한 범죄개념을 추구한다. 하지만, 아직 어느 형법학자도 모든 공간과 시간을 초월해서 타당하고 만족할만한 범죄개념을 고안하지 못하였다. 즉 오늘날의 범죄개념은 어디까지나 시간과 공간에 의존적인 상대적 범죄개념이라 할 수 있다. 따라서 같은 간첩행위가 남한과 북한에서 달리 평가받는 것과 같이 동일한 범죄행위라도 시간과 공간에 따라 그 법적 평가가 달라질 수밖에 없다.

따라서 오늘날 형법학자들은 형식적 범죄개념에 의하여 범죄성립 여부를 결정함으로써 법적 안정성을 유지하려고 한다. 즉, 형식적 범죄개념에서는 실정법 가운데 범죄가 갖추어야 할 표지들(구성요건에 해당하는 위법하고 유책한 행위)을 문제삼는다. 이러한 형식적 범죄개념은 입법자의 가치 결정을 전제하므로 왜 일정한 행위는 처벌되고 다른 행위는 처벌되지 않는가라는 물음에 대하여 답하여 줄 수 없다. 그러한 물음에 대해서는 형사정책적 가치판단이 주가 되는 실질적 범죄개념이 답할 수밖에 없다. 즉, 실질적 범죄개념은 형법의 범죄규정과 무관하게 실질성을 추구하는 범죄개념으로서 범죄화와 비범죄화의 기준을 제시한다. 이에 대해 형식적 범죄개념은 일정한 행위의 가벌성 여부를 검토함에 있어 법관에게 방법론적으로 유용하고 확실한 체계적 · 단계적 범죄인식의 계기를 제공하여 줄 수 있다.

2. 범죄의 실질적 기준

실질적 범죄개념을 정의하기 위해 다음과 같은 다양한 견해가 제기되었다.

첫째, 권리침해설은 범죄가 성립하기 위해서는 의무위반행위나 이익을 침해하는 행위만으로는 부족하고 반드시 타인의 권리를 침해하는 행위가 있어야 한다고 주장한다. 하지만, 권리침해설은 권리가 인정되지 않는 개인이나 사회, 국가의 이익을 침해하거나 권리침해 자체가 없는 범죄, 예컨대 자기집에 방화하는 행위도 현주건조물방화죄(제164조)에 해당하고, 자기물건에 방화하는 행위도 공공의 위험을 발생시킨 경우 범죄가 되는 것 (제167조 2항)을 설명할 수 없다는 문제가 있다.

둘째, 의무위반설은 범죄의 본질은 행위자의 의무위반에 있고 법익침해나 권리침해에 있지 않다고 주장한다. 따라서 권리나 법익침해가 없더라도 의무위반이 있어야만 범죄가 성립한다고 주장한다. 의무위반설에 의하면 과실범은 주의의무위반을 전제로 하고 고의범에서도 작위범은 부작위의무, 부작위범은 작위의무를 위반한 것이라 할 수 있으므로 이런 점에서 장점은 있으나, 과실범도 주의의무위반만으로 성립할 수 없고 결과발생이 있어야 하므로 의무 위반만으로 모든 범죄를 설명할 수 없다는 문제가 있다.

셋째, 법익침해설은 범죄의 본질이 법익침해나 그 위태화에 있다고 보는 견해이다. 여기서 말하는 법익은 권리보다 좀 더 광범위한 개념으로 권리에는 이르지 않지만 법적으로 보호해야 할 이익이다(예컨대, 간통죄에 의하여 보호되는 건전한 성도덕이라는 사회적 이익). 그러나, 이 견해에 의하면 법익침해없는 범죄나 이른바 '피해자 없는 범죄'(마약의 단순복용, 단순도박, 매춘)는 범죄가 될 수 없다는 문제가 있다.

결론적으로, 범죄는 법익침해와 의무위반의 결합에 의하여 가장 잘 설명될 수 있다. 대부분 범죄는 의무위반과 법익침해를 동시에 수반하지만, 경우에 따라서 의무위반이 없거나 법익침해 없이도 성립할 수 있다. 이에 의하면 범죄란 "형벌을 과해야 할 정도로 사회적 유해성이 있으며 법적 의무를 위반하거나 법익을 침해하는 반사회적 행위"라고 정의할 수 있다.

연습문제

1. 형식적 범죄개념과 실질적 범죄개념의 정의는 어떠하며, 각각 어떠한 기능을 수행하는가?
2. 실질적 범죄개념에서 각 범죄개념의 장단점을 설명하라.
3. 법익침해나 권리침해가 없음에도 입법자가 어떤 행위를 처벌하도록 규정한 행위에는 어떠한 것이 있고, 이들 행위의 범죄성은 어디에서 찾을 수 있는가?

제2장
형벌이론(형벌의 의미와 목적)

제1절 형벌의 목적

형벌은 어떠한 목적을 가지고 부과되는가를 문제삼는 것이 형벌이론 내지 형벌목적론이다. 전통적으로 절대적 형벌이론과 상대적 형벌이론의 입장이 있다.

1. 절대적 형벌이론

전통적 형벌이론은 절대적 형벌이론(응보이론, 속죄이론, 정의이론)이다. 절대적 형벌이론에서는 일정한 사회적 목적과 절연된 채, 형벌을 목적 그 자체로 본다. 즉, 범죄자가 자기 범죄행위로 인하여 끼친 사회적 해악에 대하여 형벌을 부과함으로써 범죄자의 책임을 상쇄시킬 수 있는 기회를 주고 이를 통하여 침해된 정의를 복구할 수 있다고 주장한다. 고대의 한무라비법전에서 등장하였던 탈리오법칙(눈에는 눈, 이에는 이)이나 근대 독일의 칸트, 헤겔 등이 주장한 이론이다.

절대적 형벌이론은 현실적으로 국민의 법감정과 부합하고, 책임원칙의 준수(책임이상의 형벌은 법과 정의를 무너뜨린다)를 요구함으로써 범죄자의 인간존엄의 승인을 요구한다는 장점이 있다. 그러나 절대적 형벌이론은 절대적 범죄개념 내지 절대적 국가개념을 전제로 하는데, 오늘날 근대국가는 절대적 목적이 아닌 상대적 목적을 가진 기능적 존재(국민을 위해 국가가 존재하는 것이지 그 반대는 아니다)에 불과하므로 더 이상 타당하다고 보기 힘들다. 또한, 형벌의 현실적 목적을 무시하므로 형사정책적으로 무기력하다는 비판을 피하기 힘들다.

2. 상대적 형벌이론

이 이론은 형벌의 사회성, 현실성, 수단성에 초점을 맞춘다. 형벌의 대상을 누구로 삼는가에 따라 일반인을 대상으로 하는 일반예방이론과 범죄자를 대상으로 하는 특별예방이론으로 구분할 수 있다.

일반예방이론은 형벌의 대상을 일반인으로 보고 일반인의 잠재적 범죄발생을 억제하는데 형벌의 목적을 둔다. 일반예방이론에는 일반인의 잠재적 범죄를 억제하기 위해서 형벌에 의한 소극적 위하(겁주기)에 의존하는 소극적 일반예방이론이 있다. 이 이론은 포이에르바하(Feuerbach)의 심리강제설에 기초하여 범죄행위로 인하여 받게 될 형벌을 미리 입법하여 일반인으로 하여금 범죄를 단념케 하는 것을 목적으로 한다.

이에 대하여 적극적 일반예방은 국민을 형벌로써 위하하여(겁주어) 범죄를 예방하는 것이 아니라 형벌의 도덕형성력을 통하여 준법의식을 강화함으로써 범죄를 예방하려는 사상이다. 이 이론은 형벌의 사회교육적 학습효과를 긍정하여 형벌이 규범에 대한 신뢰기능과 시민의 욕구충족기능을 수행한다고 믿는다.

일반예방이론에 대하여 특별예방이론은 형벌의 대상을 범죄자로 보고 범죄자의 재사회화 내지 재범방지를 형벌의 목적으로 본다. 상대적 형벌이론 또는 예방적 형벌이론이라 불린다. 특별예방이론은 범인에 대한 인도적 처우를 주장함으로써 형벌의 합리화를 가져 올 수 있지만, 단점으로 강제교육의 위헌성, 자유박탈에 의한 자유의 교육, 국가형벌권의 자의적 확장의 위험성을 가지고 있다. 형벌이 육체 뿐만 아니라 정신에 대한 이중의 침해로 작용할 수 있음을 우려한다.

3. 합일적 형벌이론

합일적 형벌이론 내지 절충적 형벌이론에서는 억압과 예방을 택일적으로 보지 않고 모두 형벌의 목적으로 인정한다. 이 이론은 다시 응보에 우위를 두는 응보적 절충설과 예방에 우위를 두는 예방적 절충설로 나뉜다. 이밖에도 소송발전단계별로 형벌의 목적을 구분하는 입장과 범죄유형별 형벌의 목적을 구분하는 방법도 있다.

소송단계별 형벌의 목적을 구분하는 입장도 있다. 예컨대, 형사입법단계에서 일반예방의 위하를 지향하고 재판단계에서는 범죄자가 저지른 범죄에 대한 정당한 응보를 지향하고, 행형단계수형자의 재사회화를 목적으로 하는 식의 방법이 있다.

이밖에도 범죄유형별로 형벌의 목적을 다르게 설정하는 입장도 있다. 예컨대, 고의의 폭력적 범죄(살인, 상해, 강간)에 대해서는 정당한 응보를 지향하고, 고의의 재산범죄에 대해서는 특별예방을 추구하며, 교통범죄와 같은 과실범에 대해서는 일반예방을 추구하는 것이다.

이러한 합일적 형벌이론은 구체적 타당성을 추구한다는 점에서 일견 타당한 것처럼 보이지만, 현실적 성공가능성은 의문시된다. 왜냐하면, 형벌의 문제는 타협, 절충으로 해결할 수 없으며 근본적 입장선택이 필요하기 때문이다. 두번째, 구체적 사안에서 형벌목적끼리 충돌하는 가능성이 상존하기 때문이다. 예컨대 부정한 아내를 보고 격분하여 폭행하고 치사케 한 남편이 경찰에 자수한 경우 응보설의 관점에서는 살인의 비난가능성이 문제되고, 부인의 부정과 행위자의 자수는 책임감경사유가 되고 흥분된 상태를 한정책임능력의 관점에서 책임감경사유로 평가하여 1년의 자유형이 적합하다고 볼 수 있다. 이에 대하여 특별예방론의 철저한 추구자는 이러한 경우 재범가능성이 거의 없으므로 형벌면제를 주장할 것이다. 하지만, 일반예방론의 관점에서는 일반국민에게 미치는 형벌효과가 문제되므로 형벌면제는 어떠한 경우에도 고려되지 않는다. 왜냐하면, 부정한 부인의 살해행위가 처벌받지 않았다는 소문이 퍼지면 이것이 본보기가 되어 수많은 사람의 목숨이 희생될 수 있기 때문이다. 세번째, 형법체계의 역기능이 초래될 수 있다. 형벌의 목적은 입법, 사법, 행정단계에서 일관되게 추구되어야 성공할 수 있으며, 각 단계에서의 절충으로 해결되기에는 한계가 있기 때문이다.

결론적으로 현대문명국가에서 응보이론의 전면적 수용은 어려우므로 특별예방이론과 일반예방이론의 절충, 합일에 의하여 형벌목적을 설정하되, 해당국가의 법문화 상황에 맞는 목적을 선택해야 할 것이다.

제2절 형사제재의 종류

1. 형벌의 종류

형법 제41조에는 사형, 징역, 금고, 자격상실, 자격정지, 벌금, 구류, 과료, 몰수의 9가지 형벌이 규정되어 있다.

먼저 생명형으로서 사형은 인간의 생명을 박탈하는 형벌로서 극형이자 최고형이라 할 수 있다.

다음, 자유형으로서 징역과 금고가 있다. 징역(懲役)이란 형확정자를 교도소내에 구치하여 정역에 복무시키는 형벌(제67조)이다. 징역은 무기징역과 유기징역(1월 이상 30년 이하)으로 나뉘며, 유기징역을 가중할 때에는 50년까지로 할 수 있다(제42조 본문 및 단서). 금고(禁錮)는 범죄인을 교도소내에 구치하는 형벌로서 정역에 복무할 의무가 없으나 수형자의 신청이 있으면 정역에 복무할 수 있다(형의 집행 및 수용자처우 등에 관한 법률 제38조). 구류는 1일이상 30일미만 기간 동안 교도소내에 구치하는 것을 내용으로 하는 자유형이다. 기간에서 금고와 구별되고 정역에 복무하지 않는다는 점에서 징역과 구별된다.

명예형으로서 자격상실과 자격정지가 있다. 자격상실은 일정한 형의 선고가 있는 경우 그 효력으로서 일정한 자격이 상실되는 형벌이다. 예컨대, 사형, 무기징역, 무기금고의 판결을 받은 자는 형법 43조 제1항 각호에 열거된 자격이 상실된다. 국가공무원법 제33조 제1항 3호에서 금고이상의 형벌을 받은 자는 국가공무원으로 임용될 수 없도록 규정하고 있으며, 같은 법 제69조는 금고이상의 형벌을 받은 경우 당연퇴직하도록 규정하고 있다. 비슷한 규정이 지방공무원법, 법원조직법, 검찰청법, 변호사법, 공인회계사법 등에도 있다. 자격정지는 1년이상 15년이하의 기간동안 일정한 자격의 전부 또는 일부를 정지시키는 형벌이다(제44조). 자격정지에는 일정한 유죄판결의 부수적 판결로서 법률상 당연히 자격정지의 효과가 인정되는 경우(제43조)와 자격정지의 판결에 의해 효과가 인정되는 경우로 나뉜다. 자격정지를 과할 수 있는 범죄는 형법각칙에 규정되어 있고(형법 제257조 1항, 제307조 2항 등), 다른 형벌에 병과할 수 있다(형법 제256조, 제265조, 제270조 제4항 등).

재산형으로 벌금과 과료가 있다. 일정한 금액을 납부하도록 하는 형벌이다. 벌금은 5만원이상, 과료는 2천원 이상 5만원 미만이다. 벌금을 납부하지 않으면 1일이상 3년미만, 과료를 납부하지 않으면 1일이상 30일미만 노역장에 유치하여 작업에 복무시킨다(형의 집행 및 수용자처우 등에 관한 법률 제69조 2항). 반면, 민사제재나 행정제재의 경우 일정한 금액을 납부하지 않으면 불이행자의 재산을 강제집행한다. 몰수는 범죄행위와 관련된 물건을 국고에 강제 귀속시키는 형벌이다. 원칙적으로 부가형이지만 예외적으로 주형으로도 선고될 수 있다(형법 제49조). 몰수가 불가능할 경우에는 그 가액을 추징한다(형법 제48조 2항).

2. 보안처분의 종류

보안처분이란 장래에 재범의 위험성이 있는 범죄인을 사회에 복귀시키고 그 재범으로부터 사회를 보호하기 위하여 행하는 개선, 교육처분이다. 구법과 현행법에는 세 가지 종류의 보안처분이 규정되어 있다.

첫째, 보호감호는 재범의 위험성이 있는 일정한 범죄인을 보호시설에 수용하여 감호 · 교화하고 사회복귀에 필요한 직업훈련과 근로를 과하는 보안처분이다(2005년 폐지된 사회보호법에 규정되어 있었음).

둘째, 치료감호는 심신장애로 인한 책임무능력이나 한정책임능력으로 형벌을 받지 않거나 감경받았지만 재범의 위험성이 있는 범인이나 마약류 등의 중독자들을 치료감호소에 수용하여 치료를 위한 조치를 하는 보안처분이다. 치료감호법이 규율한다.

셋째, 보호관찰은 보호감호소나 치료감호소에서 가출소한 자에 대해 일정기간 보호관찰관의 지도, 감독을 받으면서 사회생활을 하도록 하는 보안처분이다.

넷째, 보안관찰은 보안관찰법 제2조 소정의 범죄를 저질러 금고 이상의 형의 집행을 받은 후 출소하였으나 재범의 위험성이 있는 자에 대하여 경찰의 감독을 받게 하는 보안처분이다. 사법적 처분임에도 법원이 아닌 행정기관이 부과하는 문제점이 있다.

3 . 보안처분의 정당성 내지 필요성

보안처분은 형벌로 불충분한 적극적 법익보호를 보완하기 위해 도입된 형사제재이다. 정신이상자, 책임무능력자, 한정책임능력자에 의한 법익침해로부터 일반인과 사회를 보호할 필요가 있지만, 아무리 사회적 범죄위험성이 높아도 책임을 기초로 하는 형벌로써는 사회가 필요로 하는 보안, 개선, 치료의 목적을 추구할 수 없기 때문에 보안처분을 도입한 것이다.

4. 보안처분의 제한원칙

일반인의 무한한 보호욕구로부터 보안처분 대상자를 보호하기 위하여 보안처분의 부과에 관한 모든 사항을 법치국가적으로 정형화할 필요가 있다. 이 경우 보안처분의 입법, 해석, 적용시 헌법상 법치국가원칙으로 비례성원칙을 들 수 있다. 비례성원칙의 내용으로는 목적의 정당성, 수단의 적합성원칙, 보호법익과 피해법익의 균형성원칙, 과잉침해금지원칙 등을 들 수 있다.

5. 기타의 형사제재

이밖에도 소년법에는 비행소년의 보호, 선도를 위한 10가지 보호처분(소년법 제32조 1항)을 규정하고 있다. 소년법은 형사책임연령인 14세미만의 소년에게는 형벌을 과할 수 없으므로, 소년법상의 각종 보호처분을 부과하여 소년을 범죄와 비행으로부터 예방하고 사회를 보호하자는 취지에서 제정되었다.

한편, 형법 제59조의 2, 제62조의 2, 제73조의 2 등에서도 형의 선고유예자, 집행유예자, 가석방자 등에 대한 보호관찰, 사회봉사명령, 수강명령을 처할 수 있도록 규정하고 있다

이상의 형사제재들은 종래의 보안처분과 비슷한 성격을 가지지만 보안처분으로만 설명할 수 없는 성격을 가진 새로운 제도라 할 수 있다.

연 | 습 | 문 | 제

1. 형벌의 목적에 관한 이론에는 어떠한 것이 있으며, 각 이론의 장단점은 어떻게 되는가?
2. 형벌과 보안처분의 정당화원칙과 제한원칙은 무엇이며, 어떻게 다른가?
3. 보안처분의 종류와 각 처분의 요건을 설명하라.

제 3 장
형법의 해석

제1절 해석의 의의 및 기술

1. 의의

해석(解釋, Auslegung)이란 형법의 적용에 앞서 추상적인 법규의 내용을 분명히 하고 그 한계를 밝힘으로써 법규의 의미를 구체화하는 작업이다. 이에 대해 포섭(包攝, Subsumption)이란 소전제인 현실적인 법률사실에서 법률적으로 중요한 요소를 끌어내고 이를 대전제에 편입시켜 이르는 과정을 말하며, 해석은 언제나 포섭에 앞서 행하여지며 포섭의 전제라고 할 수 있다.

2. 해석의 기술

첫째, 문헌해석은 형법조문의 가장 기본적인 해석방법으로서 법문의 가능한 의미 내에서 일상적인 언어관행에 따라 이루어지는 해석방법이다. 예컨대, 절도죄의 객체인 재물을 동산으로 이해하고 부동산을 제외하는 해석이라든지, 강간죄의 객체인 부녀를 생물학적 여성으로만 해석하고 후천적인 성전환자는 이에 해당하지 않는다고 보는 해석방법이 문언해석이다.

둘째, 역사적 해석은 역사적인 입법자의 의사를 끌어들여 해석하는 방법이다. 입법자의 의사를 중시하는 주관적 해석론과 법률이 속한 시대상황을 중시하는 객관적 해석론으로 나뉜다. 예컨대 염산을 뿌려 폭행한 경우를 특수폭행죄(제261조)에 해당한다고 해석하는 것은 법률제정시 입법자의 의사를 고려함이 없이(왜냐하면 이미 존재하지 않는 입법자들을 상대로 일일이 염산에 의한 폭행이 특수폭행인지 확인할 수 없으므로)[1] 객관화된 법률의 의미를 고려할 때에만 가능한 것이다.

---

1) 이점에서 라드부르흐(Radbruch)는 "법률은 항구에서 닻을 올리고 출발하면 스스로 길을 찾아 바다 위를 항해해야 하는 배와 같다"고 말한 바 있다.

셋째, 체계적(논리적) 해석방법은 당해 규정의 법률체계적 연관에 의하여 논리적 의미를 분명히 밝혀주는 해석방법으로 논리적 해석이라고도 한다. 예컨대, 상해치사죄(제259조 1항)를 해석함에 있어 상해에는 과실치상(제266조 1항)이 포함되지 않으며 단지 고의상해(제257조 1항)와 중상해(제258조 1항)만이 포함된다고 해석하는 방법이다. 또한, 같은 문서죄라도 문서손괴죄(제366조)의 문서는 작성명의인이 누구이든 타인이 소지하는 문서를 말하고 사문서위조죄(제231조)에서 말하는 문서는 타인명의의 문서만을 의미하는 것으로 해석하는 방법이다.

넷째, 목적론적 해석방법은 법규의 목적에 따라 법규범의 의미를 밝히는 것이다. 이에는 확대해석과 축소해석이 있다. 확대해석은 법문의 가능한 범위내에서 법규의 목적을 고려하여 어의의 한계를 최대한으로 확장하여 해석하는 방법이다. 예컨대, 가로표지판을 돌려놓는 것, 자동차바퀴의 바람을 빼는 것, 앵무새에게 욕설을 가르치는 것도 확장해석에 따라 재물손괴로 해석하는 방법이다. 강도죄의 폭행개념에 마취행위도 포함시키는 해석방법이 확대해석의 예이다.

이와 반대로 축소해석은 법문의 의미를 법의 목적에 비추어 축소하여 해석하는 방법이다. 예컨대, 형법 제251조 영아살해죄의 주체가 '직계존속'이라고 규정되어 있음에도 불구하고, 주체를 '생모'에 국한하는 축소해석을 함으로써 생모가 아닌 직계존속인 피고인에게 불리한 결과를 가져오는 것은 유추적용금지원칙에 비추어 허용될 수 없다.

연 | 습 | 문 | 제

다음 대법원의 판례는 허용되는 확장해석이 될 수 있는가?

(판례1) 대판97도597. "위험한 물건이라 함은 흉기는 아니더라도 널리 사람의 생명,신체에 해를 가할 수 있는 물건을 포함한다... 따라서, 칼, 가위, 유리병, 각종공구, 자동차는 물론 화학약품, 사주된 동물도 포함된다".

(판례2) 대판 2002도5783. "자동차는 원래 살상용이나 파괴용으로 만들어진 것이 아니지만 사람의 생명 또는 신체에 위해를 가하거나 다른 사람의 재물을 손괴하는데 사용되었다면 폭처법 제3조 제1항 '위험한 물건'에 해당한다".

마지막으로 합헌해석은 최고법인 헌법규범과의 모순을 피하고 되도록이면 헌법의 규범의미에 합치되도록 해석해야 하는 방법이다.

판례

〈헌재 89헌가113〉 "국가보안법 제7조(찬양고무죄)는 해석의 합리적 한계를 찾기 어렵고 구성요건의 한계를 가리기 어려운 광범위한 개념으로서 언론 출판의 자유나 학문 예술의 자유를 침해할 가능성이 있지만, 완전폐기에서 오는 여러가지 문제점을 고려할 때 이 조항은 그 행위가 국가의 존립 안전을 위태롭게 하거나 자유민주적 기본질서에 위해를 줄 명백한 위험이 있는 경우에 한하여 적용한다는 해석하에서는 위헌이 아니다".

제2절 해석과 유추

보통 형법에서 해석은 허용되고 유추는 금지된다고 일컬어진다. 해석은 가능한 문언의 범위내에서 법익보호목적과 법률의 보장기능을 고려하므로 죄형법정주의에 반하지 않지만, 유추는 가능한 문언의 범위를 넘는 법의 창조로서 죄형법정주의에 반하기 때문이라고 한다. 그러나 허용되는 확장해석과 금지되는 유추적용의 경계는 매우 불분명하다.[2] 우선, 해석과 유추를 구별할 수 있는가가 문제이다.

일반적으로 유추(Analogie)는 어의의 가능한 한계밖에 있는 비슷한 사례에 그것을 전혀 고려하고 있지 않거나, 단지 외견적으로만 고려하는 법률을 적용하는 것이라 한다. 과거 대법원 판례는 여성으로 성전환수술을 받은 사람까지 강간죄의 객체인 부녀의 개념에 포함시키는 것은 죄형법정주의원칙과 피고인에게 불리한 유추해석금지에 어긋난다고 하였다(대판 96도791). 하지만, 이러한 판례의 태도는 타고난 생물학적 성만을 중요시하고 후천적으로 획득되는 사회학적 성을 경시한 것으로 의문이라는 비판을 받게 되었고, 최근 성전환수술을 받는 사람도 강간죄의 객체로 인정하는 것으로 판례가 변경되었다(대판 2009도3580 판결).

2) 이와 관련해서 판례는 확장해석도 금지된다고 본다. 대판 98도3665, 대판 99도2309. "형벌법규는 어떠한 행위가 범죄로 되고 또 어떤 형벌이 과하여지는지 명확해야 하며, 그 유추해석이나 확대해석은 허용될 수 없고 그 문언에 따라 엄격하게 해석하여야 한다".

연|습|문|제

1. 형법해석의 목적은 무엇이며, 형법해석의 방법에는 어떠한 것이 있는가?
2. 허용되는 확정해석과 금지되는 유추의 차이는 무엇인가?

제 4 장
형법상의 제원칙

제1절 죄형법정주의

1. 의의

죄형법정주의란 '법률없으면 범죄도 형벌도 없다'(법률주의)는 원칙이다. 범죄와 형벌은 법률의 정함이 있어야 한다는 근대의 형법원칙으로서 죄형전단주의(罪刑專斷主義) 내지 죄형천단주의(罪刑擅斷主義)와 대비되는 개념이다.

2. 법적 근거

죄형법정주의의 법적 근거로는 우선 헌법 제12조 1항을 들 수 있다.

헌법 제12조 1항은 "누구든지 법률과 적법한 절차에 의하지 아니하고는 처벌, 보안처분 또는 강제노역을 받지 아니한다."고 규정함으로써 죄형법정주의를 명확히 선언하고 있다. 이어서 헌법 제13조 1항에서는 "모든 국민은 행위시의 법률에 의하여 범죄를 구성하지 아니하는 행위로 소추되지 아니한다"고 규정함으로써 행위시법주의를 선언하고 있다.

다음, 헌법 제37조 2항은 "국민의 모든 자유와 권리는 국가안전보장, 질서유지 또는 공공복리를 위하여 필요한 경우에 한하여 법률로써 제한할 수 있으며, 제한하는 경우에도 자유와 권리의 본질적인 내용을 침해할 수 없다"고 함으로써 국민의 자유와 권리는 오로지 법률에 의해서만 제한할 수 있다고 선언하고 있다.

그리고 형법 제1조 1항에서는 "범죄의 성립과 처벌은 행위시의 법률에 의한다"고 함으로써 다시 한번 행위시법주의를 밝히고 있다.

3. 사상적 배경

죄형법정주의의 사상적 배경으로는 서구의 계몽주의, 권력분립주의, 심리강제설을 들 수 있다. 먼저 이탈리아의 범죄학자 베카리아(C. Beccaria)는 1764년 발표한 『범죄와 형벌』이란 유명한 저서에서 죄형균형론을 주창하였다. 그는 형벌이 사회의 안전과 질서를 적절히 유지하는 선에서 부과되어야 하며 그 한계를 넘는 것은 법률의 횡포라고 주장하면서 죄형균형론을 주장하였다.

다음 독일의 형법학자 포이에르바하(P. J. Anselm von Feuerbach)는 인간이 범죄에 의해서 얻어지는 쾌락과 형벌에 의하여 얻어지는 고통을 비교하면서 행동한다고 전제하고, 형법은 범죄에 의하여 얻어지는 쾌락보다 더 큰 고통(형벌)을 예고함으로써 잠재적 범죄인인 일반인의 범죄를 예방할 수 있다고 보았다.

4. 죄형법정주의의 현대적 의의

죄형법정주의를 형식적으로 이해하여 법률의 내용을 묻지 않고 의회를 통과한 법률이면 무조건 효력을 인정할 경우, 독재권력이 악법를 만들어 국민의 자유를 부당하게 제약하는 일이 독일 나찌시대와 소련의 스탈린시대, 우리나라 유신시대에 역사적으로 있었다. 이러한 경우 "법률없이 범죄, 형벌없다"는 명제는 충족될지 모르지만 국민의 기본권보장이라는 죄형법정주의의 실질적 의미는 충족되지 않는다. 따라서, 오늘날의 실질적 죄형법정주의에서는 범죄와 형벌을 규정한 법률의 내용이 적정하고, 형사사건에서 형법의 해석 · 적용에 대한 법관의 재량권을 인정하며, 피고인에게 유리한 경우에는 유추해석이나 법률의 소급효도 허용하게 된다.

제2절 명확성원칙

1. 의의

명확성원칙은 죄형법정주의의 중심원칙으로서 형법규정이 명확히 규정될수록 사건에 대한 판결은 분명히 내려질 수 있음을 취지로 한다. 뿐만 아니라 법률이 명확해야 일반시민이 법을 이해하여 준수할 수 있는 내적 동기를 부여할 수 있고, 규범안정성에 관한 교육적 학습효과도 거둘 수 있다.

그러나 복잡한 여러 사안에 모두 적용될 수 있도록 법문을 가급적 간결하게 표현하는 법규범의 속성으로 인하여 법문에서 추상적, 불확정적, 전문적, 규범적 용어를 사용하는 것은 어느 정도 불가피하다.

법률의 명확성은 구성요건의 명확성요청과 형벌의 명확성요청으로 나누어 살펴볼 수 있다.

2. 구성요건의 명확성

우선 입법자는 형법적 구성요건으로 확장가능하거나 윤곽이 분명치 않은 개념을 사용하지 말아야 한다.

우리 판례는 구성요건이 어느 정도 명확하여야 하는가는 일률적으로 정할 수 없고 그 법률의 제정목적, 각 구성요건의 특수성과 그러한 법적 규제의 원인이 된 여건이나 처벌의 정도, 다른 법률조항과의 연관성을 고려하여 합리적 해석이 가능한가의 여부에 따라 결정될 수밖에 없다(헌재 95헌가17, 헌재 99헌가4, 대판 98도3665)고 선언하고 있다. 즉, 일반시민들이 예견불가능하고 법관의 일방적인 가치판단에 좌우하는 구성요건은 불명확하다고 할 수 있다.

가. 구성요건의 명확성에 반한 예

①대판 97도2231 : 외국환관리규정 제6-15조의 4 2호 '도박 기타 범죄 등 선량한 풍속 및 사회질서에 반하는 행위'는 지나치게 광범위하고 불명확하다.

②헌재 98헌마168 : 구 가정의례에관한법률 제4조 및 동 제7호 상의 "가정의례의 참뜻에 비추어 합리적인 범위 안에서 대통령령이 정하는 행위 이외의 경조기간 및 주류 및 음식물의 접대를 금지한다"는 개념에서 결혼식 또는 회갑연에서 하객들에게 어떻게 음식이 접대되는 것이 참뜻에 맞는 것인지 우리 관습상 쉽게 예상하기 어렵고 … 그 대강의 범위를 예측하여 이를 행동의 준칙으로 삼기에 부적절하다.

③헌재 2004헌마28 : 도로교통법 제78조 1항 단서 제5호 '운전면허를 받은 사람이 자동차 등을 이용하여 범죄행위를 한 때'라는 규정은 범죄의 중함정도나 고

의성 여부를 전혀 고려하지 않고 자동차로 인한 모든 범죄행위에 대해 운전면허를 취소하도록 규정한 것으로서 그 포섭범위가 지나치게 광범위한 것으로 명확성원칙에 반한다.

④헌재 99헌마480 : '공공의 안녕질서 또는 미풍양속을 해하는' 이라는 불온통신의 개념(구 전기통신사업팀 제53조 1항)

⑤헌재 99헌가8 : 미성년자보호법 제2조의2 1호 '잔인성을 조장할 우려', '범죄의 충동을 일으킬 수 있게'라는 만화의 개념

나. 구성요건의 명확성에 반하지 않은 예

①형법 제243조, 제244조의 음란이라는 용어(대판 94도2413) : 음란이라는 용어는 법관의 평가적 · 정서적 판단을 요하는 규범적 구성요건요소이고 일반인의 성욕을 자극하여 성적 흥분을 유발하고 정상적인 성적 수치심을 해하여 성적 도의관념에 반하는 것이라 해석되고 있어 이를 불명확한 개념이라 볼 수 없다.

②형법 제314조의 위력, 업무, 방해 등의 용어(헌재 97헌바23)

③형법 제349조 1항(부당이득죄)의 궁박, 현저하게 부당한 이익 등의 용어(헌재 2005헌바19)

④청소년보호법 제26조의2 소정의 "청소년에 대하여 이성혼숙을 하게 하는 등 풍기를 문란하게 하는 영업행위"의 개념(대판 2003도5980)

⑤문화재보호법 제2조 1항 2호중 "유형의 문화적 소산으로서 역사상 또는 예술상 가치가 큰 것과 이에 준하는 고고자료"라는 개념(헌재 96헌바67).

⑥도로교통법 제20조의2 2호 "도로의 구부러진 곳"이라는 개념(헌재 98헌바67)

⑦국가보안법 제3조 '국가기밀'이라는 개념(헌재 92헌바6 · 26, 93헌바34 · 36병합)

⑧형법 제122조 '직무' 또는 '유기'의 의미(헌재 2003헌바52) : 직무 또는 유기의 의미가 무엇인지 다소 불분명한 점이 있으나 … 이러한 불명확성은 법관의 해석작업에 의하여 충분히 보완될 수 있고 건전한 상식과 통상적 법감정을 가진 일반인 및 공무원이라면 금지되는 행위가 무엇인지 예측할 수 있다고 할 것이므로 명확성원칙에 위배되지 아니한다.

3. 형사제재의 명확성

구성요건이 명확히 규정되더라도 형사제재가 명확히 규정되지 않으면 형법의 보장적 기능은 제대로 발휘될 수 없다. 따라서 명령과 규칙에 의한 처벌을 가능케 하는 포괄적 위임입법이나 백지규정 또는 다의적 보편개념을 내포하는 일반조항이나 절대적 부정기형은 불허되지만, 장단기가 특정된 상대적 부정기형은 형벌의 목적달성을 위해 필요하다(소년법 제60조).

이점에서 과거 치료감호법 제9조 2항이 치료감호기간의 기간제한을 두지 않은 것은 제재의 명확성요청에 반하는 것이었다. 신설된 치료감호법에서는 치료감호수용기간이 15년을 초과할 수 없도록 규정하고 있다(치료감호법 제16조 2항).

4. 명확성 원칙의 형법이론적 문제점

첫째, 입법기술적 한계를 들 수 있다. 법률은 다양한 개별사건을 모두 포섭하고 입법자의 의지를 시대변천에 따라 발전시킬수 있도록 판결재량을 열어주어야 하기 때문에 '공공의 위험'(형법 제166조 2항), '위험한 물건'(폭력행위등처벌에관한법률 제1조), '음란한 행위'(형법 제245조)와 같이 법적용자의 가치판단을 요하는 개념을 사용할 수밖에 없다.

둘째, 구체적 형법조문이 명확성원칙에 반하느냐의 여부는 법문의 전체적 구조와 입법취지를 고려하여, 당해 문언이 형법해석에 의해서도 해석적용자를 세약할 수 없을 정도로 내용의 명료성과 형식의 명정성을 잃고 있을 때 인정된다.

셋째, 명확성원칙의 판단기준으로서 예견가능성을 누구를 기준으로 판단할 것인가의 문제이다. 일반인 또는 보통인이라는 견해와 법관이라는 견해[3]가 대립한다. 후자의 견해는 법률은 법관이 해석을 통하여 어떤 범죄행위가 범죄를 구성하는가를 확정할 수 있어야 한다고 하나, 형법이 국민의 행위규범 내지 의사결정규범으로서 기능한다는 점을 감안한다면 전자의 견해가 타당하다.

이점에서 우리 형법 제254조의 공연음란죄 규정은 명확성요구에 반하는 대표적 조항이라 할만하다. 왜냐하면 여기서는 단지 "공연히 음란한 행위를 한 자" 라고만 규정하고 있어 구성요건표지의 내포와 외연이 어디까지 미칠 수 있는지가 법문의 전체적 취지나 구조로부터 도출되지 않고, 전적으로 해석적용자의 판단에 맡겨져 있기 때문

3) 이재상/장영민/강동범, 형법총론, 2/25.

이다. 이에 대하여 오스트리아 형법 제218조는 “공연하게 또한 그 행위를 직접 목도함으로써 당연히 성적 수치심의 침해를 야기하기에 적합한 상태에서 음란한 행위를 한 자”라고 규정하고 있고, 독일형법은 제183조 a에서 “공연히 성행위를 하여 의도적 고의 또는 직접고의로 성적 수치심의 침해를 야기한 자”라고 규정하여 법률명확성의 요구를 어느 정도 충족시키고 있다.

제3절 유추적용(해석)금지원칙

1. 의의

유추적용금지원칙(Analogieverbot)은 법문의 내용을 가능한 문언의 의미한계를 넘어 비슷한 사례에 적용해서는 안된다는 원칙이다. 이 원칙의 취지는 반사회적이고 비난가능한 행위더라도 처벌하는 법규가 없을 때에는 유추해석으로 벌할 것이 아니라 처벌을 단념하고 새로운 처벌법규를 만든 후에 처벌해야 함을 의미한다.

2. 유추적용

우선 유추적용은 법규의 내용을 문언상 꼭 맞아 떨어지지 않는 유사한 사례에 적용하는 것을 의미한다. 예컨대 산부인과 병원의 수간호사가 허위로 출생증명서를 작성한 행위에 대해 허위진단서등작성죄(제233조)를 적용하는 것은 법문에서 허위진단서작성죄의 주체를 의사, 한의사 등으로 제한하고 있으므로 유추적용이 된다. 또한 甲이 乙의 디스켓에 들어있는 레포트의 내용을 복사하여 간 것에 대해 절도죄를 적용하는 것도 유추적용이 된다. 왜냐하면 형법 제329조의 절도죄의 객체는 재물(유체물, 기타 관리가능한 동력)이고 디스켓에 들어있는 내용을 재물이라고 볼 수 없기 때문이다. 또 장난전화를 되풀이하여 타인의 평온을 해친 사람에게 주거침입죄(제319조 1항)를 적용하는 것은 주거에 대한 신체의 전부 또는 일부 침입을 요구하는 주거침입죄에 대한 유추적용이 된다.

이와 관련하여 독일형법은 일찍이 전기에너지는 동산으로서의 속성을 결하기 때문에 절도죄의 규정을 유추적용할 수 없다는 제국법원의 판결에 따라 형법에 제248조 c(전기절도)규정을 신설하였다.

허용되는 확장해석과 금지된 유추적용의 한계선은 '어의의 최대한의 한계'이다. 하지만, 피고인에게 유리한 유추는 제한없이 허용된다. 예컨대 중지미수의 규정을 예비 · 음모죄의 중지에 유추적용하는 것은 피고인에게 유리한 유추적용이다.

3. 피고인에게 불리한 축소해석

피고인에게 유리한 규정을 축소해석함으로써 피고인에게 불리한 결과를 가져오는 경우, 예컨대 형법 제251조 영아살해죄의 주체인 직계존속을 해석함에 있어 문리해석을 하면 생모 뿐만 아니라 생부, 조부모도 포함될 수 있는데 이를 축소해석하여 생모만이 영아살해죄의 주체에 해당한다고 할 경우 이는 피고인에게 불리한 결과를 가져오므로 원칙적으로 허용되지 않는다. 마찬가지로 위법성조각사유와 같이 피고인에게 유리한 규정을 제한적으로 유추해석하면 가벌성의 범위가 확대되어 행위자가 불리하게 되는 바, 이는 유추해석금지원칙에 반한다(대판 96도1167[4]).

4. 유추해석에 관한 판례

가. 유추해석에 해당한다는 예

판례

〈대판 2003도6535〉 주민등록법 제21조 제2항 제3호는 같은 법 제7조 제4항의 규정에 의한 주민등록번호 부여 방법으로 허위의 주민등록번호를 생성하여 자기 또는 다른 사람의 재물이나 재산상의 이익을 위하여 이를 사용한 자를 처벌한다고 규정하고 있으므로, 피고인이 허위의 주민등록번호를 생성하여 사용한 것이 아니라 타인에 의하여 이미 생성된 주민등록번호를 단순히 사용한 것에 불과하다면, 피고인의 이러한 행위는 피고인에게 불리한 유추해석을 금지하는 법리에 비추어 위 법조 소정의 구성요건을 충족시켰다고 할 수 없다.

4) 형벌법규의 해석에 있어서 법규정 문언의 가능한 의미를 벗어나는 경우에는 유추해석으로서 죄형법정주의에 위반하게 된다. 그리고 유추해석금지의 원칙은 모든 형벌법규의 구성요건과 가벌성에 관한 규정에 준용되는데, 위법성 및 책임의 조각사유나 소추조건, 또는 처벌조각사유인 형면제 사유에 관하여 그 범위를 제한적으로 유추적용하게 되면 행위자의 가벌성의 범위는 확대되어 행위자에게 불리하게 되는바, 이는 가능한 문언의 의미를 넘어 범죄구성요건을 유추적용하는 것과 같은 결과가 초래되므로 죄형법정주의의 파생원칙인 유추해석금지의 원칙에 위반하여 허용될 수 없다.

〈대판 2003도3487〉 형법 제207조 제3항은 "행사할 목적으로 외국에서 통용하는 외국의 화폐, 지폐 또는 은행권을 위조 또는 변조한 자는 10년 이하의 징역에 처한다."고 규정하고 있는바, 여기에서 외국에서 통용한다고 함은 그 외국에서 강제통용력을 가지는 것을 의미하는 것이므로 외국에서 통용하지 아니하는 즉, 강제통용력을 가지지 아니하는 지폐는 그것이 비록 일반인의 관점에서 통용할 것이라고 오인할 가능성이 있다고 하더라도 위 형법 제207조 제3항에서 정한 외국에서 통용하는 외국의 지폐에 해당한다고 할 수 없고, 만일 그와 달리 위 형법 제207조 제3항의 외국에서 통용하는 지폐에 일반인의 관점에서 통용할 것이라고 오인할 가능성이 있는 지폐까지 포함시키면 이는 위 처벌조항을 문언상의 가능한 의미의 범위를 넘어서까지 유추해석 내지 확장해석하여 적용하는 것이 되어 죄형법정주의의 원칙에 어긋나는 것으로 허용되지 않는다.

〈대판 98도1719〉 군형법 제74조 소정의 군용물분실죄에서 분실이란 '의사에 의하지 아니하고 물건의 소지를 상실'하는 소위 과실범을 말한다고 할 것이므로, 분실의 개념을 군용물의 소지 상실시 행위자의 의사가 개입되었는지의 여부에 관계없이 군용물의 보관책임이 있는 자가 결과적으로 군용물의 소지를 상실하는 모든 경우로 확장해석하거나 유추해석할 수는 없다.

〈대판 98도3140〉 형법 제243조는 음란한 문서, 도화, 필름 기타 물건을 반포, 판매 또는 임대하거나 공연히 전시 또는 상영한 자에 대한 처벌 규정으로서 컴퓨터 프로그램 파일은 위 규정에서 규정하고 있는 문서, 도화, 필름 기타 물건에 해당한다고 할 수 없으므로, 음란한 영상화면을 수록한 컴퓨터 프로그램파일을 컴퓨터 통신망을 통하여 전송하는 방법으로 판매한 행위에 대하여 전기통신기본법 제48조의2의 규정을 적용할 수 있음은 별론으로 하고, 형법 제243조의 규정을 적용할 수 없다.

〈대판 97도3392〉 구성폭력특별법 제8조는 신체장애로 항거불능인 상태에 있음을 이용하여 여자를 간음하거나 사람에 대하여 추행한 자는 형법 제297조(강간) 또는 제298조(강제추행)에 정한 형으로 처벌한다고 규정하고 있는 바, 관련 법률의 장애인에 관한 규정과 형법상의 유추금지해석원칙에 비추어 볼 때, 이 규정에서 말하는 '신체장애'에 정신박약 등으로 인한 정신장애도 포함된다고 보아 그러한 정신장애로 인하여 항거불능 상태에 있는 여자를 간음한 경우에도 이 규정에 해당한다고 해석하기는 어렵다(현행법 제8조 1항은 '정신상의 장애'라는 표현을 추가).

〈대판 96도1167〉 형법 제52조나 국가보안법 제16조 제1호의 '자수'에는 범행이 발각되고 지명수배된 후의 자진출두도 포함되는 것으로 판례가 해석하고 있으므로 이것이 '자수'라는 단어의 관용적 용례라고 할 것인바, 공직선거법 제262조의 '자수'를 '범행발각

전에 자수한 경우'로 한정하는 풀이는 '자수'라는 단어가 통상 관용적으로 사용되는 용례에서 갖는 개념 외에 '범행발각 전'이라는 또 다른 개념을 추가하는 것으로서 결국은 '언어의 가능한 의미'를 넘어 공직선거법 제262조의 '자수'의 범위를 그 문언보다 제한함으로써 공직선거법 제230조 제1항 등의 처벌범위를 실정법 이상으로 확대한 것이 되고, 따라서 이는 단순한 목적론적 축소해석에 그치는 것이 아니라, 형면제 사유에 대한 제한적 유추를 통하여 처벌범위를 실정법 이상으로 확대한 것으로서 죄형법정주의의 파생원칙인 유추해석금지의 원칙에 위반된다.

〈대판 95도2914〉 피해자와 아무런 혈연관계가 없고 단지 피해자의 어머니와 사실상 부부로서 동거하는 관계에 있는 자(의붓아버지)는 구성폭력특별법 제7조 4항에서 규정하는 사실상의 관계에 의한 존속에 포함되지 않는다.

나. 유추해석에 해당하지 않는다는 예

판례

〈대판 2007도2162〉 정보통신법 제62조 6호의 '타인의 비밀'에서 '타인'에 생존하는 개인 뿐만 아니라 이미 사망한 자도 포함된다고 해석하는 것

〈대판 2005도6525〉 화상채팅서비스가 청소년보호법 제8조 등에 의한 청소년보호위원회 고시에서 규정하는 '불건전 전화서비스 등'에 포함된다고 해석하는 것

〈대판 2002도2363〉 형법 제347조의2에서 권한없는 자에 의한 명령 입력행위를 "명령을 부정하게 입력하는 행위" 또는 "부정한 명령을 입력하는 행위"에 포함된다고 해석하는 것

〈대판 94모32〉 형법 제170조 2항에서 말하는 "자기의 소유에 속하는 제166소 또는 세167조에 기재한 물건"이라 함은 "자기의 소유에 속하는 제166조에 속하는 물건 또는 자기의 소유에 속하든, 타인의 소유에 속하든 불문하고 제167조에 기재한 물건"을 의미하는 것이라고 해석하여야 하며, 제170조 1항과 제2항의 관계로 보아서도 제166조에 기재한 물건(일반건조물 등)중 타인의 소유에 속하는 것에 관하여는 제1항에서 규정하고 있기 때문에 제2항에서는 그중 자기의 소유에 속하는 것에 관하여 규정하고, 제167조에 기재한 물건에 관하여는 소유의 귀속을 불문하고 그 대상으로 삼아 규정하고 있는 것이라고 봄이 관련조문을 전체적, 종합적으로 해석하는 방법일 것이고, 이렇게 해석한다고 하더라도 그것이 법규정의 가능한 의미를 벗어나 법형성이나 법창조행위에 이른 것이라고는 할 수 없어 죄형법정주의의 원칙상 금지되는 유추해석이나 확장해석에 해당한

다고 볼수는 없을 것이다(손동권, 신동운, 이상돈, 이재상도 찬동)

이에 대한 소수의견은 "우리말의 보통의 표현방법으로는 '자기의 소유에 속하는' 이라는 말은 '제166조 또는 제167조에 기재한 물건'을 한꺼번에 수식하는 것으로 볼 수밖에 없고, 위 규정이 '자기의 소유에 속하는 제166조에 기재한 물건 또는 아무런 제한이 따르지 않는 단순한 제167조에 기재한 물건'을 뜻하는 것으로 볼 수 없다고 하지 않을 수 없다"고 하면서 "법의 개정에 의하지 아니한 채 형법의 처벌규정을 우리말의 보통의 표현방법으로는 도저히 해석할 수 없는 다른 의미로 해석하는 것에 의해 그 목적을 달성하려고 한다면 그것은 죄형법정주의의 정신을 훼손할 염려가 크다고 아니할 수 없다"고 한다(김영환, 배종대, 백원기 찬동).

제4절 관습법적용의 금지(법률주의)

1. 의의

민법, 상법 등에서는 관습법[5]이 성문과 나란히 독립된 법원으로 이해되지만(민법 제1조), 형법에서는 관습법의 법원성을 부인한다. 성문법이 아닌 관습법으로 처벌하는 경우 그 내용, 존재, 범위가 불분명한 법으로 처벌하는 것이 되어 죄형법정주의의 기본정신인 명확성의 원칙에 반하기 때문이다.

2. 관습법은 형법에서 간접적 법원성을 가질 수 있는가?

원래 관습법금지의 원칙은 관습법이 형법의 법원이 될 수 없다는 의미에 불과하고 형법해석에 간접적으로 영향을 미칠 수 있음을 부정하는 것은 아니다. 따라서, 피고인에게 유리한 유추적용이 허용되듯이 피고인에게 불리하지 않은 관습법에 의해 새로운 위법성조각사유를 인정하거나 관습법으로 면책사유, 처벌조각사유 등을 창설 · 확대하는 것이 허용되는가가 문제된다.

원래 위법성조각사유(정당화사유)에 대해서는 관습법금지원칙이 적용되지 않는다는

5) 어느 행위가 법조문에 의해 명문으로 요구되거나 금지된 것은 아니지만 법공동체내에서 오랜 기간 행하여지고 사회일반의 법적 확신을 얻게 되면 관습법으로 준수되고 성문법과 같은 구속력을 갖게 되는 규범이다.

것이 통설의 입장으로서 정당방위, 긴급피난 등의 정당화사유는 법관의 법형성 내지 법관법에 의하여 발전될 수 있다. 이 경우 피고인에게 유리한 관습법적용은 허용된다.

예컨대, 형법 제20조(정당행위)의 '기타 사회상규에 위배되지 않는 행위'를 해석함에 있어서 관습법을 고려하여 위법성조각을 인정할 수 있다. 우리 시골의 전통적 혼인관습에 의하면 새신랑을 매달고 발바닥을 때린 동네청년들의 행위는 특수폭행죄의 구성요건에 해당하지만 그 동네의 관습법을 고려하여 사회상규에 반하지 않는 것이라고 해석하는 것이다. 또한, 부진정부작위범에서 행위주체를 보호객체에 대한 보증인적 지위를 가진 자에게만 인정하는 해석도 그러한 예의 하나이다.

이뿐만 아니라, 형법에는 민법, 행정법 등 다른 법률에 의존하는 개념들이 많이 존재하는데 이러한 법률의 해석에서 관습법이 형법의 해석에 간접적으로 영향을 미칠 수 있다. 예컨대 형법 제329조 절도죄의 '타인의 재물'에서 소유권귀속여부는 민법에 의하여 결정되는 바, 이때 민사관습법이 해석기준으로 원용될 수 있다. 즉 관습법이 보충적 해석기준으로서 간접적 법원성을 가질수 있다. 그러나 '막연한 관습법'의 허용은 법관의 법률에의 구속을 해체할 수 있으므로 허용되지 않는다.

3. 법률주의에 관한 판례

가. 법률주의를 위반한 예

판례

〈헌재 2006헌가4〉 구 의료법에서 '의료업무에 관한 광고의 범위 기타 의료광고에 필요한 사항은 보건복지부령으로 정한다"는 규정 위반시 벌금에 처하도록 한 규정은 위임되는 내용이 허용되는 의료광고의 범위인지, 금지되는 의료광고의 범위인지 모호할 뿐 아니라, 하위법령에 규정될 의료광고의 범위에 관한 내용이 한정적인지, 예시적인 것인지도 불분명하다. 위 조항이 위임하고 있는 내용이 광고의 내용에 관한 것인지, 절차에 관한 것인지 그 위임의 범위를 특정하기도 쉽지 않다. 이는 형사처벌의 대상이 되는 구성요건을 구체적으로 위임하지 않고, 하위법령에서 어떤 행위가 금지될 것인지도 예측할 수 없게 하므로 헌법 제75조 및 제95조의 포괄위임입법금지원칙에 위반된다.

〈헌재 2002헌가26〉 증권감독위원회의 명령을 위반한 경우 형사처벌할 수 있도록 한 구 증권거래법 규정은 명확성원칙에 반한다.

〈헌재 99헌마480〉 "공공의 안녕질서 또는 미풍양속을 해하는 것으로 인정되는 통신의 대상 등은 대통령령으로 정한다"고 규정한 구 전기통신사업법 제53조 2항은 명확성원칙에 반한다.

〈헌재 99헌가15〉 "약국을 관리하는 약사 또는 한약사는 보건복지부령으로 정하는 약국관리에 필요한 사항을 준수하여야 한다"는 약사법 제19조 4항의 규정위반자를 200만원 이하의 벌금에 처하도록 한 약사법 제77조 1호는 '약국관리에 필요한 사항'이라는 처벌법규의 구성요건 부분에 관한 기본사항에 관하여 보다 구체적인 기준이나 범위를 정함이 없이 그 내용을 모두 하위법령인 보건복지부령에 포괄적으로 위임함으로써 약사로 하여금 광범위한 개념인 '약국관리'와 관련하여 준수하여야 할 사항의 내용이나 범위를 구체적으로 예측할 수 없게 하고, 나아가 헌법이 예방하고자 하는 행정부의 자의적인 행정입법을 초래할 여지가 있으므로 헌법상 포괄위임입법금지원칙 및 죄형법정주의의 명확성원칙에 반한다.

〈헌재 95헌가20〉 구 노동조합법 제46조의 3은 그 구성요건을 "단체협약에 …위반한 자"라고만 규정함으로써 범죄구성요건의 외피만 설정하였을 뿐 구성요건의 실질적 내용을 직접 규정하지 아니하고 모두 단체협약에 위임하고 있어 죄형법정주의의 기본적 요청인 법률주의에 위반되고, 그 구성요건도 지나치게 애매하고 광범위하여 죄형법정주의의 명확성원칙에 위배된다.

〈헌재 93헌바50〉 특정범죄가중처벌등에관한법률 제4조 1항의 '정부관리기업체'라는 용어는 수뢰죄와 같은 이른바 신분범에 있어서 그 주체에 관한 구성요건의 규정을 지나치게 광범위하고 불명확하게 규정하여 전체로서의 구성요건의 명확성을 결여한 것으로 죄형법정주의에 위배되고 나아가 그 법률 자체가 불명확함으로 인하여 그 법률에서 대통령령에 규정될 내용의 대강을 예측할 수 없는 경우라 할 것이므로 위임입법의 한계를 일탈한 것으로서 위헌이다.

〈대판 98도2816〉 '총포 · 도검 · 화약류등단속법' 제2조 1항은 총포에 관하여 규정하면서 총에 대하여는 일정 종류의 총을 총포에 해당하는 것으로 규정하면서 그 외의 장약총이나 공기총도 금속성 탄알이나 가스 등을 쏠 수 있는 성능이 있는 것은 총포에 해당한다고 규정하고 있으므로 여기서 말하는 총은 비록 모든 부품을 다 갖추지는 않았다고 하더라도 적어도 금속성 탄알 등을 발사하는 성능을 가지고 있는 것을 가리키는 것이고, 단순히 총의 부품에 불과하여 금속성 탄알 등을 발사할 성능을 가지지 못한 것까지 총포로 규정하고 있는 것은 아니라고 할 것임에도 불구하고 같은 법 시행령 제3조 1항은 같은 법 제2조 1항의 위임에 따라 총포의 범위를 구체적으로 정하면서도 3호에서 모법의 위임범위를 벗어나 총의 부품까지 총포에 속하는 것으로 규정함으로써, 같은 법 제12조 1항 및 제70조 1항과 결합하여 모법보다 형사처벌의 대상을 확장하고 있으므로, 이는 결국 위임입법의 한계를 벗어나고 죄형법정주의원칙에 위배된 것으로 무효라고 하지 않을 수 없다.

나. 법률주의에 위반하지 않은 예

판례

〈헌재 2005헌바667〉 한약사의 임의조제가 허용되는 한약처방의 범위를 보건복지부장관이 정하도록 위임한 구 약사법 규정

〈헌재 2004헌바86〉 형법상 뇌물죄의 적용에 있어서 공무원으로 의제되는 정부출연기관 직원의 범위를 대통령령에 위임한 정부출연연구기관법 규정

〈헌재 2004헌바14〉 새마을금고의 임원이 동일인에 대하여 대출한도를 초과하는 대출을 하는 것을 처벌하는 규정을 두면서, 대출한도를 대통령령으로 정하도록 위임하고 있는 새마을금고법 규정

〈대판 2002도2998〉 식품위생법 제11조 2항이 과대광고 등의 범위 및 기타 필요사항을 보건복지부령에 위임하는 것은 과대광고로 인한 형사처벌에 관련된 법규의 내용을 형식적 의미의 법률에 빠짐없이 규정하는 것이 불가능하다는 고려에서 비롯된 것이고 같은 법 시행규칙 제6조 1항은 처벌대상인 행위를 예측할 수 있도록 구체적으로 규정하고 있어 위임입법의 한계나 죄형법정주의에 위배된 것이라 볼 수 없다.

〈대판 2000도1007〉 식품첨가물을 보건복지부 장관 혹은 식품의약품안전청장으로 하여금 고시하도록 한 구 식품위생법 제7조 1항

〈헌재 99헌가16〉 행정기관인 청소년보호위원회 등으로 하여금 청소년유해매체물을 결정하도록 하고, 그 결정된 매체물을 청소년에게 판매 등을 하는 경우 형사처벌하도록 하는 것은 죄형법정주의에 위반되지 않는다.

〈헌재 91헌바20〉 군통수를 위하여 일정한 행위의무를 부과하는 명령은 그 형식에 관계없이 특정되어 존재하는 한 준수되어야 하며 명령의 구체적 내용이나 발령조건을 법률로 구체적으로 정하는 것은 불가능하고, … 본래의 취지는 군내부에서 명령의 절대성을 보호하기 위한 것이고 명령위반행위에 대한 형벌의 종류와 내용은 법률에서 구체적으로 정해져 있으며 그 피적용자인 군인은 이를 충분히 예측할 수 있는 지위에 있으므로

정당한 명령에 대한 준수의무를 과하고 그 위반에 대하여 형벌의 종류와 범위를 명시하고 있는 위 법률규정이 위임입법의 한계를 벗어난 것이라고 할 수는 없다.

제5절 소급효금지원칙(행위시법주의)

1. 의의

소급효금지원칙은 범죄의 처벌은 행위 당시의 법률에 의하여야 하고 행위 후에 법률을 제정하여 그 법률 제정 이전의 행위를 처벌해서는 안된다는 원칙이다.

소급효금지원칙은 다시 소급입법의 금지와 소급적용의 금지로 나눌 수 있다.

2. 소급입법의 금지

입법자는 사후입법을 제정하여 범죄와 형벌을 행위자에게 불리하게 소급적으로 적용해서는 안된다. 하지만, 피고인에게 유리한 소급입법은 형법 제1조 2항 및 3항에 의하여 허용된다. 즉, 범죄후 법률의 변경에 의하여 그 행위가 범죄를 구성하지 아니하거나 형이 구법보다 경한 때에는 신법에 의하고(2항), 재판확정후 법률의 변경에 의하여 그 행위가 범죄를 구성하지 아니하는 때에는 형의 집행을 면제한다(3항). 또한, 헌법재판소에 의하여 위헌결정을 받은 형벌법규는 소급하여 효력을 상실한다(헌법재판소법 제47조 2항).

3. 공소시효의 연장

실체형법이 아닌 절차법에 속하는 공소시효규정에 대해서도 소급효금지원칙이 적용되는가가 문제된다. 이에 대해서는 다음과 같이 견해가 대립한다.

첫째, 전면적 소급효인정설(구통설[6])은 공소시효규정이 실체법이 아닌 절차법적 규정이므로 소급효금지원칙이 적용되지 않는다고 한다. 헌법재판소는 '5 · 18민주화운동등에관한특별법' 제2조가 12 · 12사태, 5 · 17사태 등 헌정질서파괴사범에 대한 공소시효진행정지를 규정한 것에 대해 "형벌불소급의 원칙은 '행위의 가벌성' 즉 형사소추가 '언제부터 어떠한 조건하에서 가능한가'의 문제에 관한 것이고 '얼마동안, 가

---

6) 임웅 22면.

능한가'의 문제에 관한 것은 아니므로 … 형벌불소급의 원칙에 언제나 위배되는 것으로 단정할 수는 없다"고 판시함으로써 이 견해를 취하였다(헌재 96헌가2, 96헌바7, 96헌바13의 병합결정).

둘째, 부분적 소급효인정설(현재통설)은 일단 만료된 공소시효의 연장은 허용되지 않지만(진정소급입법), 만료되지 않은 공소시효기간을 법률(부진정소급입법)에 의하여 연장하는 것은 소급효금지원칙에 반하지 않는다고 본다. 공소시효는 단지 소추조건일 뿐이고, 범죄와 형벌은 이미 행위시에 법률로 확정되어 있기 때문이며, 이미 만료된 공소시효에 대한 피고인의 신뢰는 보호되어야 한다는 것이 그 논거이다. 이 견해는 다시 형사절차법이 가벌성과 관련된 경우에만 소급효금지원칙이 적용된다는 견해[7]와 신법시행 이전에 고소기간이 만료되었거나 공소시효가 완성된 경우에는 소급효금지원칙이 적용된다는 견해[8]로 나뉜다.

셋째, 전면적 소급효부정설[9]은 공소시효규정에 대해서도 실체법규정과 마찬가지로 소급효금지원칙이 적용되어야 한다고 주장한다. 이 견해는 헌법 제12조 1항에서 "누구든지 법률에 의하지 아니하고는 체포 , 구속, 압수, 수색 또는 심문을 받지 아니하며, 법률과 적법한 절차에 의하지 아니하고는" 이라고 하여 절차법적 문제와 실체법적 문제를 한꺼번에 규정하고 있으므로 '행위시의 법률과 적법한 절차'에 의하지 아니하고는 형사처벌을 할 수 없다고 본다.

4. 소급적용의 금지

법관의 자의로부터 개인의 자유와 안전을 보장하기 위해 가벌성에 관한 모든 조건(불법요소, 객관적 처벌조건 및 특별한 책임표지 포함)에 대해 소급적용이 금지되는 것으로 본다면 소급효금지원칙의 적용범위는 형벌요건와 형벌효과에 관한 모든 규정이 될 것이다.

그렇다면, 보안처분에 관한 규정도 범죄에 대한 제재이며, 자유제한의 정도에 있어 형벌못지 않은 효과가 있으므로 소급효금지원칙이 적용된다고 보는 것이 타당할 것이다(통설).

이에 대해 판례는 보안처분의 소급효를 인정한다(대판 97도303). 이러한 판례의 태도는 보

7) 정성근 63면.

8) 김일수 62면, 박상기 31면, 배종대 12/17, 이재상 등 18/21.

9) 오영근 3/38.

호관찰이 보안처분의 성격만을 가지는 것이 아니고 형벌집행방법으로서의 성격도 가지며, "법률과 적법한 절차에 의하지 아니하고는 처벌, 보안처분 또는 강제노역을 받지 아니한다"고 규정하여 형벌과 보안처분을 동일하게 취급할 것을 규정하고 있는 헌법 제12조 1항에도 반한다는 비판을 받는다.

최근 헌재는 전자장치부착명령의 소급적용을 합헌으로 보았지만(헌재 2010 헌가82) 대법원은 사회봉사명령이 보안처분뿐만 아니라 형벌의 성격도 가진다고 하여 그 소급적용을 부정하였다(대판 2008어4).

판례

〈대판 97도703〉 "보호관찰은 형벌이 아니라 보안처분의 성격을 갖는 것으로서, 과거의 불법에 대한 책임에 기초하고 있는 제재가 아니라 장래의 위험성으로부터 행위자를 보호하고 사회를 방위하기 위한 합목적적인 조치이므로 그에 관하여 재판시의 규정에 의하여 보호관찰을 명할 수 있다".

5. 판례의 변경과 소급효

판례의 변경시에도 소급효적용금지원칙이 적용되는가가 문제된다.

먼저, 소급효긍정설[10]은 성문법 국가에서 판례가 법원성을 가지는 것이 아니기 때문에 판례에는 소급적용금지원칙이 적용되지 않는다고 한다. 판례(대판 97도3349)도 같은 입장이다. 다만, 행위자가 지금까지 판례의 입장을 신뢰하여 자신의 행위가 금지된 것을 몰랐다면 벌률의 착오의 문제가 될 수 있을 뿐이라고 한다. 우리 판례에서 피고인에게 불리하게 소급적용된 판례변경의 예로는 ①법인대표기관의 배임죄 주체성을 인정한 판례(대판 82도2595), ②1인회사의 1인주주 겸 대표이사의 회사에 대한 배임죄성립을 인정한 판례(대판 83도2330) ③복사문서의 문서성을 인정한 판례 (대판 87도506) ④특수강도의 실행의 착수시기를 변경한 판례(대판 92도917), ⑤합동절도의 공모공동정범 인정한 판례 (대판 98도321) 등이 있다.

이에 대해 소급효 부정설[11]은 피고인의 신뢰보호를 위해서는 판례가 법률보충기능을 하면 역시 소급효금지원칙의 적용을 받아야 한다고 주장한다. 더구나 우리 형법은

---

10) 박상기 31면, 손동권 3/44, 이재상 등 2/21, 오영근 3/43.

11) 배종대 12/22; 손해목 61면; 신동운 44면; 이형국 46면; 정성근/박광민 20면.

제16조에서 법률착오의 해당요건으로 법령에 의하여 죄가 되지 아니하는 것으로 규정하고 있으므로 판례에 대한 착오는 포함시킬 수 없다고 한다.

다음, 절충설[12]은 판례가 법적 견해를 변경한 경우에는 소급효금지원칙을 적용하고 단순한 법상황의 변경인 경우 소급적용을 허용하자는 견해이다. 문제는 어느 경우가 법적 견해의 변경이고 어느 경우가 단순한 법상황의 변경인지 그 구별기준이 불분명하다는데 있다.

> **[참고]**
> 독일형법 제2조 6항 "개선 · 보안처분에 관하여 법률상 달리 규정되어 있지 않은 때에는 재판시에 효력을 가진 법률에 따라 재판한다".

생각건대, 형법 제1조 1항은 '행위시의 법률'이라고 규정하여 소급효의 적용을 법률에 한하고 있으며, 법관이 행하는 판례의 변경을 법률의 변경으로 보기는 곤란하므로 소급효긍정설이 타당하다.

판례

〈대판 97도3349, 대판 95도2870〉 "형사처벌의 근거가 되는 것은 법률이지 판례가 아니고, 형법조항에 관한 판례의 변경은 그 법률조항의 내용을 확인하는 것에 지나지 아니하여 이로써 그 법률조항 자체가 변경된 것이라고 볼 수는 없으므로, 행위 당시의 판례에 의하면 처벌대상이 되지 아니하는 것으로 해석되었던 행위를 판례의 변경에 따라 확인된 내용의 형법 조항에 근거하여 처벌한다고 하여 그것이 헌법상 평등의 원칙과 형벌불소급의 원칙에 반한다고 할 수는 없다".

6. 양형기준의 변경

대법원 양형위원회에서 제정한 양형기준의 변경에 대해서도 소급효금지원칙이 적용되는가가 문제된다. 이에 대해 판례는 양형기준은 법적 구속력을 가지지 아니하므로(법원조직법 제81조의7 1항 단서), 소급효금지원칙이 적용되지 않는다는 입장이다(대판 2009도11448).

12) 김일수 65면.

제6절 적정성의 원칙(과잉금지원칙)

적정성원칙이란 입법자에게 입법의 자유가 있다고 하더라도 형법상의 죄형규정은 범죄로 할 만한 행위만을 범죄로 해야 하고, 범죄와 상응하는 형벌만을 규정해야 하며 과도한 형벌을 규정해서는 안된다는 원칙이다. 범죄와 형벌의 규정이 많아지고 무거워진다는 것은 국민의 자유가 그만큼 제약됨을 의미하기 때문이다. 따라서, 입법자가 일정한 행위를 범죄로 규정할 때에는 합리적 근거가 있어야 한다.

사회에 유해한 행위로서 다른 법적 수단으로는 규제가 불가능하거나 심히 곤란한 경우에만 형벌에 의한 범죄화가 정당화될 수 있다. 이는 단순히 윤리나 도덕규범 위반행위, 직접 타인에게 피해를 주지 않고 간접적으로만 타인에게 피해를 주는 행위를 범죄화해서는 안된다는 것을 의미한다. 이러한 견해에 의하면 간통죄, 혼인빙자간음죄, 성매매행위, 단순도박죄 등은 비윤리적인 행위일 뿐 그 자체로 타인에게 직접 피해를 주는 행위가 아니므로 비범죄화하는 것이 타당하며, 최근 간통죄와 혼인빙자간음죄는 헌재결정에 의하여 비범죄화되었다.

일정한 행위를 범죄로 규정했다고 하더라도 그에 대해 적정한 형벌을 부과하여야 한다. 형벌은 범죄의 불법 내지 사회적 유해성에 비례해야 한다. 가벼운 범죄에 대해 무거운 형벌을 과하는 것은 헌법상의 과잉금지원칙 및 적정성원칙에 위배된다.

이러한 관점에서 형법 제93조의 여적죄의 절대적 사형규정이나, 형법 제268조(업무상 과실치사상)에서 치상죄의 법정형을 치사죄의 법정형과 동일하게 규정한 것, 형법 제301조(강간 등 상해 · 치상), 제324조의3(인질상해 · 치상), 제337조(강도상해 · 치상)에서 과실범과 고의범의 법정형이 동일한 것, 구 특경법 제3조, 제4조, 제5조에서 일정 규모 이상의 재산범죄, 재산해외도피죄, 뇌물죄 등에도 사형을 과할 수 있도록 규정했던 것은 과잉형벌화의 대표적 사례라 할 수 있다.

판례에서도 야간에 흉기 기타 위험한 물건을 휴대하여 형법 제283조 1항(협박)의 죄를 범한 자를 5년 이상의 유기징역에 처하도록 규정한 폭처법 제3조 2항(헌재 2003헌가12), 단지 반국가적 범죄를 반복하여 저질렀다는 이유만으로 다시 범한 죄가 국가보안법 제7조 1항 · 5항(찬양 · 고무 등)과 같이 비교적 경미한 범죄임에도 사형까지 선고할 수 있도록 한 국가보안법 제13조(헌재 2002헌가5), '공공의 안녕질서 또는 미풍양속을 해하는'이라는 불온통신의 개념을 전제로 하여 규제를 했던 전기통신사업법 제53조(헌재 99헌마480), 피고인의 소환불응에 대해 전재산몰수를 규정했던 구반국가행위자의처벌에관한특별조치법 제8조(헌재 95헌가5), 과실로 사람을 치상케 한 자가 피해자를 구호하지 않고 도주하거나 고의로 유기함으로써 치사의 결과에 이르게 한 죄에 대해 살인죄보다 무거운 법정형을 규정했던 구특가법규정(헌재 90헌바24) 등이 과잉금지원칙에 반한다고 판시하였다.

그러나, 노동운동 기타 공무 이외의 일을 위한 집단적 행위를 금지하면서, 사실상 노무에 종사하는 공무원 중 대통령령이 정하는 자에 한하여 노동3권을 인정하는 국가공무원법 제66조 위반행위를 처벌하는 동법 제84조(헌재 2003헌바51), 대마수입을 대마매매보다 무겁게 벌하도록 한 마약류관리에관한법률규정(헌재 2005헌바108), 형법 제139조 중 인권옹호에 관한 검사의 명령 불준수에 관한 부분(헌재 2006헌바69), 형법상 뇌물죄의 적용에 있어서 공무원으로 의제되는 정부출연기관의 '직원'의 범위를 대통령령에 위임한 정부출연연구기관법 규정(헌재 2004헌바86), 야간에 흉기 기타 위험한 물건을 휴대하여 상해죄를 범한 자를 5년 이상의 징역에 처하도록 한 구폭처법 제3조 2항(헌재 2005헌바38), 무면허의료행위를 일률적 · 전면적으로 금지하고 이에 위반할 경우 처벌하는 구 의료법 제25조 1항(헌재 2005헌바29), 치료감호기간의 상한을 정하지 아니한 구 사회보호법 제9조 2항(헌재 2003헌바1), 양심 및 종교의 자유를 이유로 현역입영을 거부하는 자에 대하여 현역입영을 대체할 수 있는 특례를 두지 아니하고 형벌을 부과하는 병역법 제88조 1항(대판 2004도2965전원합의체), 청소년의 이성혼숙 영업을 금지하는 청소년보호법 제26조의2의 규정(대판 2003도5980), 강도상해죄의 법정형 하한이 살인죄의 그것보다 높은 형법의 규정(헌재 96헌바9) 등은 과잉금지원칙에 반하지 않는다고 판시한 바 있다.

제7절 책임원칙

1. 의의

책임원칙(Schuldprinzip, responsibility principle)은 형벌의 부과는 항상 책임을 전제로, 그리고 책임에 비례하여 이루어져야 한다는 원칙이다. 즉 책임없으면 범죄도 없고, 형벌도 없다는 원칙이다.

만약 입법자가 범죄성립요건으로서 책임을 행위자의 위험성으로 대체하여 범행을 행위자의 인격성의 발로로 보고 형벌을 순전한 보안처분으로 대체하고, 사회방위를 보안처분의 목표로 삼는다면, 이것은 형법을 위험성형법으로 변질시키는 것이 된다. 책임원칙은 헌법이나 형법상의 규정은 없으나 헌법상의 원칙으로 간주된다. 인간의 존엄과 가치의 보장요구(헌법 제10조)로부터 형벌이 책임을 요구하는 것은 당연하기 때문이다.

2. 내용

먼저, 형법에서 책임은 모든 처벌의 전제와 근거가 된다. 책임없이 형벌을 과할 수 없을 뿐만 아니라 순수한 결과만을 이유로 처벌해서는 안된다. 형사소송법상 '의심스러울 때에는 피고인의 이익으로'(in dubio pro reo) 원칙은 책임원칙의 이 측면에서 도출된 것이다.

다음, 책임원칙은 불법과 책임의 일치를 요구한다. 즉 불법만 있고 책임이 부정되는 경우 행위자를 처벌해서는 안되며 불법의 정도에 못미치는 책임에 대해서는 책임의 한도내에서 처벌이 이루어져야 된다. 또한, 불법고의와 책임고의도 일치해야 한다. 불법고의에서 과실책임을 이끌어 내거나 불법과실에서 고의책임을 이끌어내는 것은 자의적 형벌을 과하거나 책임원칙의 범위를 넘어 가벌성을 확대할 위험을 내포하기 때문에 금지된다.

그리고, 행위와 책임능력은 동시에 존재해야 한다. 책임능력자만이 규범의 금지 또는 명령에 귀 기울여 행위할 수 있기 때문이다. 원인에서 자유로운 행위의 가벌성 인정시점을 책임능력존재시의 원인행위에서 잡아야 하는가 아니면 구성요건행위시로 잡을 것인가는 바로 책임능력과 행위의 동시존재원칙에서 비롯되는 문제이다.

마지막으로, 책임은 양형의 기초가 된다. 양형의 기초로서 책임은 형벌의 부과 여부와 정도에 관한 기준을 제시한다. 따라서 어떤 경우에도 형벌은 책임의 정도를 넘어서는 안된다.

3. 책임원칙의 한계

책임의 인식에 넘지 못할 한계가 있다. 책임의 전제인 의사의 자유나 내심의 동기는 객관적으로 감지하거나 외부적으로 파악하기 어렵다. 그런데 실제로 형법상 가벌성은 단순히 책임만이 아니라 우연한 결과발생에 의존하는 경우도 있다. 예컨대 인식없는 과실, 객관적 처벌조건, 결과적 가중범, 합동범, 상해죄 동시범의 특례, 양형에서 결과의 고려 등이 이에 해당한다.

현행 형사제재는 두 개의 상이한 거점, 과거의 행위책임에 지향된 처벌과 행위자의 장래 위험성에 근거하는 보안처분의 이원체계를 취하고 있기 때문에 책임없이 행위한 자도 일반예방과 특별예방의 목적에 비추어 상당한 비례성의 범위내에서 보안처분의 대상이 된다.

헌법재판소는 최근 여러 결정에서 책임원칙을 중요한 입법원칙 및 해석원칙으로 중시하는 결정을 내리고 있다(헌재 2005헌가10).

판례

〈헌재 2005헌가10〉 보건범죄단속특별조치법 제16조의 양벌규정중 종업원이 법인 또는 개인의 업무에 관하여 제2조 ~ 제5조의 위반행위를 한 경우 행위자를 벌하는 외에 법인 또는 개인에 대해서도 "각 본조의 예에 따라 처벌한다"는 규정은 책임없는 고용주(개인)에 대하여도 처벌함으로써 책임원칙에 위배된다.

제8절 비례성원칙

1. 의의

비례성원칙(Verhältnissprinzip, principle of proportionality)은 보안처분에 대한 법치국가적 한계지움의 기본원칙이다. 독일형법은 1969년 형법개정에서 보안처분에 관한 비례성원칙을 형법상 명문으로 규정하였으며, 현행 독일형법 제62조는 "보안처분은 행위자에 의하여 행하여졌거나 기대되는 행위의 의미와 그로부터 발생한 위험성을 비교하여 비례성을 결할 경우 선고될 수 없다"고 규정하고 있다.

우리 형법에는 비례성원칙에 관한 명문의 규정이 없지만 인간의 존엄과 가치를 최고의 법가치로 인정하는 법치국가 헌법에서는 개인의 자유를 위하여 보안처분을 제한하는 법치국가원칙으로서 비례성원칙을 인정해야 한다. 헌법과 행정법분야에서는 비례성원칙의 소극적 측면에 해당하는 과잉금지원칙이라는 용어를 더 자주 사용하고 있다.

2. 구체적 내용

가. 적합성의 원칙

보안처분에 의하여 설정되는 개인의 자유박탈 내지 자유제한의 수단은 이 조치에 의하여 성취하려는 사회보호 및 사회복귀라는 목적과의 관계에서 볼 때 목적실현에 적합하거나 유용한 것이어야 한다. 적합성의 원칙은 목적에 비추어 수단이 지나치게 그릇된 경우를 배제하는 것이 목표이다.

나. 필요성의 원칙

목적을 달성하는데 유용한 여러개의 수단이 있는 경우 피처분자의 자유를 가장 적게 침해하는 수단을 선택해야 한다는 원칙이다. 최소침해의 원칙을 의미한다.

다. 균형성의 원칙(협의의 비례성)

목적, 수단, 개인의 자유권을 전체적으로 교량하여 비록 적합하고 필요하더라도 침해의 중대성과 얻을 수 있는 결과 사이에 불균형을 초래할만큼 개인의 자유영역을 침범하는 국가적 조치는 허용되지 않는다는 원칙이다.

여기에서는 계획된 보안처분에 의하여 초래될 개인의 자유의 희생이 그것을 통해 도달하려는 목적과 비례관계에 놓이는가를 검토하게 된다. 이 균형성심사에서 목적 · 수단의 비례관계는 국가의 조치실현의 앞에 놓인 개인의 희생한계로서 작용한다.

제9절 행위형법의 원칙과 위험형법의 등장

1. 행위형법의 원칙

행위형법의 원칙이란 형법적 가벌성이 구성요건에 기술된 개개의 범죄행위와 연결되고 그에 대한 제재도 개개의 범죄행위로부터 도출하는 것이지, 결코 행위자의 전체적인 생활영위나 그에게서 예상되는 장래의 위험에 대한 반응일 수 없다는 원칙이다.

행위형법의 원칙은 책임원칙과 더불어 국가의 과도한 형벌작용의 유혹 앞에서 범죄자의 자유와 안전 등 기본적 인권을 보장해주는 자유보장책의 하나이다. 그러나 오늘날 여러가지 현대형 범죄의 폭증에 직면하여 행위자형법과 위험형법의 관점이 등장하는 것도 부인할 수 없는 현상이다.

이에 대하여 행위자형법의 관점은 형법적 규율의 대상으로 삼아야 할 것은 행위가 아니라 행위자라는 관점에서 행위자의 악성을 문제삼고자 하는 입장이다.

우리 형법도 본질적으로는 행위형법의 입장을 취하고 있으나 다음과 같은 예외적인 경우 행위자형법의 관점을 고려하고 있다. 즉, 양형의 조건에 관한 규정(제51조), 작량감경규정(제53조) 내지 누범가중규정(제35조, 제36조) 등이 이에 해당한다.

2. 위험형법의 등장

오늘날 원자력위험, 생화학적 위험, 생태학적 위험, 유전공학적 위험과 같은 새로운 위험이 인류의 생존을 위험하는 단계에서 형법의 임무를 과거의 범죄행위에 대한 책임상쇄적 처벌이 아니라 인류의 생존에 대한 위험성의 예방 내지 제거에 두는 입장이 등장하고 있다.

이를 위험형법이라고 부르는 바, 형법의 목표를 범죄투쟁에만 두지 않고 경제, 교육, 환경, 각종 국가정책에 대한 원활한 지원으로 두고 법익보호가 아닌 위험예방으로 형법의 과제를 변경하자는 입장이다. 위험형법의 특징으로는 개인적 구체적 법익보다는 보편적 추상적 법익의 확대, 특별형법의 비대화, 추상적 위험범의 영역 확대, 미수와 예비단계의 처벌확대 등을 들 수 있다.

연|습|문|제

1. 죄형법정주의의 현대적 의의는 무엇인가?
2. 형법에서 명확성원칙의 기능은 무엇이고 형법이론적 문제점은 무엇인가?
3. 보안처분에 대해서도 소급효금지원칙이 적용되는지 판례와 학설의 대립상황을 설명하라.
4. 형법에서 책임원칙과 비례성원칙의 의의와 기능을 설명하라.
5. 비례성원칙의 구체적 내용과 그 적용례를 사례를 들어 설명하라.

제 5 장
형법의 적용

제1절 형법의 시간적 적용범위

〈**문제**〉 회사사장인 甲은 은행지점장 乙을 속여 2억원을 대출받은 사기혐의로 1990. 6. 15. 제1심과 1990. 9. 28. 제2심에서 각각 당시의 특정경제범죄가중처벌법(이하 특경법) 제3조 1항 1호가 적용되어 3년형을 선고받았다. 甲은 상고하였으나 상고심이 진행중이던 1990. 12. 31. 특경법이 개정되어 동법 제3조 1항 3호가 삭제되었다. 대법원은 어떻게 판결하여야 하는가?

[**참조조문: 구 특경법 제3조 1항**] 형법 제347조(사기) … 죄를 범한 자는 그 범죄행위로 인하여 … 취득한 재산상 이익의 가액이 1억원 이상인 때에는 다음의 구분에 따라 가중처벌한다. 제3호. 이득액이 1억원 이상 10억원 미만인 때에는 3년이상의 징역에 처한다.

1. 문제의 소재

죄형법정주의에 의하면 행위시법주의(구법주의)가 원칙이지만, 형법 제1조 2항, 3항은 각각 "범죄후 법률의 변경에 의하여 그 행위가 범죄를 구성하지 아니하거나 형이 구법보다 경한 때에는 신법에 의한다", "재판확정후 법률의 변경에 의하여 그 행위가 범죄를 구성하지 아니하는 때에는 형의 집행을 면제한다"고 규정하여 예외적으로 재판시법주의(신법주의)를 택하여 신법의 소급효를 인정하고 있다.

이 경우 형의 경중의 비교는 원칙적으로 법정형을 기준으로 할 것이고 처단형이나 선고형에 의할 것이 아니며, 법정형의 경중을 비교함에 있어서 법정형 중 병과형 또는 선택형이 있을 때에는 이중 가장 중한 형을 기준으로 하여 다른 형과 경중을 정하는 것이 원칙이다(대판 92도2194, 대판 93도2449). 따라서 3년이하의 징역이 5년 이하의 징역 또는 1,000만원 이하의 벌금으로 변경된 경우에는 비록 신법에 벌금형이 선택형으로 규정되었다 하더라도 가장 중한 죄인 5년이하의 징역을 구법의 3년 이하의 징역과 비교해야 한다(대판 83도2449). 또한 법률상의 가중·감경사유가 있는 경우에는 가중 또는 경감을 한 후에 비교한다(대판 4293형상664, 대판 60도296).

통설과 판례는 신법에서 형을 경하게 변경하면서 경과규정을 두어 신법을 적용하도록 한 형법 제1조 제2, 제3항의 적용을 배제하여 구법을 적용하도록 하는 것이 허용된다고 하고 있다(대판 99도3003)[13].

2. 한시법의 추급효

한시법이란 일정한 유효기간이 명시된 법률이다. 「귀속재산처리에관한특별조치법」(1963년), 「반민족행위자처벌법」(1951년), 「부동산소유권이전등기등에관한특별조치법」(1977년), 「올림픽기간시위금지법」(1988년도) 등이 그 예에 해당한다. 이밖에 일시적 특수사정에 대처하기 위한 법률도 이에 포함시키는 견해가 있다.

그런데, 신법에 경과규정을 두지 않은 경우에도 신법적용을 배제하고 구법을 적용해야 하는가에 대하여 견해가 대립한다.

먼저, 추급효인정설은 한시법의 유효기간 경과후에도 그 기간중에 행한 범죄에 대해 나중에 추급하여 처벌할 수 있다고 한다. 논거로서는 ①한시법의 추급효를 인정하는 것이 한시법의 본질에 합당하고, ②추급효부정시 한시법의 유효기간 종료가 가까워지면 위반행위가 속출할 우려가 있으며, ③형법 제1조 2항의 경한 신법우선적용원칙은 범죄후 법률의 변경이 있는 경우이므로 추급효인정은 이에 위반되지 않는다는 것이다.

다음, 부정설은 한시법의 특별한 규정이 없는 경우 한시법의 추급효를 인정할 수 없다고 한다(다수설). ①독일형법과 같이 한시법의 추급효를 인정하는 명문규정이 없고, ②위반행위속출, 의식적 소송지연과 같은 이유는 정책적 이유는 될 수 있어도 형

13) 구음비법(음반및비디오의진흥에관한법률)에서 처벌하지 않았던 '무심의 비디오물의 판매목적 보관행위'를 신음비법에서 처벌하자 피고인이 위헌소송 제기한 사건이다. 이에 대해 헌재가 위헌결정(99헌가1)을 내려 이 법률조항이 소급하여 효력을 상실하게 되고 피고인은 무죄가 되었다.

법적 이유는 되지 않으며, 만일 특별히 이러한 위험이 예상되는 경우는 입법자가 추급효 인정 규정을 둠으로써 해결가능하다고 한다.

마지막으로, 판례가 취하는 동기설은 한시법에 대한 입법자의 동기를 분석하여 추급효인정여부를 결정하자고 한다. 즉 입법자의 법적 견해의 변경인 경우 추급효를 부정하지만, 단순한 사실관계의 변경인 경우 추급효를 인정하자는 것이다. 그러나 이 기준은 해석자의 주관적 자의에 따라 판단될 가능성이 높으므로 법적 견해의 변경인가, 사실관계의 변화인가는 명확한 기준이 될 수 없다는 비판이 가능하다. 예컨대 판례는 영업시간 제한해제를 사실관계의 변경으로 인한 것이라고 보았으나[14] 영업시간 제한을 해제한 것은 영업시간은 업주가 자율적으로 정하면 되는 것이고 이를 법률로 금지하는 것은 국민의 자유권을 지나치게 제한하는 것이라는 점도 고려된 것이기에 이를 사실관계의 변화로만 보기는 곤란하다. 따라서 동기설은 피고인에게 유리한 제1조 2, 3항을 축소해석함으로써 피고인에게 불리한 결과를 가져올 수 있으므로 옳지 않다고 할 것이다.

결론적으로 한시법의 추급효는 인정할 수 없다. 일시적 특수사정에 대처하기 위한 광의의 한시법도 그 효력이 실효된 뒤에는 한시법 인정여부와 상관없이 추급효를 갖지 않는다고 보아야 할 것이다. 한시법의 추급효를 인정하려면 법률 부칙에 추급효 인정규정을 두어 해결하면 될 것이다.

판례

[한시법에 관한 판례]

(1) 법률이념의 변경으로 본 사례 - ①청소년보호법의 개정으로 청소년의 숙박업소 출입행위에 대한 처벌규정을 폐지한 것(대판 2000도2626), ②화학용 부피계에 대하여 검정제도를 폐지한 것(대판 81도165), ③축산물가공물처리법 시행규칙에 식육점 경영자가 사전검사를 받지 않고 견육을 판매목적으로 진열한 행위를 처벌대상에서 제외한 것(대판 78도1690), ④업무상배임죄로 인하여 취득하거나 제3자로 하여금 취득하게 한 재산상 이익의 가액이 1억원이상 10억원 미만인 때를 가중처벌하던 것을 이득액이 5억원 이상인 때에만 가중처벌할 수 있도록 한 것(대판 91도196), ⑤법정형으로 징역형과 금고형만 규정되었던 구 군형법 제79조(무단이탈)에 벌금형이 추가된 경우(대판 2009도12930), ⑥구자동차관리법시행규칙이 개정되어 자동차폐차시 원동기를 압축, 파쇄 또

14) 대판 2000도764, 대판 99도3870.

는 절단하도록 한 규정이 삭제된 것(대판 2003도2770) 등은 법률이념의 변경으로 추급효가 인정되지 않고 신법을 적용해야 보았다.

(2) 사실관계의 변화로 본 사례 - ①정부투자기관이었던 한국전기통신공사의 직원의 뇌물수수행위를 처벌하던 한국통신공사법의 폐지(대판 97도2682), ②군사기밀사항의 누설행위 이후 평문으로 저하되었거나 군사기밀이 해제된 경우(대판 99도4022), ③거주자가 허가 등을 받지 아니하고 휴대 · 출국할 수 있는 해외여행 기본경비를 증액한 외국환관리규정의 개정(대판 95도2858), ④단란주점 등 일반음식점에 대한 영업시간제한의 해제(대판 2000도764, 대판 99도3870), ⑤부동산중개업소의 중개보조원 고용인원수 제한규정의 해제(대판 2000도2943), ⑥도로교통법상의 지정차로제도의 일시적 폐지(대판 99도3567), ⑦계엄해제로 인한 계엄포고문의 효력상실(대판 82도1861, 대판 81도1002), ⑧식품공정의 개정으로 해조류의 혼합가공시 일정한 색소사용의 허용이나 성분배합기준의 변경(대판 97도1764, 대판 96도1324), ⑨수입 냉동감자에 대한 유통기한 표시기준의 폐지 혹은 자율화(대판 96도2247), ⑩유해화학물질관리법 제6조 1항의 신고대상에서 제외되는 화학물질에 관한 환경처고시의 변경(대판 94도221), ⑪공산품품질관리법 제6조 1항에 의한 공업진흥청의 품질검사 지정상품에 관한 고시의 변경(대판 88도1993), ⑫한시법인 부동산소유권이전등기등에관한특별조치법의 폐지(대판 87도2678), ⑬운전자의 부당요금징수를 운전자 준수사항의 예에 포함시켰던 고시의 폐지(대판 86도42)

3. 백지형법에서 형법의 시간적 적용

가. 백지형법의 의의

백시형법이란 일정한 형빌만 규징하고, 그 조건인 금지내용에 관하여는 디른 법령에 일임하는 형벌법규(예컨대, 형법 제112조 중립명령위반죄)를 말한다. 이에 대해 위임받은 법률, 명령 또는 규칙을 보충규범이라고 한다.

이러한 백지형법은 인권보장적 관점에서 별로 바람직하지 않으므로, ①특히 긴급한 필요가 있거나 미리 법률로써 자세히 정할 수 없는 부득이한 사정이 있고, ②위임법률에서 구성요건상의 처벌대상인 행위가 어떠한 것인지 예측할 수 있을 정도로 구체적으로 정하고, 형벌의 종류 및 상한과 폭을 명확히 규정하는 것을 전제로 위임입법이 허용된다(대판 2000도1007).

따라서, 이러한 위임의 한계를 벗어나는 법률은 명확성원칙에 반하며, 하위법규가 형사처벌의 대상을 확장하거나 형벌을 강화하는 것은 불허된다(대판 98도2816).

나. 백지형법의 보충규범개폐가 법률변경에 해당하는가?

이에 대하여 긍정설[15)]은 형법 제1조 2항의 법률의 변경에서 말하는 법률이란 총체적 법률상태를 의미하므로 보충규범의 개폐도 여기에 해당한다고 주장한다(다수설). 그런데, 이 설을 취하면서 동기설을 반대하는 견해에 따르면 보충규범으로 형벌이 가볍게 된 경우에는 신법을 적용하고, 형벌이 폐지된 때에는 형소법 제326조 4호에 의하여 면소판결을 내려야 한다. 하지만, 이 견해를 취하면서도 동기설을 찬성하는 견해에 의하면 보충규범의 개폐가 법률이념의 변경으로 인한 것이면 신법을 적용하거나 면소판결을 하고, 사실관계의 변경으로 인한 것이면 행위시법(구법)을 적용해야 한다.

이에 대하여 부정설[16)]은 보충규범의 개폐는 형법 제1조 2항의 법률의 변경이 아니라 그 전제인 구성요건의 내용, 즉 행정처분의 변경에 불과하므로 행위시법으로 처벌되어야 한다는 주장에 이른다.

절충설[17)]은 보충규범의 개폐가 구성요건자체를 정하는 법규의 개폐이면 법률의 변경이지만, 단순히 구성요건에 해당하는 사실면에서 법규의 변경에 해당하는 때에는 법률의 변경이 아니라고 본다.

생각건대, 백지형법은 보충규범과 일체가 되어 기능하는 것이므로 보충규범의 변경은 바로 백지형법의 변경으로 보아야 한다. 따라서 보충규범의 변경은 형법 제1조 2항, 3항에서 말하는 법률의 변경에 해당한다고 보아야 한다. 이 점에서 부정설은 부당하며, 절충설 역시 법률면과 사실면의 엄격한 구분이 곤란하다는 점에서 문제이며, 사실면의 변경이 왜 법률의 변경이 아닌지 합리적 근거가 없다는 점에서 부당하다.

15) 김일수 51면, 박상기 47면; 배종대 18/5, 손동권 4/23, 손해목 83면, 이재상 3/25.

16) 진계호 101면, 황산덕 34면.

17) 남흥우, 59면.

제2절 형법의 장소적 적용범위

1. 의의

우리 형법이 어느 장소에서 어떤 사람의 범죄에 대해 효력을 갖는가의 문제로서 지역적 적용범위의 문제라고 하기도 한다. 이에 대해서는 현재 5가지 원칙이 적용된다.

2. 속지주의

속지주의란 대한민국내에서 발생한 내국인과 외국인의 범죄에 대해 우리 형법을 적용하자는 원칙이다(제2조). 속지주의는 기국주의에 의해 보충되는데, 대한민국 영역 외에서 국기를 단 우리 선박 또는 항공기에서 일어난 외국인의 범죄에 대해서도 우리 형법이 적용된다(제4조).

북한지역을 우리 영토로 보는 견해[18]와 외국으로 보는 견해[19]가 대립한다.

3. 속인주의(국적주의)

대한민국 밖에서 죄를 범한 내국인에게 우리 형법을 적용한다는 원칙이다(제3조). 따라서 내국인 도박죄를 처벌하지 않는 외국 카지노에서 도박을 한 경우 속인주의에 의하여 우리 형법이 적용된다(내판 2002도2518, 대판 99도3337).

4. 보호주의

보호주의는 우리나라 밖에서 범한 내란죄, 외환죄, 국기 · 통화 등의 죄를 범한 외국인에게 우리 형법을 적용한다는 원칙이다(제5조). 또한 우리나라 밖에서 우리나라 또는 우리 국민에 대해 제5조 이외의 죄를 범한 외국인에게도 우리 형법이 적용된다(제6조).

이러한 보호주의에 의하면 외국에서는 죄가 되지 않음에도 외국인에게 우리 형법이 적용되는 불합리가 있으므로, 형법 제6조 단서는 "단, 행위지의 법률에 의하여 범죄를 구성하지 아니하거나 소추 또는 형의 집행을 면제할 경우에는 예외로 한다"고 규정하여 보호주의적용의 전제로서 쌍방가벌성을 요구한다.

18) 이재상 3/32, 오영근 4/27, 정성근/박광민 55면.
19) 김일수 52면, 배종대 21/2.

5. 세계주의

세계주의란 행위자 국적이나 범죄발생지를 묻지 않고 세계공동의 이익에 반한다고 판단될 경우 자국법을 적용하는 원칙이다. 선박 · 항공기 납치, 국제테러, 폭발물범죄, 통화 · 유가증권위조죄, 마약밀매죄, 인종학살 등의 죄에 대하여 세계주의가 적용된다.

6. 외국에서 받은 형의 인정

우리 형법 제7조는 외국에서 형의 전부 또는 일부가 집행된 사람에 대해서는 그 집행된 형의 전부 또는 일부를 선고하는 형에 산입한다고 규정하고 있다(제7조).

제3절 형법의 인적 적용범위

모든 국민은 법앞에 평등하므로 형법도 다음과 같은 예외를 제외하고는 모든 국민에게 평등하게 적용된다.

1. 국내법상 예외

대통령과 국회의원은 헌법 제84조와 제45조에 따라 면책특권을 갖는다. 하지만 이 규정은 형사소추에 관한 규정이지 형법의 적용범위에 관한 규정은 아니다. 즉, 대통령과 국회의원에게도 형법이 적용되지만, 형사소추만 면제될 뿐이다.

2. 국제법상 예외

외국 원수, 외교관, 그 가족 등은 1961년 빈협약에 의하여 국내 형사재판권으로부터 면제된다. 이에 대하여 치외법권지역이란 개념은 과거 제국주의시대에 강대국의 약소국 침략을 합리화하기 위해 고안된 개념이고, 오늘날 국제법이론에서는 이 개념을 인정하지 않는다. 따라서 외국의 공관이나 문화원 등에서의 범죄행위에도 당연히 우리 형법이 적용된다고 할 것이다.

판례

〈대판 86도403〉 "국제협정이나 관행에 의하여 대한민국내에 있는 미국문화원이 치외법권지역이고 그곳을 미국영토의 연장으로 본다 하더라도 그곳에서 죄를 범한 대한민국 국민에 대하여 우리 법원에 먼저 공소가 제기되고 미국이 자국의 재판권을 주장하지 않고 있는 이상 속인주의를 함께 채택하고 있는 우리나라의 재판권은 동인들에게도 당연히 미친다 할 것이며 미국문화원 측이 동인들에 대한 처벌을 바라지 않았다고 하여 그 재판권이 배제되는 것도 아니다"고 하여 속지주의가 아닌 속인주의에 따라 우리나라의 재판권을 인정하였다.

외국원수나 외교관의 면책특권은 범죄성립요건으로서 책임조각사유가 아닌 인적처벌조각사유이다. 즉 외국원수와 외교관의 범죄행위에도 우리 형법이 적용되지만, 처벌되지 않을 뿐이다. 마찬가지로 우리나라에 주둔하는 미군이 우리나라에서 행한 공무수행중의 범죄에 대해서도 우리 형법이 적용되지만, 재판관할권만 한미행정협정에 따라 면제되거나 미군이 우선권을 갖는다.

연 습 문 제

1. 한시법의 의의는 무엇이며, 판례가 취하는 동기설의 문제점은 무엇인가?
2. 백지형법의 의의는 무엇이며, 백지형법에서 보충규범의 개폐는 법률의 변경으로 보아야 하는가?
3. 위 대판86도403판결의 문제점과 외교관의 면책특권의 법적 성질은 무엇인가?

2

제 2 편

범죄론

제1장
범죄론의 기초

제1절 범죄론의 의의

1. 범죄론과 범죄체계론

형법학에서 범죄론 또는 범죄체계론이란 가벌적 행위가 되기 위해서 갖추어야 할 요건(가벌요건)의 규명을 목적으로 하는 이론이다. 따라서 범죄론에서는 범죄구성요소의 체계성, 즉 체계적 순서와 배열을 주로 문제삼는다.

현재 형법학에서는 크게 3가지 범죄론이 정립되어 있는 바, 2단계 범죄체계론(불법+책임)과 3단계 범죄체계론(구성요건해당성+위법성+책임)이 그것이다. 마지막으로 4단계 범죄체계론(행위+구성요건해당성+위법성+책임)이 있다. 3단계 범죄론에 의할 경우 형법상 범죄가 성립하기 위해서 구성요건해당성, 위법성, 책임의 3가지 요건이 충족되어야 한다.

2. 범죄론의 체계내용

가. 범죄성립요건

범죄가 성립하기 위해서 필요한 요건들을 세분하여 각 범죄성립요건들에서 문제삼는 바는 다음과 같다.

첫째, 행위는 가벌성 심사의 첫단계이다. 문제되는 행위가 사람의 행위로서 형법적으로 의미가 있는 행위인가를 문제삼는 단계이다.

둘째, 구성요건단계에서는 문제의 행위가 형법이 형벌로써 금지하는 범죄구성요건에 속하는가를 문제삼는다. 여기서 구성요건은 위법성의 인식근거가 되며, 구성요건에 해당하지 않는 행위는 위법성 검토의 대상도 되지 않는다.

셋째, 위법성단계에서는 구성요건해당행위의 위법성이 검토된다. 구성요건에 해당하는 행위는 원칙적으로 위법하지만, 형법이 정하는 허용규범(위법성조각사유, 정당화사유)에 의해 예외적으로 정당화될 수 있다. 따라서 구성요건해당성은 위법성의 인식근거, 즉 구성요건에 해당하는 행위는 원칙적으로 위법하고 예외적으로 위법하지 않은 행위가 된다.

넷째, 책임단계에서는 위법한 행위를 한 행위자에게 책임을 물을 수 있는가가 문제된다. 구성요건과 위법성의 판단대상이 행위인데 비하여 책임판단의 대상은 행위자이다. 위법한 행위를 한 행위자에게 전적으로 책임을 물을 수 없는 조건들을 책임조각·감경사유라고 하며, 책임능력(제9조, 제10조 1항), 한정책임능력(제10조 2항, 제11조), 강요된 행위(제12조), 법률의 착오(제16조) 등이 이에 관한 규정들이다.

나. 범죄처벌조건

범죄의 성립요건과 구별해야 할 개념으로 범죄의 처벌조건이 있다. 범죄의 처벌조건이란 일단 성립된 범죄의 형벌부과가능성을 좌우하는 요건으로서 객관적 처벌조건이나 인적 처벌조각사유가 여기에 해당한다. 객관적 처벌조건으로는 파산죄(채무자등 회생 및 파산에 관한 법률 제650조)에서 파산선고가 확정된 사실, 공무원사전수뢰죄(형법 제129조 2항)에서 공무원이나 중재인이 된 사실 등이 있고, 인적 처벌조각사유로서는 형법상 친족간 상도례(형법 제328조), 국회의원의 면책특권(형법 제45조) 등이 있다. 범죄성립요건이 충족되지 않으면 무죄판결을 하지만, 범죄처벌조건이 충족되지 않으면 형면제판결을 해야 한다.

다. 범죄의 소추조건

범죄의 소추조건이란 형사소송을 개시하거나 계속하기 위해서 필요한 조건이다. 소송조건이라고도 한다. 친고죄의 고소, 반의사불벌죄의 명시적 불처벌의사, 행정형법에서 고발권 자의 고발 등이 이에 해당한다. 범죄소추조건이 결여된 경우 법원은 공소기각의 판결로써 소송을 종료한다(형소법 제327조 5,6호).

3. 범죄체계론의 종류

현재 형법학에서 주장되는 대표적 범죄체계로는 다음의 4가지 범죄체계가 있다.

첫째, 고전적 범죄체계이다. 고전적 범죄체계는 범죄성립의 객관적 요소를 구성요건과 위법성에 배치하고, 주관적 요소는 책임에 배치함으로써 범죄성립요건을 철저히 이분한다. 고전적 범죄체계는 책임의 근거를 행위에 대한 심리적 연관으로서 고의와 과실에서 찾는 심리적 책임개념에 기초한다.

둘째, 목적적 범죄체계이다. 목적적 범죄체계에서는 범죄를 비롯한 모든 인간행위를 목적활동의 소산으로 이해함으로써, 고의와 목적성을 동일시한다. 따라서 고전적 범죄체계와 같이 고의를 책임요소로 보지 않고 주관적 구성요건요소로 이해한다. 즉, 구성요건과 위법성이 객관적 요소로만 구성되어 있지 않으며, 고의가 핵심적 구성요건요소가 된다. 목적적 범죄체계에서는 순수한 규범적 책임개념을 취하는데, 행위자의 책임을 행위에 대한 심리적 연관으로서 고의 · 과실이 아니라 행위에 대한 비난가능성으로 이해한다. 따라서 고의와 과실은 오로지 구성요건요소일뿐 책임요소로서는 비난가능성만이 고려된다.

셋째, 사회적 범죄체계(신고전적 · 목적적 범죄체계의 합일체계)이다. 사회적 범죄체계는 범죄를 사회적으로 유의미한 행태로 이해하는 바, 고의와 과실을 구성요건요소인 동시에 책임요소로 이해한다(이른바 고의의 2중적 지위). 사회적 범죄체계는 규범적 책임개념을 취하는데 고의/과실이 구성요건요소와 책임요소로 이중적 지위를 가진다.

마지막으로 신고전적 범죄체계는 기본적으로 고전적 범죄체계에 기초하지만, 주관적 구성요건요소의 존재를 부분적으로 인정한다. 불법영득의사, 음란한 경향와 같은 내심표지는 구성요건에, 불법의식은 책임에 배치한다.

4. 행위가벌성의 심사과정

일반적으로 가벌적 심사의 과정은 다음과 같다. 우선, 적용가능한 법조문을 탐색하여야 한다. 아무리 사회적으로 유해하고 비난받는 행위일지라도 이를 처벌하는 규정이 있어야 가벌성심사의 대상이 된다. 둘째, 문제행위의 범죄행위성을 검토해야 한다. 셋째, 위의 범죄체계중 어느 하나의 범죄체계를 취하여 가벌성심사를 수행한다. 마지막으로, 범죄가 성립하더라도 일부 범죄의 경우 범죄의 처벌조건과 소추조건을 추가적으로 검토하여야 한다. 유무죄판단이 끝나 유죄임이 판명되면 법정형의 범위내에서 양형절차에 들어간다.

5. 범죄의 종류

첫째, 범죄는 작위범과 부작위범으로 나눌 수 있다. 이 구분은 범죄행위가 신체거동을 수반하느냐 여부에 따른 구분이다. 작위범은 사람을 총으로 쏘아 살해하는 것과 같이 하지 말아야 할 행위를 하는 신체거동을 수반하는 범죄이다. 부작위범은 산모가 유아에게 젖을 주지 않아 아사시키는 것과 같이 신체거동을 하지 않았다는 현실적 측면과 해야 할 일을 하지 않았다는 것, 즉 작위의무를 위반했다는 규범적 측면도 살펴보아야 한다(형법 제18조).

둘째, 범죄는 고의범과 과실범으로 나눌 수 있다. 이 구분은 범죄행위시 행위자의 내심상태에 따라 범죄를 구분한 것이다. 고의범은 행위자가 범죄의 의미와 그 결과를 인식하고 인용하거나 의욕하는 내심의 상태(제13조)에서 범죄를 행한 경우이고, 과실범은 행위자가 범죄결과를 예견하거나 방지할 주의의무에 위반하여 범죄결과를 발생시킨 경우(제14조)이다. 과실범은 형법각칙에 처벌규정이 있는 예외적인 경우에만 처벌된다.

셋째, 침해범과 위험범으로 나눌 수 있다. 이 구분은 보호법익에 대한 침해의 정도에 따른 구별이다. 침해범은 보호법익이 침해되어야 기수가 되는 범죄로서 살인죄, 상해죄, 사기죄, 강도죄 등이 이에 해당한다. 위험범은 보호법익이 침해되지 않고 침해할 위험성만 발생시키면 기수가 되는 범죄이다. 명예훼손죄, 모욕죄, 현주건조물방화치사죄 등이 이에 해당한다.

연 습 문 제

1. 범죄론에서 2단계 범죄체계와 3단계 범죄체계의 차이점과 장단점은 무엇인가?
2. 범죄론에서 목적적 범죄체계의 공헌과 문제는 무엇인가?
3. 사회적 범죄체계에서 고의의 체계적 지위는 무엇인가?
4. 범죄의 성립요건, 처벌조건, 소추조건은 무엇이며 어떻게 다른가?

제2장
행위론

제1절 행위론의 의의 및 기능

1. 의의

행위론이란 행위개념의 개념요소(내포)를 무엇으로 보고 어떻게 정의할 것인가의 문제로서 화학자가 물을 H_20로 정의하는 것과 같이 범죄행위의 최소기준요소로서 무엇을 개념요소로 삼을 것인가의 문제이다.

2. 기능

형법에서 행위개념은 다음과 같은 기능을 갖는다.

첫째, 근본요소(기초요소)로서의 기능이다. 형법상 행위개념은 고의행위와 과실행위, 작위행위와 부작위행위, 기수행위와 미수행위를 단일한 행위개념에 의해 포섭할 수 있어야 한다.

둘째, 연결요소(결합요소)로서의 기능이다. 행위개념은 다른 범죄성립요건인 구성요건해당성, 위법성, 책임과 결합할 수 있어야 한다. 여기에서 행위개념은 구성요건, 위법성, 책임에 대해서 중립적이야 하며(중립성의 요청), 불법개념과 책임개념에 앞질러 들어가서는 안된다.

셋째, 한계요소로서의 기능이다. 행위개념은 범죄행위와 단순한 우연을 가려내어 가벌성심사에서 제외하는 기능을 갖는다. 따라서, 짐승이 저지른 일, 외부적 행태로 표시되지 않은 단순한 사고나 사색, 경련중의 동작, 무의식중의 동작 등은 정신작용의 통제와 조정하에 있지 않으므로 형법적 고찰의 대상에서 애당초 제외해야 한다.

제2절 행위론의 종류

형법학에서 행위론은 다음과 같은 발전과정을 거쳐 왔다.

1. 인과적 행위론

인과적 행위론은 인간행위를 유의(有意)한 신체적 행태, 유의적 거동(擧動)에 의한 외부세계의 변화로 파악하였다. 이는 19세기 자연과학의 영향을 받아 행위를 행위자의 내적 의사와 외적 결과발생의 인과적 결합으로 본데서 연유한다. '유의성'이라는 것은 어떤 의사든지 있기만 하면 되고 의사내용은 행위단계에서 문제삼지 않으며, 책임단계에서 비로소 문제삼게 된다.

인과적 행위론에 대해서는 다양한 비판이 가해진다. 첫째, 행위자의 의사의 내용을 묻지 않는 단순한 유의성을 행위기준으로 삼기 때문에 미수범의 개념규정이 어렵다. 예컨대 칼을 휘둘렀으나 빗나가서 피해자가 아무런 해를 입지 않은 경우 행위자의 의사내용을 알지 않고서는 그것이 살인미수인지 상해미수인지 판단할 수 없다. 둘째, 거동성의 요건은 외부적으로는 아무런 신체적 거동이 없는 부작위범죄를 행위에 포함시키기 힘들도록 만든다. 셋째, 인과적 행위론은 신체적 거동의 원인으로서 유의성을 문제삼지 않으므로 행위의 무한한 소급에 이를 수 있어 한계요소로서의 기능을 수행하지 못한다. 예컨대, 살인범의 살인행위의 원인을 거슬러 올라가다 보면 살인범의 보가 살인범을 출산한 것도 살인행위의 원인으로 삼아야 한다.

2. 목적적 행위론

다음으로, 목적적 행위론[1]이 인과적 행위론의 문제점을 보완하기 위하여 등장하였다. 목적적 행위론은 모든 인간행위를 유의한 결과야기가 아닌 목적활동의 수행으로 파악한다. 인간은 이성적 능력이 있어서 자기행위의 가능한 결과를 일정한 범위내에서 예견할 수 있고, 자기행위를 이 목적에 따라 계획적으로 조종할 수 있다. 따라서 자연적 인과법칙의 지배를 받기보다 인과법칙을 이용하여 자신이 설정한 목적을 달성할 수 있는 존재이다. 목적적 행위론은 고의적 범죄의 행위성을 잘 설명할 수 있으

1) 우리나라에서는 황산덕 48면.

나, 과실행위를 목적적 행위로 파악할 수 없음으로 인하여 행위개념의 근본기능을 수행할 수 없는 문제점을 갖는다.

3. 사회적 행위론

그 다음 등장한 사회적 행위론(다수설)은 모든 범죄행위의 공통요소를 인간의 작위 또는 부작위가 갖는 사회적 중요성에서 찾는다. 사회적 행위론에 의하면 범죄행위란 "객관적으로 예견가능한 사회적 결과를 지향하면서, 객관적으로 인간에 의해 지배가능한 행태"(마이호퍼), "사회적으로 중요한 인간의 행태"(예쉑) 등으로 정의된다. 사회적 행위론에 대해서도 역시 많은 비판이 가해진다. 첫째, '사회적 중요성'이라는 가치판단을 행위개념의 핵심요소로 삼음으로써 불법판단을 행위판단보다 앞질러 하는 문제점, 즉 중립성의 요청을 수행하지 못하는 문제가 있다. 둘째, '사회적 의미성'은 매우 포괄적인 의미를 가지므로 무의식적 반사행위, 절대적 힘의 지배하에서 한 행위도 사회적으로 중요한 것이면 행위로 파악하는 문제점이 있다.

4. 기타 행위론

이밖에도 인격적 행위론[2)]이 주장된다. 인격적 행위론은 범죄행위를 행위자 인격의 객관적 표현으로 이해한다. 인격의 객관화인 행위는 인과성, 목적성, 심리성, 의미성을 적정하게 고려하여 판단하여야 한다. 인격적 행위론에 대해서는 인격의 객관화는 행위의 사회적 의미내용에 의존할 수밖에 없고, 결국 사회적 행위론으로 귀착된다는 비판이 주어진다. 또한 사회적 중요성이 결여된 행위들도 인격의 발현인 한에는 형법상의 행위로 보게 되기 때문에 한계기능을 수행하지 못한다는 비판이 가능하다. 또한 인격이란 원래 행위가 아닌 행위자에 속하는 문제로 책임판단이 행위개념에서 선취될 우려가 있다. 마지막으로 법인은 인격을 구비하지 못하므로 법인의 행위능력을 긍정할 수 없는 문제가 있다.

지금까지 등장한 행위론이 행위개념의 기능을 제대로 수행하지 못함에 따라 행위개념 부인론까지 등장하였다. 행위개념 부인론은 보편타당한 전구성요건적 행위개념을 전적으로 포기해야 하며 라드부르흐가 착상한 것처럼 구성요건해당성을 형법체계

2) 우리나라에서는 김일수 114면, 손해목 166면.

의 기초개념으로 삼아야 한다는 견해이다. 이에 대해서는 ①행위개념의 결합요소적 기능으로 인하여 행위개념이 무용한 것은 아니며, ②행위개념의 한계기능이 갖는 실천적 기능으로 인하여 형법적 검토의 가치조차 없는 일정한 행위는 구성요건 이전단계에서 배제가능하다는 비판이 주어진다.

5. 행위론에 대한 결론

이상에서 살펴보았듯이 행위개념의 실질적 성과는 한계기능뿐으로 단순한 우연과 행위를 구별하는 것에 만족해야 한다. 즉 ①무의식에 의한 행위(의식상실이나 수면중 동작) ②절대적 힘의 지배로 인한 행위(의사없는 도구로서의 동작) ③외부자극에 의한 신체반사행위만이 형법상 행위에서 제외됨으로써 가벌성심사에서 탈락한다.

연 습 문 제

1. 형법에서 행위개념은 어떠한 기능을 수행하는가?
2. 목적적 행위론이 범죄론에 대한 기여한 바는 무엇이며, 문제점은 무엇인가?
3. 과실범과 부작위범의 행위성을 각 행위론은 어떻게 설명하는가?

제3장
구성요건론

제1절 구성요건론의 의의 및 기능

1. 구성요건의 여러 요소

형법에서 살인, 강도, 강간과 같이 구성요건(Tatbestand)이란 형벌부과의 근거가 되는 추상적 위법행위의 유형이다. 따라서 어떤 행위가 법적 구성요건의 범죄정형적 기술에 일치함을 뜻하는 구성요건해당성(Tatbestandmässigkeit)과 구별되는 개념이다.

구성요건개념의 기원은 구성요건해당성이 가치판단과 무관한 사실판단의 영역에 속한다고 본 가치중립적 구성요건개념에서 출발한다(E. v. Beling). 구성요건해당성 판단에 있어 법관의 자의적 해석의 여지를 봉쇄하고, 형법의 자유보장적 기능을 최대한 구현하려 한 것이다.

이후 구성요건에서 규범적 요소의 발견, 즉 절도죄에서 재물의 타인성, 음란물판매죄에서 음란물의 음란성, 문서위조에서 서류의 문서성과 같은 구성요건요소는 단순한 기술적 요소가 아닌 객관적 가치판단의 영역에 속한다는 것이 밝혀지게 된다. 따라서 마이어는 구성요건과 위법성은 절연된 것이 아니라 구성요건이 위법성의 인식근거가 된다고 하였다.

또한, 위법성이 순수한 객관적 가치판단이란 벨링의 주장도 목적범에서 목적과 같은 주관적 요소의 발견으로 타당성을 잃게 된다. 이후 목적범에서 목적 뿐만 아니라 일반 범죄에서도 고의나 과실 같은 주관적 요소들을 일반적 구성요건요소로 인정하게 되었다.

이밖에도 형법에는 다양한 특별한 주관적 구성요건요소들이 인정되고 있다. 예컨대 통화위조죄에서 '행사할 목적', 공연음란죄와 같은 경향범에서 '성욕자극, 충족의 주관적 경향의 표출', 모욕죄, 위증죄와 같은 표현범에서 내심적 상태의 표현이 그것들이다.

2. 구성요건의 기능

구성요건은 범죄론에서 여러가지 기능을 수행한다. 범죄를 개별화하여 다른 범죄와 구별하는 기능(범죄개별화기능)[3], 고의의 인식대상과 범위를 획정하는 기능(고의규제기능), 구성요건과 위법성의 관계에서 구성요건에 해당하는 행위는 위법성도 가지는 것으로 추정하는 기능(위법추정기능)을 갖는다. 구성요건에 해당하는 행위를 하는 사람에게 그의 행위가 위법함에도 불구하고 그 행위를 할 수 있는 근거가 있는가를 묻는 기능(경고 · 환기기능) 등을 갖는다.

3. 소극적 구성요건요소이론

일반적으로 3단계 범죄체계에서는 구성요건과 위법성을 별개의 범죄성립요건으로 파악하지만, 2단계 범죄체계에서는 구성요건과 위법성을 불법이라는 하나의 판단단계로 통합한다. 따라서 3단계 범죄체계의 구성요건은 2단계 범죄체계에서 적극적 구성요건이 되고, 3단계 범죄체계의 위법성조각사유는 소극적 구성요건요소가 된다.

2단계 범죄체계 내지 소극적 구성요건요소이론에서 위법성과 구성요건은 총체적 불법구성요건으로 결합되어 하나의 판단과정으로 흡수된다. 소극적 구성요건요소이론은 사실의 착오와 법률의 착오의 중간에 위치하는 '위법성조각사유의 전제사실에 관한 착오'를 소극적 구성요건에 관한 착오로 인정할 수 있는 명쾌한 이론적 근거를 마련하였다고 평가된다. 이 이론에 의하면 구성요건해당성이 위법성의 존재근거가 된다. 따라서, 소극적 구성요건요소이론에 의하면 형법 제250조 1항 살인죄 구성요건의 의미는 '사람을 살해한 자'가 아니라 '사람을 위법하게 살해한 자'가 된다.

소극적 구성요건요소이론에 대해서는 다음과 같은 비판이 주어진다. 첫째, 위법성조각사유의 독자성을 파악하지 못하였다는 비판이 제기된다. 즉, 위법성조각사유는 일반적 금지에 대한 전체적 제한을 의미하는 것이 아니라 고유한 가치내용을 가지고 개별적 경우에 금지규범에 대립하는 기능을 갖는다. 따라서 위법성조각사유를 소극적 요소로 구성요건에 포함시켜 기교적으로 조화시킬 수 없다. 둘째, 법률의 착오

3) 예컨대 고의범인 살인죄와 과실범인 과실치사죄를 구성요건에서 구별하는 기능.

에 대해 과실범의 처벌만을 인정하므로 처벌의 공백이 너무 크다. 셋째, 이 이론은 처음부터 구성요건에 해당하지 않는 행위와 구성요건에 해당하지만 위법성이 조각되는 행위 사이의 가치차이를 무시하고 있다. 즉 사람을 적법하게 살해한 자를 모기를 죽이는 것과 동일하게 평가할 수는 없다.

연습문제

1. 구성요건요소에는 어떠한 것들이 있으며, 주관적 구성요건요소와 규범적 구성요건요소의 예로는 어떠한 것들이 있는가?
2. 소극적 구성요건요소이론의 내용과 장단점을 설명하라.

제2절 구성요건의 종류

[구성요건개념의 광협]
불법구성요건(협의구성요건) 〈 총체적 불법구성요건 〈 범죄구성요건(광의구성요건) 〈 보장구성요건(최광의 구성요건)

1. 불법구성요건

당해 범죄의 불법내용을 근거지우는 요소의 총체(협의의 구성요건)를 의미한다.

2. 총체적 불법구성요건

불법을 근거지우는 적극적 요소와 배제하는 소극적 요소로 구성된다. 소극적 구성요건요소이론에서 주장하는 구성요건개념이다.

3. 총체적 구성요건

소추요건을 제외한 가벌성의 모든 전제조건을 포함하여 총체적 구성요건이라 부른다. 객관적, 주관적, 성문적, 불문적, 적극적, 소극적 구성요건을 모두 포함하는 구성요건개념이다.

4. 범죄구성요건

총체적 구성요건중 불법과 책임을 근거지우는 모든 요건을 의미한다. 범죄의 성립을 배제하는 위법성조각사유와 책임조각사유는 포함되지 않는다.

5. 허용구성요건

위법성조각사유(정당화사유)를 달리 일컫는 말이다.

6. 보장구성요건

형법의 보장적 과제를 수행하기 위한 개념으로 법적 구성요건이라고도 한다. 초법규적 책임조각사유는 인정되지 않는다.

7. 책임구성요건

불법을 제외한 책임내용만을 근거지우는 요소이다. 영아살해죄(제251조)에서 '치욕, 은폐' 등의 목적이 행위자의 책임을 감경하는 책임구성요건이다.

제3절 구성요건의 분류

1. 기본구성요건과 변형구성요건

기본구성요건은 형법적 불법유형의 가장 기초가 되는 구성요건으로서 보통살인죄(제250조 1항), 단순절도죄(제329조), 단순폭행죄(제260조) 등이 기본구성요건에 해당한다. 이에 대하여 변형구성요건은 기본구성요건에 다른 표지가 추가되어 변형된 구성요건이다. 보통살인죄에 대하여 존속살해죄(제250조 2항), 단순절도죄에 대하여 특수절도죄(제331조)가 가중구성요건이 된다. 이에 대하여 영아살해죄(제251조), 촉탁 · 승낙살인죄(제252조)는 보통살인죄의 감경구성요건이다.

2. 개방구성요건과 폐쇄구성요건

구성요건은 원래 폐쇄적이어서 불법유형의 모든 요소를 빠짐없이 규정해야 하지만, 과실범 · 부작위범 등은 구성요건요소의 일부만을 기술하고 있어 나머지 부분(보증인의무, 주의의무위반)은 법관에 의해 보충될 필요가 있다. 그리하여 벨첼(H. Welzel)은 이러한 구성요건을 개방구성요건론이라 명명하였다.

그러나, 모든 구성요건은 범죄의 불법유형으로서 죄형법정주의의 법률주의와 명확성원칙의 요청상 인정할 수 없다는 것이 오늘날의 대체적 견해이다. 따라서 구성요건은 어디까지나 구성요건 내부에서 자체적으로 보충되어야 하는 폐쇄적 구성요건요소로 이해해야 하며, 위에서 언급한 부작위범과 과실범의 구성요건요소들은 구성요건의 의미내용이 불명확할 때, 법관의 해석에 의하여 구성요건의 의미내용을 명확하게 하는 것으로 이해하면 된다. 이런 점에서 폐쇄적 구성요건과 개방적 구성요건 모두 법관의 해석이 필요하므로 해석의 정도에 차이가 있지만 이는 양적 차이일 뿐 질적 차이는 아니라고 할 것이다.

연 | 습 | 문 | 제

1. 소극적 구성요건요소이론에서 주장하는 구성요건개념은 무엇인가?
2. 개방구성요건론의 주장과 문제점은 무엇인가?

제4절 불법구성요건의 요소

1. 객관적 구성요건요소

행위자의 심리 밖에 존재하면서 행위의 외부적 현상을 결정하는 구성요건요소이다. 행위주체, 행위객체, 행위결과, 인과관계, 행위상황(야간, 해상), 행위태양(기망, 공갈) 등이 이에 해당한다.

①행위주체 : 범죄행위를 행하는 주체를 의미한다. 형법에서는 원칙적으로 자연인만이 행위주체가 될 수 있다.

②행위객체 : 살인죄에서 살인행위의 대상이 되는 피해자를 의미한다. 그러나 명예훼손죄, 위증죄와 같이 행위객체가 없거나 명확하지 않은 범죄도 있다. 행위객체는 가치적 관점에서 해석상 도출되는 보호법익(절도죄에서 소유권, 강간죄에서 피해자의 성적 자기결정권, 살인죄에서 생명)과

구별해야 한다.

③행위결과 : 살인죄에서 피해자의 사망, 절도죄에서 재물의 절취, 상해죄에서 상해 등이 발생하여야 범죄의 기수가 인정된다.

④인과관계 : 행위와 결과 사이에는 인과관계가 인정되어야 한다. 甲의 살인행위가 있고 乙의 사망이라는 살인결과가 발생하였더라도 행위와 결과 사이의 인과관계가 인정되지 않으면 甲에 대해서 살인기수의 책임을 물을 수 없다.

⑤행위양태 : 일부 범죄에서는 특정한 행위태양이 요구되는 경우가 있다. 사기죄에서 기망행위, 공갈죄에서 공갈행위 등이 이에 해당한다.

⑥행위상황 : 야간주거침입절도죄에서 야간이라는 상황, 해상강도죄에서 해상이라는 상황 등이 이에 해당한다.

2. 주관적 구성요건요소

주관적 구성요건요소란 행위자 내심에 존재하는 요소로서, 고의, 과실과 같은 일반적인 주관적 구성요건요소와 목적, 경향, 표현 같은 특별한 주관적 구성요건요소로 나뉘어진다. 범죄의 동기와 같은 요소는 주관적 요소이기는 하나 양형요소일뿐 구성요건요소는 아니다.

이밖에 초과주관적 구성요건요소가 요구되는 범죄가 존재하는 바, 객관적 구성요건에 대한 인식을 초과하는 일정한 주관적 요소로서 절도죄에서 불법영득의사 등이 이에 해당한다.

3. 기술적 구성요건요소와 규범적 구성요건요소

기술적 구성요건요소란 구성요건의 문언이 기술적이어서 사실판단만으로 그 의미와 내용이 확정될 수 있는 요소이다. 이에 반해 규범적 구성요건요소란 법관의 규범적 가치판단을 통해서만 구성요건의 의미, 내용이 확정된다(음란성, 재물의 타인성, 명예, 모욕, 문서, 공공의 안전, 공공의 위험, 위법영득의 의사).

예컨대, 형법 제329조 '타인의 재물을 절취한 자'에서 '타인의'라고 하는 것은 '타인이 점유하는 타인소유의'라는 의미로서 점유나 소유는 모두 감각적으로는 알 수 없고 규범적 판단과정을 거쳐야 하므로 규범적 구성요건요소가 된다. 들판에 두고 집에 돌아 온 농부의 농기구는 현실적으로 농부가 점유하고 있지 않으나, 농부의 점유에 속한다고 보아야 한다. 또한, 형법 제152조 1항 위증죄의 '허위의 진술'에서 '허위'란 구성요건도 객관적 사실에 반한다는 의미가 아니라 진술자의 기억에 반하는 진술을 의미하므로 규범적 구성요건요소가 된다.

양자의 구별은 고의와 착오론에서 중대한 의미를 가진다. 기술적 구성요건표지에 관한 착오는 언제나 구성요건착오가 되지만, 규범적 구성요건표지의 착오는 구성요건착오 뿐만 아니라 경우에 따라서는 금지착오도 될 수 있기 때문이다.

4. 기술된 구성요건표지와 기술되지 않은 구성요건표지

죄형법정주의의 명확성원칙의 요구에 따라 대부분의 구성요건표지는 형법 구성요건에 명확히 기술되어 있는 것이 원칙이다. 그러나 이미 형법이론상 확립된 원칙으로 각 구성요건에 공통된 요소이기 때문에 총칙에 일반적인 규정만 두거나 입법기술상 생략함으로써 기술되지 아니하거나, 입법의 미비로 기술되지 아니한 구성요건표지가 있다. 전자의 예로는 고의범에서 고의, 결과범에서 인과관계 내지 객관적 귀속을 예로 들 수 있고, 후자의 예로는 사기죄에서 기망행위와 피기망자의 교부행위 사이의 인과관계, 절도죄에서 위법영득의 의사나 사기죄 · 배임죄에서 위법이득의사 등을 들 수 있다.

연 | 습 | 문 | 제

1. 구성요건요소중 인과관계의 의의와 기능은 무엇인가?
2. 규범적 구성요건요소의 의의는 무엇이며, 예로는 어떠한 것들이 있는가? 기술적 구성요건요소와 규범적 구성요건요소의 구별은 어디에서 문제되는가?

제5절 구성요건의 유형

1. 결과범과 거동범

결과범은 행위와 함께 결과발생을 요하는 범죄이다. 살인죄, 상해죄의 침해범이 대표적이다. 이밖에 고의의 기본범죄와 과실의 중한 결과가 결합하여 발생하는 결과적 가중범이 이에 포함된다.[4] 결과범에서는 행위와 결과사이의 인과관계가 성립되어야 기수가 인정된다.

거동범은 외부적 결과(외계상태의 변화)발생없이 구성요건에 규정된 행위를 함으로써 바로 기수가 되는 범죄이다. 주거침입죄, 무고죄, 위증죄 등이 이에 해당한다. 결과발생이 필요없으므로 행위결과에 대한 인식 역시 필요없다.

2. 침해범과 위험범

형법각칙상의 구성요건들은 보호법익의 침해정도에 따라 침해범과 위험범(위태범)으로 나눌 수 있다. 침해범은 살인죄의 살인, 상해죄의 상해와 같이 보호법익에 대한 침해가 발생하여야 기수에 이르는 범죄이다.

이에 대하여 위험범은 보호법익에 대한 위험의 초래만으로 기수가 된다. 위험범은 다시 구체적 위험범과 추상적 위험범으로 나눌 수 있다.

구체적 위험범은 보호객체에 대한 구체적 위험발생이 있어야 기수가 된다. 대체로 법문에 "…에 대한 위험을 발생시킨 자는"이라는 형식으로 규정되어 있고, 위험발생이 구성요건요소이므로 위험에 대한 인식 및 인용 역시 고의의 내용이 된다. 형법각칙에서는 자기소유건조물방화죄(제166조2항), 일반물건방화죄(제167조)가 이에 해당한다.

추상적 위험범은 구성요건적 행위가 있으면 성립하고 보호객체에 대한 구체적·현실적 위험발생을 필요로 하지 않는 범죄이다. 추상적 위험범에서는 위험이 입법의 동기에 불과하고 위험에 대한 인식이 범죄요소로서 고려되지 않는다. 추상적 위험범의 예로는 현주건조물방화죄(제164조), 공용건조물방화죄(제165조), 타인소유건조물방화죄(제166조), 명예훼손죄(제307조), 업무방해죄(제314조), 음주운전죄(도로교통법 제44조) 등이 있다.

3. 즉시범과 계속범

형법 및 특별형법의 범죄구성요건들은 범죄행위가 기수에 이른 후에도 범죄행위가 계속되는가에 따라 즉시범과 계속범으로 구분할 수 있다. 이 구분은 공소시효 기산

---

4) 연소죄(제168조), 상해치사죄(제259), 폭행치사죄(제262조), 낙태치사상죄 (제269조 3항, 제270조 3항), 유기치사상죄(제275조), 강간치상죄(제301조) 등이 있다.

점, 공범 성립가능성, 정당방위 성립가능성에 구별실익이 있다. 즉시범에서는 기수이후 공범성립이 불가능하지만, 계속범에서는 기수이후 종료전까지 공범이 성립할 수 있다.

즉시범(상태범)은 법익침해(위태화)시기와 행위종료시점이 일치하는 범죄이다. 살인죄, 상해죄, 절도죄 등이 이에 해당한다.

계속범은 범죄기수 이후에도 법익침해 내지 위태화가 계속되는 범죄이다. 계속범에서는 정당방위가 위법행위의 기수이후 종료전까지 가능하다. 감금죄, 약취유인죄, 주거침입죄 등이 이에 해당한다.

4. 신분범, 자수범, 의무범

형법각칙의 범죄들은 다시 정범의 범위를 기준으로 다음과 같이 나눌 수 있다. 첫째, 일정한 신분을 가진 자만이 행위주체가 될 수 있는 신분범이 있다. 신분범은 다시 진정신분범과 부진정신분범으로 나눌 수 있는 바, 진정신분범이란 범죄성립에 일정한 신분이 필요한 범죄를 말한다. 위증죄가 대표적인 신분범인데, 위증죄는 법률에 의하여 선서한 증인만이 범죄주체가 될 수 있다(제152조 1항). 수뢰죄(제129조)가 성립하려면 공무원 또는 중재인이란 신분이 필요하다. 이에 대하여 부진정신분범은 비신분자도 범죄의 주체가 될 수 있지만 신분자가 죄를 범한 경우 형벌이 가중되거나 감경되는 범죄이다. 존속살해(제250조 2항) · 존속상해(제257조 2항) · 존속폭행(제260조 2항) · 존속유기죄(제271조 2항), 업무상과실치사상죄(제268조), 업무상낙태죄(제270조), 업무상횡령 · 배임죄(제356조)는 형벌이 가중되는 부진정신분범이고, 영아살해죄(제251조), 영아유기죄(제272조)는 형벌이 감경되는 부진정신분범이다.

둘째, 자수범은 구성요건행위를 직접 실행하는 자만이 주체가 될 수 있고, 타인을 이용한 범죄가 불가능한 범죄이다. 위증죄, 허위공문서작성죄, 허위진단서작성죄가 여기에 해당한다.

셋째, 의무범은 구성요건이 요구하는 의무를 가진 자만이 정범이 될 수 있는 범죄이다. 위증죄는 의무범으로서 법정에서 '선서한 증인'은 진실만을 증언해야 할 의무가 주어지고 이에 위반하여 거짓증언을 한 경우 위증죄가 성립한다.

연 습 문 제

1. 위험범의 종류에는 어떠한 것들이 있으며, 그 구별기준은 무엇인가?
2. 신분범이란 무엇이며, 진정 신분범과 부진정 신분범의 차이는 무엇인가?
3. 타인을 이용한 범죄가 불가능한 범죄는 무엇이며, 어떠한 범죄들이 있는가?

제6절 행위주체

1. 법인의 범죄능력

일반적으로 형법각칙상의 범죄는 자연인이 범할 것을 전제로 한다. 따라서 자연인과 같은 정신적 · 육체적 실체를 갖지 않는 법인의 범죄능력에 대해서는 학설이 대립하고 있다. 먼저 전통적 견해[5)]는 ①법인은 의사와 육체를 갖지 않는 무형적 존재로서 형법상 행위능력이 없으며, ②의사없는 법인에 대해 자유의사를 전제로 한 도의적 책임을 물을 수 없고, ③법인의 처벌은 범죄와 무관한 다른 구성원까지 처벌하는 것이 되어 개인책임원칙에 반한다고 하여 법인의 범죄능력을 부정한다. 이밖에 행위자 이외 법인까지 처벌하는 것은 이중처벌이며, 법인에게는 자유형이나 생명형을 과할 수 없다는 점을 논거로 든다.

이에 대하여 최근의 긍정설[6)]은 ①법인은 기관을 통하여 의사결정을 하기 때문에 행위가 가능하며, ②사회적 위험성이 있는 법인에 대해서는 사회적 책임을 물을 수 있고, ③법인의 기관의 행위는 행위자 개인의 행위이면서 동시에 법인의 행위로 간주될 수 있기 때문에 법인은 범죄능력을 가진다고 주장한다. 긍정설의 입장에서 직접행위자인 종업원 이외 법인에 대한 처벌은 이중처벌이 아니며, 법인에 대해 재산형을 가할 수 있으므로 수형능력도 인정된다.

절충적 견해[7)]로서 부분적 긍정설은 형사범에 있어서는 법인의 범죄능력이 부정되지만, 행정범에 있어서는 법인의 범죄능력을 인정하자는 견해이다. 절충설의 논거로

5) 박상기 71면, 배종대 46/26, 손동권 8/12, 손해목 218면; 이재상 7/10 이하, 이정원 75면, 정영일 68면, 조준현 158면.

6) 김성천/김형준 116면, 김일수 137면, 정성근 142면.

7) 오영근 9/13, 유기천 98면, 임웅 77면.

는 ①범죄능력 부정설은 각종 법규에 산재해 있는 양벌규정을 설명하지 못하며, 법인의 범죄능력은 부정하면서 양벌규정에 의한 법인의 형벌능력은 인정하게 되어 형법의 기초인 책임주의에 반하게 된다. ②법인에게 범죄능력이 있다고 하여도 반윤리적 성격이 강한 형사범까지 범할 수 있는 것은 아니며, 윤리적 색채가 약한 행정단속법규에서만 법인의 범죄능력을 인정해야 한다고 한다.

생각건대, 절충설의 견해가 타당하다. 법인에 대하여 양벌규정을 곳곳에 두고 있는 현행 법제하에서 법인의 범죄능력을 전면적으로 부정하기는 곤란하지만, 그렇다고 양벌규정을 두고 있지 않은 형사범의 경우에 법인의 범죄능력을 완전히 인정하기는 곤란하다. 따라서 행정목적을 위한 단속법규에서 법인에 대하여 양벌규정을 두고 있는 경우에만 법인의 범죄능력을 인정하고 형벌능력도 인정함이 타당하다.

2. 법인에 대한 양벌규정의 성격

현실적으로 수많은 특별형법 가운데 법인에 대한 양벌규정이 수없이 존재한다. 이러한 양벌규정은 대개 "행위자를 벌하는 외에 법인 또는 법인의 대표자나 업주, 그 대리인에 대해서도 벌금형을 과한다"는 형식으로 규정되어 있다.

이러한 양벌규정의 성격에 대해서는 다음과 같은 견해들이 대립한다. 첫째, 무과실책임설(과실의제설)[8]은 양벌규정을 범죄주체와 형벌주체의 일치를 요구하는 책임주의에 대한 예외라고 하면서 행정목적을 달성하기 위한 정책적 고려에서 법인의 무과실책임을 인정한 것이라고 한다. 일부의 판례들은 무과실책임설에 기초한 것이라고 할 수 있다.

둘째, 과실책임설[9], 과실추정설[10]은 법인의 범죄능력을 부인하면서, 종업원(임직원)에 대한 법인의 감독과실책임에서 법인이나 그 대표자에 대해 벌칙의 근거를 찾는 견해이다.

---

8) 배종대 46/35, 이재상 7/19, 황산덕 78면. 배종대 46/35는 무과실책임을 규정한 양벌규정은 책임주의에 반하는 잘못된 입법으로 과태료로 전환되어야 한다고 주장한다.

9) 김성돈 153면, 김일수/서보학 139면, 임웅 81면, 정성근/박광민 93면.

10) 과실추정설은 일본판례의 태도이다. 즉 일본 최고재판소 1957. 11. 27. 판결은 "양벌규정은 사업주로 하여금 행위자의 선임 · 감독 기타 위반행위를 방지하기 위하여 필요한 주의를 다하지 아니한 과실의 존재를 추정한 규정이라고 해석해야 하며, 따라서 사업주가 이에 관한 주의를 다하였다는 증명이 없는 한 사업주도 형사책임을 면할 수 없다는 법의라고 해석하는 것이 상당하다"고 판시하였다.

셋째, 부작위감독책임설[11]은 법인이 처벌되는 것은 법인이 그 구성원에 대해 수행해야 할 감독의무를 불이행한 부작위 때문이고, 이 부작위는 고의뿐만 아니라 과실로도 가능하다고 한다. 구체적인 사례에서 법인의 기관이 종업원의 위반행위를 원했거나 알고도 제지하지 않은 경우에는 고의에 의한 부작위책임을 물을 수 있고, 몰랐던 경우에는 과실에 의한 부작위책임을 물을 수 있다.

무과실책임설은 법인에 대한 양벌규정을 두고 있는 현행법의 태도와 맞지 않고, 과실책임설은 법인이 종업원의 불법행위를 알고 있었거나 원했던 경우에는 적합하지 않으며, 부작위책임설은 법인에게 일반적이고 포괄적인 관리감독의무를 인정하여 책임소재가 불명확해지고 혐의형이 될 위험성이 있다.

헌법재판소는 최근 판례에서 "양벌규정이 종업원의 범죄행위에 대해 아무런 책임이 없는 영업주에 대해서까지 처벌할 수 있는 가능성을 열어 놓고 책임의 정도에 비해 지나치게 무거운 법정형을 규정한 것은 책임주의에 반하므로 법치국가의 원리와 헌법 제10조의 취지에 위반하여 헌법에 위반한다"고 결정함으로써(헌재 2005 헌가10), 영업주에 대하여 무과실책임을 인정하는 것은 헌법에 위배된다는 점을 명확히 하였으며, 수산업법(헌재 2009 헌가11), 아동복지법(헌재 2010 헌가94)의 양벌규정이 "개인의 대리인, 사용인 기타 종업원이 위반행위를 한 때에는 그 개인에 대하여도 해당 조의 벌금형을 과한다"고 규정한 것은 위헌이라는 결정을 하였고, 법인처벌에서도 같은 태도를 취하고 있다(헌재 2010헌가88, 헌재 2010헌가73).

결론적으로, 절충적 견해에 의하여 법인기관의 불법행위는 법인자신의 실행행위로 보아 법인의 불법행위책임으로 보고, 법인종업원의 불법행위에 대해서는 관리감독상의 부작위책임으로 세분하여 고칠하는 것이 보다 타당한 해결방안이라고 생각된다(소위 부작위감독책임 · 행위책임이원설). 즉, 법인기관의 불법행위는 법인의 자기책임이고, 법인종업원의 불법행위에 대한 법인의 책임은 타인의 행위에 대한 책임 내지 제3자 책임이 된다고 보아야 할 것이다.

3. 비법인사단 및 법인의 범죄주체성

법인의 범죄주체성을 인정하더라도, 조합이나 권리능력없는 사단 또는 재단 등의

11) 김일수/서보학 139면, 임웅 81면, 정성근/박광민 93면.

경우 법률에 명문규정이 없는 한 당연히 범죄주체성을 갖는 것은 아니다(대판 96도524[12]). 권리능력없는 단체도 사회적 활동은 하고 있지만, 그 활동에 대한 사회적 통제는 단체의 실체에 의해서보다는 구성원 개인에게 향하게 함으로써 충분히 실효성을 거둘 수 있기 때문이다.

12) 법인격없는 사단과 같은 단체는 법인과 마찬가지로 사법상의 권리의무의 주체는 될 수 있지만, 법률에 명문규정이 없는 한 범죄능력은 없는 것이다. 그러한 단체의 업무는 단체를 대표하는 자연인, 즉 대표기관의 의사결정에 따른 행위에 의해 실현될 수밖에 없다. 1995년 개정 이전 건축법 규정상 건축물유지관리의무를 지는 관리자가 법인격없는 사단인 경우에는 그 대표기관인 자연인을 의미한다고 보아야 한다.

연 | 습 | 문 | 제

다음 판례들은 양벌규정의 법적 성격에 관한 학설중에서 어느 견해에 기초한 것인지 설명하라.

①“공중위생법 제45조의 규정은, 법인의 경우 종업원의 위반행위에 대하여 행위자인 종업원을 벌하는 외에 업무주체인 법인도 처벌하고, 이 경우 법인은 엄격한 무과실책임은 아니라 하더라도 그 과실의 추정을 강하게 하고, 그 입증책임도 법인에게 부과함으로써 양벌규정의 실효를 살리자는데 그 목적이 있다”(대판 92도1395).
“식품위생법 제47조의 양벌규정은 식품영업주의 그 종업원에 대한 감독태만을 처벌하는 규정”(대판 77도412)
“종업원 등의 행정법규위반행위에 대하여 양벌규정으로 영업주의 책임을 묻는 것은 종업원 등에 대한 영업주의 선임감독상의 과실책임을 근거로 하는 것”(대판 87도1213)

②“배임죄(형법 제355조 2항)에서 타인의 사무를 처리할 의무의 주체가 법인이 되는 경우라도 법인은 다만 사법상의 의무주체가 될 뿐 범죄능력은 없다. 사무는 법인을 대표하는 자연인인 대표기관의 의사결정에 따른 행위에 의하여 실현될 수밖에 없기 때문에 그 대표기관이 법인이 타인에 대하여 부담하고 있는 의무내용대로 사무를 처리할 임무가 있는 것이다. 따라서 법인이 처리할 의무를 지는 타인의 사무에 관하여 사무를 처리하는 자연인이 배임죄의 주체가 되는 것으로 해석해야 한다”.(대판 82도2595)

③“법인은 기관인 자연인을 통하여 행위를 하는 것이므로 자연인이 법인의 기관으로서 범죄행위를 한 경우에도 행위자인 자연인의 범죄행위에 대한 형사책임을 지는 것이다. 다만, 법률의 목적을 달성하기 위해 특별히 규정하고 있는 경우에만 행위자를 벌하는 외에 법률효과가 귀속되는 법인에 대해서도 벌금형을 부과할 수 있을 뿐이다”.(대판 93도1483)

④“이 사건 법률조항은 법인이 고용한 종업원 등이 업무에 관하여 의료법 제87조 제1항 제2호 중 제27조 제1항의 규정에 따른 위반행위를 저지른 사실이 인정되면, 법인이 그와 같은 종업원 등의 범죄에 대해 어떠한 잘못이 있는지를 전혀 묻지 않고 곧바로 그 종업원 등을 고용한 법인에게도 종업원 등에 대한 처벌조항에 규정된 벌금형을 과하도록 규정하고 있는바, 오늘날 법인의 반사회적 법익침해활동에 대하여 법인 자체에 직접적인 제재를 가할 필요성이 강하다 하더라도, 입법자가 일단 “형벌”을 선택한 이상, 형벌에 관한 헌법상 원칙, 즉 법치주의와 죄형법정주의로부터 도출되는 책임주의원칙이 준수되어야 한다. 그런데 이 사건 법률조항에 의할 경우 법인이 종업원 등의 위반행위와 관련하여 선임 · 감독상의 주의의무를 다하여 아무런 잘못이 없는 경우까지도 법인에게 형벌을 부과될 수밖에 없게 되어 법치국가의 원리 및 죄형법정주의로부터 도출되는 책임주의원칙에 반하므로 헌법에 위반된다”.(헌재결 2008헌가16 전원재판부)

제7절 인과관계

1. 의미

형법상 인과관계란 일정한 행위로 인하여 일정한 결과가 발생하였다는 것을 인정할 수 있는 연관관계를 말한다. 행위와 결과 사이에 인과관계가 인정되지 않으면 미수범으로서의 책임을 물을 수 있을 뿐이다. 현실의 인과관계 이외 규범적 관점에서 발생한 결과를 행위자의 작품으로 귀속시킬 수 있는가를 문제삼는 것이 객관적 귀속의 문제이다. 그리하여 오늘날 형법학에서는 사실적 인과관계는 합법칙적 조건설에 의해서, 규범적 인과관계는 객관적 귀속론에 의해서 해결하는 2원적 사고가 유력해지고 있다.

2. 인과관계의 종류

형법상 행위와 결과 사이에는 다양한 인과관계가 발생할 수 있다.

첫째, 기본적 인과관계는 다른 행위 개입없이 원인행위가 직접 구성요건적 결과를 발생시킨 경우로서 인과관계판단에 별다른 어려움이 없다.

둘째, 이중적(택일적) 인과관계는 단독으로 같은 결과를 야기할 수 있는 여러 원인이 결합하여 결과를 야기한 경우이다. 甲은 음료수에, 乙은 빵에 각각 치사량의 독약을 섞어 A가 이 빵과 음료수를 먹고 사망한 경우가 이에 해당한다.

셋째, 중첩적(누적적) 인과관계는 단독으로 같은 결과를 야기할 수 없는 조건들이 공동작용하여 결과를 야기한 경우이다. 위의 사례에서 독약의 치사량이 10g이라고 했을 때, 甲은 음료수에 5g의 독약을, 乙은 빵에 5g의 독약을 섞어 A가 이 음료수와 빵을 먹고 사망한 경우이다.

넷째, 가설적 인과관계는 발생한 결과에 대한 원인행위가 없었더라도 같은 결과가 발생했을 고도의 개연성이 있는 경우이다. 간호사나 의사가 사망 직전의 환자에게 독약을 먹이거나 주사한 경우이다.

그러나 형사판례에서 실제 많이 문제되는 것은 다음과 같은 비유형적 인과관계들이다. 원인행위와 결과 사이에 ①피해자의 특수체질(혈우병) ②피해자의 고의 또는 과실(치료소홀), ③제3자의 고의 또는 과실(의사의 의료과오) ④자연현상 내지 천재지변(지진발생시 다리부상으로 대피하지 못한 경우) 등이 개입하여 결과를 발생시킨 경우가 이에 해당하는데 이러한 경우 중간 사정들의 개입에도 불구하고 인과관계를 인정할 것인지가 문제된다.

3. 인과관계 판단이론

판례

[인과관계에 대한 판례]

〈대판 93도3612〉 김밥콜라사건

폭력배가 휘두른 흉기에 찔려 입은 상처로 인해 급성신부전증이 발병하여 치료를 받는 도중 음식과 수분섭취를 억제해야 함에도 부주의하게 음료수를 마셔 합병증이 유발되어 결국 사망하게 되었다면, 폭력배의 범행이 피해자를 사망하게 한 직접적인 원인이 아니고 피해자 자신의 과실이 개재된 경우이다. 그러나 살인의 실행행위가 피해자의 사망이라는 결과를 발생하게 한 유일한 원인이거나 직접적인 원인이어야 하는 것은 아니다. 따라서 살인의 실행행위와 피해자의 사망 사이에 다른 사실이 게재되어 그 사실이 사망이라는 결과발생의 직접원인이 되었다 하더라도, 보통 예견할 수 있는 사실이므로 살인의 실행행위와 사망결과사이에 인과관계가 있는 것으로 보아야 할 것이다.

〈대판 85도2433〉 심장질환사건

피해자를 두 차례 걸쳐 손으로 힘껏 밀어 땅바닥에 넘어뜨리는 폭행을 가해 그 충격으로 인한 심장마비로 사망케 했다면, 당시 피해자에게 심장질환의 지병이 있는데다가 만취상태였고 이것이 피해자의 사망에 영향을 주었다고 해도, 폭행행위와 사망결과 사이에는 상당인과관계가 있다고 보아야 할 것이다.

〈대판 82도1446〉 현숙한 여인 사건

강간을 당한 피해자가 집에 돌아가 음독자살하기에 이른 원인이 강간을 당함으로 인하여 생긴 수치심과 장래에 대한 절망감 등에 있었다 하더라도 그 자살행위가 바로 강간행위로 인하여 생긴 당연의 결과라고 볼 수는 없으므로 강간행위와 피해자의 자살행위 사이에 인과관계를 인정할 수 없다.

〈대판 82도3222〉 뒤차충돌사건

피고인 운전의 차가 이미 정차하였음에도 뒤쫓아오던 차의 충돌로 인하여 앞차를 충격하여 사고가 발생한 경우 설사 피고인에게 안전거리를 준수치 않은 위법이 있었다 하더라도 그것이 이 사건 피해결과에 대하여 인과관계가 있다고 할 수 없다.

위와 같은 인과관계문제의 판단을 위하여 다양한 이론들이 개발되어 왔다.

첫째, 원인설(개별화설)은 조건관계에 있는 여러 원인 중 일정한 기준에 의하여 형법상 의미있는 것만을 원인으로 보자는 이론이다. 원인과 조건의 구별기준에 대해서는 최유력조건설, 최종조건설, 필연조건설, 결정적 조건설, 우월적 조건설 등이 대립되어 있다. 원인설에 대해서는 기준이 분명하지 못하다는 비판이 가해진다. 예컨대 치사량이 10g인 독약을 甲이 3g, 乙이 4g, 丙이 3g을 먹여 피해자가 사망한 경우 최유력조건설에 의하면 乙만이, 최종조건설에 의하면 丙만이 살인죄의 기수책임을 지게되는 기이한 결론에 도달하게 된다. 또 무엇이 필연적 조건 또는 결정적 조건, 우월적 조건인지 판단하기 힘들다는 문제점이 있다.

둘째, 조건설(등가설)은 행위와 결과 사이에 논리적 조건관계만 있으면 인과관계를 인정하는 견해이다. 논리적 조건관계의 판단은 절대적 제약공식(conditio sine qua non: 조건이 없었으면 결과도 없었다)을 적용하여 해결한다. 조건설에 대해서도 역시 다양한 비판이 가해진다. ①논리적 조건관계의 판단은 우리가 이에 관한 지식을 가지고 있을 것을 전제하므로 일종의 순환논증에 불과하며, ②절대적 제약공식에 의할 경우 인과관계의 인정범위가 지나치게 확장되고 비유형적 인과관계에서도 인과관계를 인정함으로써 결과적 가중범의 성립범위를 지나치게 확장시킨다는 것이다. 또한, ③논리적 조건관계만으로 인과관계를 인정하는 것은 인과관계의 유무와 중요성을 혼동하는 것이며, ④이중적 인과관계, 추월적 인과관계에서 인과관계성립을 부정하고 미수의 책임을 지우는 것은 부당하다는 것이다(반면 중첩적 인과관계에서는 인과관계를 인정하게 된다).

셋째, 합법칙적 조건설[13]은 하나의 행위가 일정한 구성요건결과에 대해 인과적이라고 할 수 있기 위해서는 언제나 결과가 그 행위에 시간적으로 뒤따르면서 그 행위와 자연법칙적으로 연관되어 있어야 한다는 이론이다. 자연과학적 인과법칙의 존재여부가 검토되는 일반적 인과관계의 존부판단단계와 구체적 사안의 자연과학적 인과법칙에의 포섭여부를 검토하는 구체적 인과관계의 확정단계로 나뉜다.

넷째, 상당인과관계설[14]은 사회생활상의 일반적인 지식경험에 비추어 일정한 행위

---

13) 우리나라의 다수설. 김성천/김형준 139면, 김일수 170면, 박상기 97면, 손동권 8/45, 신동운 132면, 이재상 11/52, 임웅 129면, 정성근 214면.

14) 배종대 31/40, 오영근 11/24.

로부터 일정한 결과가 발생하는 것이 상당하다고 평가할 수 있을 경우에 형법상의 인과관계를 인정한다. 어떠한 사정을 기초로 상당인과관계를 인정할 것인지에 대하여 다시 3가지 학설로 나뉜다. 먼저, 주관적 상당인과관계설은 행위자가 행위 당시 인식하고 있었던 사정과 인식할 수 있었던 사정을 기초로 상당성을 판단하자는 견해이다. 예컨대 특수체질을 가진 사람을 구타하여 사망케 한 경우에 행위자가 피해자의 특수체질을 알지 못했거나 인식할 수 없는 상태였다면 구타행위와 사망결과 사이의 인과관계를 부정한다. 인과관계의 인정범위가 지나치게 좁아진다는 비판이 있다. 다음, 객관적 상당인과관계설은 행위 당시 객관적으로 존재하였던 모든 사정과 행위 후의 사정이라도 행위 당시 예견할 수 있었으면 상당성을 인정하자는 학설이다. 객관적 사후예측설이라고도 한다. 위에서 행위자가 피해자의 특수체질을 알지 못하였더라도 이를 인식할 수 있었다면 구타행위와 사망결과 사이의 인과관계를 인정한다. 주관적 상당인과관계설과 반대로 인과관계의 인정범위가 지나치게 넓어진다는 비판이 있다. 마지막으로, 절충적 상당인과관계설은 행위 당시 일반인이 인식할 수 있었던 사정과 행위자가 특히 인식하고 있었던 사정을 기초로 상당성을 판단하는 견해이다. 행위자가 인식한 사정과 일반인이 인식한 사정이 다를 경우 누구의 인식내용을 기준으로 할 것인지가 불분명하다는 비판이 있다.

상당인과관계설에 대해서는 다양한 비판이 제기된다. 첫째, 상당하다는 판단은 인과관계의 확정을 규범판단의 문제, 즉 평가의 문제로 파악하는 것이며 여기에는 인과관계의 유무의 판단과 인과관계의 형법상 중요성 판단이 뒤섞여 혼란을 일으키고 있다. 둘째, 주관설은 상당성의 판단기초를 행위자가 인식한 사정에 국한하기 때문에 인과관계의 인정범위가 부당하게 협소하게 되는 반면, 객관설은 객관적으로 존재하는 모든 사정을 상당성판단의 대상으로 삼기 때문에 그 인정범위가 지나치게 확대된다. 셋째, 범죄체계론상 인과관계는 객관적 구성요건요소로서 그 판단의 기초가 객관적 사정이어야 함에도 절충설과 주관설에서는 행위자의 주관적 사정이 인과관계판단에 영향을 주게되는 문제점이 있다. 넷째, 애당초 상당인과관계설은 결과적 가중범의 성립범위를 축소하려는 의도로 고안된 것이지만, 형법 제15조 2항은 '중한 결과에 대한 예견가능성'을 결과적 가중범의 성립요건으로 규정함으로써 행위와 중한 결과사이에 인과관계가 있더라도 예견가능성이 없는 경우에 결과적 가중범의 성립을 부정하므로 이러한 법문의 규정과 조화되지 않는다. 우리 대법원이 인과관계판단에서 일관성 없는 판결을 내리고 있는 것도 상당성이 지나치게 폭넓고 애매한 기준이기 때문이라는 것이다[15].

한편, 중요설은 인과관계의 유무와 중요성을 구분하여 유무는 조건설에 의하여 확정하지만, 개개의 구성요건의 해석상 중요성이 있는 조건만이 원인이라고 보는 견해이다. 여기에 대해서는 중요성을 인과관계의 확정에서 따르고 있는 조건설의 문제점을 그대로 안고 있으며, 중요성판단을 구성요건해당성판단에 넘기고 있을 뿐 실질적 판단기준을 제시하지 못한다는 비판이 제기된다.

이렇게 하여, 형법상 인과관계 논의는 단순한 인과관계의 존부문제가 아니라 귀속 내지 평가의 문제임이 오늘날 인정되고 있고, 결과를 행위자의 작품으로 귀속시킬 수 있느냐하는 객관적 귀속론이 새로이 제기되었다.

4. 객관적 귀속론

가. 의의

객관적 귀속론은 행위자에 의하여 법적으로 허용되지 않은 위험이 창출되고 그 위험이 구성요건적 결과로 실현되었을 경우에 한하여, 그 결과를 행위자에게 객관적으로 귀속시킬 수 있다는 견해이다. 발생된 결과를 행위자에게 귀속시킬 수 있느냐의 문제는 인과관계가 있는가라는 존재론적 문제가 아니라 그 결과가 정당한 처벌이란 관점에서 행위자에게 객관적으로 귀속될 수 있는가라는 규범적 · 법적 문제에 속한다. 행위와 결과 사이에 인과관계가 존재한다는 것만으로는 이러한 관계가 형법에서 어떤 의미를 갖는가에 관하여 별다른 해결을 주지 못한다. 그리하여 객관적 귀속이론이 제기된 것이다.

---

15) 예컨대 피해자의 특수체질이 문제된 사안에서 피해자의 두개골이 얇고 뇌수종을 앓고 있기 때문에 사망한 사례에서는 인과관계를 부정했으나(대판 78도1691) 피해자의 고혈압(대판 70도1387), 지병(대판 79도2040), 심장질환(대판 89도556) 등의 문제된 경우에는 인과관계를 인정하였다. 또한 피해자가 강간을 피하기 위하여 도망하다가 중한 결과가 발생한 비슷한 두 개의 사례에서 각각 중한 결과에 대하여 예견가능성이 있다(대판 95도425) 또는 없다(대판 92도3229)는 이유로 상당인과관계를 인정 또는 부정하여 일관된 입장이 결여되어 있다.

나. 객관적 귀속의 척도

객관적 귀속의 척도에 대해서는 여러가지 기준들이 제시되고 있다. 대표적인 것이 위험실현이론과 회피가능성의 이론이다.

1) 위험실현(증대)이론

결과의 객관적 귀속을 위해서는 행위자의 행위가 구성요건에 해당하는 법익침해를 야기하는 것만으로는 부족하고 행위자가 객관적 주의의무에 위반하여 허용되지 않는 위험을 실현하거나 증대시킬 것이 요구된다. 따라서, 위험창출행위로 볼 수 없어 가벌성이 배제되는 기준으로는 다음의 경우가 있다.

(1) '허용된 위험'의 원칙

'허용된 위험'의 원칙에서는 위험을 수반하는 행동양식들이 공공이익이라는 상위의 이익을 위하여 일반적으로 허용되는 것으로 본다. 따라서 매우 경미한 상해행위, 교통규칙을 준수한 자동차운전 중 부득이 발생한 대인사고, 허용기준에 합치하는 오염물질 배출행위 등 사회적 상당성이 있는 행위는 결과의 객관적 귀속이 부정된다.

(2) 위험실현의 결여원칙

행위자의 행위에 의하여 위험이 창출되었더라도 그것이 결과로 실현되지 않는 한, 역시 결과의 객관적 귀속이 부정된다. "피고인이 패혈증에 관한 최신 정의를 알지 못하여 이미 진행 중인 패혈증을 아직 진행하지 않고 있는 것으로 잘못 판단하고 적절한 치료방침을 정하지 못한 것이라 하더라도, 그 판단이 현재 우리 나라의 일반적 기준으로서의 의학수준과 함께 피고인의 경력 · 전문분야 등 개인적인 조건이나 진료지 · 진료환경 등을 고려할 때, 통상의 의사의 정상적인 지식에 기한 것이 아니고 따라서 그것이 과실이라고 단정하기는 어렵고, 단순한 대진의뢰 등 소극적 협진마저도 그 시기가 적절치 않았는지 여부와 이에 그치지 않고 내과로 전과하는 등 적극적 협진을 하였다면 그 치료방법이 어떻게 달라져서 피해자의 생명을 구할 수 있었는지 여부가 심리되어야 한다"(대판 95도2710, 루드비히안기나 사건)는 판례에서 위험실현원칙의 일단을 엿볼 수 있다.

(3) 위험감소의 원칙

행위자가 기존의 인과과정에 개입하여 피해자에게 불가피하게 발생하는 위험을 비록 저지하지는 못했더라도 감소시킨 경우 객관적 귀속이 부정된다. 예컨대 피해자 머리위에 떨어지는 치명적 타격을 회피하기 위해 그를 밀쳐 부상만 입힌 경우, 불이 나자 소사를 피하기 위하여 창밖으로 아이를 던져 중상을 입힌 경우 결과귀속이 배제된다.

2) 지배가능성이론(회피가능성이론)

판례

〈대판 90도2856〉 (우리 판례)

행위자가 트럭을 도로중앙선 위에 왼쪽 바퀴가 걸친 상태로 운행하던 도중 피해자의 승용차가 트럭의 진행차선으로 마주 달려오다가 트럭을 피하기 위해 급히 자기차선으로 들어가면서 트럭과 마주쳐 지나면서 다시 트럭의 차선으로 들어와 승용차 왼쪽 앞부분으로 트럭의 왼쪽 뒷바퀴 부분을 스치듯이 충돌하고 이어서 트럭을 바짝 뒤따라가던 차량과 추돌하였다. 그렇다면 설사 행위자가 중앙선 위를 운행하지 않고 정상차선으로 달렸다해도 사고는 피할 수 없었기 때문에 트럭의 왼쪽 바퀴를 중앙선위에 올려놓은 상태에서 운전한 것만으로는 이 사고의 직접적인 원인이 되었다고 할 수 없다.

〈BGHSt 11, 1〉 (독일 판례)

피고인(화물차트레일러 운전사 甲)이 폭6m의 직선도로를 달리면서 피해자(乙)를 75cm 간격으로 추월하였으나 피해자가 명정상태여서(혈중알콜농도 1.96%) 을이 왼쪽으로 넘어지고 트레일러밑으로 들어가 즉사한 경우 甲이 충분한 간격(2m)을 두고 추월했더라도 똑같은 결과가 발생했을 것이라고 예견되는 경우 乙의 사망을 甲의 행위의 결과로 귀속할 수 없다.

행위자뿐 아니라 일반인에 의해서도 지배불가능한 결과는 행위자의 작품으로 귀속시킬 수 없다는 이론이다. 사실 이 원칙은 구성요건해당성 문제 이전에 행위판단단계에서도 적용된다고 할 수 있다. 예를들면, 농장주가 뇌우가 있는 날에 벼락을 맞도록 일꾼을 들판에 일을 내보낸 결과 벼락에 맞아 사망하였더라도 이는 지배불가능한 결과이므로 객관적 귀속이 불가능하다는 원칙이다.

또한, 행위자가 금지된 행위로 구성요건결과를 야기했으나 적법한 대체행위를 했더라도 결과발생이 확실시되는 경우 결과귀속이 역시 배제된다. 이는 행위자 뿐만 아니라 일반인에게도 회피불가능한 결과이기 때문이다. 위의 두 판례에서도 행위자의 원인행위가 있었지만, 다른 적법한 대체행위가 있었더라도 결과발생이 확실시 되기 때문에 결과의 객관적 귀속이 부정된 사례라고 할 수 있다.

3) 규범의 보호목적

행위자가 보호법익에 대하여 허용되지 않은 위험을 창출하거나 실현하였어도 인과과정의 진행을 방지하는 것이 범죄구성요건의 임무가 아닐 경우 결과귀속이 배제된다. 예컨대 甲이 현숙한 여인 乙을 강간하였는데 乙이 이를 비관하여 자살한 경우 乙의 사망을 甲의 강간행위의 결과로 귀속시킬 수 없다. 강간행위를 금지하는 규범의 보호목적은 乙의 자살을 방지하는 것까지 포함하지 않기 때문이다(대판 82도1446).

甲이 교통사고로 乙에게 상처를 입혔지만 乙이 종교적 이유로 수혈을 거부한 경우도 마찬가지로 '규범의 보호목적' 이론이 원용될 수 있다.

다. 비판

객관적 귀속이론에 대해서는 다양한 비판이 제기되고 있다.

첫째, 객관적 귀속론에서 주상하는 귀속의 척도는 이미 기존 범죄론에서 해결되어 있다는 것이다. 예컨대 허용되지 않은 위험의 실현이라는 척도는 허용된 위험의 법리에 의해 이미 구성요건해당성 배제사유로 취급되고 있으며, 지배가능성이라는 척도는 결과적 가중범에서 예견가능성 내지 지배가능성이란 성립요건으로 다루어지고 있다.

둘째, 객관적 귀속이 그 척도를 불문의 객관적 구성요건요소로 파악하면서 그 척도 중 하나로 예견가능성이란 주관적 척도를 설정하는 것은 모순이다.

셋째, 규범의 보호목적이 무엇인지 분명하지 않은 경우가 많다. 다만 인과관계를 규범적 판단의 문제로 보고 인과관계가 인정된 사례에 대해 다시 일정한 척도 아래 규범적 검토를 해야 한다는 착안점은 타당하다고 할 수 있다.

라. 결론

형법 제17조에서 '죄의 요소되는 위험발생에 연결' 이라는 표현을 쓰고 있는 것은 범죄실현의 단계를 '행위 – 위험발생 – 결과'로 파악하여 위험발생에 객관적 귀속의 모든 척도, 즉 위험창출, 위험실현 및 규범의 보호목적 등이 함축된 의미로 해석하려는 것이라 볼 수 있다. 따라서 여러가지 이질적 요소를 '상당성'이라는 하나의 척도로 무리하게 결합하려는 상당인과관계설보다는 귀속척도를 세분화하는 객관적 귀속이론이 좀 더 타당하다고 생각된다. 객관적 귀속이론의 여러 원칙들이 아직 개발중에 있고, 행위에 의하여 창출되거나 증대된 위험이 결과로 실현된 경우에 한하여 그 결과를 행위자의 작품으로 귀속시킬 수 있다는 기본적 착상을 계속 발전시켜 간다면 인과관계 판단의 합리성을 높일 수 있을 것이다.

연 | 습 | 문 | 제

1. 인과관계해결을 위한 다양한 이론들의 내용과 장단점을 설명하라.
2. 상당인과관계설의 내용과 문제점은 무엇인가?
3. 객관적 귀속의 척도 중 과실범의 결과귀속에서 가장 많이 원용되는 원칙은 무엇인가?
4. 다음 판례에서 원용된 객관적 귀속의 원칙들을 설명해보라.

임차인이 자신의 비용으로 설치 · 사용하던 가스설비의 휴즈콕크를 아무런 조치 없이 제거하고 이사를 간 후 가스공급을 개별적으로 차단할 수 있는 주밸브가 열려져 가스가 유입되어 폭발사고가 발생한 경우, 구 액화석유가스의안전및사업관리법상의 관련 규정 취지와 그 주밸브가 누군가에 의하여 개폐될 가능성을 배제할 수 없다는 점 등에 비추어 그 휴즈콕크를 제거하면서 그 제거부분에 아무런 조치를 하지 않고 방치하면 주밸브가 열리는 경우 유입되는 가스를 막을 아무런 안전장치가 없어 가스 유출로 인한 대형사고의 가능성이 있다는 것은 평균인의 관점에서 객관적으로 볼 때 충분히 예견할 수 있다는 이유로 임차인의 과실과 가스폭발사고 사이의 상당인과관계를 인정한 사례(휴즈콕크사건 : 대판 99도5086)

제8절 주관적 구성요건요소

객관적 구성요건요소들이 충족되었다 하더라도 구성요건해당성이 충족되려면 주관적 구성요건요소들의 존재가 인정되어야 한다. 주관적 구성요건요소들은 행위자의 내부적 심리상태를 기술하는 구성요건요소로서 고의, 과실과 같은 일반적인 주관적 구성요건요소와 목적, 경향, 표현같은 특별한 주관적 구성요건요소로 나눌 수 있다.

1. 고의의 의의 및 본질

가. 의의

형법상 고의는 "객관적 구성요건요소실현에 대한 행위자의 인식(지적 요소)과 의욕(의적 요소)"이라 정의할 수 있다. 형법 제13조는 "죄의 성립요소인 사실의 인식"이라고만 규정하고 있지만 오늘날 대부분의 형법학자는 고의가 지적요소와 의욕적 요소의 결합이라는데 견해가 일치하고 있다. 즉, 결과발생을 단순히 인식하는 것만으로는 고의를 인정하기에 부족하고 적극적으로 의욕하거나 최소한 인용하여야 한다.

나. 고의의 인식의 대상

고의가 인정되려면 사실의 인식으로서 행위주체, 행위객체, 행위결과, 행위태양에 대한 인식이 필요하다. 사실의 인식이 없는 경우 고의 자체가 부정된다.

인과관계의 인식이 필요하지만, 구체적인 인과과정을 정확히 인식할 것을 요하지는 않으며, 대체적으로 그 본질적인 점을 인식하면 족하다.

규범적 구성요건요소에 대해서는 그 의미의 인식이 필요하다. 예컨대, 절도죄에서 재물의 타인성, 유가증권의 의미를 인식해야 한다. 다만 이러한 의미의 인식은 정확한 법 평가가 아닌 문외한으로서의 소박한 가치평가면 충분하다. 법석 평가의 착오는 고의를 조각하지 않는 포섭의 착오로서 형법 제16조 법률의 착오 규정에 의하여 해결할 수 있다.

2. 고의의 체계적 지위

고의의 범죄체계론상 지위를 어떻게 볼 것인가는 각 범죄체계를 특징지우는 핵심적 문제이다. 먼저 고전적 범죄체계에 기초하는 책임요소설에서는 고의를 비롯하여 범죄성립의 모든 주관적 요소를 책임요소로 파악한다. 그 결과 다음과 같은 비판이 제기된다. 고의를 책임단계에서 고려하게 되면 객관적 구성요건요소만으로는 범죄성립의 첫 단계인 구성요건해당성을 확정할 수 없다. 그 결과 행위판단을 위해서는 의사의 존재(유의성) 뿐만 아니라 의사의 내용인 고의 · 과실도 행위개념의 요소가 되어야 한다는 목적적 행위론의 등상으로 지지사를 상실하게 되었다.

다음, 목적적 범죄체계에 기초하는 구성요건요소설에서는 '목적적 의사'인 고의를 행위개념의 불가결한 요소로 보면서 주관적 구성요건요소로 파악한다. 그러나 고전적 범죄체계에서 핵심적 책임요소였던 고의가 구성요건요소로 체계적 지위가 바뀌면서 책임개념의 공허화라는 문제를 가져오게 되었다.

그리하여, 사회적 범죄체계에 기초한 이중적 지위설에서는 구성요건에 해당하는 객관적 · 외부적 사실에 대한 인식 · 의욕으로서의 구성요건적 고의와 책임형식으로서의 책임고의(주관적 행위자 지향)를 구분하여 고의의 이중적 지위를 인정하기에 이른다.

다시 말해서, 구성요건적 고의는 "고의행위에 대하여 사회윤리적 견지에서 내려지는 부정적 가치판단"인 행위반가치판단의 대상이 되고, 책임고의는 "고의의 불법행위를 통하여 드러나는 행위자의 법적대적 태도에 대한 부정적 가치판단"인 심정반가치판단의 대상이 된다. 즉, 구성요건적 고의는 인식의 내용을 문제삼고 책임고의는 인격형성의 동기 내지 방향을 문제삼는다. 책임에 있어서 고의는 과실에 비해 훨씬 강한 비난을 받게 되고, 고의중에서도 확정적 고의는 미필적 고의보다 더욱 강한 책임비난을 받는다.

3. 고의의 종류

결과발생의 대상 또는 결과발생에 대한 고의의 확실성 여부에 따라 고의는 확정적 고의와 불확정적 고의로 나눌 수 있다.

가. 확정적 고의

확정적 고의 (dolus determinatus)는 구성요건적 결과의 발생 자체와 결과발생의 대상을 확실하게 인식하고 의욕한 경우의 고의이다. 목적범에서의 목적을 의도적 확정적 고의 또는 의도적 고의에 포함시키는 견해가 있으나 목적범에서 목적은 고의의 한 종류가 아닌 고의 이외의 초과주관적 구성요건요소로 인정하는 이상 이를 인정할 수 없다.

나. 불확정적 고의

불확정적 고의 (dolus indeterminatus)는 구성요건적 결과발생 자체를 확실히 인식하지 못하거나 결과발생의 대상을 확실하게 인식하지 못한 경우의 고의이다. 여기에는 개괄적 고의와 택일적 고의, 그리고 미필적 고의가 있다.

1) 개괄적 고의

먼저 개괄적 고의(dolus generalis)[16]는 행위자의 의도와 달리 계속된 다른 행위에 의해 결과가 발생한 경우의 고의이다. 예컨대 살해하기 위해 몽둥이로 때려 의식불명이 된 사람을 죽은 줄 알고 땅속에 묻거나 강물에 빠뜨렸는데, 실은 피해자가 계속된 행위로 질식 또는 익사한 경우 개괄적 고의가 인정된다.

개괄적 고의를 형법적으로 어떻게 처리할 것인가에 대해서는 다양한 견해가 대립한다. 첫째, 고의기수설(개괄적 고의설)에서는 행위자가 의도한 결과와 실제 발생한 결과가 일치하므로 발생한 범죄의 고의기수로 처벌하자고 한다[17]. 둘째, 미수설 (미수범과 과실범의 경합범설)[18]에서는 행위시에 고의가 존재해야 한다는 원칙에 따라 제2행위시 사체은닉의 고의만 있었고 살인의 고의는 없었으므로 살인미수와 과실치사의 경합범을 주장한다. 셋째, 인과관계착오설(다수설)[19]에서는 행위자가 인식 · 예견한 인과관계와 실제발생한 인과관계의 차이가 본질적이지 않으면 살인기수죄가 성립한다고 한다. 이에 대해서는 본질성 판단의 기준이 명확하지 않고 행위자를 무겁게 벌하려는 의도를 모호한 용어로 희석시킨다는 비판이 제기된다. 넷째, 객관적 귀속설[20]에서는 개괄적 고의사례를 발

---

16) 무엇이 개괄적 고의냐에 대해서 견해가 나뉘고 있다. 배종대 교수는 "행위자가 일정한 결과를 실현하려고 했지만, 그의 생각과 달리 계속된 다른 행위에 의해서 결과가 발생한 경우"를 개괄적 고의라고 하는 반면, 이재상 교수는 "결과 자체가 일어나는 것은 확정적이나 그 객체가 너무 많아서 무엇에 그 결과가 일어날 것인지가 확실하지 않은 경우"라고 한다. 김일수 교수, 이형국 교수는 전자의 입장이고, 임웅 교수는 후자의 입장이다. 전자의 문제는 인과관계의 착오의 문제로 보고 있다. 이 개념이 처음 사용된 것은 1795년 프로이센의 베를린 관방법원에서 였고, 1825년 베버의 글에서 최초로 체계화되었다. 베버는 개괄적 고의를 특별고의(dolus specialis)에 대응시켜 "범행결의가 하나의 행위결과에 영향을 준 수개의 행위 또는 수개의 수단이나 행위단계를 포괄하여 이들을 통해 하나의 고의범죄가 성립할 때"에 한하여 인정하고 있다. 그러나 이후 개괄적 고의는 행위자가 행위의 법적 의미를 알지 못하고 행위한 경우를 지칭하는 불확정고의의 일종으로 이해되었다. 그러나 이후 벨첼에 이르러 개괄적 고의는 베버가 예시한 경우만을 지칭하고, 행위자가 행위의 법적 의미를 분명히 알지 못하고 행위한 불확정 고의의 경우는 택일적 고의의 일례로 취급하는 것이 일반적 경향이다. 따라서 오늘날 개괄적 고의는 독일 보통법 시대의 불확정 고의의 일종으로서의 의미를 완전히 상실하고, 단지 두 개 이상의 행위가 연속되어 하나의 구성요건결과에 이른 사례를 지칭하기 위한 법형상만을 뜻하게 되었다(이형국, 형법이론연구 I, 237면).

17) 대판 88도650.

18) 손동권 132면, 이용식, "소위 '개괄적 고의'의 형법적 취급", 형사판례연구 2, 34면.

19) 김성천/김형준 155면, 박상기 140면, 배종대 49/59, 손해목 324면, 신동운 198면, 이재상 13/29, 임웅 169면, 성성근/박광빈 188면.

20) 김일수/서보학 139면, 이정원 126면, 조준현 316면.

생한 결과의 객관적 귀속의 문제로 접근한다. 이 견해에서는 보통의 개괄적 고의사례에서 고의기수를 인정한다. 이 경우 제2행위는 제1행위와 최종결과 사이의 인과적 연쇄과정에서 하나의 중간고리에 불과하기 때문이다. 객관적 귀속설에 대해서는 두번째 행위는 중간고리가 아니라 독자적 행위이고, 객관적 귀속이 인정되는 결과라고 하여 모두 고의기수책임을 물을 수 없다는 비판이 제기된다.

판례

〈대판 88도650〉 개괄적 고의를 인정한 판례

자신의 부인을 희롱하는 피해자에 대한 분노가 폭발하여 살해하기로 마음먹고 수차례 내리쳐 뇌진탕으로 실신하자, 죽은 것으로 오인하고 시체를 몰래 파묻어 증거를 없애기 위해 개울가에 파묻은 결과 질식하여 사망에 이르게 했다. 그렇다면 피해자가 살해의도로 행한 구타행위에 의해 직접 사망한 것이 아니라 죄적을 인멸할 목적으로 행한 매장행위에 의해 사망하게 되었더라도 전과정을 개괄적으로 보면 피해자의 살해라는 애초의 예견사실이 결국 실현된 것이기 때문에 살인죄의 죄책을 면할 수 없다.

2) 택일적 고의

택일적 고의는 결과발생 자체는 확정적으로 인식했지만 다수의 결과발생 대상 중 어느 대상에서 결과가 발생할 것인지를 불확실하게 인식한 경우이다. 예컨대 대상이 확정되지 않은 채로 군중을 향해 살인의사로 폭탄을 던지는 경우의 고의이다.

택일적 고의의 처리방법에 대해서는 발생한 범죄의 기수와 발생하지 않은 범죄와의 상상적 경합으로 해결하자는 견해와 원칙적으로 결과가 발생한 범죄의 기수로 처벌하고 예외적으로 발생하지 않은 범죄가 중한 범죄일 때에만 두 죄의 상상적 경합을 인정하자는 견해가 대립한다. 상상적 경합으로 해결하자는 견해도 결과에 있어서는 후자의 견해와 다르지 않으므로 양설의 실질적 차이는 없다.

3) 미필적 고의

미필적 고의는 결과발생의 대상은 확정적으로 인식하였으나 결과발생 자체를 확실히 의욕하지 않고 부득이한 것으로 '인용'한 경우로 조건적 고의라고도 한다. 고의의 2가지 요소 중 지적 요소에 있어 '인식있는 과실'과 차이가 없으므로 양자의 구별과 관련하여 여러 견해가 제기되고 있다.

첫째, 무관심설은 행위자가 단순한 가능성이 있다고 생각한 부수효과를 긍정적으로 시인하거나 무관심한 태도로 수락한 경우에 미필적 고의를 인정한다. 미필적 고의의 성립에는 용인설보다 더 엄격한 의미에서 보호법익에 대한 무관심이 있어야 한다는 것이다. 둘째, 가능성설(개연성설)에서는 행위자가 결과발생을 구체적으로 가능하다고 인식하였음에도 불구하고 행위한 경우 미필적 고의를 인정한다. 고의의 의적 요소를 문제삼지 않는다. 결국 가능성설에 의하면 모든 과실은 인식없는 과실이 된다. 회생가능성이 희박한 중환자에게 일말의 성공을 기원하면서 수술을 집도한 의사와 아들의 머리위에 놓은 사과를 향해 활을 쏜 윌리엄 텔에게 모두 살인의 고의를 인정해야 하는 문제점이 있다. 셋째, 회피설은 행위자가 결과발생의 가능성을 인식하였음에도 결과회피를 위한 조종의사, 즉 회피의사를 발동하지 않았을 때 미필적 고의를 인정한다. 넷째, 신중설은 신중과 경솔을 개념적으로 구별하고, 행위자가 결과발생을 신중하게 고려했음에도 행위했다면 미필적 고의, 경솔하게 행위한 경우에는 인식있는 과실이 된다고 주장한다. 다섯째, 결단설은 영미법계에서 고의와 과실의 중간영역의 책임형식인 recklessness개념(무모함)을 도입하여 미필적 고의와 인식있는 과실을 구별한다. 여섯째, 감수설(묵인설)[21]은 결과발생가능성을 인식하면서 구성요건실현의 위험을 감수한 때 미필적 고의를 인정하고, 결과가 발생하지 않는다고 신뢰한 때에 과실을 인정한다. 행위자가 결과발생을 용인하였는가 여부는 책임요소로서의 의미를 가지는데 불과하므로 구성요건고의 단계에서는 결과발생을 감수 또는 묵인하는 것으로 족하다고 한다.

판례

〈대판 94도1949〉 경찰이 가두행사관계로 직진중인 택사운전사에게 좌회전 지시를 하였는데도 택시운전사는 계속 직진해 와 경찰이 차앞 30cm 전방에서 이유를 설명하고 있는데, 갑자기 운전사가 신경질적으로 택시를 좌회전하는 바람에 경찰이 차범퍼에 들이받혀 넘어졌다. 이 사건의 경위와 사고 당시의 상황, 15년에 달하는 운전사의 경력에 비추어 볼 때 충분한 경험과 지식을 갖춘 운전자에게는 안전하게 진행하지 않고 그대로 좌회전하는 경우 경찰을 충격하리라는 사실을 쉽게 알 수 있었다. 그렇다면 경험칙상 그러한 공무집행방해의 결과발생을 용인하는 내심의 의사, 즉 미필적 고의가 있었다고 볼 수 있다.

21) 우리나라에서는 이재상 12/27.

〈대판 86도2338〉 무면허 해외취업알선업체를 차린 뒤에 미국은 입국규제가 까다롭고 취업비자 받기가 어렵다는 것을 알면서도 비공식적인 방법으로라도 피해자들을 해외에 취업시키면 다행이고 그렇지 못할 경우 돈을 가로채는 것도 무방하다고 생각하고 해외취업을 미끼로 돈을 받아 편취하였다면 사기죄의 미필적 고의가 인정된다. 미필적 고의는 결과발생이 불확실한 경우, 즉 행위자에게 그 결과발생에 대한 확실한 예견은 없지만 그 가능성을 인정하는 것이다. 이러한 미필적 고의는 결과발생의 가능성에 대한 인식과 결과발생을 용인하는 내심의 의사까지 있을 때 인정된다.

〈대판 93도2612, 대판 94도2511〉 살인죄의 범의는 자기의 행위로 인하여 피해자가 사망할 수도 있다는 사실을 인식 · 예견하는 것으로 족하지 피해자의 사망을 희망하거나 목적으로 할 필요는 없고, 또 확정적인 고의가 아닌 미필적 고의로도 족하다[22].

생각건대, 인용설(통설)의 입장에서 결과발생을 인용하는 소극적 긍정의 태도가 보이면 고의가 성립하고, 결과발생가능성을 인식하였으나 이를 인용하지 않고 부정하는 태도가 보이면 과실이 성립한다고 보는 것이 타당하다. 신동운 교수는 감수는 구성요건실현을 어쩔 수 없는 것이라고 받아들이는 소극적 태도로, 용인은 소극적 태도를 넘어 구성요건이 실현되어도 좋다고 보는 긍정적 태도가 있다는 측면에서 구분할 수 있다고 주장하지만 양자는 같은 내용을 다른 용어로 표현한 것에 불과하고 실질에 있어서는 차이가 있다고 볼 수 없다. 판례도 위와 같이 용인설의 입장에서 미필적 고의의 여부를 판단하고 있는 것으로 보인다.

연 습 문 제

1. 각 범죄체계론마다 고의의 체계적 지위는 어떻게 다른가?
2. 개괄적 고의사례 해결에 대한 각 학설의 내용과 차이점은 무엇인가?
3. 미필적 고의와 인식있는 과실의 구별에 대한 각 학설의 내용과 차이점은?

---

22) 이 판결이 판례가 가능성을 취한 것이라고 해석하는 견해(박상기 116면)도 있으나, 이들 판결은 고의가 반드시 확정적 고의임을 요하지 않고, 미필적 고의로 족하다는 의미에 불과하며, 미필적 고의에 관하여 판례가 가능성설을 취한 것으로 볼 수는 없다.

제9절 사실의 착오(구성요건의 착오)

1. 의의

형법에서 착오란 행위자가 인식한 범죄사실과 현실적으로 발생한 범죄사실이 일치하지 않는 경우를 의미한다. 즉, 행위자가 행위시에 법적 구성요건에 속한 상황을 인식하지 못한 것을 사실의 착오라 한다. 이러한 상황에는 모든 객관적 구성요건요소가 포함된다. 따라서 구성요건적 사실에 포함되지 않는 범죄의 동기, 책임능력 또는 처벌조각사유에 대한 착오는 사실의 착오가 될 수 없다[23].

사실의 착오가 성립하려면 행위자가 인식한 사실과 실제로 발생한 결과가 모두 형법상 구성요건에 해당하여야 한다[24]. 따라서 인식사실은 구성요건사실이 아니지만, 발생결과가 구성요건사실인 경우에는 발생결과에 대한 과실이 있는 경우이므로 과실범으로 처벌하면 된다. 반대로, 인식사실은 구성요건사실이지만 발생결과는 구성요건사실이 아닌 경우에는 고의는 성립하지만 결과가 발생하지 않은 경우이므로 착오의 문제가 아니라 미수범 또는 불능범의 문제일 뿐이다.

2. 사실의 착오의 유형

사실의 착오는 인식사실과 발생사실이 동일하거나 동질적 구성요건에 해당하는 구체적 사실의 착오와 인식사실과 발생사실이 서로 다르거나 이질적인 구성요건에 해당하는 추상적 사실의 착오로 나눌 수 있다.

구체적 사실의 착오는 다시 객체의 착오와 방법의 착오로 나눌 수 있는 바, 객체의 착오는 행위대상을 잘못 인식하고 행위하여 행위자가 인식한 객체가 아닌 다른 객체에 결과가 발생한 경우이다. 방법의 착오는 행위수단, 방법이 잘못되어 행위자가 원래 의도하지 않은 대상에 결과가 발생한 경우이다.

추상적 사실의 착오는 다시 경한 사실을 인식하고 중한 결과를 발생시킨 경우와 중

23) 〈대판 66도104〉 "피고인의 위 물건이 본가의 소유물이라는 주장에는 피고인이 그것을 본가의 소유물로 오신하였다는 취지도 포함되어 있는 듯하나 설사 본건 범행이 그러한 오신에 의하여 이루어진 것이라 할지라도 그 오신은 형의 면제사유에 관한 것으로서 이에 범죄의 구성요건사실에 관한 형법 제15조 1항은 적용되지 않는 것이므로 그 오신은 본건 범죄의 성립이나 처벌에 아무런 영향을 미치지 않는다".

24) 이에 대하여 "모든 착오가 사실의 착오가 아니라 고의성립에 필요한 현재적 의식정도의 인식이 결여된 경우(김일수)만을 의미한다"고 본다.

한 사실을 인식하고 경한 결과를 발생케 한 경우, 그리고 형의 가중 · 감경사유에 관한 착오로 나눌 수 있다.

이밖에 인과과정의 착오를 상정할 수 있는데, 행위자가 인식한 인식과정과 다른 방식으로 결과가 실현된 경우로서 개괄적 고의의 문제로도 취급한다.

3. 사실의 착오의 해결

사실의 착오는 객체(목적)의 착오와 방법(타격)의 착오로 나눌 수 있다.

가. 객체의 착오

객체의 착오는 행위자가 원래 목적하지 않은 대상에 구성요건적 결과가 발생한 경우로 이는 다시 그 객체가 동질적인가 여부에 따라 구체적 사실의 착오와 추상적 사실의 착오로 나눌 수 있다. 구체적 사실의 착오는 인식객체와 발생객체가 동가치인 때, 예컨대 밤중에 표적에 있던 사람이 A라고 생각하고 사살하였는데 실제 사망한 자가 B이었던 경우 인식결과와 발생결과의 차이는 단순한 동기의 착오에 지나지 않아 이는 법률상 의미를 가질 수 없어 고의를 조각하지 않는다. 객체의 착오는 공범 또는 간접정범에 대하여도 고의성립에 영향을 미치지 않는다[25].

인식한 객체와 발생한 객체가 서로 이질적 객체인 경우, 예컨대 사슴이라고 생각하고 사살하였는데 사슴이 아니라 사람이 사망하였을 때에는 고의로 인한 살인죄로 처벌할 수 없고, 재물손괴죄의 미수와 과실치사죄의 상상적 경합이 성립할 뿐이다.

나. 방법(타격)의 착오

방법의 착오란 행위방법의 잘못으로 행위자가 의도한 객체가 아닌 다른 객체에 결과가 발생한 경우를 말한다. 예컨대, A를 살해할 의사로 A를 향하여 저격하였는데 A에게 맞지 않고 그 옆에 있던 B가 맞아 사망한 경우(구체적 사실의 착오), 또는 A를 향하여 저격하였는데 A에게 맞지 않고 A가 데리고 있던 개가 맞아 죽은 경우(추상적 사실의 착오)가 여기에 해당한다.

방법의 착오 중 추상적 사실의 착오의 경우에는 발생한 결과에 대한 과실범과 인식

25) 이재상 13/19.

한 사실의 미수범의 상상적 경합으로 해결하면 된다.

방법의 착오 중 구체적 사실의 착오의 해결에 대해서는 다음과 같이 견해가 대립한다.

첫째, 구체적 부합설은 행위자의 인식사실과 발생결과가 구체적으로 부합하는 경우에 한하여 발생결과에 대한 고의기수범을 인정하자는 견해이다. 따라서, 객체의 착오의 경우 고의기수범을 인정하지만, 방법의 착오의 경우에는 인식사실과 발생사실이 구체적으로 부합하지 않으므로 인식사실의 미수범과 발생사실의 과실범의 경합범으로 처벌하자고 한다(근래 다수설)[26].

판례

〈대판 83도2813〉 자신의 조카를 업고 있는 형수를 죽이기 위해 몽둥이로 내리쳐 형수가 피를 흘리면서 쓰러지자 다시 한번 내리쳤는데 그만 업혀있던 조카의 머리에 맞아 조카가 두개골골절로 사망하고 말았다. 이러한 방법의 착오는 살인의 고의성립에 영향을 주지 않는다.

최근에는 일신전속적 법익(생명, 신체)에 대한 방법의 착오는 인식사실의 미수와 발생사실의 경합범으로 처벌하고, 비일신전속적 법익(재산)에 대한 방법의 착오는 고의기수를 인정하자는 입장도 있다[27].

구체적 부합설에 대해서는 다음과 같은 비판이 제기된다[28]. 첫째, 어느 정도의 부합이 구체적 부합인지 명백하지 않다. 구체적 사실의 착오중 객체의 착오에서는 인식사실과 발생사실이 구체적으로 부합한다고 하면서 방법의 착오에서는 구체적 부합을 부정하는 근거가 명백하지 않다. 둘째, 객체의 착오인지 방법의 착오인지 분명하지 않은 경우가 있다. 예컨대 의사 甲이 환자 A를 살해하기 위해 간호사 乙에게 독주사를 영양주사라고 속이고 A에게 주사하라고 하였는데 乙이 B를 A로 알고 주사하여 사망케 한 간접정범의 착오의 경우, 乙의 착오는 구체적 사실의 착오 중 객체의 착오가 되지만 간접정범인 甲에게는 방법의 착오가 된다. 하지만 이 경우 甲에게 발생사실의 고의기수를 인정하는 것이 타당한가에는 의문이 있다. 셋째, 살인죄에 관한 법

26) 김성천/김형준 157면, 박상기 128면, 배종대50/36, 손해목 347면, 안동준 85면, 이정원 135면, 이형국 150면, 정영일 129면.

27) 김일수/서보학 155면.

28) 오영근 14/19.

문의 규정에 '사람을 살해한 자'라고 되어 있지 'A 혹은 B를 살해한 자'라고 되어 있지 않으므로 방법의 착오로 A가 아닌 B를 살해하였다고 하여 A에 대한 살인미수의 책임을 묻는 것은 타당하지 않다. 넷째, 구체적 부합설에 따라 구체적 사실의 착오 중 방법의 착오에 대해 인식사실의 미수와 발생사실의 과실의 경합범을 인정하면 미수범이나 과실범의 처벌규정이 없는 범죄에서는 처벌의 흠결이 발생한다. 예컨대 아들 A를 유기하여 그가 탄 유모차를 풀어놓는다는 것을 잘못하여 옆에 있던 딸 B가 타고 있던 유모차를 풀어놓은 경우 행위자는 A의 유기미수죄와 B에 대한 과실유기죄가 성립하는데 유기죄에는 미수와 과실을 처벌하는 규정이 없으므로 행위자를 벌할 수 없게 된다.

법정적 부합설[29]은 인식사실과 발생사실이 같은 구성요건(구성요건부합설)이나 같은 죄질(죄질부합설)에 속하면 고의기수범죄의 성립을 인정하는 견해이다. 종래 다수설과 판례의 입장이라 할 수 있다. 이 설은 구체적 사실의 착오에 관해서는 객체의 착오와 방법의 착오를 불문하고 인식한 사실과 발생한 사실이 동일한 구성요건에 속하므로 결과에 대한 고의기수범을 인정한다. 그러나 추상적 사실의 착오에 대하여는 구체적 부합설과 같이 인식한 사실의 미수범과 발생한 과실범의 상상적 경합이 된다고 한다. 고의는 구성요건요소에 대한 인식과 의사이고 구성요건요소에 대한 착오만 고의를 조각할 수 있는 것이므로 방법의 착오이든 객체의 착오이든 구성요건에 일치하는 유개념(예컨대 사람)을 침해한 때에는 발생사실의 고의기수를 인정할 수 있다는 것에 근거한다. 법정적 부합설에는 구성요건부합설과 죄질(법익)부합설이 있다. 구성요건부합설은 행위자가 인식한 사실과 발생한 사실이 같은 구성요건에 속하는 경우에만 발생한 사실에 대한 고의를 인정함에 반하여, 죄질부합설은 양자 사이에 구성요건이 같은 경우는 물론 죄질이 동일한 경우에도 고의의 성립을 인정하고 있다. 행위자가 인식한 사실과 발생한 사실이 구성요건을 달리한다고 하더라도 죄질을 같이 하는 범죄인 때에는 고의를 인정해야 한다는 것에 근거한다. 따라서 기본적 구성요건과 가중적 구성요건 사이는 물론, 절도죄와 점유이탈물횡령죄와 같은 다른 구성요건 사이에도 고의를 인정할 수 있게 된다.

법정적 부합설에 대해서는 발생했지만, ①인식하지 않은 사실에 대하여 고의를 인정하는 것은 부당하고 ②고의의 사실적 기초를 무시했다, 즉 사람을 살해할 고의는

29) 유기천 240면, 이건호 269면, 이재상 13/14, 정/박 188면, 정영석 181면, 진계호 198면, 황산덕 118면.

특정한 사람을 살해할 의사이지 어떤 사람이라도 죽일 의사는 아니며, 적을 살해할 의사로 행위자의 처나 아들을 살해한 때에 살인죄로 처벌하는 것은 부당하다는 비판이 제기된다.

추상적 부합설은 인식사실과 발생사실이 추상적으로 일치하기만 하면 발생사실의 고의기수를 인정하자는 견해이다. 그러나 인식하지도 않은 발생사실의 기수범을 인정하는 것은 고의의 구성요건관련성을 부정하는 것으로 부당하다.

현재는 추종자가 없다.

다. 가중적 · 감경적 구성요건의 착오

1) 가중적 구성요건의 착오

행위자가 기본적 구성요건에 대한 인식은 있었으나 가중적 구성요건에서 형을 가중하는 사유를 인식하지 못한 경우 가중적 구성요건에 의하여 벌할 수 없고 기본적 구성요건에 의한 처벌이 가능할 뿐이다. 이는 형법 제15조 1항이 "특별히 중한 죄가 되는 사실을 인식하지 못한 행위는 중한 죄로 벌하지 아니한다"고 규정한 데 따른 해석의 결과이다. 따라서 보통살인의 고의로 존속살해죄를 범한 경우 보통살인죄가 성립할 뿐이다. 형법 제15조 1항의 규정은 동종의 범죄 사이에 형이 가중된 경우 뿐만 아니라 죄질을 같이하는 범죄 사이에도 널리 적용된다. 따라서 점유이탈물횡령의 고의로 절도죄를 범한 때에는 점유이탈물횡령죄(제360조)가 성립할 수 있을 뿐이다.

그런데 중한 사실을 인식하고 경한 사실이 발생한 경우 어떻게 처벌한 것인가가 문제된다. 이 경우는 제15조 1항이 적용되는 전형적 예가 아니다. 그러나 형법 제15조 1항의 규율을 반전시켜 행위자에게 적어도 경한 범죄의 범위내에서 고의기수를 인정하여 행위자를 경한 범죄의 고의기수와 중한 범죄의 미수 사이의 상상적 경합으로 취급하는 것이 옳다[30]. 동종 · 동질의 구성요건 사이에서 중한 죄의 고의는 당연히 경한 죄의 고의를 포괄한다고 말할 수 있기 때문이다. 예컨대 자기 아버지인줄 알고 살해의 의도로 총을 쏘았는데 삼촌이 맞아 살해된 경우, 보통살인죄의 고의기수와 존속살해죄의 미수의 상상적 경합에 의해 중한 존속살해죄의 미수로 처벌해야 한다.

30) 김일수/서보학 146면.

2) 감경적 구성요건의 착오

행위자가 기본적 구성요건에 대한 인식과 더불어 형을 감경하는 사유가 있는 것으로 오인한 때에도 감경적 구성요건에 의하여 벌할 수 있을 뿐이다. 따라서 촉탁살인의 고의로 보통살인죄를 범한 때에는 촉탁살인죄(제252조)의 책임을 질 뿐이다.

4. 결론

우선, 고의는 특정한 행위객체를 향하여 구체화되어야 하므로 구체적 사실의 착오 중 방법의 착오에서 행위자가 애당초 의욕하지 않은 결과에 대해 고의를 귀속시키는 법정적 부합설은 부당하다.

반면 의욕하지 않은 결과에 대해 고의를 귀속시킬 수 없다 해도 발생한 결과에 대한 과실여부가 남아있고 애당초 행위자가 의도했던 행위객체에 대해서는 실행의 착수가 충분히 인정되므로 미수범성립을 인정하여 이 둘의 상상적 경합을 인정하는 것이 타당하다. 즉 구체적 부합설이 논리적 일관성에서는 더 우수한 입장이라고 할 수 있다. 예컨대 ①甲을 향하여 총을 발사하여 甲과 乙을 사망케 한 경우 ②甲을 죽이고 乙에게 상처를 입힌 경우 ③甲에게 상처를 입히고 乙을 사망케 한 경우 법정적 부합설보다 구체적 부합설이 법감정적으로도 더 타당한 결론을 가져온다. 즉 구체적 부합설은 위의 사례에서 ①살인+과실치사 ②살인+과실치상 ③살인미수+과실치사. 이에 대하여 법정적 부합설은 ①살인+살인 ②살인+살인미수 ③살인미수+살인기수라는 결론에 이르게 된다.

연 | 습 | 문 | 제

1. 사실의 착오의 유형 중에서 객체의 착오와 방법의 착오는 어떻게 다른가?
2. 사실의 착오에 대한 해결에 있어서 구체적 부합설과 법정적 부합설의 주장은 각각 어떻게 다른가?
3. 법정적 부합설에서 구성요건부합설과 죄질부합설의 차이는 무엇인가?

제10절 행위반가치와 결과반가치

1. 의의

앞서 살펴본 주관적 · 객관적 구성요건요소에 의한 구성요건분류는 구성요건을 정태적으로 분석한 것으로, 이를 통해 행위자에게 구성요건착오가 있는지, 행위가 미수인지 기수인지를 확인할 수 있다. 이에 대하여 실질적 평가의 관점에서 구성요건해당성을 동태적으로 파악하는 것이 행위반가치 · 결과반가치의 측면이다.

2. 학설사

형법학설사적으로는 고전적 범죄체계가 입각하고 있는 결과반가치 일원론이 구성요건에 대한 동태적 관점의 시작이라고 할 수 있다. 즉, 고전적 범죄체계는 범죄성립의 모든 "객관적 측면은 구성요건과 위법성에, 주관적 측면은 책임에" 라는 원칙에 기초하여 범죄체계를 구성한 결과 구성요건과 위법성단계에서는 결과반가치만을 고려한다. 그 결과 불법의 핵심을 결과반가치에 두게 되는 바, 결과반가치 일원론에 대해서는 범죄의 결과 등 결과적 측며만을 중시한 나머지 범죄의사나 결과회피를 위한 주의의무위반여부, 행위의 주관적 측면을 따지지 않고 인간행위의 불법여부를 판단할 수 있다는 점에서 부당하다.

행위반가치 일원론은 Welzel의 인적 불법론을 출발점으로 한다. 즉, 인적 불법론에서는 행위반가치가 불법의 제1차적 구성요소이며, 결과반가치는 불법을 제한하는 기능을 할 뿐이다. 이어 행위반가치 일원론을 더 극단적으로 본 일원적 · 주관적 인적불법론(본학파)은 행위반가치만을 불법의 구성요소로 보고, 결과반가치는 불법과 무관한 객관적 처벌조건으로 파악한다. 이러한 행위반가치 일원론에 대해서는 행위만이 형법적 금지의 대상이라고 해서 행위로 인한 결과가 불법과 무관할 수 없으며, 기수 · 미수를 동일하게 처벌해야 한다는 입장은 현행법의 태도와 배치된다는 비판이 주어진다.

오늘날 통설적 입장은 행위불법 · 결과불법 이원론에 기초하여 불법은 법익침해 내지 위태화(결과반가치) 및 행위의 주관적 · 객관적 측면 (행위반가치)을 포괄하여 판단해야 한다고 주장한다.

3. 행위반가치요소

행위반가치를 구성하는 요소는 다양하다. 첫째, 객관적 행위요소로는 실행행위의 종류, 행위방법(단순폭행 대 특수폭행), 범행대상(미성년자 약취유인 대 성년자 약취유인), 범행수단(흉기를 휴대하고 또는 2인이상이 합동하여), 행위상황(야간, 해상) 등을 들 수 있다. 둘째, 객관적 행위자적 요소로는 신분범의 신분 (공무원, 선서한 증인, 중재인) 또는 정범의 표지를 들 수 있다. 셋째, 주관적 행위요소로 고의, 과실, 목적(결혼목적 대 영리목적 약취 · 유인), 경향(간첩죄에서 '적국을 위하여', 알선수뢰죄에서 '공무원이 그 지위를 이용하여'), 표현(위증죄에서 법률에 의하여 선서한 증인이 단지 객관적으로 허위의 사실을 진술했기 때문이 아니라 주관적으로 증인 자신의 기억에 반하는 사실을 진술해야 함) 등을 들 수 있다.

4. 결과반가치요소

결과반가치의 정도는 다음의 3단계로 구분할 수 있다.

첫째, 법익침해(제1의 결과반가치) 단계로서 현실적 법익침해결과, 즉 결과범의 침해결과와 위험범의 위험상태 혹은 위험결과가 여기에 해당한다.

둘째, 법익위태화(제2의 결과반가치) 단계로서 현실적인 법익침해결과에 이르지는 않았지만 종료미수 혹은 장애미수의 경우에 결과발생이 가능함에도 실제로 결과가 발생하지 않은 경우가 여기에 해당한다.

셋째, 법익평온상태의 교란(제3의 결과반가치)단계로서 법익침해 또는 위태화 정도에는 이르지 않았으나 법익침해에로 지향된 행위자의 주관적 범죄의사가 객관화되어 실제로 결과발생이 불가능하더라도 법익평온상태가 교란된 것으로 볼 수 있는 단계이다[31]. 불능미수(형법 제26조)가 전형적인 예이다. 이밖에 이 개념은 가벌적 불능미수와 불가벌적 예비의 구별에 유용하다. 법익평온상태의 교란을 독자적 결과반가치 내용에 포함시키지 않는 견해는 미수와 예비를 구별하기 위해 법익평온상태의 교란이라는 약한 형태의 결과반가치를 인정할 필요는 없고, 불능미수의 위험성도 결과발생의 구체적 위험을 의미한다고 할 것이므로 결과반가치내의 내용은 법익침해와 위험으로 족하다고 한다[32].

5. 구성요건해당성 배제사유

행위반가치나 결과반가치가 부정되거나 미약한 경우에는 형식적으로 구성요건해

---

31) 김일수/서보학 164면.

32) 이재상 9/12.

당성이 인정되더라도 실질적으로 구성요건해당성이 배제되는 것으로 보아야 할 경우가 있다. 여기에는 사회적 상당성론과 피해자의 승낙을 들 수 있다.

가. 사회적 상당성

역사적으로 형성된 사회윤리적 공동생활의 질서내에 속한 행위는 사회적으로 상당하며, 비록 그러한 행위를 구성요건의 문언에 따라 포섭시킬 수 있다고 하더라도 실질적으로는 불법한 행위라 할 수 없다.

여기에는 두 가지 유형이 존재한다. 첫째, 허용된 위험의 법리로서 처음부터 허용된 위험의 범위안에 있으므로 형법적으로 전혀 중요하지 않은 영역(도로, 항공교통에의 참여, 운동경기참여 등)에서는 예견하고 회피할 수 있는 위험이라도 전적으로 금지할 수 없으며, 위험이 실현되더라도 형법적으로 이를 포섭할 수 없다. 둘째, 경미한 위험의 법리로서 행위수행 그 자체가 경미하여 사회적으로 흔히 묵과할 수 있는 행위는 행위반가치를 결하여 어떤 의미에서도 불법 내지 범죄정형성을 갖지 못한다고 할 수 있다(약간 과장된 상품광고, 푼돈을 건 도박 등).

사회적 상당성론을 인정할 것인가에 대해서는 다양한 견해가 제시된다. 첫째, 부인설에서는 사회적 상당성이란 개념이 애매모호하고 그 척도도 불확정적이며 법적 안정성을 해칠 우려가 있고, 형법이론적으로도 무용하다고 주장한다. 둘째, 해석원리설에서는 사회적 상당성론이 구성요건해석을 위한 보조수단 내지 일반적 해석원리로서 의미와 기능을 갖는다고 본다. 셋째, 구성요건해당성배제사유설은 허용된 위험의 법리가 사회에서 요구되는 주의의무의 기준을 제시하여 줄 수 있다는 점에서 인정할 수 있다고 주장한다.

나. 피해자의 승낙

통설적 입장은 피해자의 승낙을 위법성조각사유로 보지만, 피해자의 승낙은 적법한 법익처분권자가 자신의 법익을 포기한 경우이므로, 행위자의 법익침해결과가 형법적으로 의미없게 된 경우로서 구성요건해당성 배제사유로 보는 견해도 있다.

이러한 견해의 전제는 위법성조각사유로서 승낙과 구성요건해당성배제사유로서 양해를 구별하자는 것이다. 즉, 승낙은 위법성조각의 효과를 가져오는 법익의 포기로서 법질서가 피해자 본인에게 자율권행사를 가능케 해 준 경우에만 유효하게 위법성이 조각되지만(상해와 재물손괴죄의 구성요건), 양해는 피해자의 동의가 있는 한 행위자체가 성립할 수 없어 애당초 구성요건해당성이 배제되는 경우라고 본다(강간에서 피해자의 동의, 주거침입에서 주거권자의 동의).

연 습 문 제

1. 구성요건요소중 행위반가치를 구성하는 요소에는 어떠한 것들이 있으며, 행위반가치 일원론의 문제점은 무엇인가?
2. 피해자의 승낙과 양해를 구별하는 이유와 실익은 무엇인가?
3. 사회적으로 상당한 행위의 구성요건해당성이 조각되는 근거는 무엇인가?

제4장
위법성론

제1절 의의

1. 위법성의 의의

범죄론체계에서 위법성단계는 구성요건단계에서 내려진 잠정적 불법판단에 대해 궁극적 결론을 내리는 단계이다. 구성요건해당성이 형법각칙에 기술된 위반행위의 표지를 주관적 · 객관적으로 실현시킨 규범(금지 또는 요구규범)위반이라 한다면, 위법성은 규범위반이 법질서 전체와 모순 · 충돌되어 구체적 규범침해가 일어난 경우를 의미한다. 형법총칙에서 위법성여부는 구성요건에 해당하지만 예외적으로 정당화되는 사유들을 규정함으로써 이루어진다. 즉, 형법총칙에서는 정당행위(제20조), 정당방위(제21조), 긴급피난(제22조), 자구행위(제23조), 피해자의 승낙(제24조)의 5가지 위법성조각사유들을 규정하면서 이러한 위법성조각사유에 해당하지 않을 경우 그 행위가 위법한 것으로 판단한다.

범죄는 행위와 행위자에 대한 반가치판단으로 이루어지므로 위법성단계에서 행위에 대한 반가치판단이 종료하면, 책임단계에서 행위자에 대한 반가치판단이 내려진다.

2. 구성요건해당성과 위법성의 관계

우선 범죄구성요건이 금지규범을 기초로 하는 반면, 위법성조각사유는 허용규범을 토대로 한다. 각칙의 금지구성요건은 허용구성요건인 위법성조각사유와 대칭관계를 이룬다.

구성요건과 위법성의 관계는 범죄체계에 따라 다르게 구성된다. 즉, 2단계 범죄체계에서는 구성요건해당성을 위법성의 존재근거로 본다. 2단계 범죄체계에서는 위법성조각사유(소극적 구성요건표지)가 없으면 구성요건해당성이 있지만, 위법성조각사유가 있으면 위법성만 아니라 구성요건해당성까지 조각되는 것으로 본다.

이에 대하여 3단계 범죄체계에서 구성요건해당성은 위법성의 인식근거이다. 구성요건해당행위는 위법성이 있는 것으로 사실상 추정되고 위법성조각사유에 해당할 경우 그 행위의 위법성추정은 깨어지나 구성요건해당성은 여전히 남게 된다..

3. 위법성과 불법

위법성과 불법은 어떻게 다른가? 우선 위법성은 형식적 개념으로서 법규범에 위반한 행위의 속성을 의미한다. 위법성은 행위의 법규범에 대한 모순으로서 도처에서 하나이고 언제나 법질서 전체에 대한 행위의 순수한 관계를 표시할 뿐이다. 따라서 민법상의 위법성, 형법상의 위법성과 같은 개별적 위법성은 있을 수 없으며 중대한 위법성, 경미한 위법성과 같은 실질적 차등도 허용되지 아니한다.

이에 대하여 불법은 실질적 개념으로서 위법하게 평가된 행위 그 자체를 의미한다. 위법행위가 살인, 방화 등과 같이 내용적으로 나타날 때 사용된다. 불법행위는 질과 양에 따라 차등이 있을 수 있고 그 경중이 비교될 수 있다. 민법상의 불법행위, 형법상의 불법행위와 같은 개별화도 가능하다.

4. 형식적 위법성론과 실질적 위법성론

위법성이론은 다시 형식적 위법성론과 실질적 위법성론으로 나눌 수 있다. 형식적 위법성론은 위법성을 규범에 대한 형식적 위반으로 보고 그 본질은 구성요건에 규정된 작위 또는 부작위의무의 침해에 있다고 보는 견해이다(빈딩). 이에 대하여 실질적 위법성론은 위법성판단을 실질적 내용, 즉 권리침해(포이에르바하), 법익침해(리스트) 또는 사회상규위반(牧野英一) 등에서 찾는다. 실질적 위법성론은 형식적 위법성의 의미가 피상적인 것이 되지 않도록 실질적 기준을 제시하는 역할을 한다.

형법 제20조에서 "사회상규에 위배되지 않는 행위는 벌하지 아니한다"고 규정한 것은 위법성조각사유가 사회상규라고 하는 사회규범에서 유래하였음을 인정하는 것이며, 따라서 실질적 위법성은 바로 사회상규에 반하는 것을 의미하고 이는 Welzel의 사회적 상당성론과 맥을 같이 하는 것이다.

5. 위법성의 평가방법 : 객관적 위법성론과 주관적 위법성론

위법성판단은 객관적으로 하는 것이 원칙이다. 위법성판단의 출발점은 객관적 위법성론이다. 객관적 위법성론은 규범의 평가규범적 성격만 인정하여 위법성을 객관적 평가규범에 대한 위반으로 보는 견해이다. 예링(Jhering)이 1867년 민법에서 처음 주창한 이래 오늘날 통설적 지위를 차지하고 있다. 구성요건과 위법성은 행위에 대한 반가치판단이고, 책임은 행위자에 대한 반가치판단으로 이해되어 위법성과 책임의 개념이 명확히 구분되는 계기가 되었다.

이에 대하여 주관적 위법성론은 '법은 불가능한 것을 명령하지 않는다'는 모토에 따라 위법성을 주관적 의사결정규범에 대한 위반으로 보는 견해로서 책임무능력자는 규범의 수명자가 될 수 없음으로 위법한 행위를 할 수 없다고 주장한다(메르켈, 그라프 추 도나). 결국 책임무능력자는 불법을 저지를 수 없다는 결과로 되어 위법과 책임을 구분할 수 없고, 책임무능력자의 행위를 법적으로 무의미한 자연현상에 불과한 것으로 취급할 수밖에 없게 된다는 비판을 받았다. 오늘날 추종자는 없다.

6. 소극적 구성요건요소이론

2단계 범죄체계에서는 구성요건과 위법성의 구별을 없애고 위법성조각사유를 소극적 구성요건표지로 파악한다. 따라서 구성요건은 적극적 구성요건표지와 소극적 구성요건표지의 총합인 총체적 불법구성요건이 된다.

이 이론에 대해서는 구성요건과 위법성 영역의 차이점을 간과하고 있고 구성요건단계의 임무는 불법의 근거지움이지만, 위법성단계의 임무는 불법의 배제로서, 서로 상충되는 평가인 (적극적) 비난과 (소극적) 정당화를 동시에 내릴 수 없다는 점에서 근본적 문제점을 가지고 있다. '구성요건을 충족하고 위법하지 않은 행위'는 '구성요건에도 들어오지 않는 형법적으로 무의미한 행위'와 구별되어야 한다. 즉, 교도관의 사형집행행위와 파리를 죽이는 행위를 위법하지 않다고 하여 동일하게 평가할 수는 없는 것이다.

연 습 문 제

1. 구성요건을 위법성의 인식근거로 보느냐, 아니면 존재근거로 보느냐에 따라 범죄체계론은 어떻게 달라지는가?
2. 형법상의 불법과 민법상의 불법, 행정법상의 불법은 어떻게 구별되는가?

제2절 위법성조각사유

1. 의의

위법성조각사유는 구성요건에 의하여 징표되는 위법성을 배제하여 행위의 가벌성을 탈락시키는 특별한 사유이다. 정당화사유라고도 한다.

2. 위법성탈락의 효과

위법성이 탈락하면 무죄가 되어 행위자는 형벌을 받지 않으며 보안처분의 대상도 되지 않는다. 정범의 위법성이 탈락하면 공범의 가벌성도 탈락한다(공범의 정범종속성). 아울러, 위법성이 조각된 행위의 피해자는 정당방위를 할 수 없다.

이에 대하여 행위의 책임이 조각될 경우 즉, 면책사유의 효과는 다음과 같다. 우선 행위자 위법성이 인정되면 책임이 조각되더라도 행위자에게 보안처분을 부과할 수 있다. 위법성있는 정범의 행위에 가담한 공범은 정범의 책임이 조각되더라도 처벌가능하다(제34조 1항, 공범의 제한종속성). 아울러, 위법한 행위를 한 자에 대해서는 행위자의 책임이 부정되더라도 정당방위가 가능하다.

3. 구조와 성격

형법상 위법성조각사유의 구조에 대해서는 크게 일원설과 다원설이 대립한다. 일원설은 다양한 위법성조각사유들을 하나의 공통된 원리로 설명하려는 입장이다. 일원설은 다시 목적설과 이익교량설로 나뉜다. 목적설은 구성요건에 해당하는 행위라도 국가공동생활에 있어서 정당한 목적을 위한 상당한 수단일 때에는 위법하지 않다는 견해이고, 이익교량설은 가치교량 또는 이익간의 사회적 조정이라는 근본이념에 입각하여 이익의 교량에 의하여 경미한 이익을 희생하고 우월한 이익을 유지하는 것이 적법하다는 견해이다. 목적설에 대해서는 모든 위법성조각사유를 포괄하여 모순없이 설명하려는 나머지 내용이 너무나 형식적이고 막연하여 실제 문제를 해결할 수 없다는 비판이 주어지고, 이익교량설에 대해서는 모든 위법성조각사유를 이익교량 내지 우월적 이익의 원칙에 의하여 설명하는 것은 불가능하다, 특히 정당방위와 피해자승낙은 이익교량에 의하여 위법성을 조각하는 것이 아니라는 비판이 주어진다.

이에 대하여 다원설은 서로 상이한 성격의 위법성조각사유들을 하나의 원리로 설명하는 것은 불가능하므로 이를 다양한 원리에 의하여 설명하려는 이론이다.

독일형법은 우리 형법 제20조와 같은 위법성조각사유에 관한 일반규정이 없으므로 공통원리를 찾으려는 노력의 일환으로 개발되었으나, 우리 형법은 개별적 위법성조각사유에 공통되는 원리를 사회상규(社會常規)라고 규정하였으므로 이러한 학설대립은 별다른 의미가 없다는 비판[33]도 있다.

그러나, 사회상규란 개념도 사회에 일상적으로 통용되는 규범이란 뜻으로 그 내용이 다양하여 일원설에 의해 설명할 수 없고 다양한 원인들에 의해 설명할 수밖에 없다. 예컨대 대판 92도37에서는 위법성 조각의 근거로 첫째, 행위목적의 정당성, 둘째, 수단이나 방법의 상당성, 셋째 보호이익과 침해이익과의 법익권형성(法益權衡性), 넷째, 신급성, 다섯째 그 행위 외에 다른 수단이나 방법이 없다는 보충성의 요건을 요구하고 있다[34]. 이밖에 위법성조각사유는 '사회적으로 충돌하는 이익의 정당한 조절'이라는 일반적 포괄원리로 체계화할 수 있나. 이 경우 갈등상황에 있는 충돌하는 가치 또는 법익이 비록 등기한 것이라도 위법성이 조각될 수 있고, 충돌하는 이익의 사회적인 정당한 조절이란 점에서 실질적 위법성의 관점도 내포하고 있다.

---

33) 배종대 61/2, 오영근 17/36.

34) 예컨대, 가정주부가 술에 취하여 행패를 부리는 피해자로부터 벗어나기 위해 피해자의 어깨를 밀자 피해자가 시멘트 바닥에 넘어져 이마를 부딪혀 사망한 사건(대판 92도37)에서 피고인의 행위의 위법성조각의 근거는 이익흠결원칙이나 이익우월원칙에서는 찾을 수 없으며, 위에서 열거한 여러 근거들을 고려하여 판단할 수밖에 없다고 한다.

[가벌적 위법성론]
일본의 판례와 일부 학자들에 의해 주장된 이론이다. 엄격한 의미에서 구성요건에 해당되더라도 당해 구성요건이 예정하는 정도의 실질적 위법성이 없는 행위에 대해서는 그 구성요건해당성 또는 위법성을 부정한다는 이론이다.
일본형법은 우리 형법 제20조와 같은 포괄적 위법성조각사유가 규정되지 아니하고 선고유예제도조차 없는 상황에서 형벌의 겸억주의를 바탕으로 발전하였다. 독일의 사회상당성론과 유사하다고 할 수 있다.
하지만 위법성과 불법을 구분하지 아니한 개념상의 혼돈이 있고 '사회상규에 위배되지 아니하는 행위'를 위법성조각사유로 규정하고 있는 우리 형법에는 별다른 도입필요성이 없다.

4. 주관적 정당화요소

가. 의의

구성요건에 해당하는 행위가 정당화되기 위해서는 당해 위법성조각사유의 객관적 전제조건이 있는 것만으로는 부족하고, 나아가 행위자가 행위를 정당화시키는 사정이 존재함을 인식해야 한다. 판례도 위법성판단에서 주관적 정당화요소긍정설을 따른다(대판 98도2389).

나. 주관적 정당화요소를 결한 경우의 법효과

위법성을 조각할 수 있는 객관적 정당화사정이 존재하지만, 행위자가 주관적정당화의사를 가지고 행위하지 않은 경우의 법효과에 대해서 다양한 견해가 존재한다.

첫째, 기수범설[35]은 구성요건적 결과가 발생하였고, 주관적 정당화요소가 결여된 경우 위법성조각을 인정할 수 없다는 점, 불능미수범설에 의할 경우 침해행위가 과실행위이거나 미수인 경우에는 과실범의 미수 또는 미수범의 미수 등 불합리한 결과를 초래한다고 하여 기수범으로 처벌할 것을 주장한다.

둘째, 행위의 결과반가치를 중시하는 무죄설은 주관적 정당화요소가 없어도 위법

35) 배종대 52/15, 이재상 17/28, 진계호 295면.

성이 조각된다는 입장이다. 그러나 오늘날 불법판단에서는 결과불법뿐만 아니라 행위불법을 고려하지 않을 수 없다는 점에서 위법성조각을 결과반가치만 가지고 판단하자는 입장은 부당하다.

마지막으로, 불능미수범설은 결과를 포함한 구성요건은 실현되었으나, 그 결과는 객관적으로 존재하는 정당화상황으로 인하여 결과반가치가 없는 경우이므로 불능미수의 규정이 유추적용되거나 직접적용된다는 견해이다(다수설[36], 판례[37]). 즉, 위법성조각사유의 객관적 요건이 존재하므로 행위자가 위법한 행위를 할 수 없음에도 불구하고 이를 인식하지 못하고 위법한 행위를 할 수 있다고 생각한 경우이므로 불능미수와 유사하다는 것이다. 기수범설의 비판을 고려하더라도 기수범과 같은 정도의 결과불법을 인정할 수 없다는 점에서 이 설이 타당하다.

다. 주관적 정당화요소의 내용

주관적 정당화의사의 내용으로서 정당화상황이나 피난상황에 대한 인식이외 정당방위나 긴급피난을 의욕하는 의사적 요소가 필요한가? 예컨대 경찰관 甲이 평소 유감이 있던 소매치기 A에게 범죄혐의가 있음을 발견하고 직무집행의 의사가 아니라 오로지 개인적 원한으로 A를 체포하였을 경우에도 위법성조각을 인정할 수 있을 것인가가 문제된다.

첫째, 의사적 요소 부정설(정당화상황의 인식요구설)은 정당화상황의 인식만으로 위법성조각은 충분하다는 견해[38]이다.

둘째, 의사적 요소 긍정설(정당화의사요구설)은 의사적 요소가 필요하다고 한다. 이 견해는 위법성조각을 위해서는 정당화상황의 인식만으로 부족하고 정당화목적이 있어야 한다는 견해[39]이다. 판례(대판 98도2389)도 정당행위를 인정하기 위해서는 행위의 동기나 목적의 정당성도 고려해야 한다고 하는데 이는 긍정설의 입장이라고 할 수 있다.

이에 대해 절충적 견해로 개개 위법성조각사유별로 의사적 요소가 필요한 것도 있

---

36) 김일수/서보학 282면, 신동운 266면, 안동준 104면, 오영근 17/58, 이정원 152면, 이형국 160면, 정성근/박광민 209면.

37) 대판 98도2389, 대판 99도4273.

38) 박상기 151면, 이형국 159면, 정성근/박광민 207면.

39) 김일수/서보학 280면, 배종대 52/10, 신동운 265면, 오영근 17/53.

고 필요없는 것도 있다는 견해[40]가 있다. 이에 의하면 피해자의 승낙에서는 의사적 요소가 필요없고, 정당방위, 긴급피난, 자구행위에서는 필요하다고 한다. 이 견해는 개별적인 정당화목적을 주관적 정당화요소로 요구하는 실정법규율과 배치되는 문제점이 있다.

생각건대, 구성요건해당행위의 위법성조각을 위해서는 정당화상황에 대한 인식 이외에 행위자의 정당화의사가 필요하다고 생각된다. 예컨대, 정당방위로서 위법성이 조각되려면 행위자의 방위의사가 필요하지만, 방위의사는 행위의 유일한 의사일 필요는 없으며 그 행위가 다른 의사에 의해 수행되었어도 허용규범상 의사실현이 중요한 지위를 점하고 있으면 정당방위로서 인정될 수 있다고 생각한다. 따라서 주관적 정당화요소는 정당화상황에 대한 인식 및 정당한 행위를 할 목적까지 필요하다고 하는 다수설의 입장이 타당하다.

연 | 습 | 문 | 제

1. 행위의 가벌성심사에서 위법성탈락의 효과와 책임탈락의 효과는 어떻게 다른가?
2. 객관적 정당화상황은 구비되었지만, 주관적 정당화의사가 결여된 경우 학설에 따라 법효과는 어떻게 달라지는가?
3. 위법성조각사유의 체계화를 위한 원리중에서 이익교량설이 갖는 문제점은 무엇인가?

제3절 정당행위

1. 의의 및 성격

가. 의의

형법 제20조가 규정한 ①법령에 의한 행위, ②업무로 인한 행위, ③기타 사회상규에 위배되지 않는 행위를 정당행위라고 한다. 정당행위는 다른 위법성조각사유에 해당하지 않을 경우에 마지막으로 적용되는 보충적 · 일반적 위법성조각사유이다. 정당

40) 이재상 16/26.

행위의 위법성이 조각되는 궁극적 근거는 행위의 사회상규성으로서 법령에 의한 행위나 업무로 인한 행위도 사회상규에 위배되지 않은 행위의 한 예로 볼 수 있다.

사회상규는 판례에서 여러가지로 정의된 바 있다. 국가질서의 존중성의 인식을 기초로 한 국민일반의 건전한 도의감(대판 4289형상42), 법질서 전체의 정신이나 그 배후에 놓여 있는 사회윤리 내지 사회통념(대판 200도4415, 대판 98도2389, 대판 93도28991, 대판 86도1764) 등이 그것이다.

다른 나라에서는 실정법에 사회상규에 관한 규정이 없으므로 해석에 의해 초법규적 위법성조각사유를 인정할 필요가 있지만, 우리는 형법 제20조에서 사회상규를 법규적 위법성조각사유로 규정하고 있으므로 이를 사용할 별다른 필요가 없다고 할 것이다[41].

나. 체계적 지위

정당행위의 체계적 지위에 대해서는 다양한 견해가 제기된다.

첫째, 구성요건해당성배제사유설은 정당행위는 처음부터 적법행위이므로 구성요건해당성이 없어 벌하지 않는다고 한다. 둘째, 구성요건배제 · 위법성조각사유설은 정당행위에는 처음부터 적법인 행위와 구성요건에 해당하면서 위법성이 조각되는 2가지 경우가 있다고 한다. 셋째, 위법성조각사유설은 정당행위는 구성요건에 해당하지만 위법성이 배제되기 때문에 위법성이 조각되는 것으로 본다(다수설).

정당행위는 다른 위법성조각사유와 달리 일반적이고 포괄적인 성격을 갖는 것이며, 특히 '기타 사회상규에 위배되지 않는 행위'라는 규정은 초법규적 위법성조각사유를 법규적 위법성조각사유로 규정한 것이라 할 수 있다.

2. 법령에 의한 행위

가. 의의

법령이 규정한 권리 · 의무를 행사하는 행위 또는 법령을 집행하는 행위는 위법성이 조각된다. 형법의 위법성판단은 법질서의 통일성을 해치지 않는 범위안에서 내려져야 하므로 형법의 위법성판단은 다른 법령의 규정을 고려하여 내려져야 한다.

41) 오영근 18/3.

이 때 법령은 실체법 · 절차법을 포함한 모든 실정법률을 포함한다. 정당한 법률을 근거로 한 규칙이나 명령도 포함한다. 예컨대, 교도관의 사형집행, 경찰관의 구속 · 압수 · 수색영장의 집행, 민소법에 의한 집달관의 강제집행 등은 법령에 의한 행위로서 위법성이 조각되는 경우이다.

판례

〈대판 98도3029〉 피고인의 차를 손괴하고 도망하려는 피해자를 도망하지 못하도록 멱살을 잡고 흔들어 피해자에게 전치2주의 흉부찰과상을 가한 경우에 현행범 체포행위로서 정당행위에 해당한다.

나. 공무원의 직무집행행위

공무원의 행위는 법령에 의한 행위일 때 위법성이 조각된다. 공무원의 직무집행행위는 상관의 명령에 의한 행위일 때도 위법성이 조각된다. 이 때 상관의 명령은 적법해야 하고 위법명령을 집행한 경우 위법성이 조각되지 않는다. 위법한 상관의 명령에 따른 행위는 면책적 긴급피난에 해당한다는 견해[42]와 강요된 행위에 따라 처리해야 한다는 견해[43], 위법성은 인정되나 기대가능성이 없어 초법규적 책임조각사유에 해당한다는 견해(다수설[44])로 나뉜다. 판례는 다수설과 같이 명령이 위법한 경우에는 이에 따를 의무가 없다고 하여 위법한 명령을 따른 하관의 책임의 조각, 감경을 인정하지 않는다. 상관의 불법한 명령을 집행한 행위에 대해서는 정당방위가 가능하고 상관은 간접정범으로 처벌된다.

위법한 상관의 명령을 적법한 것으로 오인한 경우에는 이는 단순한 법률의 착오가 아니라 후술하는 위법성조각사유의 요건사실의 착오에 해당한다. 엄격고의설과 제한책임설에서는 과실범의 죄책을 인정하고, 제한고의설과 엄격책임설에서는 고의범의 책임을 인정한다. 판례(여우고개사건)는 법률의 착오의 문제로 다루고 있다.

판례

〈대판 87도2358〉 박종철군 고문치사사건

공무원이 그 직무를 수행함에 있어 상관이 부하직원에 대해 범죄행위 등 위법행위를 하

42) 김일수 388면.

43) 박상기 267면, 배종대 99/14.

44) 안동준 173면, 이재상 26/35, 이형국 252면.

도록 명령할 직권은 없으며, 부하직원은 소속상관의 적법한 명령에 복종할 의무는 있으나 그 명령이 참고인으로 소환된 사람에게 가혹행위를 하라는 것과 같이 명백한 위법 내지 불법한 명령인 때에는 직무상의 명령이라 할 수 없고, 이에 따라야 할 의무도 없다. 설사 대공수사단 수사관은 상관의 명령에 절대 복종해야 한다는 것이 절대 불문율이라 할지라도 국민의 기본권인 신체의 자유를 침해하는 고문행위 등이 금지되어 있는 우리 법질서에 비추어 볼 때 물고문치사와 같이 중대하고도 명백한 위법명령에 따른 행위가 정당행위에 해당하거나 강요된 행위로서 적법행위에 대한 기대가능성이 없는 경우에 해당하는 것이라고 볼 수는 없다.

〈대판 86도1406〉 여우고개사건

소속 중대장의 당번병이 근무시간중은 물론 근무시간 후에도 밤늦게 까지 수시로 영외에 있는 중대장의 관사에 머물면서 집안일을 도와주고 그 자녀들을 보살피며 중대장 또는 그 처의 심부름을 관사를 떠나서까지 시키는 일을 해오던 중 사건당일 중대장의 지시에 따라 관사를 지키고 있던 중 중대장과 함께 외출나간 그 처로부터 24:00경 비가 오고 밤이 늦어 혼자 귀가할 수 없으니 관사로부터 1.5킬로미터 가량 떨어진 지점까지 우산을 들고 마중을 나오라는 연락을 받고 당번병으로서 당연히 해야 할 일로 생각하고 그 지점까지 나가 동인을 마중하여 그 다음날 01:00경 귀가하였다면 위와 같은 당번병의 관사이탈 행위는 중대장의 직접적인 허가를 받지 아니 하였다 하더라도 당번병으로서의 그 임무범위내에 속하는 일로 오인하고 한 행위로서 그 오인에 정당한 이유가 있어 위법성이 없다고 볼 것이다.

다. 징계행위

친권자의 자녀에 대한 징계, 학교장의 학생에 대한 징계, 소년원장, 소년심사분류원장의 원생에 대한 징계는 모두 법령에 의한 것으로서 위법성이 조각된다. 문제는 학교장이나 교사의 초중등학생에 대한 징계, 특히 체벌의 위법성조각여부이다.

학교장이나 교사의 체벌에 대해서는 ①교육법에 의한 학교장의 징계내용은 정학에 한정되므로 허용되지 않는다는 소수설과 ②일정한 범위안의 학교장, 교사의 체벌도 허용된다는 견해로 나뉜다 (판례, 종래 다수설[45]).

그러나, 학교장이나 교사의 체벌, 타인의 자녀에 대한 체벌은 그것이 사회상규에 반하지 않는 경우에만 위법성을 조각한다고 보아야 할 것이다.

45) 박상기 157면, 유기천 192면, 이형국 269면, 임웅 201면, 정영석 144면, 황산덕 149면.

판례

〈대판 75도115〉 교육법에 의하면 각 학교의 장은 교육상 필요한 때에는 학생에게 징계 또는 처벌을 할 수 있도록 규정하고 있으므로, 중학교 교장직무대리자가 훈계의 목적으로 교칙위반학생에게 빰을 몇차례 때린 행위는 감호교육상의 측면에서 볼 때 징계의 방법으로서 사회관념상 비난의 대상이 될 만큼 사회상규를 벗어난 것으로 볼 수 없다.

〈대판 90도1458〉 교사가 초등학교 5학년생을 징계하기 위해 나무지휘봉으로 엉덩이를 두 번 때리고 학생이 아파서 무릎을 굽히며 허리를 옆으로 틀자 허리부분을 다시 때려 전치 6주의 상해를 입혔다면 이러한 징계행위는 그 방법과 정도가 교사의 징계권행사의 허용한도를 넘어선 것으로서 정당행위로 볼 수 없다.

군대에서 상관의 하관에 대한 처벌이 허용되는가 문제될 수 있다. 군인복무규율 제15조는 '사적 제재의 금지'라는 제목하에 "군인은 어떠한 경우에도 구타 · 폭언 및 가혹행위 등 사적 제재를 행하여서는 아니되며, 사적 제재를 일으킬 수 있는 행위를 하여서도 아니된다"고 규정하고 있다. 이와 같이 법령에 의하여 체벌이 금지되므로 상관의 체벌은 법령에 의한 행위로서 위법성이 조각되지 않는다. 판례는 감금과 구타행위(대판 84도799), 상해행위(대판 84도603) 등은 위법성이 조각되지 않는다고 판시한다. 경미한 폭행은 위법성이 조각된다는 판례(대판 77도3149)가 있지만, 이는 법령에 의한 행위로 위법성이 조각된다는 의미가 아니라 폭행이 경미하여 사회상규에 위배되지 않는 행위로서 위법성이 조각된다는 의미이다.

라. 사인의 법령에 의한 행위

사인의 행위도 경우에 따라 법령에 따른 행위로서 위법성이 조각될 수 있다. 첫째, 사인은 현행범을 체포하더라도 법령에 의하여 위법성이 조각된다. 단, 현행범을 체포하기 위해 타인주거에 침입하거나 무기사용 또는 상해를 입히는 것은 위법성이 조각되지 않는다. 둘째, 의사는 모자보건법 제14조 1항에 의한 사유로 인하여 임산부 본인과 그 배우자의 동의를 얻어 낙태를 할 수 있고 이러한 낙태행위는 위법성이 조각된다. 셋째, 장기등 이식에 관한 법률에 의한 장기적출행위는 사체손괴죄, 상해죄 내지 중상해죄 또는 살인죄의 구성요건에 해당하지만 법령에 의한 행위로 위법성이 조각된다.

마. 노동쟁의행위

헌법 제33조 1항에 보장된 노동3권에 따라 노동자들의 정당한 쟁의행위는 위법성이 조각된다. 이 경우 노동자들의 쟁의행위는 목적이 정당해야 하고 시기와 절차, 방법과 태양이 적절해야 한다.

판례

〈대판 95도2970〉 쟁의행위는 근로자가 소극적으로 노무제공을 거부하거나 정지하는 행위만이 아니라 적극적으로 그 주장을 관철하기 위해 업무의 정상적 운영을 저해하는 행위까지 포함하는 것이다. 그러므로 쟁의행위의 본질상 사용자의 정상업무가 저해되는 경우가 있음은 부득이한 것으로 사용자는 이를 수인할 의무가 있다. 하지만 근로자의 쟁의행위의 한계를 벗어날 때에는 근로자는 업무방해죄 등의 형사책임을 면할 수 없다.

〈대판 2001도3380〉 쟁의행위에서 추구되는 목적이 여러가지이고 그 중 일부가 정당하지 못한 경우에는 주된 목적 내지 진정한 목적의 당부에 의하여 그 쟁의목적의 당부를 판단하여야 할 것이고, 부당한 요구사항을 뺐더라면 쟁의행위를 하지 않았을 것이라고 인정되는 경우에는 그 쟁의행위 전체가 정당성을 갖지 못한다고 보아야 한다.

〈대판 2003도687〉 근로자의 쟁의행위가 형법상 정당행위가 되기 위하여는 첫째 그 주체가 단체교섭의 주체로 될 수 있는 자이어야 하고, 둘째 그 목적이 근로조건의 향상을 위한 노사간의 자치적 교섭을 조성하는 데에 있어야 하며, 셋째 사용자가 근로자의 근로조건 개선에 관한 구체적인 요구에 대하여 단체교섭을 거부하였을 때 개시하되 특별한 사정이 없는 한 조합원의 찬성결정 등 법령이 규정한 절차를 거쳐야 하고, 넷째 그 수단과 방법이 사용자의 재산권과 조화를 이루어야 함은 물론 폭력의 행사에 해당되지 아니하여야 한다는 여러 조건을 모두 구비하여야 한다.

바. 기타

①정신병자감호행위 (경찰관직무집행법 제3조 1항, 경범죄처벌법 제1조 31호)

②승마투표권, 복권발매행위 (마사회법 제38조, 주택건설촉진법)

③의사의 전염병신고행위 (전염병예방법 제4조 1항)

④점유자의 자력구제 (민법 제209조) : 점유물이 침탈되었을 경우에 부동산일 때에는 점유자는 침탈 후 즉시 가해자를 배제하여 이를 탈환할 수 있고, 동산일 때에는 현장에서 또는 추적하여 가해자로부터 이를 탈환할 수 있다.

3. 업무로 인한 행위

가. 의사의 치료, 수술행위

의사의 치료 · 수술행위는 법령에 의한 행위에 해당하지 않더라도 업무로 인한 행위로서 위법성이 조각된다. 물론 의사의 치료 · 수술행위의 위법성조각근거에 대해서는 정당행위설 이외에도 구성요건해당성배제사유설, 피해자승낙설이 대립한다.

첫째, 정당행위설[46]에 의하면 치료행위에 의하여 의사가 환자의 신체를 훼손한 경우 상해죄의 구성요건에 해당하지만, 업무로 인한 정당행위로서 위법성이 조각된다. 따라서 의사의 치료행위의 위법성이 조각되기 위해서는 주관적 치료목적에 맞게 객관적 의술이 이루어져야 한다. 예전 대법원 판례의 입장이었다(대판 74도714). 둘째, 구성요건해당성배제사유설[47]은 환자의 건강을 회복 · 증진시키기 위한 행위인 치료행위는 처음부터 상해의 고의가 없으므로 애당초 구성요건해당성이 배제된다고 한다. 셋째, 의사의 치료행위는 피해자의 승낙 또는 추정적 승낙에 의해 위법성이 조각된다고 본다[48]. 이 때 환자의 유효한 승낙이 있기 위해서는 환자에게 질환과 수술의 내용, 수술후 경과 등에 대한 자세한 설명을 해주어야 한다(의사의 설명의무). 의료소송에서 의사의 과실을 판단할 때 환자보호에 좀 더 충실할 수 있는 견해이다. 최근 대법원 판례의 입장이다(대판 92도2345).

나. 변호사 · 성직자의 업무행위

변호사가 법정에서 변론중 의뢰인의 명예를 훼손하거나, 업무상 비밀을 누설하더라도 업무로 인한 행위로서 위법성이 조각된다. 성직자가 업무로 인한 행위로서 신자의 범죄사실을 수사기관에 고지하지 않거나 도주를 방조하는 경우에도 위법성이 조각된다. 그러나 소극적 불고지나 도주방조를 넘어 적극적으로 범인을 은닉하거나 도피시키는 행위는 위법성이 조각되지 않는다.

---

46) 배종대 55/5, 정성근 251면, 정영석 145면, 진계호 303면, 황산덕 170면.

47) 김일수 346면, 안동준 138면, 이형국 170면, 이재상 21/15, 조준현 244면.

48) 박상기 157면, 신동운, 판례백선, 268면, 임웅 206면.

판례

〈대판 82도3248〉 천주교사제가 미문화원방화사건후 피신해 온 대학생에게 식사와 도피자금을 제공하고 은신처를 물색하던 중에 수사관들이 체포하러 오자 숨겨준 사실을 부인하고 신병인도를 거부하였다. 성직자의 직무상 행위가 사회상규에 반하지 않는 행위로서 정당행위가 되는 것은 그것이 성직자의 행위이기 때문이 아니라 그 직무로 인한 행위에 정당성을 인정하기 때문이다. 범죄자를 맞아 회개하도록 인도하고 선도하는 것은 사제로서 소임이지만, 적극적으로 은신처를 마련해주고 도피자금까지 대주는 행위는 이미 그 정당한 직무범위를 넘은 것이며 이를 사회상규에 반하지 아니하는 정당행위라고는 할 수 없을 것이다.

다. 안락사

간접적 안락사, 소극적 안락사(존엄사)는 일정한 조건[49]하에 위법성이 조각되나 생명을 인위적으로 단축하는 적극적 안락사는 위법성이 조각되지 않는다(다수설[50]).

4. 기타 사회상규에 위배되지 않는 행위

판례

〈대판 94도1657〉 형법상 처벌되지 아니하는 사회상규에 반하는 행위라 함은 법규정의 문언상 범죄구성요건에 해당된다고 보이는 경우에도 그것이 지극히 정상적인 생활형태의 하나로서 역사적으로 생성된 사회질서의 범위 안에 있는 것이라고 생각되는 경우에 한하여 그 위법성이 조각되어 처벌할 수 없게 되는 것이다. 또한 어떤 법 규정이 처벌대상으로 하는 행위가 사회발전에 따라 전혀 위법하지 않다고 인식되고 그 처벌이 부가치할 뿐만 아니라 사회정의에 위반된다고 생각될 정도에 이를 경우나, 국가법질서가 추구하는 사회의 목적가치에 비추어 이를 실현하기 위해 사회적 상당성이 있는 수단으로 행하여졌다는 평가가 가능한 경우에 한하여 이를 사회상규에 위배되지 아니한다고 평가한다.

위의 행위들 이외에도 일반적으로 행위가 법질서 전체의 정신에 비추어 실질적으로

49) 환자의 사기임박과 극심한 고통, 환자의 진지한 동의, 고통을 덜어주기 위한 목적과 의학적으로 상당한 시술.

50) 김일수/서보학 244면, 박상기 161면, 배종대 55/12, 손동권 15/24, 안동준 139면, 이재상 21/17, 황산덕 150면.

위법이 아니어서 사회통념상 정당시되는 행위들이 존재한다. 이에 대해 다수설은 법령에 의한 행위, 업무행위 또는 기타 위법성조각사유를 총괄하는 초법규적 위법성조각사유라고 한다. 하지만, 다수설은 사회상규에 이중적 지위(위법성조각사유의 통일적 원리인 사회상규와 형법 제20조의 좁은 의미의 사회상규)를 인정해야 가능한 견해이고 이는 가능한 해석한계를 넘는 것이라고 비판한다[51].

다른 나라에서는 사회상규와 같은 위법성조각사유가 존재하지 않아 해석으로 초법규적 위법성조각사유를 인정하지만, 우리는 형법 제20조에서 법규적 위법성조각사유로 규정하고 있으므로 이를 사용할 필요가 없다는 반론도 있다. 사회상규에 반하지 않는 행위의 예로서는 말기암환자에 대한 몰핀주사(간접적 안락사), 징계권없는 자의 징계행위 등을 들 수 있다.

연 습 문 제

1. 우리 형법에서 사회상규를 초법규적 위법성조각사유로 인정할 필요가 있는가?
2. 위법한 상관의 명령에 따른 행위의 가벌성은 어떻게 되는가?
3. 의사의 치료 · 수술행위를 피해자의 승낙에서 찾는 경우 이점은 무엇인가

판례

[사회상규에 위배되지 않는 행위에 관한 판례]

〈대판 92도37〉 가정주부인 甲이 술에 만취한 A가 아무 연고도 없는 자신의 집에 들어와 유리창을 깨고 아무데나 소변을 보는 등 행패를 부리고 나가자 A를 뒤따라가며 그 어깨를 붙잡았으나 A가 상스러운 욕설을 계속하므로 더 이상 참지 못하고 잡고 있던 손으로 A의 어깨 부분을 밀쳤다. 술에 취하여 비틀거리던 A는 몸을 제대로 가누지 못하고 앞으로 넘어져 시멘트바닥에 이마를 부딪혀 사망하였다. 이 행위는 사회상규에 반하지 않아 위법성이 조각된다.

〈대판 2003도3902〉 아파트 입주자대표회의의 임원 또는 아파트관리회사의 직원들인 피고인들이 기존 관리회사의 직원들로부터 계속 업무집행을 제지받던 중 저수조 청소를 위하여 출입문에 설치된 자물쇠를 손괴하고 중앙공급실에 침입한 행위

〈대판 2003도4732〉 시장번영회 회장이 이사회의 결의와 시장번영회의 관리규정에 따라서 관리비체납자의 점포에 대하여 실시한 단전조치

51) 배종대 61/2.

〈대판 2003도6751〉 풍속영업자가 자신이 운영하는 여관에서 친구들과 일시 오락정도에 불과한 도박을 한 경우

〈대판 98도2389〉 일정범위의 수지침시술행위

〈대판 99도2971〉 후보자의 회계책임자가 자원봉사자인 후보자의 배우자, 직계혈족 기타 친족에게 식사를 제공한 행위

〈대판 98도2820〉 군수에 입후보하려는 자가 그의 가스충전소를 이용하는 고객들에 대한 감사의 표시와 가스충전소의 홍보를 위해 구청 직원에게 선물세트(3,500원 상당) 190개를 주어 구내의 택시기사들에게 배포한 행위

〈대판 94도2187〉 피고인과 피해자의 나이 및 신분관계 등에 비추어볼 때 정당한 훈계의 범위를 벗어나지 않게 "앞으로 수박이 없어지면 네 책임으로 한다"고 말한 행위

〈대판 2007도6243〉 하드디스크를 떼어내어 다른 컴퓨터에 연결한 다음 의심이 드는 단어로 파일을 검색하여 메신저 대화 내용, 이메일 등을 출력한 사안에서, 피해자의 범죄 혐의를 구체적이고 합리적으로 의심할 수 있는 상황에서 피고인이 긴급히 확인하고 대처할 필요가 있었고, 그 열람의 범위를 범죄 혐의와 관련된 범위로 제한하였으며, 피해자가 입사시 회사 소유의 컴퓨터를 무단 사용하지 않고 업무 관련 결과물을 모두 회사에 귀속시키겠다고 약정하였고, 검색 결과 범죄행위를 확인할 수 있는 여러 자료가 발견된 시점 등에 비추어, 피고인의 그러한 행위는 사회통념상 허용될 수 있는 상당성이 있는 행위이다.

〈대판 88도899〉 교회담임목사를 출교처분한다는 취지의 교단산하 판결위원회의 판결문을 복사하여 예배를 보러온 신도들에게 배포한 행위

[사회상규에 위배되는 행위에 관한 판례]

〈대판 2005도8317〉 의사가 모발이식시술을 하면서 이에 관하여 어느 정도 지식을 가지고 있는 간호조무사로 하여금 모발이식시술행위 중 일정 부분을 직접 하도록 맡겨둔 채 별반 관여하지 않은 것은 정당행위에 해당하지 않는다.

〈대판 2008도2695〉 정신분열증 환자의 신체를 강제로 제압하는 등 과도한 유형력을 행사한 기도원 운영자의 안수기도행위

〈대판 2006도6389〉 타인의 급여번호와 비밀번호를 무단히 이용하여 학교법인의 정보통신망에 보관중인급여명세서를 열람 · 출력하는 행위

〈대판 2006도7634〉 대출의 조건 및 용도에 위반하여 자금을 사용하는 관행을 이유로 대출조건과 용도가 임야매수자금으로 한정된 정책자금을 실제보다 부풀려 대출받아 편취한 행위

〈대판 2005도5511〉 감독관청의 허가없이 사회복지법인의 기본재산을 처분한 대가로 수령한 보상금을 사용한 행위

〈대판 2003도4735〉 주택관리사 등의 자격을 취득한 사람만이 그 지출업무를 수행할 수 있는 관리비에 포함되어 있는 입주자대표회의의 운영비를 무자격자가 지출한 행위

〈대판 2003도4151〉 40~50분간 머리박아를 시키거나 양손을 깍지 낀 상태에서 약 2시간 동안 팔굽혀펴기를 50~60회 정도 하게 한 행위

〈대판 2003도3902〉 아파트 입주자대표회의의 회장이 다수 입주민들의 민원에 따라 위성방송 수신을 방해하는 케이블 TV방송의 시험방송송출을 중단시키기 위하여 케이블 TV방송의 방송안테나를 절단하도록 지시한 행위

〈대판 2005도3490〉 공무원의 노동3권을 제한한 지방공무원법에 반한 집단행위

〈대판 2005도4688〉 자신의 영업에 다소 피해가 발생하자 공사차량이 통행하지 못하도록 자신소유의 승용차를 불특정 · 다수인의 통행로로 이용되어 오던 통로에 주차시켜 놓은 행위

〈대판 2006도8839〉 방송사 기자인 피고인이 구 국가안전기획부 정보수집팀이 타인간의 사적 대화를 불법 녹음하여 생성한 도청자료인 녹음테이프와 녹취보고서를 입수한 후 이를 자사의 방송프로그램을 통하여 공개한 행위

제4절 정당방위

1. 의의 및 근거

정당방위란 자기 또는 타인의 법익에 대한 현재의 부당한 침해를 방위하기 위한 상당한 행위로서 법질서 전체를 수호하고 자기보호를 위해 인정된 위법성조각사유이다. 형법 제21조 1항은 "자기 또는 타인의 법익에 대한 현재의 부당한 침해를 방위하

기 위한 행위는 상당한 이유가 있는 때에는 벌하지 아니한다"고 규정하여 자기뿐만 아니라 타인의 법익을 보호하기 위한 정당방위도 인정하고 있다.

정당방위는 부당한 침해에 대한 정당한 방위이므로 부정 대 정의 관계에 있다는 점에서 정 대 정의 관계에 있는 긴급피난과 다르다. 이로 인하여 긴급피난에서는 긴급피난에 의해 보호되는 법익과 침해되는 법익 사이에 균형이 요구되지만, 정당방위에서는 정당방위로 보호되는 법익이 정당방위로 침해되는 법익보다 작아도 무방하다.

정당방위는 부정 대 정의 관계, 법익보호의 긴급성 및 상당한 이유를 요한다는 점에서 자구행위와 공통점을 가지고 있으나, 타인의 법익보호를 위한 정당방위가 가능한 반면 자구행위에서는 자기의 청구권에 대한 보전행위만 인정된다.

정당방위의 근거가 되는 두 가지 법원칙은 다음과 같다.

첫째, "누구도 자신에 대한 침해를 방관할 필요는 없다"는 자기보호원칙에 근거하여 자기의 법익에 대한 침해에 대해 방어하기 위해 공격자의 법익을 침해할 수 있다. 물론 이 경우 법익보호는 시간적 · 공간적 특수사정으로 인하여 공권력의 도움을 받을 수 없어 침해받는 사람에 의해 달성되어야 하는 상황일 때 허용된다.

둘째, "법은 불법에 양보할 필요가 없다"는 법질서수호원칙에 의하여 타인의 법익에 대한 부당한 침해에 대해서도 정당방위를 할 수 있다. 이 경우 정당방위는 국가가 독점하는 형벌권을 시민에게 이양하는 형법이론적 의미를 가진다. 즉 국가형벌권의 늘어난 팔의 기능을 수행한다.

정당방위에서 자기보호의 원리만을 강조하면 개인적 법익에 대해서만 정당방위가 가능하고 보편적 법익에 대한 정당방위가 불가능한 것으로 해석되지만, 법질서수호의 원리를 강조하면 타인의 법익이나 보편적 법익에 대한 정당방위도 가능하게 된다.

2. 성립요건

정당방위가 인정되려면 다음의 요건이 갖추어져야 한다.

가. 정당방위상황

정당방위상황은 자기 또는 타인의 법익에 대한 현재의 부당한 침해가 있을 때 인정된다. 이 경우 침해되는 법익은 형법상 법익에 국한되지 않고 민법상 법익도 포함(점유권 또는 일반 적 인격권)된다. 자기의 법익뿐만 아니라 타인의 법익에 대한 침해에 대해서도 정당방위가 가능하다(긴급구조).

이 때의 침해는 현재성을 가지고 있어야 한다. 침해의 현재성이란 법익에 대한 침해가 급박한 상태에 있거나 바로 발생하였거나 아직 계속되고 있음을 의미한다. 따라서 실행에 착수하지 않은 행위에 대해서도 침해가 곧 뒤따를 것이란 명백한 사정이 있으면 정당방위가 가능하다[52]. 법익에 대한 침해가 기수에 이른 후에도 침해가 현장에서 계속되고 있으면 현재성이 인정된다. 따라서 절도범을 추격하여 도품을 탈환하는 행위도 정당방위가 될 수 있다.

공격자의 침해는 부당해야 한다. 부당한 침해란 위법한 침해보다 더 광범위한 의미를 갖는다. 따라서, 객관적으로 구성요건이 없는 침해행위에 대한 정당방위, 책임무능력자에 대한 정당방위는 가능하지만, 정당방위, 긴급피난 또는 정당행위는 위법하지 않은 행위이므로 이에 대한 정당방위는 불가능하다. 쌍방에 대하여 서로 위법한 침해인 싸움에서는 정당방위가 원칙적으로 불가능하다. 그러나 당연히 예상되는 정도를 초과한 침해행위에 대해서는 싸움중이라도 정당방위가 가능하다[53].

부당이라 함은 위법함을 의미한다고 보는 것이 다수설[54]이나, 부당을 위법보다 넓은 개념으로 보아야 하고, 부당을 위법으로 축소해석하는 것은 피고인에게 유리한 규정을 축소해석하는 것으로 허용되지 않는다[55]. 예컨대 위법한 행정행위에 대해서는 정당방위가 허용되지만 부당한 행정행위에 대해서는 정당방위를 불허하는 것이 그 예이다. 따라서 인간행위에 의한 침해이면 무과실행위라도 정당방위를 허용해야 한다. 판례가 "채권자가 가옥명도강제집행에 의하여 적법하게 점유를 이전받아 점유하고 있는 방실에 채무자가 무단히 침입한 때에는 주거침입죄가 성립하고 강제집행에 대한 정방당위나 자구행위는 인정될 수 없다"고 판시한 것도 이러한 의미이다(대판 62도93).

52) 김보은양 사건에서 판례는 과거에 계속적으로 성폭행의 법익침해가 있었고 앞으로도 법익침해가 있을 것으로 예상된다는 이유로 침해의 현재성을 인정하였으나, 이는 수긍할 수 없다. 즉 의붓아버지가 강간행위를 하려고 접근할 때에는 성적 자기결정권에 대한 침해가 있다고 할 수 있지만, 의붓아버지가 자고 있는 동안에는 성적 자기결정권에 대한 현재의 침해가 있다고 할 수 없다. 동지 오영근 30/31.

53) 대판 2000도228, 대판 95도2945, 대판 92도1329, 대판 86도1491 등.

54) 박상기 171면, 배종대 58/8, 손동권 11/17, 이재상 17/14, 임웅 214면.

55) 오영근 19/12.

판례

〈대판 92도2540〉 의붓아버지로부터 장기간에 걸쳐 지속적으로 성관계를 강요당한 끝에 자신의 애인과 함께 의붓아버지를 살해하고 강도로 위장하기로 공모하여 살해한 행위는 형법 제21조의 정당방위나 과잉방위에 해당한다고 보기 어렵다. 정당방위가 성립하려면 침해행위에 의해 침해되는 법익의 종류와 정도, 침해방법, 침해행위의 종류와 정도 등 일체의 구체적 사정들을 참작하여 방위행위가 사회적으로 상당한 것이어야 한다. 또한 정당방위의 성립요건인 방위행위에는 순수한 수비적 방어 뿐만 아니라 적극적 반격을 포함하는 반격행위도 포함되지만, 그 방위행위에는 자기 또는 타인의 법익침해를 방위하기 위한 행위로서 상당한 이유가 있어야 한다. 그러나 사전에 범행을 공모하여 잠들어있는 피해자가 반항할 수 없는 상태에서 칼로 찔러 살해한다는 것은 설사 범행동기나 목적을 참작한다 할지라도 사회통념상 상당성을 인정하기 힘들다.

나. 방위행위

정당방위가 성립하려면 자기 또는 타인의 법익에 대한 현재의 부당한 침해를 방위하기 위한 행위여야 한다. 방위행위란 그 침해가 계속되지 못하게 하거나 침해를 배제하는 모든 행위를 말하며, 순수한 수비적 방위행위 뿐만 아니라 침해자에 대한 적극적 반격을 포함하는 반격적 행위도 방위행위라고 할 수 있다(대판 92도2450).

정당방위가 인정되려면, 방위자가 주관적 정당화요소인 방위의사를 가지고 방위행위를 하여야 한다. 방위의사에 원한, 증오, 복수심 등이 수반되더라노 성낭방위가 될 수 있다. 정당방위 상황이 존재하더라도 방위의사가 없는 경우에는 우연방위의 문제가 된다. 방위행위는 공격자에 대해서만 가능하므로 공격과 무관한 제3자의 법익에 대한 반격은 정당방위가 아닌 긴급피난이 고려될 수 있을 뿐이나.

다. 상당성

방위행위는 상당성을 갖추어야 한다. 이 때의 상당성이란 상당인과관계에서의 상당성과는 다르다. 상당인과관계에서의 상당성은 '고도의 가능성'이란 의미이지만, 방위행위에서의 상당성 내지 상당한 이유란 '그럴 만하다' 또는 '그럴 만한 이유가 있다'는 의미이다[56]. 판례는 "방위행위가 상당한 것인지 여부는 침해행위에 의해 침해되는

56) 오영근 19/41.

법익의 종류, 정도, 침해의 방법, 침해행위의 완급과 방위행위에 의해 침해될 법익의 종류, 정도 등 일체의 구체적 사정들을 참작하여 판단하여야 한다"(대판 2003도3006)고 판시하였다.

방위행위는 공격행위에 대해 비례적이어야 한다. 정당방위의 비례성은 엄격한 비례성이 아니라 '약화된 비례성'을 의미한다. 약화된 비례성이란 방위자가 공격자에 대하여 법익방어에 필요한 모든 수단을 사용할 수 있으므로 보호되는 법익보다 공격에 의하여 침해되는 법익이 더 중대한 것이더라도 방위를 위해 필요한 행위였을 경우에는 상당성이 인정된다는 것을 의미한다(필요성원칙)[57]. 적합한 여러 방위수단 가운데 공격자에게 가장 경미한 손실을 입히는 수단을 선택해야 한다(최소침해의 원칙).

정당방위에서 방위자는 방어에 필요한 모든 수단을 사용할 수 있으므로 엄격한 법익교량은 필요없지만, 극단적 불균형은 권리남용으로 정당방위가 성립하지 않는다[58]. 판례에 의하면 정조와 신체를 보호하기 위해 혀절단상을 입힌 것은 상당성이 있으나(대판 89도358), 정조를 보호하기 위해 자고 있는 의부를 살해한 것은 상당성이 없다. 자신의 차량에 대한 불가침성을 보호하기 위해 침해자의 손목을 3분정도 누른 행위(대판 87도3674), 30센티미터 이상 성장한 보리를 수확하기 위해 보리를 갈아엎는 소 앞을 가로막고 쟁기를 잡아당기는 등의 행위(대판 76도3460)는 상당성을 인정했지만, 기합을 받지 않기 위해 상관을 사살한 행위(대판 84도683), 밤 18개를 보호하기 위해 상대방에게 상처를 입힌 행위(대판 84도1611), 피해자로부터 뺨을 맞고 손톱깎기 칼에 찔려 약 1센티미터의 상처를 입었다 하여 약 20센티미터의 과도로 피해자의 복부를 찌른 행위(대판 68도1229)는 상당성을 인정하지 않았다.

최근에는 정당방위의 상당성을 독일의 해석론과 같이 ①정당방위의 필요성과 ②정당방위의 요구성으로 구분하여 이해하는 견해[59]도 있다. 특히 정당방위의 요구성에

---

57) 최근 정당방위의 요건으로 필요성원칙이 필요없다는 견해로는 오영근 19/45, 임웅 217면. 즉 독일형법에서는 "자기 또는 타인의 법익에 대한 현재의 위법한 침해를 방위하기 위한 행위는 벌하지 않는다"고 규정되어 방위행위의 필요성이 요구되지만(보충성, 법익균형성은 필요성의 한 내용이 됨), 우리 형법은 필요성이 아닌 상당성을 요건으로 규정하므로 필요성, 보충성 등은 상당성의 한 내용이 될 수 있을 뿐이다." 그러나, 이는 상당성원칙의 내용으로 필요성원칙이 들어갈 수 있다는 의미이지 필요성원칙이 필요없다는 주장의 논거는 될 수 없다.

58) 김일수 301면, 이재상 17/29.

59) 김일수 296면.

의한 제한을 정당방위의 사회윤리적 제한이라 한다.

3. 사회윤리적 제한

다음과 같은 경우에는 정당방위의 다른 요건이 충족되더라도 정당방위가 사회윤리적으로 제한된다.

첫째, 책임무능력자의 침해에 대해서는 방어적 긴급피난에 가까운 형태로 정당방위가 제한된다. 왜냐하면 이러한 사람들의 침해에 대해서는 법질서를 수호하기 위한 정당방위는 별 의미가 없고 자기보호의 원리만이 정당방위의 근거가 되기 때문이다(회피의 원칙).

둘째, 보호관계에 있는 사람들(부부, 친족)은 상대방에 대하여 법익보호의무가 있으므로 정당방위가 제한된다. 이 경우 법질서수호의 원리는 후퇴하고 자기보호의 원리만이 방위행위의 근거가 되기 때문이다.

셋째, 지극히 불균형적 방위행위 또는 과격한 방위는 법의 남용에 해당되어 위법성이 조각되지 않는다.

넷째, 도발한 침해에 있어서도 정당방위가 제한된다. 먼저, 공격을 의도적으로 도발한 경우, 예컨대 정당방위를 구실로 공격자를 침해하기 위한 의도에서 고의로 공격을 유발한 경우 '원인이 위법한 행위'로서 권리남용에 해당되어 정당방위가 인정되지 않는다(통설). 예컨대 세칭 제비족이 정부의 남편이 돌아오기를 기다려 정부의 집으로 가서 남편이 자기 부인과 정부가 함께 있는 것을 목격하자 몽둥이를 들고 가격해오기 시작했고 제비족이 방위행위수단으로 과도를 던져 남편을 살해하는 것은 권리남용이지 정당방위에 해당되지 않는다. 이 경우 도발된 침해에 대한 방위는 법질서방위를 위해 필요한 행위가 아니므로 정당방위가 될 수 없다는 견해(이재상)가 있으나 정당방위는 법질서수호의 목적이 있어야만 정당화되는 것이 아니고 자기보호의 목적만이 있어도 정당화되기 때문에 이러한 견해는 부당하다. 다음, 과실에 의하여 도발한 경우에도 정당방위는 제한된다. 예컨대 춤바람난 가정주부와 그의 정부가 그녀의 남편이 일찍 귀가하는 바람에 정사현장을 들킨 경우, 이를 본 남편이 죽여버리겠다고 부엌칼을 들고 달려올 경우 정부는 피하는 것이 원칙이고 피할 수 없는 경우에만 정당방위권을 행사할 수 있다.

4. 과잉방위와 오상방위

가. 과잉방위

방위행위가 상당성의 정도를 넘은 경우가 과잉방위이다. 과잉방위행위는 위법성이 조각되지 않으며, 책임이 감경되거나 면책될 수 있을 뿐이다. 과잉방위는 위법한 행위이므로 과잉방위에 대해서는 정당방위가 가능하다.

형법은 제21조 3항에서 "야간 기타 불안스러운 상태하에서 공포, 경악,흥분 또는 당황으로 인한 행위는 벌하지 않는다"고 규정하고 있는데, 이 경우 형의 면제는 위법성이 감소 · 소멸하기 때문이 아니라 책임이 감경 · 소멸하기 때문이다[60].

나. 오상방위

오상방위란 객관적으로 정당방위상황이 아닌데도 불구하고 행위자가 주관적으로 그러한 상황이 존재한다고 믿고 방위행위를 한 경우이다. 허용상황이라는 사실을 착오한 것이기 때문에 사실착오와 유사하지만, 구성요건사실이 아닌 허용규범에 의해 금지규범의 적용이 배제되는 것으로 착오한 점에서 법률의 착오의 성격도 가진다.

오상방위의 처리방법에 대해서는 다음과 같이 학설이 대립한다. 먼저, 위법성의 인식을 고의의 요소로 보느냐 아니면 책임의 요소로 보느냐에 따라 고의설과 책임설로 대별된다. 고의설은 위법성의 인식을 고의의 요소로 보기 때문에, 위법성의 인식이 없는 오상방위행위는 고의없이 행위한 것이며, 따라서 고의범으로 벌할 수 없고 과실범으로 처벌할 수 있을 뿐이라는 결론에 이른다. 고의설은 다시 엄격한 위법성의 인식을 요구하는 엄격고의설과 위법성인식의 가능성만 있어도 위법성인식을 인정하는 제한고의설로 나뉜다[61]. 책임설에 의하면, 위법성의 인식은 책임의 요소이므로 위법

60) 〈대판 73도2380〉 피고인이 처와 함께 극장구경을 마치고 귀가하는 도중 피해자가 피고인의 질녀 등의 소녀들에게 음경을 내놓고 소변을 보면서 키스를 하자고 달려드는 것을 피고인이 술에 취했으니 집에 돌아가라고 타이르자 피고인의 뺨을 때리고 돌을 들어 구타하려는 것을 피고인이 농구화를 신은 발로 이상규의 복부를 한차례 걷어차 그 사람들로 하여금 십이지장천공상을 입게 하여 사망에 이르게 한 피고인의 행위는 야간에 술에 취한 위 이상규의 불의와 행패와 폭행으로 인한 불안스러운 상태하에서 공포, 경악, 흥분 또는 당황에 기인한 것임을 알 수 있다.

61) 판례중에는 제한고의설에 입각한 것이 있다. "피고인에게 범의가 없다고 할 수 없다. 결국 원심판결에 범의에 관한 법리를 오해한 잘못이 있다는 상고논지는 이유없다".

성의 인식이 없더라도 고의성립에 지장이 없으며, 오상방위행위는 책임의 문제가 될 뿐이라고 한다. 책임설은 다시 엄격책임설과 제한책임설로 나뉘는 바, 엄격책임설은 오상방위를 법률의 착오와 같이 취급하여 오인에 정당한 이유가 있을 때 한하여 면책될 뿐이라고 한다. 제한책임설은 오상방위가 구성요건고의는 인정되지만, 책임고의는 조각되는 경우로 고의범으로 벌할 수 없고, 과실범으로 벌할 수 있을 뿐이라 한다. 2단계 범죄체계에 기초한 소극적 구성요건요소이론은 위법성조각사유에 관한 착오인 오상방위는 바로 소극적 구성요건요소에 관한 착오가 되어 사실의 착오가 직접 적용되어 고의가 조각되고 과실범으로 처벌할 수 있을 뿐이라 한다.

학설	학 설 내 용	주장학자
엄격고의설	현실적인 불법의식이 있어야 고의가 성립한다고 보는 견해로서, 오상방위를 구성요건착오처럼 취급. 제13조에 따라 고의책임을 조각, 과실범처벌규정이 있으면 과실범으로 처벌	
엄격책임설	오상방위를 법률착오(제16조)처럼 취급. 구성요건사실에 대한 인식이 있는 한 원칙적으로 고의범으로 처벌, 다만 그 오인에 정당한 이유가 있는 경우에만 불가벌.	오영근
제한책임설	오상방위를 제15조의 사실의 착오로 취급하여 책임고의만을 탈락시켜 고의범으로 처벌않음. 과실범처벌규정이 있으면 과실범으로 처벌.	다수설
소극적 구성요건요소 이론	위법성조각사유는 불법구성요건의 소극적 표지이므로 오상방위는 바로 구성요건착오가 됨. 따라서 제13조에 따라 고의가 조각되며 과실범처벌규정이 있을 때 과실범으로 처벌	심재우

연 습 문 제

1. 정당방위의 성립요건 가운데 방위행위는 침해행위의 엄격한 법익균형성을 요구하지 않는 이유는 무엇인가?
2. 도발한 침해에 대한 정당방위가 허용되지 않는 이유는 무엇인가?
3. 오상방위를 바로 구성요건착오로 보아 구성요건착오를 직접 적용할 수 있는 이론적 근거를 제공한 이론은 무엇인가?

제5절 긴급피난

1. 의의

긴급피난은 자기 또는 타인의 법익에 대한 현재의 위난을 피하기 위한 상당한 행위로서 (형법 제22조 1항), 국가권력이 법익보호임무를 달성할 수 없는 곳에서 시민이 '경찰의 늘어난 팔'로서 기능한다.

정당방위와 성립요건이 비슷하나, 정당방위는 부당한 침해행위에 대한 방위행위임에 비해서 긴급피난은 위난의 원인이 적법하다는 점에서 다르다. 이로 인해 정당방위에서는 보충성이나 엄격한 법익균형성이 요구되지 않지만 긴급피난에서는 보충성과 법익균형성이 요구된다. 즉 다른 방법으로 위난을 피할 수 있는 경우에는 그 방법에 의하여야 하고 긴급피난은 최후수단으로 사용해야 한다. 긴급피난을 할 경우에도 긴급피난에 의하여 보호하려는 법익은 긴급피난에 의해 침해하는 법익보다 작아서는 안되고, 긴급피난에 의한 법익침해를 최소화해야 한다. 긴급피난에서는 위난을 피하지 못할 책임이 있는 자가 있지만 정당방위에서는 부당한 침해행위를 피하지 못할 책임이 있는 자가 없는 점도 차이가 있다.

2. 법적 성질

긴급피난의 법적 성질에 대해서는 크게 3가지 견해가 대립한다. 먼저 위법성조각설[62]은 긴급피난상황에서 행한 피난행위는 우월이익원칙에 따라 보호법익이 피해법익보다 우월한 가치가 있으면 정당화된다고 한다. 이익교량이 불가능한 상황의 긴급피난을 설명하지 못하는 문제점이 있다. 따라서 위법성조각설은 동가치법익사이의 긴급피난의 면책근거를 초법규적 책임조각사유에서 찾으려 한다.

둘째, 책임조각설은 긴급피난이 위법행위이지만, 긴급상황을 모면하기 위한 것으로서 적법행위에 대한 기대가능성이 없으므로 책임이 조각된다고 본다. 이 견해에 대해서는 생명, 신체와 같이 이익교량이 어려운 경우에는 타당하지만, 이익교량이 가능한 경우에도 단순히 책임조각만 인정하는 것은 문제가 있고, 형법 제22조의 규정에 정면으로 반한다는 비판이 가하여진다.

---

62) 오영근 20/10, 이재상 18/11.

셋째, 2분설은 형법상 긴급피난에는 정당화적 긴급피난(위법성조각)과 면책적 긴급피난(책임조각)이 함께 포함되어 있으며, 전자는 우월적 법익을 위한 긴급피난, 후자는 생명 · 신체와 같은 동가치 법익사이의 긴급피난이라 본다(최근의 다수설). 2분설에 대해서도 형법의 명문규정에 정면으로 반하고, 면책적 긴급피난을 제22조에서 규정하고 있다고 해석하게 되면, 제22조의 상당한 이유가 기대불가능성과 같은 개념이 된다는 비판이 가해진다.

3. 성립요건

긴급피난이 인정되려면 다음의 요건들이 충족되어야 한다.

가. 긴급피난상황

긴급피난상황은 자기 또는 타인의 법익에 대한 현재의 위난이 있을 때 인정된다. 개인적 법익에 대한 위난뿐만 아니라 국가 또는 사회적 법익도 긴급피난의 대상이 되는가에 대해서 견해가 대립한다. 다수설[63]은 긍정한다. 소수설은 국가를 위한 긴급피난은 경찰권 자체가 본래 자기임무를 수행하지 않는 경우에 발생하거나 불법이 아닌 상황에서 이익조정이 문제될 뿐이므로 부정하는 것이 옳다고 본다[64].

생각건대, 국가 · 사회적 법익의 보호가 개인적 법익의 보호와 연결될 때에는 긴급피난이 허용되지만 순수하게 국가 · 사회적 법익을 보호하기 위한 긴급피난은 신중하게 인정하여야 한다. 긴급피난을 빌미로 개인의 법익을 침해하는 행위가 빈발할 수 있고, 국가 · 사회적 법익의 보호는 국가나 사회 스스로 해결하는 것이 원칙이기 때문이다.

자기가 스스로 초래한 자초위난에 대하여 긴급피난을 할 수 있는가가 문제된다[65]. 피난행위자의 책임여부는 긴급피난의 요건이 아니므로 위난이 피난자의 유책한 행위로 발생한 때에도 상당한 이유가 있는 한 긴급피난이 가능하다고 할 것이다. 하지만, 타인의 법익을 침해할 목적으로 위난을 자초한 경우에는 긴급피난이 될 수 없다.

---

63) 김일수 310면, 이재상 18/14, 임웅 233면.

64) 배종대 65/3, 오영근 20/17, 정/박 249면.

65) 자세한 것은 졸고, "형법상 자초위난의 유형과 긴급피난의 성립여부", 충북대 법학연구 제28권 1호, 2017, 77면 이하.

판례

[자초위난에 대해 긴급피난을 인정한 판례]

〈대판 85도221〉 피조개양식장 사건

피조개양식장 부근에 정박중인 선박의 선장은 양식장 어민들에게 선박이동을 요구받았지만 선박이동에는 허가가 필요하고 비용이 많이 들어 다른 해상으로 이동하지 못하고 있는 사이에 태풍이 닥치게 되자 선박의 조난을 막기 위해 부득이 닻줄 길이를 늘려 결국 선박이 태풍에 밀려 인근 양식장에 피해를 주게 되었다. 이처럼 위급한 상황에서 선박과 선원들의 안전을 위해 사회통념상 가장 적절하고 필요불가결하다고 인정되는 조치를 취하였다면 긴급피난으로서 위법성이 없어서 재물손괴죄가 성립하지 않는다고 보아야 하고 미리 선박을 이동시켜 놓아야할 책임을 다하지 아니함으로써 위와 같은 긴급한 위난을 당하였다는 점만으로는 긴급피난을 인정하는데 아무런 방해가 되지 아니한다.

[자초위난에 대해 긴급피난을 부정한 판례]

〈대판 94도2781〉 강간피해자 치아상해사건

취침중인 피해자를 강간하기 위해 손을 뻗는 순간 놀라 소리치려는 피해자의 입을 손으로 막았는데 피해자가 손가락을 깨물며 반항하자 물린 손가락을 비틀어 뽑다가 피해자의 치아를 부러뜨렸다. 이와 같이 행위자의 범행에 대한 반항행위로 인하여 발생한 피해자에 대한 상해행위는 형법상 긴급피난행위로 볼 수 없다.

긴급피난에서 위난의 현재성을 어떻게 파악할 것인가가 문제이다. 현재의 위난이란 일정한 상황진전을 그대로 두면 법익침해가 발생할 개연성이 높은 상태를 의미한다. 즉 법익침해가 예측되는 상태이다. 긴급피난에서 위난의 현재성은 정당방위에서 침해의 현재성보다 넓은 개념이라고 하는 견해[66]와 전자보다는 긴급피난의 요건을 더 엄격히 해석해야 하기 때문에 긴급피난에서 위난의 현재성을 정당방위에서 침해의 현재성보다 넓게 파악해서는 안된다는 견해[67]가 대립한다. 정당방위에서 공격의 현재성은 직접 임박한 것 또는 막 시작되는 것을 의미하는 점에서 긴급피난에서 위난의 현재성과 구별되며 긴급피난에서 현재의 위난은 정당방위에서 현재의 침해보다 범위가 넓다고 보아야 한다.

66) 김일수/서보학 212면, 박상기 194면, 배종대 65/6, 정/박 246면, 이용식, "정당방위와 긴급피난의 몇가지 요건", 형사판례연구 3, 92면.

67) 오영근 20/21, 이재상, 연습, 123면.

나. 피난행위

피난행위에는 현재의 위난을 피하기 위한 모든 행위가 포함된다. 이 때 주관적 정당화요소로서 피난의 목적 또는 위난을 피해가기 위해 타인의 법익을 침해하는 것에 대한 인식이 있을 것을 요한다. 긴급피난의 요건이 갖추어졌지만 피난의사가 없는 경우를 우연피난이라고 한다. 이의 형법적 효과는 우연방위에서와 마찬가지로 기수설, 무죄설, 불능미수설이 대립한다.

다. 상당성

긴급피난이 인정되려면 정당방위와 마찬가지로 피난행위의 상당성이 있어야 한다. 피난행위는 타인의 적법한 법익을 침해하는 것이므로 정당방위보다 더 엄격하게 상당성이 요구된다.

첫째, 피난행위는 보충적이어야 한다. 즉, 피난자는 피해자의 법익을 침해하기 전에 위난을 피하기 위한 다른 조치들을 먼저 취해야 하고, 위난을 피하기 위한 방법에서도 피해자의 법익에 최소한의 손해를 끼치는 가장 경미한 수단을 선택해야 한다. 예컨대 운전에 지장을 줄 정도로 술에 취한 의사가 택시를 이용할 수 있었을 경우에는 응급환자의 수술을 위해 자가용차를 운전하다 사고를 냈더라도 긴급피난으로 정당화되지 않는다.

둘째, 피난행위는 균형적이어야 한다. 즉, 피난행위로 보호받는 법익이 피난행위로 침해받는 법익보다 '본질적으로' 우월해야 한다. 법익의 가치는 보통 인격적 법익이 재산석 법익보다 우월하고, 인격적 법익 중에서는 생명 · 신체가 자유 · 명예보다 우월한 법익이라 할 수 있다. 생명 대 생명이 충돌하는 경우 위법성은 조각되지 않고 면책적 긴급피난의 가능성만이 남을 뿐이다. 그러나, 경우에 따라서는 낮은 가치의 법익을 보호하기 위해 높은 가치의 법익을 침해하는 것도 허용된다(막대한 재산상 손해방지를 위한 일시적 감금). 왜냐하면 법익가치서열에서 자유는 재산보다 우월하지만 법익의 침해정도에서 재산의 침해가 일시적 자유제한보다 정도가 심하기 때문이다.

셋째, 수단이 상당해야 한다. 피난행위가 피난목적에 적합하고 사회상규에 위배되지 않는 수단에 의해 이루어져야 한다. 예컨대 죽어가는 신장환자를 구하기 위해 동의없이 다른 사람의 신장을 적출하여 이식하는 행위는 보충성의 원칙 및 우월이익의 원칙을 충족하였더라도 상당한 수단이 아니므로 긴급피난으로 위법성이 조각되지 않는다. 또 납치된 인질의 생명을 구하기 위해 체포된 인질범을 고문하여 인질의 소재를 파악하는 것 역시 인간의 존엄을 침해하므로 수단의 상당성을 결하는 것이다.

라. 특별한 보호의무

형법 제22조 3항에 의하면 위난을 피하지 못할 책임있는 자는 긴급피난을 할 수 없다(제22조 3항). 군인, 경찰관, 의사나 간호사, 119구조대원 등이 여기에 해당된다.

4. 의무의 충돌

가. 의의

의무의 충돌이란 둘 이상의 작위의무가 동시에 충돌하여 그중 하나의 이행만 가능하고 다른 의무의 불이행이 구성요건에 해당되는 경우이다. 따라서 부작위의무와 부작위의무의 충돌은 의무충돌이 아니다. 작위의무와 부작위의무의 충돌의 경우 두 의무가 보호하는 법익에 차등이 있을 경우 정당화적 긴급피난에 의하여 정당화된다. 예컨대 의사가 전염병환자를 진료하였을 경우 환자에 대한 업무상비밀유지의무(형법 제317조)와 전염병신고의무(전염병예방법 제4조)가 외견상 충돌하는 것으로 보이지만 실제로는 전염병신고의무의 이행이 우선하므로 업무상비밀유지의무를 이행하지 않아도 무방하다. 하지만, 법익이 동가치일 경우에는 부작위의무는 작위의무에 우선하는데, 의사가 신장이식이 필요한 자기 아들을 위해 건강한 다른 아이의 신장을 함부로 적출하는 것은 정당화되지 않기 때문이다[68].

나. 법적 성질

의무충돌의 법적 성질은 충돌되는 법익의 성격에 따라 달라진다.

서로 다른 가치의 의무충돌에서 높은 가치의 의무를 수행한 경우 다수설은 부작위에 의한 긴급피난으로 위법성이 조각된다고 본다. 동등의 가치를 보호하는 의무를 이행한 경우에도 사회상규에 위배되지 않는 행위로서 위법성이 조각될 수 있다. 법질서

68) 김일수/서보학 247면.

는 인간에 대해 불가능을 요구할 수 없으므로 행위자가 어느 의무를 이행하든지간에 그 때 이행하지 않은 부작위는 위법하지 않은 것으로 보아야 하기 때문이다[69].

이에 대하여, 하위의 가치를 보호하는 의무를 이행한 경우 위법성이 조각되지 않으며 기대가능성이 없는 경우에 한하여 책임조각이 고려될 수 있을 뿐이다.

다. 요건

의무의 충돌로서 위법성이 조각되려면 다음의 요건들이 충족되어야 한다.

첫째, 의무충돌상황이 존재해야 한다. 이 경우 두 개 이상의 법적 의무의 충돌이 있어야 한다. 윤리 · 도덕적 의무와 법적 의무가 충돌하여 법적 의무를 이행한 경우 아무런 형법적 문제가 발생하지 않지만, 윤리적 · 도덕적 의무를 이행하거나 법적 의무를 이행하지 않은 경우에는 위법성이 조각되지 않고 확신범의 문제가 된다. 행위자의 고의 · 과실 등 책임있는 사유로 인한 의무충돌의 경우 고의 · 과실에 의한 충돌상황의 야기를 위법한 것으로 보아 정당화나 면책을 부정하는 견해[70]가 있으나 자초위난의 경우도 긴급피난이 허용되듯이 자초한 의무충돌도 경우에 따라 위법성이나 책임이 조각될 수 있다고 보는 것이 타당하다[71].

둘째, 충돌하는 의무중 일부의 행위만을 이행하여야 한다. 의무충돌의 상당성은 위험의 경중, 정도, 개연성, 구조가능성을 종합적으로 비교 · 검토하여 판단되어야 한다. 의무충돌은 행위강제상황이 존재하므로 긴급피난처럼 의무사이의 본질적 우월관계가 있어야 할 필요는 없다. 이익형량이 불가능한 의무충돌에서 어느 하나의 의무를 이행한 경우에는 사회상규에 위배되지 않는 행위로서 위법성이 조각될 수 있다[72]. 예컨대 어느 인명구조원이 어린아이 하나나 성인 둘을 구조할 수 있었는데 어린 아이 하나를 구조한 경우 성인 둘의 생명이 어린 아이 한 명의 생명보다 높은 가치라고 할 수 없고 이는 이익형량이 불가능한 의무충돌에 해당한다. 이 경우 인명구조원의 행위는 책임조각사유가 아니라 사회상규에 위배되지 않는 것으로서 위법성이 조각된다고

69) 김일수/서보학 249면.

70) 이형국 328면, 정성근 290면.

71) 김일수/서보학 250면, 배종대 73/9, 이재상 18/10. 자세한 것은 졸고, “형량불가능한 의무충돌과 형법적 해결방안”, 인하대 법학연구, 제20집 제2호, 2017. 6, 27면 이하 참조.

72) 오영근 20/57.

보아야 할 것이다.

셋째, 의무충돌 역시 주관적 정당화요소로서 충돌상황에 대한 인식과 높은 가치나 적어도 동가치의무 가운데 어느 의무를 수행한다는 의사를 가지고 수행되어야 한다. 행위자가 우월한 법익을 보호하기 위한 의무이행을 한다고 생각하면서 사실은 열등한 법익을 보호하기 위한 의무이행을 한 경우에는 법률의 착오로서 형법 제16조에 의하여 해결하면 될 것이다.

연 습 문 제

1. 위법성조각사유로서 정당방위와 긴급피난의 공통점과 차이점은 무엇인가?
2. 침해법익과 보호법익 사이의 이익형량이 불가능한 경우의 피난행위도 긴급피난에 해당하는가?
3. 긴급피난에서 위난의 현재성은 정당방위에서 침해의 현재성보다 넓은 개념인가? 아니면 같은 개념인가?
4. 생명과 생명 같이 이익형량이 불가능한 의무의 충돌상황에서 행위자가 어느 하나의 의무를 이행하고 어느 하나의 의무를 이행하지 않은 경우 그 행위의 위법성은 조각될 수 있는가?

제6절 자구행위

1. 의의

자구행위는 불법으로 권리를 침해당한 사람이 공권력의 힘을 빌리지 않고 자력으로 자신의 권리를 구제 · 회복하는 제도이다. 정당방위, 긴급피난이 사전적 긴급행위인데 비하여 자구행위는 침해후에 이루어지는 사후적 긴급행위이다.

정당방위, 긴급피난, 자구행위 모두 긴급상황에서 행해지는 긴급행위라는 점과 각각 주관적 정당화요소를 필요로 하고, 상당한 이유가 있어야 한다는 점에서 공통점을 갖는다. 그러나 자구행위는 국가공권력의 도움을 즉시 얻을 수 없는 긴급성과 청구권의 실행불가능 또는 현저한 실행곤란의 긴급성이라는 2중의 긴급성을 요한다는 점에서 다르다.

형법 제23조는 "법정절차에 의하여 청구권을 보전하기 불가능한 경우에 그 청구권의 실행불능 또는 현저한 실행곤란을 피하기 위한 행위는 상당한 이유가 있는 때에는 벌하지 아니한다"고 규정함으로써 자구행위에 의해서 청구권을 실현하는 것까지는 허용되지 않고 청구권을 보전하는 것에 자구행위를 한정하고 있다.

자구행위를 명문으로 규정하고 있지 않은 독일형법이나 일본형법의 해석에 따라 자구행위를 초법규적 위법성조각사유로 보는 견해도 있으나, 형법 제23조가 자구행위에 관하여 명문의 규정을 두고 있는 이상 자구행위를 초법규적 위법성조각사유라고 할 수는 없다.

2. 요건

자구행위로서 위법성이 조각되려면 다음의 요건들이 충족되어야 한다.

첫째, 자구행위상황이 존재하여야 한다. 자구행위상황은 "법정절차에 의하여 청구권을 보전하기 불가능한 경우"에 인정된다. 이 때 청구권이라 함은 타인의 작위 또는 부작위를 요구할 수 있는 권리로서 채권적 청구권 뿐만 아니라 물권적 청구권, 가족법상 청구권도 포함된다(혼인외 출생자의 인지청구권, 부부상호간의 동거청구권 등). 그러나 주로 채권, 물권과 같은 재산법상의 권리가 자구행위의 대상이 될 것이다.

정당방위, 긴급피난과 달리 타인을 위한 자구행위는 인정되지 않으나 청구권자로부터 권한을 위임받으면 가능하나. 한빈 침해됨으로써 회복이 불가능한 권리는 자구행위가 허용되지 않는다. 생명, 신체, 자유, 정조, 명예 등에 대한 침해가 이에 해당할 것이다(대판 1969.12.30, 69도2138)[73].

청구권은 자기의 청구권임을 요한다. 그러므로 타인의 청구권을 위한 구제행위는 허용되지 않는다. 다만 음식대금을 내지 않고 도망가는 손님을 종업원이 주인으로부터 잡아오라는 위임을 받은 경우와 같이 청구권자로부터 위임을 받은 자는 자구행위를 할 수 있다.

자구행위상황은 '법정절차에 의하여 청구권을 보전하기 불가능한 경우'이므로 정당방위의 위법상태나 긴급피난의 위난상태보다는 폭넓게 인정된다. 따라서, 절도범을 현장추격하여 탈환한 경우는 위법상태가 계속되는 경우이므로 정당방위에 해당하

73) 피해자가 다른 친구들 앞에서 피고인의 선과사실을 폭로함으로써 명예를 훼손하기 때문에 동인에게 유리컵을 깨어 빰을 찔러 안면부 창상을 입혔다면 그 소행은 자구행위에 해당한다고 할 수 없다.

지만, 나중에 길거리에서 만난 절도범으로부터 절도물을 탈환한 경우는 자구행위가 된다. 자기집에 침입한 퇴거불응자를 강제퇴거시키는 행위는 자신의 법익에 대한 부당한 침해라고 보아야 하므로 정당방위에 해당한다(통설). 법정절차라 함은 보통 민사상 사법절차(각종 권리보호제도, 민소법상 가압류 · 가처분과 같은 보전절차, 경찰이나 기타 국가기관에 의한 법적 구제를 받을수 있는 모든 수단과 절차)를 의미하며, 법정구제절차를 밟다가는 자기청구권이 실행불능에 빠지거나 현저한 실행곤란이 초래되는 경우를 말한다(자구행위의 보충성). 재판절차에 한하지 않고 행정공무원이나 경찰공무원에 의한 청구권 보전절차도 포함된다.

둘째, 청구권의 실행불능 또는 현저한 실행곤란을 피하기 위한 자구행위가 있어야 한다. 자구행위는 자구의사를 동반해야 한다. 따라서 단순히 입증의 곤란을 피하기 위한 행위는 자구행위로 인정할 수 없다. 입법론적으로는 독일민법 제229조, 제230조 자력구제조항에 열거된 물건탈환, 파괴, 손상, 의무자의 체포 또는 저항의 제거 등을 도입하는 것이 바람직하다.

셋째, 자구행위의 상당성이 인정되어야 한다. 자구행위는 보충적 수단이어야 하고, 청구권방해제거에 적합하고 필요한 것이어야 한다. 불법한 침해에 대한 청구권 보전행위이므로 침해법익과 보호법익사이의 엄격한 균형성은 불필요하다. 단, 양자사이의 극심한 불균형, 채권의 강제추심, 재산임의처분에 의한 청구권이행은 상당성이 없는 것으로 간주된다. 예컨대, 무전취식후 도주하는 손님에 대한 자구행위로서 그 손님을 도망하지 못하도록 제지하거나 어느정도 시간동안 억류하는 것은 허용될 수 있지만, 손님을 감금, 구타, 상해하는 행위 등은 허용되지 않는다.

판례

[자구행위에 관한 판례]

〈대판 84도2582〉 석고판매상이 화랑에 석고를 납품했으나 화랑주인이 대금을 지급하지 않고 화랑을 폐쇄한 후 도주하자 야간에 폐쇄된 화랑의 문을 준비해간 드라이버로 뜯어내고 화랑주인의 물건을 몰래 들고 나왔다. 이와 같은 강제적 채권추심목적의 물품취거행위는 형법상 자구행위라 볼 수 없고, 오히려 행위수단과 방법으로 미루어 보아 절도의 고의를 인정할 수 있을 것이다.

〈대판 76도2828〉 묘의 봉분이 없어지고 평토화 가까이 되어 있고 묘비 등 표식이 없는 분묘이지만 이를 제사 숭경하고 종교적 의례의 대상으로 하는 자가 있는 이상 분묘를

당국의 허가없이 발굴하여 개장한 행위는 자구행위에 해당하지 않는다.

〈대판 85도707〉 소유권을 내세워 소송계속중인 건조물의 자물쇠를 쇠톱으로 절단하고 침입한 행위는 자구행위에 해당하지 않는다.

〈BGHSt 17, 331〉 피고인은 창녀와 10마르크에 성행위를 할 것을 약속하고 10마르크를 교부했으나 창녀가 준비를 다 마친 뒤 10마르크를 더 얹어 주지 않으면 성행위에 응하지 않겠다고 버티자 피고인은 창녀의 머리채를 휘어잡고 10마르크를 내놓으라고 강요하여 되돌려 받았다. 이 때 피고인은 나중에 경찰을 부르면 창녀가 딱 잡아떼어 입증이 곤란해질 것을 염려하여 돈의 반환을 위해 폭행 등을 가했던 것인 바, 독일연방최고법원은 입증의 곤란을 피하기 위한 자구행위는 정당화되지 않는다고 판시하였다.

〈BGHSt 17, 89f〉 피고인은 술집주인으로서 어떤 손님에게 20마르크 상당의 술값을 받을 것이 있었는데 어느 날 우연히 길거리에서 그 손님을 만나 동행했던 손님과 함께 그 손님의 팔을 붙잡고 그의 주머니를 뒤져 15마르크를 빼앗아 버렸다. 독일연방최고법원은 자구행위의 요건이 충족된 경우에도 그 행위는 채권보전에 국한해야 하며 스스로 처분권을 행사하여 집행의 만족을 얻는데까지 미치지 않는다고 보아 물건 또는 금전의 독자적인 영득은 자구행위에 의해 정당화될 수 없다고 판시하였다.

3. 과잉자구행위와 오상자구행위

가. 과잉자구행위

자구행위가 그 정도를 초과한 때를 과잉자구행위라고 한다. 자구행위의 성립요건인 상당성을 초과하였으므로 과잉자구행위는 자구행위에 해당하지 않고 위법성도 조각되지 않는다. 그러나 위법한 행위에 대한 책임은 감경될 수 있으므로 형법은 과잉자구행위에 관하여 형을 감경 또는 면제할 수 있다고 규정하고 있다(제23조 2항). 정당방위나 긴급피난과 달리 자구행위에 대하여 형법 제21조 3항은 준용되지 않는다.

나. 오상자구행위

자구행위의 요건이 존재하지 아니함에도 그것이 존재한다고 오인하고 자구행위를 한 때를 오상자구행위라고 한다. 오상자구행위는 위법성을 조각하지 않는다. 그러나 이는 위법한 사실을 인식하지 못한 경우이므로 법적 효과에서는 사실의 착오와 같이 취급해야 한다(제한적 책임설). 즉 오상자구행위는 구성요건적 고의를 조각하지 않지만 오인에 과실이 있으면 과실범으로 처벌될 수 있을 뿐이다.

연 습 문 제

1. 자구행위와 다른 위법성조각사유인 정당방위, 긴급피난과의 공통점과 차이점은 무엇인가?
2. 재산적 권리 이외의 가족법상 권리 등에 대해서도 자구행위가 허용되는가?
3. 청구권 보전이 아닌 입증의 곤란을 위한 자구행위는 허용되는가?

제7절 피해자의 승낙

1. 의의 및 본질

피해자의 승낙은 피해자가 가해자에게 자기법익에 대한 침해를 허락하는 경우에 그가 한 행위의 형법상 불법을 배제시키는 제도이다. 가해자에게는 법치국가적 인권보장을 확대할 수 있고, 피해자에게는 처분가능한 자유영역의 확대를 가져오지만, 적극적 일반예방에 부정적으로 작용하므로 예외적으로 인정되어야 한다.

위법성조각사유로서 승낙과 구성요건해당성배제사유로서 양해를 구별하는 것에 대해 다수설은 찬성하지만[74], 소수설은 양자구별의 분명한 기준이 없고 불법의 배제이유를 설명하지 못하므로 반대한다.[75]

피해자승낙의 본질에 대해서는 다양한 견해가 제기된다. 첫째, 법률정책설(이익교량설)[76]은 개인의 자유행사는 다른 사회이익과 비교하여 특별한 침해가 없는 한 최대한 존중해야 하기 때문에 피해자의 승낙이 위법성을 조각한다고 본다. 하지만 피해자 승낙이라는 제도 자체가 법률정책의 표현이므로 위법성조각의 실질적 이유를 제시하지 못하여 동어반복이라는 비판이 제기된다. 둘째, 이익포기설[77]은 처분권을 가진 피해자가 보호를 포기하면 보호필요성은 사라지므로 이익포기에서 위법성조각의 근거를

74) 손동권 14/2, 신동운 290면, 이재상 20/4, 이정원 184면, 이형국 298면, 임웅 248면.
75) 박상기 208면, 배종대 80/1.
76) 이재상 20/10, 이형국 201면, 임웅 252면, 정성근 332면.
77) 김일수/서보학 166면, 조준현 208면, 박상기 209면.

찾는다. 형법이 법익과 함께 법익주체의 처분권한도 보호하는 것으로 본다. 하지만, 생명이나 신체는 피해자가 포기하여도 국가법질서에 의하여 보호되는 점을 설명하지 못하는 맹점이 있다. 셋째, 법률행위설은 법률행위인 피해자승낙은 행위자에게 침해권리를 부여하는 것이므로 이러한 권리행사는 위법할 수 없다는 견해이다. 그러나 법률행위는 이미 형법 제20조에서 정당행위의 세부적 위법성조각사유로 규정되어 있으므로, 피해자승낙을 법률에 의한 행위로 본다는 것은 동어반복에 불과하다. 마지막으로, 상당설[78]은 피해자승낙이 사회의 질서이념에 비추어 상당하기 때문에 위법성이 조각된다는 견해이다. 다른 위법성조각사유들도 상당성을 요구하므로 피해자의 승낙만을 상당설에 의하여 설명하는 것은 적절한 설명으로 볼 수 없다.

생각건대, 이익교량설이 피해자승낙의 본질을 가장 잘 파악하고 있다고 보인다. 이익포기만으로 위법성조각이 인정되지 않는 경우가 있으므로 개인의 자유행사라는 이익과 다른 사회적 이익을 비교하여 특별한 침해가 없는 경우에만 개인의 법익포기를 형법이 존중하여 주기 때문이다.

2. 요건

피해자의 승낙으로 위법성이 조각되려면 다음의 요건을 갖추어야 한다.

첫째, 법익의 처분권한을 가진 사람에게만 승낙권한이 인정된다. 법익의 처분권한은 법익의 의미와 침해에 대한 결과를 인식할 수 있는 이성적 판단능력을 전제로 한다[79]. 그 다음 승낙과정에서 의사흠결이 없어야 한다.

둘째, 처분할 수 있는 법익은 개인적 법익에 국한된다. 국가적 · 사회적 법익은 개인이 처분할 수 있는 법익이 아니므로 승낙의 대상이 될 수 없다. 예컨대 배우자가 간통을 승낙하거나 상대방이 매춘행위를 승낙한 경우라고 하더라도 간통죄나 성매매금

78) 정영일 170면, 진계호 364면, 황산덕 176면.

79) 〈대판 92도2345〉 "산부인과 전문의 수련과정 2년차인 의사가 자신의 시진, 촉진결과 등을 과신한 나머지 초음파검사 등 피해자의 병증이 자궁외 임신인지, 자궁근종인지를 판별하기 위한 정밀한 진단방법을 실시하지 아니한 채 피해자의 병명을 자궁근종으로 오진하고 이에 근거하여 의학에 대한 전문지식이 없는 피해자에게 자궁적출술의 불가피성만을 강조하였을 뿐 위와 같은 진단상의 과오가 없었으면 당연히 설명받았을 자궁외 임신에 관한 내용을 설명받지 못한 피해자로부터 수술승낙을 받았다면 위 승낙은 부정확 또는 불충분한 설명을 근거로 이루어진 것으로서 수술의 위법성을 조각할 유효한 승낙이라고 볼 수 없다".

지규정의 보호법익은 선량한 성풍속이라는 사회적 법익이므로 이들 행위의 위법성은 조각되지 않는다. 개인적 법익 가운데 형법의 절대적 보호를 받는 생명은 처분법익에서 제외된다. 신체에 대한 피해자 승낙도 그것이 위법한 의도하에 이루어진 경우 위법성조각이 인정되지 않는다(13세미만에 대한 간음 · 추행[80], 업무상낙태죄, 병역법상 병역면탈죄, 민법상 공서양속에 반하는 계약). 피해자승낙이 구성요건의 일부분으로 된 경우에도 승낙대상에서 제외된다(동의낙태죄). 판례도 피고인이 피해자와 공모하여 교통사고를 가장하여 보험금을 편취할 목적으로 피해자에게 상해를 가한 경우 상해의 위법성이 조각되지 않는다고 보고 있다(대판 2008도9606).

셋째, 승낙행위는 자신의 법익처분에 동의하는 것으로서, 승낙은 자유로운 의사에 기초해야 한다. 폭행 · 협박 · 강요 · 기망 · 위계 · 유혹 등에 의한 승낙은 승낙으로서의 효력이 인정되지 않는다. 판례는 유인으로 인하여 피해자가 하자있는 의사표시를 하였더라도 미성년자유인죄가 성립한다고 한다(대판 76도2702). 자유로운 의사에 의한 승낙을 하기 위해서 일정한 전문지식을 필요로 하는 경우가 있다. 의사의 수술행위에 대한 승낙이 대표적이다. 의사의 수술행위가 승낙에 의한 행위로서 위법성이 조각되기 위해서는 의사가 환자에게 수술에 관한 자세한 설명을 해주고 이에 기초해서 승낙을 받아야 한다. 승낙의 표시방법은 민법의 법률행위와 같은 형식은 필요없지만, 최소한 외부적으로 인식할 수 있는 표시가 있어야 한다. 승낙은 법익침해전에 있어야 하므로 사후승낙은 위법성이 조각되지 않는다.

넷째, 행위자가 승낙사실을 알고 있어야 한다. 피해자의 승낙이 있다는 인식은 승낙에 의한 행위의 주관적 정당화요소이다. 피해자가 승낙의 의사표시를 하였으나 행위자가 승낙사실을 알지 못한 경우에는 우연승낙의 문제가 된다. 이는 우연방위, 우연피난, 우연자구행위와 같은 형법적 효과를 가진다.

3. 승낙에 의한 행위의 효과

피해자의 승낙에 의한 행위는 구성요건에 해당하지만 위법성이 조각되어 처벌되지 않는다.

---

80) 〈대판 70도291〉 "13세미만의 부녀자라는 사실을 알고 간음을 하였을 때에는 그 피해자에게 강압을 가하지 않고 승낙하에 간음을 하였다거나 간음의 대가를 지급하였다거나 피해자의 주위환경이 사창가이었다는 등은 본건 범죄의 성립에 아무런 지장을 가져올 수 없다".

피해자의 승낙은 고의범 뿐만 아니라 과실범에도 인정된다. 예컨대 권투경기를 하는 선수는 상대방의 고의상해행위 뿐만 아니라 과실에 의한 상해도 승낙한 것이 되므로 경기중 과실로 상대방에게 상해를 입혔다고 하더라도 과실치상죄가 성립하지 않는다.

음주운전을 하는 줄 알면서도 그 차에 동승한 경우 음주운전자가 교통사고를 내어 동승자가 상해를 입은 경우 업무상과실치상죄의 구성요건에 해당하지만 승낙에 의한 행위로 위법성이 조각된다고 하는 견해[81]가 있으나 이는 사회상규에 위배된 행위로서 위법성이 조각되지 않는다고 보아야 할 것이다[82].

4. 추정적 승낙

가. 의의

추정적 승낙은 피해자가 현실적으로 승낙하지는 않았지만 그가 행위 당시의 상황을 알았더라면 틀림없이 승낙했을 것이라고 믿고 행위한 경우를 말한다. 예컨대 의식이 없는 응급환자를 발견한 의사가 환자의 승낙을 받지 않고 수술을 한 경우 의사의 수술행위는 환자의 추정적 승낙에 의한 행위라고 할 수 있다.

나. 법적 성질

추정적 승낙의 법적 성질에 대해서는 긴급피난설[83], 피해자승낙설[84], 사무관리설[85], 정당행위설, 이원설 등이 있으나 독자적 위법성조각사유설[86]로 보는 것이 다수설의 입장이다.

---

81) 임웅 255면.

82) 오영근 22/34.

83) 상대방의 이익을 위한 추정적 승낙에 의한 행위는 상대방의 보다 큰 이익을 위해 상대방의 작은 이익을 침해하는 것이므로 긴급피난과 다르다. 자신이나 제3자의 이익을 위한 추정적 승낙에 의한 행위도 자기나 제3자의 이익을 위해 상대방의 이익을 침해한다는 점에서 긴급피난과 유사하지만, 추정적 승낙에 의한 행위는 긴급성을 요하지 않는다는 점에서 긴급피난과 구별된다.

84) 박상기 213면, 배종대 77/8.

85) 민법의 사무관리의 법리는 재산적 효과에 대한 것이므로 형사책임을 논할 때에는 형법의 독자적 원리에 의하여 파악하여야 한다.

86) 이재상 20/29, 이정원 196면, 이형국 204면, 임웅 257면, 정성근 339면, 차용석 667면.

생각건대, 피해자승낙설은 추정적 승낙을 현실적 승낙과 동일시하는 논리적 오류가 있고, 추정적 승낙은 긴급성을 요하지 않는다는 점에서 긴급성을 요건으로 하는 긴급피난과는 다르고, 사무관리설은 민법상의 재산적 효과를 규율하기 위한 것으로 형사책임을 논할 때에는 적절하지 않다는 점에서 독자적 위법성조각사유설이 타당하다.

다. 유형

추정적 승낙의 유형에는 크게 두 가지가 있다.

첫째, 피해자의 이익을 위한 경우이다. 이 경우 행위자가 피해자의 높은 이익을 구조하기 위해 낮은 가치의 법익을 침해하는 경우로서 우월이익의 원칙이 적용된다. 예컨대, 중상을 입은 환자의 생명을 구하기 위해 다리를 절단하는 행위, 주인이 출타중인 이웃집의 불을 끄기 위해 승낙없이 들어간 행위 등이 여기에 해당한다.

둘째, 행위자나 제3자의 이익을 위한 경우이다. 이 경우 침해법익이 중대하지 않으면 위법성이 조각되며(이익흠결의 원칙), 그 근거는 법익주체의 추정적 의사이다. 예컨대, 주인의 승낙없이 생선가게에서 멸치 하나를 맛보는 행위, 자신이 보관하는 상대방의 물건을 제3자가 사용하도록 허락하는 행위, 가정부가 주인이 버릴 작정으로 있던 헌옷을 미리 처분하기 위해 걸인에게 주는 경우 등이 여기에 해당한다.

라. 성립요건

추정적 승낙이 유효하기 위해서는 피해자의 법익처분능력 및 처분가능성, 상당성이 필요하다는 점에서 피해자승낙과 공통되지만, (i) 현실적 승낙을 얻는 것이 불가능해야 하고(승낙의 보충성)[87], (ii) 행위당시 객관적 사정에 비추어 피해자가 이 사정을 안다면 반

---

87) 구두뿐만 아니라 전화나 통신 기타 다른 수단에 의해서도 승낙을 받을 수 없는 경우. 판례(대판 97도1741 성수대교붕괴사건)도 현실적으로 승낙을 받는 것이 가능한 경우에는 추정적 승낙이 인정될 여지가 없다고 한다. "사문서인 안전점검결과통보서의 위조 및 동행사 부분에 관한 피고인 라oo, 이oo, 정oo의 변호인의 상고이유에 대한 판단: 원심판결 이유에 의하면 원심은, 공소외 정o양이나 성o익은 위 피고인들과 종전부터 친분관계가 있었다거나 위 피고인들로부터 수시로 안전점검 부탁을 받은 일이 없고 위 피고인들의 부탁을 받고 간단한 점검을 하여 준 점, 정o양이 수당지급을 위해 필요하다면 도장을 달라는 요구를 받고 불쾌하게 생각하였던 점, 제1심 법정에서 자신들이 점검하지 않은 교량에 대한 점검보고서에 날인할 의사가 없었다고 진술하고 있는 점, 위 피고인들이 위 정o양과 성o익의 승낙을 받지 못한 불가피한 사정도 없었던 점 등에 비추어 보면, 위 정o양이나 성o익의 추정적 승낙이 있었다고 볼 수 없다"고 판단하였다.

드시 승낙했을 것으로 기대되어야 한다(승낙의 객관적 추정)[88], 그리고 (iii) 행위자의 양심에 따른 심사(신중한 검토)가 있어야 한다.

신중한 검토는 주관적 정당화요소로서 신중한 검토를 행한 경우에는 사후에 승낙이 없음이 판명되더라도 위법성이 조각되고, 신중한 검토를 하지 않은 경우에는 사후에 승낙이 있음이 판명되더라도 위법성이 조각되지 않는다는 것이 다수설이다[89]. 이에 대해 추정적 승낙에서 신중한 검토는 필요없고 신중한 검토를 하지 않은 경우에도 추정적 승낙의 착오문제로 해결하면 된다고 하는 소수견해가 있다[90]. 소수견해는 추정적 승낙이 있을 수 있는 상황이라고 생각하고 행위한 사람은 비록 양심적 심사를 하지 않고 행위하였더라도 추정적 승낙이 인정될 수 있는 다른 사정들이 사실상 존재하기만 하면 정당화될 수 있다고 한다. 그러나, 명시적 법적 근거가 없는 추정적 승낙의 법치국가성을 높여주기 위한 기준으로 양심에 따른 추정적 승낙의 위법성조각요건으로서 신중한 검토가 필요하다고 생각한다[91].

판례

[추정적 승낙에 관한 판례]

〈대판 92도3101〉 부동산소유권분쟁에서 소송을 자신에게 유리하게 이끌기 위해 자신을 회장으로 하는 종친회를 구성하고 분쟁대상인 임야가 자신의 장남소유로서 이를 종친회에 증여한다는 내용의 결의서를 작성하여 자신의 동생과 조카들로 구성된 종친회 임원 6명의 이름을 기재하였다. 작성 당시ㅌ 행위자의 동생들은 결의서 작성을 승낙하였고 나머지는 그 작성을 명시적 · 구체적으로 위임하거나 승낙한 사실은 없다. 그 후 미리 조각하여 갖고 있던 임원 6명의 인장을 임의로 날인하여 사실증명에 관한 결의서 1매를 위조하여 군청공무원에게 이를 제출하여 행사하였다. 평소 종친회의 모든 안건을 행위자와 그 형제만의 의견로 집행해왔고 이러한 통상관례에 따라 결정된 사항을 집행하기 위해 종친회원들 명의의 서류를 임의로 작성한 것임에 비추어 볼 때, 행위자의 종친회결의서 작성행위는 비록 사전에 일부 임원의 승낙이 없었다 하더라도 행위자의 아들 또는 조카인 그들이 사정을 알았더라면 당연히 승낙했을 것이라고 믿고 한 행위인

88) 〈대판 92도2160〉 "피고인이 위 각 2중봉급명세서의 작성 당시 비록 명의자들의 승낙을 얻지 못하였으나 명의자들이 행위의 내용을 알았더라면 그들 명의로 위 봉급명세서를 작성하는 것을 승낙하였으리라는 사정이 객관적으로 보아 분명하다고 할 수는 없고, 이러한 경우라면 이 사건 범행에 대하여 위 봉급명세서 명의자들의 추정적 승낙이 있었던 때에 해당한다고는 할 수 없다".

89) 박상기 212면, 배종대 82/14, 안동준 134면, 이재상 20/37, 이형국 206면, 임웅 258면.

90) 김일수/서보학 232면, 오영근 22/63.

91) 동지 배종대 82/14.

것이다. 따라서 행위자의 행위에 대한 추정적 승낙을 인정할 여지가 있다.

〈대판 93도120〉 해고된 근로자가 평소 복직협의 또는 노조활동의 명목으로 회사 경비실에서 출입명패를 받아 회사에 출입해 오던 중, 노사분규가 발생하여 노조원들이 회사를 점거한 상황에서 노조간부들이 무단 점거하여 개설한 노조임시사무실에 출입했다면 회사측의 의사 내지 추정적 의사에 반하여 건조물침입죄를 구성한다. 평소 해고근로자의 회사출입은 회사업무가 정상적으로 수행되고 있는 경우에 복직협의 등에 관련하여 필요한 범위 내 출입에 한정된 것이라고 보는 것이 상당하므로, 노조임시사무실출입행위는 회사측의 의사 내지 추정적 의사에 반하는 것이다.

연 | 습 | 문 | 제

1. 피해자의 승낙과 양해를 구별할 필요는 무엇이며, 그 기준은 무엇인가?
2. 사회적 법익과 개인적 법익을 동시에 보호하는 성격의 범죄에 대해서 피해자의 승낙이 있는 경우에도 위법성이 조각될 수 있는가?
3. 추정적 승낙에서 행위자가 추정적 승낙이 있는지를 신중하게 검토하지 않았을 경우에도 위법성조각은 인정되는가?

제5장
책임론

제1절 책임의 일반이론

1. 의의

가벌성심사에서 구성요건과 위법성의 불법단계가 행위에 대한 체계적 탐구를 문제삼는데 비해, 책임단계는 행위자에 대한 체계적 지식을 문제삼는 단계이다. 사물논리상 불법은 언제나 책임에 선행한다. 즉, 행위에 대한 판단 없이 행위자의 책임을 판단할 수 없다. 책임 없는 불법은 성립할 수 있으나 불법 없는 책임은 성립할 수 없다.

책임은 문제의 행위를 행위자의 작품으로 귀속시킬 수 있는가, 즉 행위자에 대한 불법의 주관적 귀속을 주로 문제삼는다. 행위의 위법성이 인정되면 행위자는 책임이 있는 것으로 추정되므로 책임론에서는 어떠한 경우에 책임이 인정되는가 보다는 어떤 경우에 책임이 조각되거나 감경되는가를 중심으로 논의가 전개된다.

책임의 개념에 대해서는 여러가지 학설이 있지만, 현재의 통설은 책임을 "구성요건에 해당하고 위법한 행위를 이유로 한 행위자에 대한 비난가능성"이라고 정의한다. 위법성이 행위에 대한 비난가능성이라고 한다면, 책임은 행위자에 대한 비난가능성이라고 할 수 있다.

행위자에 대한 비난가능성으로서 형사책임은 어디까지나 법적 책임이므로 윤리적 책임이나 종교적 책임과는 구별된다. 형사책임은 민사책임과도 구분된다. 양자 모두 윤리적 책임을 넘어서는 법적 책임이지만 목적, 요건, 내용 등에서 차이가 난다. 즉 민사책임의 원리는 발생된 손해에 대한 공평한 분담을 문제삼지만, 형사책임은 불법행위를 한 행위자에 합당한 책임을 문제삼는다. 이 때문에 민사책임에서는 고의 · 과실책임뿐만 아니라 무과실책임도 인정하지만, 형사책임에서는 무과실책임을 인정하지 않고 원칙적으로 고의범에 대해서 책임을 묻고 과실범은 예외적인 경우에만 책임을 묻는다.

민사책임의 궁극적 대상은 행위자의 재산이지만, 형사책임의 궁극적 대상은 원칙적으로 행위자의 신체이다. 민사책임을 추궁하는 형태는 강제집행이고 형사책임을 추궁하는 형태는 생명이나 신체의 자유를 박탈 · 제한하는 것이다. 벌금, 과료와 같은 재산형도 궁극적으로는 노역장유치(제70조)와 같이 자유를 제한 · 박탈하는 형태로 나타날 수 있다는 점이 또한 민사상 손해배상책임과 다르다.

2. 책임표지

책임단계의 주관적 귀속을 근거짓는 적극적 표지로서 책임표지에는 다음의 4가지가 있다.

첫째, 고의 · 과실은 첫 번째 책임표지로서 발생한 행위결과를 행위자에게 주관적으로 귀속시키기 위한 행위자의 해당행위에 대한 내적 연관을 매개하여 주는 책임표지이다. 둘째, 책임능력은 두 번째 책임표지로서 행위자가 불법을 통찰하고 행위를 이 통찰에 따라 조종할 수 있는 능력이 있었음을 나타내준다. 셋째, 위법성인식(금지인식 또는 불법의식)은 세 번째 책임표지로서 행위자는 자기의 행위가 법규범의 금지 · 명령에 위반한다는 사실을 인식하였거나 할 수 있었음을 의미한다. 마지막으로, 기대가능성은 네 번째 책임표지로서 법이 명령하는 행위가 행위자에게 기대가능해야 함을 의미한다. 법은 인간에게 불가능을 명령하지 않기 때문이다.

3. 책임의 근거

행위자의 책임을 묻는 근거로 인간의 자유의사와 관련하여 도의적 책임론과 사회적 책임론이 전통적으로 대립하여 왔다.

첫째, 도의적 책임론은 인간행동의 비결정주의에 입각한 고전주의(구파) 형법학파의 입장으로서 객관주의(행위책임)에 입각하여 응보를 형벌의 목적으로 삼는다. 도의적 책임론은 형법상 책임을 자유의사를 가진 행위자가 그의 자유로운 의사결정에 따라 적법행위를 선택하지 않고 위법행위를 선택했기 때문에 받는 도의적 비난으로 이해한다(의사책임). 형사제재에서는 이원론을 취하여 자유의사를 가진 자(책임능력자)에게 부과하는 형벌과 책임무능력자에게 부과하는 보안처분으로 양분된다. 우리 형법의 기본입장이라 할 수 있다.

둘째, 사회적 책임론은 인간행동에 관하여 결정주의에 입각한 근대주의(신파) 형법학파의 입장으로서 주관주의(행위자책임)에 입각해 있으며, 목적형주의를 형벌의 목적으로 삼는다. 사회적 책임론은 인간의 의사자유를 부정하고, 책임을 행위자의 반사회적 성격에 가하여지는 사회적 비난가능성으로 이해한다(성격책임). 형사제재에서는 일원론을 취하여 형벌과 보안처분은 질적으로 동일하고 책임능력자이든 책임무능력자이든 사회방위를 위한 형사제재가 적용되어야 한다고 본다.

셋째, 절충적 입장으로서 인격적 책임론은 행위배경이 된 행위자의 생활영위(생활영위책임: 행위자의 위법한 범행은 행위자의 잘못된 생활영위의 결과로 볼 수 있는 한 비난될 수 있다), 생활결정(생활결정책임: 책임을 행위자가 선행의 자질과 악한 습성의 기로에 섰을 때 잘못된 길을 선택한 것으로 이해) 또는 행위자의 인격형성(성격책임)에서 책임의 근거를 찾는다. 행위책임에 덧붙여 행위자책임을 고려해야 한다는 관점에서 인식없는 과실, 법률착오의 회피가능성 판단, 누범 · 상습범가중, 양형요소로서 범인의 연령, 성행, 지능 등 인격책임의 요소를 강조한다.

오늘날 형법적 책임개념의 핵심은 행위책임이지만 형법에서 결과책임의 잔재를 불식하지 못하고 있는 입법의 현상태에서 생활영위 책임의 입장에서 행위자의 인격전체를 고려하는 것이 불가피하다.

이밖에 책임론의 새로운 경향으로서 벌책성론(답책성론)을 들 수 있다. 벌책성론은 종래의 책임범주에 형벌목적론의 관점을 끌어들여 책임과 예방적 처벌의 두가지 요소를 결합하여 벌책성범주를 구성한다. 이에 의하면 벌책성(Verantwortlichkeit)이란 책임을 의사책임론처럼 타행위가능성으로 이해하지 않고 극히 실용적 의미에서 규범적 감응가능성으로 이해한다. 즉 적법행위에 대한 기대가능성만으로 처벌의 전제가 되는 벌책성이 인정되지 않으며 이 책임 이외 특별예방적 · 일반예방적 처벌필요성이 구비될 때 비로소 벌책성이 인정된다는 것이다. 이 예방적 처벌필요성과 관련해 행위자의 인격이나 생활영위 등도 인식없는 과실이나 금지착오, 양형 등에서 고려될 수 있을 뿐이다.

4. 책임의 본질

책임의 근거 이외에도 책임의 본질에 관하여 다음과 같은 견해들이 제기된다.

첫째, 심리적 책임개념은 책임을 행위에 대한 행위자의 심리적 사실관계인 고의 · 과실로 이해한다. 고전적 범죄론의 책임개념(외부적 · 객관적인 것은 불법, 내부적 · 주관적인 것은 책임으로)으로서 구성요건해당성은 객관적 사실판단, 위법성은 객관적 가치판단, 책임은 주관적 가치판단으로 이해한다.

둘째, 심리적 책임론의 극복방안으로 등장한 규범적 책임개념은 행위자의 심리적 사실관계가 아닌 행위자의 심리과정에 대한 평가를 책임의 본질로 이해한다. 즉 고의, 과실이 있다고 하여 바로 책임이 인정되는 것이 아니고 고의 또는 과실로 행위한 자를 나쁘다고 비난할 수 있어야 책임을 인정할 수 있다는 것이다. 고의 · 과실과 같은 심리적 요소를 책임의 구성요소로 삼지 않고 행위요소 내지 구성요건요소로 삼는다. 고의와 위법성의 인식을 분리시켜 후자를 독자적 책임표지로 재구성함으로써 법률의 착오가 금지착오로 자리잡게 하는 기여를 하였다. 따라서 회피불가능한 금지착오는 책임비난을 완전히 조각하지만, 회피가능한 금지착오는 정도에 따라 책임비난을 약화시킬 뿐이라고 한다(책임설). 목적적 범죄체계에서 처음 주장한 순수한 규범적 책임개념에서는 평가의 대상과 대상의 평가를 엄격히 구분하여 단지 평가, 즉 비난가능성만을 문제삼으므로 규범적 평가의 대상은 책임개념 자체에 있는 것이 아니라, 불법 즉 '타인의 머릿속에만' 존재하고 있어 책임개념의 공허화에 이른다는 비판을 받게 된다. 행위자가 적법행위를 할 수 있었음에도(타행위가능성) 그렇게 하지 않았다는 비난에 책임의 본질이 있다고 본다(비난가능성).

셋째, 예방적 책임론(기능적 책임론)은 책임의 내용을 행위자의 적법행위가능성이 아닌 형벌목적 또는 형사정책적 목적에서 찾으려는 시도라고 할 수 있다. 여기에서는 형법이 예방목적을 달성할 수 없을 때 일반적 타행위가능성을 이탈하였다는 책임판단은 무의미하다고 본다. 다만, 예방목적으로 형벌이 과도해지는 것을 피하기 위해 책임이 형벌의 상한을 결정하게 된다. 예방적 책임론에 대해서는 예방목적을 고려하여 책임을 결정하면 책임판단과 양형판단이 구별되지 않으며, 일반예방이나 특별예방의 필요성이 없는 경우 책임을 부정하여 무죄판결을 할 것이 아니라 선고유예나 집행유예판결을 활용해야 한다는 비판을 받는다.

연 | 습 | 문 | 제

1. 형사책임과 민사책임의 구체적 차이를 설명하라.
2. 규범적 책임론이 책임론의 발전에서 기여한 바를 설명하라.
3. 형법규정 중에서 행위자책임론이 투영된 규정들을 열거하여 설명하라.

제2절 책임능력

1. 의의

책임능력이란 법규범의 명령 · 금지를 인식할 수 있는 통찰능력(사물변별능력)과 이 통찰에 따라 행위할 수 있는 행위의 조종능력(의사결정능력)을 의미한다. 책임능력 없이 행위한 자는 범죄를 저지른 것이 아니므로 형벌의 대상이 될 수 없고 보호나 치료의 대상이 될 수 있을 뿐이다.

형법에서 책임능력을 판단하는 기준은 우선 행위자의 연령(제9조)이다. 형법상 14세 미만의 소년은 범죄를 하더라도 형사책임을 지지 않는다. 다만 10세부터 14세미만의 범죄행위를 할 우려가 있는 우범소년이나 법을 위반한 촉법소년은 소년법상 보호처분의 대상은 될 수 있다. 그리고 14세 이상의 자는 형법의 책임능력자에 해당하지만 19세 미만의 소년인 한 소년법의 특별한 처분을 받는다[92]. 다음, 심신장애자와 농아자는 통찰능력, 조종능력의 결함(제10조, 제11조)으로 인하여 책임이 감경된다.

형법은 책임능력을 판단함에 있어 심리학적 방법과 생물학적 방법을 혼합하여 사용한다. 즉, 행위자의 생물학적 비정상상태를 기초자료로 하여 사물변별 · 의사결정능력이란 심리학적 요소를 고려하여 책임능력을 결정한다. 독일형법, 스위스형법, 미국 모범형법전이 이에 따르고 있다. 즉 제10조는 "심신장애로 인하여 사물을 변별하거나 의사를 결정할 능력이 없는 자"라고 하고 있어 전자가 후자의 원인일 것을 요구하고 있고 전자가 생물학적 요소, 후자가 심리적 요소라 할 수 있다[93]. 판례는 "형법

92) 예를 들면 일반형법에서 인정되지 않은 부정기형선고(소년법 제60조 1항), 심리분리(같은 법 제57조), 구속영장제한(같은 법 제55조), 그리고 사형 · 무기형의 완화(같은 법 제59조)가 그에 해당한다.

93) 판례(대판 92도1425)도 혼합적 방법을 취하고 있다. "원심이 채용한 의사 이oo 작성의 정신감정서에 의하면 피고인이 방상형 정신분열증질환을 기지고 있으나 이 사건 범행은 환청이나 피해망상이 관련되어 있지 않았고, 다만 이 사건 살인은 자살하려던 피고인의 억압된 분노가 술로 인하여 억압되지 못하고 타인

제10조에 규정된 심신장애는 생물학적 요소로서 정신병, 정신박약 또는 비정상적 정신상태와 같은 정신적 장애가 있는 외에 심리학적 요소로서 이와 같은 정신적 장애로 말미암아 사물에 대한 변별능력과 그에 따른 행위통제능력이 결여되거나 감소되었음을 요하므로, 정신적 장애가 있는 자라고 하여도 범행 당시 정상적인 사물판별능력이나 행위통제능력이 있었다면 심신장애로 볼 수 없음은 물론이나"(대판 92도1425)라고 하여 혼합적 방법을 따르고 있다.

실무에서는 심신장애 여부가 불분명한 사건에서 전문가의 의견없이 판단하는 것은 심리미진이라는 판례가 다수 존재하고, 이것은 생물학적 요소에 대한 판단만이라도 전문가에게 맡기려는 최근의 경향으로 나타나고 있다(대판 94도581, 96도638, 97도1142, 98도159, 98도3812, 99도1194 등 참조).

2. 책임무능력자

형법상 책임무능력자에는 다음의 두 부류가 있다.

첫째, 형사미성년자(제9조)로서 14세미만의 소년은 형사책임을 지지 않는다. 다만, 소년법의 보호처분의 대상은 될 수 있다. 10세이상 14세미만의 촉법소년과 그러한 우려있는 10세 이상의 우범소년이 소년법상 보호처분의 대상이 된다. 14세이상 20세미만의 소년은 사형이나 무기형을 선고할 수 없다(소년법 제59조). 또 소년범에게는 상대적 부정기형을 선고할 수 있고(소년법 제60조 1,2항), 성인범과 심리를 분리하며, 구속영장발부시 제한을 받는다.

둘째, 심신상실자(제10조 1항)로서 인체의 생물학적 또는 정신병리학적 비정상[94]으로 인하여 사물을 변별할 능력이 없는 자(생물학적 판단방법), 심신장애로 의사결정능력이 없는 자(심리학적 판단방법)[95]가 이에 해당한다. 정신의학자 등 전문가의 감정은 인과적 · 기술적인 판단이 강한 반면, 심신상실에 대한 판단은 궁극적으로 법적 개념으로서 법관이 규범적으로 평

에게로 향해져 야기된 것으로 추정된다고 하면서, 결론적으로 피고인은 생물학적으로 정신분열증을 가지고 있지만 범행당시 살인의 위법성을 모르고 있었다고 생각하기 어려우며 술로 인해 억제기능이 저하되어 있기는 하지만 의사결정능력이 없다고 보기는 어렵다는 취지로 감정하고 있는 사실이 인정된다".

94) 〈대판 2006도7900, 대판 2002도1541, 대판 99도693〉 정신병질자(psychopath)는 원칙적으로 심신장애에 해당하지 않으나 정도가 심할 경우, 즉 정신병자와 동등하다고 평가될 수 있는 경우 심신장애자로 인정.

95) 심리학적 판단방법에 대해서는 생물학적 비정상상태의 존재여부 및 그 존재가 사물변별능력이나 의사결정능력에 미칠 수 있는 영향을 고려하지 않고 책임능력의 판단을 법관에게만 전적으로 맡김으로써 법적 안정성을 해칠 수 있다는 비판(이재상, 임웅, 오영근)이 있다.

가해야 할 대상이다. 이점에서 전문가의 감정은 법관의 가치판단을 위한 참고자료에 지나지 않는다. 심신상실자는 형벌을 받지는 않지만, 치료감호법상 치료감호, 보호관찰 등에 관한 법률상 보안처분은 부과될 수 있다.

3. 한정책임능력자

한정책임능력자는 책임무능력자는 아니지만, 완전한 책임능력자도 아닌 행위자들이다. 우선 심신미약자(제10조 2항)가 여기에 해당한다. 심신미약자는 사물변별능력과 의사결정능력이 미약한 자로서 자기행위에 대한 완전한 통찰 · 조종능력은 갖고 있지 않지만 그렇다고 완전한 심신상실상태에도 이르지 않는 자이다.

형법은 농아자(제11조)를 한정책임능력자로 본다. 농아자는 청각과 발음기능 모두에 장애가 있는 자이다. 입법론적으로는 농아자를 특별히 한정책임능력자로 규정하기보다 통찰 · 조종능력에 따라 심신상실이나 심신미약의 규정으로 처리해야 한다는 비판[96]이 있다.

4. 원인에서 자유로운 행위(원인행위책임범)

가. 의의

행위자가 고의 또는 과실로 심신상실이나 심신미약상태를 야기하고 그 상태를 이용하여 범죄하는 경우, 즉 원인행위는 자유로운 상태에서 이루어졌지만 결과실현에서는 부자유한 행위를 원인에서 자유로운 행위 또는 원인이 자유로운 행위(actio libera in causa), 원인행위책임범이라고 한다. 예컨대, 맨 정신으로 범죄할 용기를 갖지 못한 자가 음주대취한 후 만취상태를 이용하여 상대방에게 폭행, 상해, 살인 또는 기타의 범죄행위를 하는 경우(고의에 의한 원인에서 자유로운 행위) 등이 이에 해당한다. 자동차 운전자가 운전해야 한다는 사실을 망각하고 음주하여 음주운전으로 불법행위를 한 경우에는 과실에 의한 원인에서 자유로운 행위에 해당할 것이다. 이처럼 고의 또는 과실로 책임무능력이나 한정책임능력상태를 야기한 다음 범죄한 사람은 형벌의 면제나 감경을 받지 못하고 행위에 대한 완전한 책임을 부담해야 한다.

96) 김일수/서보학 265면, 이재상 23/28, 정영석 174면, 안동준 153면.

나. 가벌성근거

원인이 자유로운 행위는 구성요건결과 실행시에 책임능력이 없으므로 가벌성의 근거를 어디서 찾을 것인가에 대해서 다음과 같이 견해가 대립한다.

첫째, 원인행위시설[97]은 행위와 책임능력의 동시존재원칙을 유지하는 견해로서, 원인에서 자유로운 행위는 자신을 도구로 이용하는 간접정범에 해당한다고 보고, 간접정범의 가벌성근거(실행행위)가 이용행위(원인행위)에 있는 것처럼 원인에서 자유로운 행위의 가벌성근거도 책임능력있는 원인행위에서 찾을 수 있다고 한다. 하지만, 간접정범의 피이용자는 얼마든지 책임능력자일 수 있기 때문에 원인이 자유로운 행위와는 그 구조가 다르다. 또한, 원인행위는 구성요건적 정형성이 없기 때문에 실행행위와는 그 구조가 다르다. 예컨대 살해의사로 음주한 경우 음주행위를 살인행위의 일부로 볼 수 없다는 비판이 제기된다.

둘째, 결과실행행위시설이 있다. 이 견해는 원인행위인 예비단계로부터 실행행위단계로 돌입하는 것은 반무의식상태(penumbra situation)에서 행해진 것이기 때문에 원인과 결과의 연관성을 인정할 수 있고, 이러한 반무의식상태의 결과실현행위를 실행행위로 보아 가벌성을 인정할 수 있다는 견해이다. 이 견해에 대해서는 반무의식상태라는 개념이 모호하고 대부분의 원인이 자유로운 행위에 대하여 책임을 인정하는 결과를 가져올 수 있다는 비판이 제기된다.

셋째, 원인행위와 결과실현행위의 결합설[98]이 있다. 이 견해는 원인에서 자유로운 행위가 행위와 책임능력의 동시존재의 원칙의 예외가 된다고 보고, 원인행위가 책임능력 흠결상태에서 행한 구성요건실행행위와 불가분의 관계, 즉 스스로 그러한 상태를 야기한 유책한 원인행위로부터 구성요건실행행위가 발생했기 때문에 처벌할 수 있다는 견해이다. 최근의 다수설이라 할 수 있다. 이 견해에 대해서는 행위와 책임능력 동시존재원칙의 예외를 인정하는 근거가 불분명하고 부자유한 실행행위시에는 행위자가 규범명령에 대한 위반을 알지 못하므로 이것을 가벌성의 근거로 삼으면 책임과 규범명령위반과의 관계가 파괴된다는 비판[99]이 제기된다.

97) 김일수/서보학 271면, 정영석 173면, 황산덕 198면.
98) 김성천/김형준 348면, 박상기 232면, 배종대 86/12, 손동권 17/83, 이재상 23/39, 임웅 288, 하태훈 255면.
99) 김일수/서보학 270면.

다. 실행의 착수시기

원인이 자유로운 행위의 가벌성의 근거를 어디서 찾느냐에 따라 실행의 착수시기도 달라진다.

첫째, 원인행위시설에 의하면 원인행위시에 실행의 착수가 있정된다. 이 견해는 구성요건행위의 사회적 정형성을 무시하고 지나친 가벌성의 확대위험성이 있다는 비판이 제기된다.

둘째, 구성요건행위시설은 심신장애상태에서의 구성요건행위시를 실행의 착수시기로 파악한다. 원인행위는 책임의 근거는 될 수 있어도 그 자체를 범죄행위라고 보기 어렵기 때문이라고 한다. 이 견해에 따르면 실행착수는 객관적인 구성요건의 정형을 떠나서 논증할 수 없다는 원칙을 가지고 원인에서 자유로운 행위도 책임능력 흠결상태에서 구성요건해당행위를 시작한 때 실행의 착수가 있는 것으로 본다.

셋째, 예비적인 원인설정행위가 완전히 끝나고 책임능력 흠결상태에 빠진 행위자가 실행행위를 향해 진행을 개시한 지점을 실행의 착수시기로 보는 절충설이 있다[100]. 예컨대 살인의 고의로 술을 마신 뒤 명정상태에서 살인목표를 향해 자리를 박차고 일어나는 시점이 바로 살인죄의 실행의 착수시기가 된다.

생각건대, 원인에서 자유로운 행위의 가벌성근거를 원인행위와 결과실행행위의 밀접한 결합에서 찾는다면, 그 실행의 착수시기도 양자가 밀접히 결합된 시기로 보는 세 번째의 견해가 옳다고 생각한다. 이 시점에서 행위자의 주관적 범죄의사가 명백히 외부로 표명되고 보호법익에 대한 침해가 개시되있다고 볼 수 있기 때문이다.

라. 성립요건

원인이 자유로운 행위로서 인정되려면 다음의 요건이 갖추어져야 한다.

첫째, 행위자가 위험발생을 예견해야 한다. 행위자가 전혀 예견하지 않았던 행위에 의해 법익침해나 법익위태화가 발생한 경우 원인에서 자유로운 행위가 되지 않는다. 예컨대, 만취한 상태에서 사람을 살해할 의도로 술을 마셨으나 만취상태에서 절도죄를 범한 경우는 형법 제10조 3항이 아니라 제10조 1, 2항이 적용되어 책임이 면제되거나 감경된다. 위험발생을 예견한 경우 뿐만 아니라 예견가능성이 있는 경우 즉 과

100) 김일수/서보학 273면.

실로 인하여 위험발생을 예견하지 못한 경우도 포함한다는 것이 다수설, 판례의 입장이다.

둘째, 자의에 의하여 심신상실상태를 야기하여야 한다. 그런데 형법 제10조 3항의 '자의로'를 해석함에 있어 (i)고의로만 해석하는 견해[101]와 (ii)과실도 포함한다는 견해[102], (iii)고의 · 과실과는 상관없이 '스스로' 외부의 강요에 의하지 않고 자기의사에 의하여 라는 의미로 이해하는 견해[103]가 대립한다. 독일형법 제323조 a의 완전명정죄[104]와 같은 보충적 구성요건이 마련되지 아니한 상태에서는 과실에 의한 원인행위에 대해 곧바로 책임무능력을 이유로 형사책임을 면제하는 것은 형사정책적으로 문제이지만, 자의를 과실에 의한 경우까지 포함하는 해석은 피고인에 대한 불리한 유추해석으로서 허용될 수 없다. 원래 고의와 과실은 구성요건적 결과를 행한 행위자의 의사를 문제삼는 것이므로 범죄실행행위가 아닌 원인행위에 고의, 과실을 관련지워 판단하는 것은 애당초 불가능하기 때문이다. 따라서 세 번째 견해와 같이 고의 · 과실과는 상관없이 스스로 외부의 강요에 의하지 않고 자기의사에 의하여 원인행위를 하면 된다고 생각한다. 판례는 형법 제10조 3항이 고의에 의한 원인에서 자유로운 행위 뿐만 아니라 과실로 의한 원인에서 자유로운 행위의 경우에도 적용된다고 판시한다(대판 92도999, 대판 95도826, 대판 96도857).

셋째, 심신상실상태에서 결과실현행위가 있어야 한다. 결과실현행위에는 고의, 과실, 작위, 부작위를 모두 포함한다.

판례

〈대판 92도999〉 형법 제10조 제3항은 "위험의 발생을 예견하고 자의로 심신장애를 야기한 자의 행위에는 전2항의 규정을 적용하지 아니한다"고 규정하고 있는 바, 이 규정

101) 배종대 91/22, 안동준 156면, 이재상 23/42, 이정원 218면.

102) 다수설. 손동권 17/38, 손해목 615면, 신동운 319면, 이형국 228면, 임웅 287면, 정성근 382면, 조준현 308면.

103) 김일수/서보학 274면, 박상기 231면, 성낙현 346면, 손동권/김재윤 306면, 신동운 387면.

104) 독일형법 제323조 a (완전명정죄) ①고의 또는 과실로 알콜음료나 기타 흥분제를 복용하여 스스로 명정상태를 일으킨 자는 그가 이러한 상태에서 위반행위를 행하고 또한 그 명정상태로 인하여 책임능력이 없거나 책임무능력이 배제되지 아니한다는 이유로 처벌될 수 없는 때에는 5년 이하의 자유형 또는 벌금형에 처한다. ②형은 명정상태에서 행한 행위에 대한 형보다 더 중할 수 없다. ③명정에 의한 행위가 고소, 수권, 또는 형벌청구에 의하여서만 소추될 수 있는 때에는 위 명정상태는 고소, 수권 또는 형벌청구에 의하여서만 소추된다.

> 은 고의에 의한 원인에 있어서의 자유로운 행위만이 아니라 과실에 의한 원인에 있어서의 자유로운 행위까지도 포함하는 것으로서 위험의 발생을 예견할 수 있었는데도 자의로 심신장애를 야기한 경우도 그 적용 대상이 된다고 할 것이어서, 피고인이 음주운전을 할 의사를 가지고 음주만취한 후 운전을 하여 교통사고를 일으켰다면 피고인은 음주시에 교통사고발생 위험성을 예견하였는데도 자의로 심신장애를 야기한 경우에 해당하므로 위 법조항에 의하여 심신장애로 인한 감경 등을 할 수 없다.

마. 유형

원인에서 자유로운 행위는 크게 다음의 2가지의 유형이 있다.

첫째, 고의에 의한 원인에서 자유로운 행위가 있다. 행위자가 결과발생을 예견하면서 의식적으로 자신을 심신장애상태에 빠뜨리고 작위 또는 부작위로 구성요건을 실현한 경우가 여기에 해당한다. 원인행위와 실행행위 모두 고의 또는 미필의 고의가 있어야 한다.

둘째, 과실에 의한 원인에서 자유로운 행위가 있다. 구성요건의 실현가능성을 예견할 수 있었음에도 이를 부주의로 예견하지 못하고 심신장애상태를 야기하여 작위 또는 부작위로 구성요건을 실현하는 경우(고의의 원인행위야기+과실범의 구성요건실현)가 여기에 해당한다.

바. 효과

원인에서 자유로운 행위가 인정되면 심신상실의 책임무능력상태에서 한 행위라도 면책되지 않고, 심신미약의 한정책임능력으로 행위한 경우라 하더라도 형이 감경되지 않는다.

심신미약자가 위험발생을 예견하고 자의로 심신상상태를 야기하여 범죄행위를 한 경우 형을 감경하지 않고 보통의 형벌을 과할 것인지 심신미약자의 행위로서 형을 감경할 것인지 문제될 수 있지만, 심신미약자의 행위는 심신상실상태에서 행위한 것이 아니므로 원인이 자유로운 행위로 보기 어렵다는 점에서 후자가 타당하다.

연 | 습 | 문 | 제

1. 형법의 책임능력 판단기준과 판단방법의 특징은 무엇인가?
2. 원인에서 자유로운 행위에서 '자의에 의한 심신장애의 야기'는 고의로 인한 경우만을 말하는가 아니면 과실에 의한 경우도 포함하는가?
3. 판례는 음주하여 자의로 심신상실상태를 야기하고 이 상태에서 운전하여 사람을 치어 다치게 한 다음 도주한 경우 특가법 제5조의3 도주운전죄(대판 92도999)를 적용하여 처벌하고 있다. 판례의 이러한 태도는 타당한가?

제3절 위법성의 인식

1. 의의

위법성의 인식이란 위법한 행위를 하는 자가 자기행위가 법률에 위반하여 죄가 된다는 것을 인식하고 있는 내심의 상태를 말한다. 자신의 행위가 위법하다는 것을 인식하면서도 위법한 행위를 한 사람에 대해서는 비난이 가능하고 그는 자신이 행한 위법행위에 대해 책임을 져야 한다. 위법성인식이 결여되면 법률의 착오(금지착오)로서 형법 제16조에 의하여 정당한 이유가 있는 때에 한하여 벌하지 않는다.

위법성인식은 고의와는 다르다. 위법성인식은 자기의 행위가 법적으로 금지되어 있다는 인식으로서 자기 행위에 의하여 침해되는 금지규범에 대한 인식을 요한다. 이에 대해 고의는 금지규범에 속하는 범죄사실과 그 범죄사실의 사회적 의미에 관한 인식이다. 즉, 금지사안에 대한 인식이다.

2. 체계적 지위

위법성인식의 체계적 지위에 대해서는 다음과 같이 다양한 견해가 대립한다. 우선 위법성의 인식을 고의의 요소로 보느냐, 아니면 책임의 요소로 보느냐에 따라 고의설과 책임설로 대별된다.

가. 고의설

고의설은 위법성인식이 범죄사실의 인식(구성요건고의)와 함께 고의의 구성요소가 된다고 보는 견해로서 위법성인식이 결여되면 고의가 조각되고 과실범처벌규정이 있는 경우에 한하여 과실범으로 처벌될 수 있을 뿐이라고 주장한다.

고의설은 다시 위법성인식의 정도에 따라 엄격고의설과 제한고의설로 나뉜다. 엄격고의설은 범죄사실의 인식이외 현실적인 위법성인식이 있어야 고의가 성립한다는 입장이다. 판례중에도 "임산물단속에 관한 법률(폐지) 제7조 위반의 범죄가 되려면 그 범의에 있어서 허가권자의 허가없이 벌채한다는 인식만으로 부족하고, 그 행위가 산림보호를 해한다는 위법성에 관한 인식까지를 필요로 한다"(대판 77도3332)고 하여 고의설에 입각한 것이 있다. 고의설에 대해서는 위법성인식이 없으면 고의가 조각되므로 사실착오와 법률착오의 구별이 무의미해진다는 비판을 받는다. 한편, 제한고의설은 고의성립에 필요한 위법성인식은 현실적 인식이 아닌 위법성인식의 가능성만 있으면 충분하다는 입장이다. 위법성인식과 위법성인식의 가능성은 엄연히 다른 개념임에도 불구하고 고의와 과실을 결합하려는 논리적 모순을 범하고 있다는 비판을 받는다.

나. 책임설

책임설은 위법성인식이 고의와는 별개의 독자적인 책임요소가 된다고 보는 견해로서 위법성인식이 없어도 고의성립에 영향이 없다는 입장이다. 고의의 이중적 지위를 인정할 경우 구성요건적 고의는 인정되더라도 책임고의가 탈락할 뿐이다. 책임설은 다시 위법성조각사유의 객관적 전제사실에 관한 착오를 둘러싸고 제한책임설과 엄격책임설로 나뉜다.

엄격책임설은 고의 · 과실을 불법구성요건요소로 한정시키고 위법성조각사유에 관한 주관적 표상은 책임에 속하므로 위법성인식이 결여되면 법률의 착오로서 회피가능성에 따라 책임을 조각 또는 감경할 뿐이라고 보게 된다. 주로 목적적 범죄론자들이 주장한다.

이에 대하여 제한책임설은 허용상황의 착오를 법률착오보다 사실착오에 가깝다고 보아 사실의 착오로 취급하여 고의책임을 배제하고, 위법성조각사유 자체 내지 그 한계에 관한 착오만 법률착오로 취급하자는 견해이다. 사실의 착오를 허용상황의 착오에 유추적용하자는 유추적용제한책임설과 구성요건고의는 인정하되 책임고의는 조각하여 과실범으로 처벌하자는 법효과제한책임설로 나뉜다. 다수설인 법효과제한책임설에 의할 경우 그 행위가 고의에 의한 행위라고 할 수 있지만 행위자가 법질서의 요구를 고의적으로 거부한 것은 아니기 때문에 책임고의가 탈락되고 과실책임만을 인정한다.

3. 위법성인식의 내용

위법성인식의 내용은 무엇인가? 형법규범의 수범자인 일반인들은 법률전문가가 아니므로 행위의 법적 금지에 대한 인식만 있으면 되고 법조문 등에 관한 자세한 인식은 필요하지 않다. 법규범의 존재는 인식하였지만, 법질서의 타당성에 대하여 의문을 품는 경우에도 위법성의 인식은 있다(이른바 확신범).

판례는 위법성인식을 가장 넓게 파악한다. 판례는 "범죄성립에서 위법의 인식은 그 범죄사실이 사회정의와 조리에 어긋난다는 것을 인식하는 것으로 족하고 구체적인 해당 법조문까지 인식할 것은 아니다"(대판 86도2673)라고 하고 있는데, 이러한 판례의 태도는 위법성인식이라는 문자적 개념과 너무 동떨어지고 가벌성의 범위를 지나치게 넓힐 우려가 있다는 비판을 받는다.

그리하여 학설에서는 구체적 형법위반의 인식까지 필요하다(협의설[105])는 견해가 제기되는데, 이 견해는 가벌성 범위를 좁히는 장점이 있지만 법률 문외한인 일반인은 대부분 위법성 인식이 없게 된다는 문제점이 발생한다. 따라서 다수설인 광의설[106]은 단순한 윤리규범에 위반된다는 인식으로는 충분하지 않지만 형법위반의 인식까지 필요하지는 않다고 본다. 형법이든 민법이든 행정법이든 무언가 법질서에 반한다는 인식으로 족하다고 한다.

연 | 습 | 문 | 제

1. 위법성인식의 체계적 지위에 대한 고의설과 책임설의 차이는 무엇인가?
2. 위법성인식의 내용을 판례는 어떻게 파악하고 있으며, 판례의 문제점은 무엇인가?

105) 차용석, "위법성의 인식, 위법성의 착오", 고시연구 창간20주년 기념논문집, 2004, 847면.
106) 김일수/서보학 238면, 박상기 214면, 배종대 93/1, 이재상 24/3, 임웅 292면.

제4절 법률의 착오(금지착오)

1. 의의

법률의 착오란 행위자가 착오로 인하여 행위시에 자기행위가 위법함을 인식하지 못한 경우, 즉 구성요건사실에 대한 인식은 있었으나 착오로 그 사실의 위법성을 인식하지 못한 경우를 말한다. 법률의 착오는 금지의 착오라고도 하는 바, 자기행위가 법적으로 금지되었음을 인식하지 못하였음을 의미한다.

2. 형태

법률의 착오(금지착오)는 다시 금지규범의 존재에 관한 착오(법률의 부지), 법규범의 효력에 관한 착오, 포섭(해석)의 착오로 나뉜다.

법규범의 존재에 관한 착오는 행위자가 그의 행위에 직접 해당되는 금지규범을 전혀 알지 못한 경우를 말한다. 예컨대 아랍인이 한국에서 일부다처제가 금지되어 있는 줄 모르고 중혼을 한 경우가 여기에 해당한다.

효력의 착오는 행위자가 금지규범이 효력이 없는 것으로 오인한 경우를 말한다. 예컨대 국가보안법상 찬양 · 고무조항이 위헌이기 때문에 무효라고 생각하고 북한을 찬양하는 발언을 하는 경우가 여기에 해당한다.

포섭(해석)의 착오는 행위자가 법률해석에 착오를 일으켜서 자기행위가 법적으로 허용되는 것으로 오인한 경우를 말한다. 예컨대, 공무원이 뇌물을 받으면 처벌받는 것은 알았으나 명절날 받는 떡값은 뇌물이 아니라고 생각한 경우가 여기에 해당한다.

이 밖에 반전된 금지착오가 있는데, 이는 형법상 허용된 행위를 금지된 것으로 오인하고 행위한 경우이다(이른바 환각범). 예컨대 형법상 처벌규정이 없는 동성애를 금지된 것으로 오인하고 행위한 경우가 여기에 해당한다.

위의 법률의 착오의 유형들은 모두 직접적 형태의 법률의 착오이며, 간접적 법률의 착오, 즉 금지규범 자체가 아닌 위법성조각사유와 관련한 착오와 구별하여야 한다.

3. 법률의 부지

법률의 부지란 금지규범의 존재 자체를 알지 못하는 경우를 말한다. 위법성의 인식이 없다는 점에서 다른 법률의 착오와 다르지 않다. 그런데, 우리 판례는 "단순한 법률의 부지는 법률의 착오가 아니다" (대판 99도3335, 대판 96도3409, 대판 95도1964, 대판 95도2088 등)라는 입장을 견지하고 있다.

이에 대해서는 다양한 비판[107]이 제기된다. 첫째, 우리 형법은 일본과 같이 법률의 부지에 관한 명문의 규정[108]이 없으므로 일본판례에서 유래한 위와 같은 해석론을 그대로 따를 수 없다는 것이다. 오히려 일본형법은 법률의 부지를 인정하면서도 형을 감경할 수 있도록 하고 있다. 둘째, 역사적으로 '법률의 부지는 용서할 수 없다'는 법언은 자연범에나 타당한 이론이고 행정범까지 이 이론을 적용하는 것은 곤란하다. 행정범에 대해서는 자연범과 같은 위법성의 인식을 법률문외한인 일반인에게 요구할 수 없기 때문이다. 셋째, 법률의 부지란 법률의 착오와 무관한 법현상이라기보다는 법률의 착오에 이르게 된 동기중의 하나로서 법률의 부지에서 유래된 법률의 착오로서 법률의 착오규정의 적용을 배제할 이유가 없다고 생각된다. 따라서 단순한 법률의 부지도 부지에 이르게 된 데 정당한 이유가 있는 한, 책임이 조각된다고 보아야 한다.

4. 형법 제16조의 정당한 이유

가. 입법론적 비교

형법은 제16조에서 법률의 착오로 인한 책임조각을 위해 법률의 착오에 이르게 된 데 정당한 이유가 있을 것을 요하는데 비하여, 비교법적으로는 다양한 기준이 사용되고 있다.

비난가능성(오스트리아 형법 제9조 1항), 용서할 수 없을 때(그리스형법 제31조 2항), 상당한 이유(1924년 일본형법 초안 제21조 2항), 회피할 수 없는 때(독일형법 제17조) 등 여러가지 입법례가 있으나 회피가능성이라고 보는 것이 다수설[109]의 견해이다. 즉, 행위자가 위법성을 인식할 능력이 있는데도 그 능력을 다하지 않은 경우에는 회피가능한 착오에 해당하며, 이 경우 책임이 조각되지 않는다.

하지만 법률상 '정당한 이유가 있는 때'와 '회피가능한 때'를 같은 의미로 보는 것은 언어관용상 문제가 있다. 법률의 착오가 문제되는 사례가 대부분 행정형법범임을 감

107) 오영근 26/36.

108) 일본형법 제38조 ③법률을 알지 못한다고 하여도 이에 의해 죄를 범할 의사가 없었다고 할 수 없다. 다만 정상에 따라 형을 감경할 수 있다.

109) 김성천/김형준 364면, 김일수/서보학 284면, 배종대 98/2, 손동권 18/28, 임웅 301면.

안하면 행정제재만 부과하여도 충분하고 굳이 범죄로 규정하여 처벌할 필요가 없는 경우가 많으므로 '정당한 이유'를 회피가능성보다 넓은 의미로 해석하여 독일 형법보다 면책범위를 좀 더 넓게 인정하는 것도 가능할 것이다.

나. 정당한 이유의 유무에 관한 판례

①대법원은 다음과 같은 사례에서 정당한 이유를 인정하고 있다.

- 변리사의 감정과 특허심판의 결과 등을 믿고 한 의장법위반행위(대판 81도646)
- 서울시나 구청의 공문을 믿고 무허가로 미숫가루를 제조한 행위(대판 81도763)
- 담당공무원이 잘못 알려주어 이 말을 믿고 허가를 받지 않고 한 산림훼손행위(대판 91도2525, 대판 94도1814)
- 국유재산법상 건축이 금지된 건물이지만 담당공무원에게 문의하여 일정한 절차에 따라 건물을 신축한 행위(대판 93도1888)
- 이전에 검찰로부터 혐의없음 결정을 받은 적이 있어서 허가 없이 의약품인 가감십전대보초를 제조 · 판매한 경우(대판 95도717)
- 허가를 담당하는 공무원이 허가를 요하지 않는다고 잘못 알려준 것을 믿고 임야 상에 토석을 쌓아둔 산림법위반행위 (대판 2005도1697)
- 광역시의회 의원이 선거구민들에게 의정보고서를 배부하기 앞서 미리 관할 선거관리위원회 소속 공무원들에게 자문을 구하고 그들의 지적에 따라 수정한 의정보고서를 배부한 행위(대판 2005도835)
- 비디오물 감상실업자가 업주들을 상대로 한 관할구청의 교육과 행정지도 등을 통해 출입금지대상이 18세 미만의 연소자라고 믿고 비디오물 감상실에 18세 이상 19세 미만의 청소년을 출입시킨 행위(대판 2001도4077)

②대법원은 다음과 같은 사례에서는 정당한 이유를 부정하고 있다(90년도 이후).

- 후보자가 죄가 되는 줄 몰랐다고 하여도 회계책임자가 아닌 후보자가 선거비용을 지출한 경우(대판 99도3335)
- 피고인들이 변리사로부터 그들의 행위가 상표권을 침해하지 않는다는 취지의 회답을 통보받고 특허청도 피고인들의 상표출원을 받아들여 이를 등록까지

해주기로 한 경우(대판 97도337).

- 관할 환경청이 폐기물배출업자가 차량을 임차하여 폐기물을 수집 · 운반하는 경우를 '스스로 폐기물을 수집 · 운반하는 경우'에 해당하는 것으로 해석한 경우(대판 97도1189)
- 장애인복지법에 따라 보장구제조업 허가를 받은 업자가 다리교정기가 의료용구에 해당되지 않는다고 믿은 경우(대판 95도2188)
- 무선설비의 납품처 직원으로부터 형식등록이 필요없다는 답변만을 듣고 위반행위를 한 경우(대판 2008도10373)
- 지방자치단체장이 법령에 의하여 허용되는 행위라고 믿고 관행적으로 간담회를 열어 업무추진비 지출형식으로 참석자들에게 음식을 제공한 행위(대판 2007도 7202)
- 사무실 임차인이 임대차계약 종료후 갱신계약 여부에 관한 의사 표시나 명도의무를 지체하고 있으므로 죄가 되지 않는다고 오인하고 행한 임대인의 단전조치(대판 2005도8074)

다. 판례에 대한 비판

위에서 정당한 이유를 인정한 판례와 인정하지 않은 판례를 비교분석하여 보면, 우리 판례가 정당한 이유를 아주 제한된 범위에서 인정하고 있음을 알 수 있다. 즉 정당한 이유를 인정한 판례의 대부분은 담당공무원이 잘못 알려준 경우이고 그밖의 경우에는 정당한 이유를 인정한 판례는 거의 없다.

법률의 착오의 정당성판단을 위한 기준으로 독일 판례[110]는 양심긴장의무와 조회의무를 들고 있다. 전자는 행위자가 그의 모든 지적 인식능력과 가치관을 총동원하여 양식적인 숙고를 해야하는 의무를 말하고, 후자는 필요할 경우 전문가나 해당기관에 금지존재의 내용이나 의미를 문의해야 한다는 것이다. 그러나 이러한 조회의무를 모든 법률착오 행위자에게 요구하기는 어려울 것으로 생각된다[111]. 만일 그렇게 할 경우 주의의무 정도가 너무 높아지고, 법률의 착오를 주장할 수 있는 사람의 범위는 그 만

110) BGHSt 2, 194; 4, 15; 4, 242; 5, 289; 21, 28.

111) 배종대 98/6.

큼 좁아지게 된다[112]. 또한 법률착오에서 행위자의 위법성인식에 대한 주의의무 정도가 과실범의 그것보다 특별히 높아야 할 이유도 없다[113].

결론적으로 위와 같이 정당한 이유를 제한된 범위내에서만 인정하는 판례의 태도는 타당하지 않다. 형법전에 규정된 범죄행위를 하면서 위법성을 인식하지 못하는 것은 정당한 이유가 있다고 하기 어려우나, 위와 같이 행정법상 규정되어 있는 기술적 내용에 위반되는 범죄들에 대하여 일반국민들이 모두 알기는 어렵다. 따라서 행정범적 성격을 가진 범죄에 대해 위법성을 인식하지 못하는 경우는 자연범에 비하여 정당한 이유를 좀 더 넓게 인정해도 무방하리라 생각된다.

연 | 습 | 문 | 제

1. 법률의 착오의 유형에는 어떠한 것이 있으며, 법률의 부지는 법률의 착오에 해당하는가?
2. 형법 제16조 '정당한 이유가 있는 때'를 '회피가능한 때'로 해석하는 것은 타당한가? 아니라면 어떻게 해석하는 것이 타당한가?

제5절 기대가능성

1. 의의

기대가능성이란 행위자에게 행위 당시의 구체적 사정에 비추어 범죄행위 대신 적법행위를 기대할 수 있는 가능성을 말한다. 규범적 책임론에 의하면 책임은 비난가능성인데, 비록 위법행위를 한 자라고 하더라도 행위 당시 행위자가 위법행위 이외에 다른 행위를 할 수 없었다고 한다면, 즉 적법행위의 기대가능성이 없는 경우에는 행위자를 비난할 수 없고 행위자의 책임이 조각된다.

우리 형법에는 기대불가능성을 근거로 한 여러가지 면책사유들이 존재한다. 면책적 긴급피난(제22조), 과잉방위(제21조 2항), 과잉피난(제22조 3항), 과잉자구행위(제23조 2항), 강요된 행위(제12조), 중지미수에서 형의 감면(제26조), 각칙상 친족간의 범인은닉(제151조 2항), 친족간 증거

112) 조국, "법률상의 부정합과 금지착오", 이재상교수화갑기념논문집, 506면.
113) 배종대 98/6, 이재상 25/17. 이견은 임웅 301면.

인멸죄를 처벌하지 않는 것(제155조 4항) 도주원조죄에 비해 도주죄의 형이 가벼운 것(제145-147조), 위조통화취득후지정행사죄(제210조)가 위조통화행사죄(제207조)보다 형이 가벼운 것 등이 이에 해당한다.

2. 체계적 지위

가. 학설대립

기대가능성의 체계적 지위를 어떻게 볼 것인가에 대하여 다양한 견해가 있다. 첫째, 고의 · 과실의 구성요소설은 기대가능성을 고의 · 과실의 구성요소로 보아 기대가능성이 없으면 고의나 과실이 조각된다는 보는 견해이나, 고의 · 과실과 기대가능성은 별개의 범죄구성요소로서 기대가능성이 없어도 고의나 과실은 인정될 수 있다. 둘째, 적극적 책임요설[114]은 기대가능성을 책임능력 · 책임조건과 같은 위치에 있는 독립된 책임요소로 본다. 이 견해에 따르면 기대가능성은 적극적 책임요소로서 범죄성립요건의 하나이므로 검사가 기대가능성의 존재를 입증할 부담을 지게 된다. 셋째, 소극적 책임요소설[115]은 기대가능성을 책임의 적극적 요소가 아닌 소극적 요소로 보아 책임능력과 책임조건이 존재하면 원칙적으로 책임이 인정되고 기대가능성이 없는 때에 예외적으로 책임이 조각되는 것으로 본다. 다른 책임요소가 구비된 경우 기대가능성이 사실상 추정되고 피고인이 기대가능성의 부존재나 감소를 입증할 부담을 지게 된다.

적극적 책임요소설과 소극적 책임요소설의 차이는 기대가능성의 입증에서 차이가 난다. 적극적 책임요소로 볼 경우 검사가 기대가능성의 존재를 입증해야 할 책임을 지지만, 소극적 책임요소설에 의하면 다른 책임요소가 구비된 경우 기대가능성이 사실상 추정되고, 따라서 피고인이 기대가능성의 부존재나 감소를 입증할 책임을 지게 된다. 형법이 위법성과 마찬가지로 책임에 대해서도 적극적으로 규정하지 않고 소극적으로 규정하고 있음을 감안하면 소극적 책임요소로 보는 견해가 타당하다. 따라서 위법행위를 한 자는 기대가능성이 있다고 사실상 추정되므로 피고인은 기대가능성의

114) 손동권 19/5, 이형국 239면, 임웅 317면.

115) 김일수/서보학 289면, 박상기 264면, 배종대 100/4, 손해목 664면, 안동준 166면, 이재상 26/8.

부존재나 감소에 대해 입증할 부담을 진다고 할 수 있다.

나. 초법규적 책임조각사유성

우리 형법에서 기대가능성을 초법규적 책임조각사유로 볼 수 있을 것인가에 대해서는 견해가 대립한다.

긍정설[116]은 우리와 같이 법질서가 제대로 확립되어 있지 않고 국민들이 법의 내용을 잘 알지 못하고 법적 구제수단이 완비되어 있지 않은 상황에서는 초법규적 책임조각·감경사유를 인정하는 것이 불가피하다고 본다. 면책적 긴급피난, 위법하지만 구속력있는 상관의 명령[117], 상당성이 없는 의무의 충돌[118], 준강요된 행위(강요된 상태에서 생명 신체이외의 법익에 대한 강요된 행위)가 이러한 초법규적 책임조각사유에 해당한다고 한다[119]. 작위범과 달리 부작위범에서 보증인이 일정한 행위로 인해 자신에게 가치있는 이익을 현저히 위태화시켜야 한다면, 그 경우 작위에의 기대는 불가능하고 행위자가 부작위로 나아갔다고 하더라도 처벌할 수 없다. 예컨대, 보증인이 법에 의해 명령된 행위를 함으로써 자기 또는 친족을 형사소추의 위험앞에 방치할 수밖에 없는 사정이라면, 명령된 행위는 기대불가능하다[120]. 고의범과 달리 과실범에서는 규범에 맞는 행태에의 기대불가능성이 일반적인 면책의 이유가 된다. 즉 행위자에게 개인적으로 주의의무의 이행을 극도로 어렵게 하는 갈등상황이 있었을 때에는 책임이 탈락된다[121].

이에 대하여 부정설[122](규제적 법원칙설)은 기대불가능성은 법률의 구체적 책임조각사유의 일반적 원리를 보편화한 것에 지나지 않으므로 초법규적 책임조각사유로 볼 수 없다는

116) 김성천/김형준 303면, 손동권/김재윤 333면, 오영근 25/36, 이재상26/10.

117) 판례는 거의 인정하지 않음. 대판 99도1911, 대판 87도2358, 대판 83도2543, 대판 80도306.

118) 예컨대 수영코치가 물에 빠진 두 아이중에서 좀 더 익사의 위험성이 큰 아이를 구하지 않고 자신의 아들을 구한 경우 위법성은 조각될 수 없으나 책임이 조각·감경될 수는 있다. 오영근 25/39.

119) 김일수/서보학 291면.

120) 김일수/서보학 291면.

121) 백마사건(RGSt 30, 25). 마차업자에게 고용된 마부가 성질이 난폭한 말로 마차를 부리다가 통행인에게 상해를 입혔다. 그 전에 마부는 이 말의 난폭함을 주인에게 설명하고 말을 바꿔줄 것을 요청하였다. 그러나 주인이 이를 듣지 않았다. 마부로서는 자신의 해고가 두려워 더 이상 주인과 다툴 수 없었다. 여기서 제국재판소는 다음과 같이 마부의 책임을 부인하였다. "과실책임을 인정하기 위해서는 피고인이 통행인을 상하게 할지 모르겠다는 인식만으로는 부족하고 고용주에게 난폭한 말의 사용을 거절할 수 있는 정황하에 있을 것이 필요하다. 그러나 피고인이 생활의 근거를 잃을 염려가 있는데 고용주의 의사에 반하여 말의 사용을 거절할 것까지 기대할 수는 없다".

122) 배종대 101/1.

견해이다. 책임의 유무는 형법이 규정할 성질의 것이며 기대불가능성은 책임개념에 대한 명백한 기준과 내용을 제시하는 것이 아니므로 초법규성을 인정하면 형법의 기능과 법적용의 평등을 약화시켜 책임주의를 침해할 우려가 있다고 비판한다.

3. 판단기준

적법행위에 대한 기대가능성은 누구를 기준으로 판단할 것인가?

첫째, 행위자표준설[123]은 행위자를 떠난 책임귀속은 이루어질 수 없으므로 행위당시 행위자의 구체적 사정을 기준으로 판단하자고 한다. 그러나, 행위자표준설에 의할 경우 확신범은 기대가능성이 거의 없어 모두 불가벌이 된다는 비판을 받는다.

둘째, 평균인표준설[124]은 사회의 평균인을 기준으로 판단하자고 한다. 평균인의 개념이 모호하고 평균인을 판단기준으로 하면 기대가능성이 책임판단의 문제가 아니라 구성요건이나 위법성판단이 될 수 있다는 비판이 제기된다. 평균인표준설은 사실상 평균인이 아닌 극히 모범적인 사람을 기준으로 하는 것이므로 모범생표준설이라 불러야 한다는 비판도 있다.

셋째, 국가표준설[125]은 국가를 기준으로 적법행위에 대한 기대가능성을 판단한다. 국가를 수단이 아닌 목적화하는 전체주의국가관에 근거한 학설로서 오늘날에는 지지자가 없다.

생각건대, 국가표준설에 의하면 기대가능성의 인정범위가 너무 넓어서 책임조각을 인정할 여지가 거의 없게 되고, 행위자표준설에 의하면 기대불가능성의 인정범위가 너무 넓어서 책임을 인정할 여지가 거의 없게 된다. 따라서 평균인표준설에 대한 위와 같은 비판에도 불구하고 기대가능성의 판단은 일반인을 떠나서 생각할 수 없으므로 평균인표준설이 타당하다.

4. 기대가능성에 관한 착오

기대가능성에 관한 착오 역시 두가지로 나눌 수 있다. 행위자가 기대불가능(면책)상

123) 박상기 264면, 배종대 103/5, 이형국 242면.

124) 김일수 411면, 신동운 419면, 안동준 169면, 이재상 26/17, 임웅 320면.

125) 이를 주장하는 학자는 없으나, 다만 평균인표준설과 함께 국가표준설을 주장하는 입장으로 손동권 19/7.

황이 없음에도 있는 것으로 착오한 경우와 면책사유의 존재, 효력, 해석 등에 대하여 착오를 일으킨 경우이다.

전자의 경우 법적 처리방법에 대해서는 착오에 상당한 이유가 있는 때에 책임이 조각되고, 상당한 이유가 없으면 책임이 조각되지 않는다는 견해[126]와 법률의 착오를 유추하여 정당한 이유 유무에 따라 책임조각여부를 결정하자는 견해[127], 범죄성립에 지장이 없으므로 양형에서 고려하자는 견해[128]가 대립한다.

다음, 기대가능성의 전제사실이 아닌 기대가능성의 존재와 한계에 관한 착오는 통설에 따르면 범죄성립에 아무런 영향을 미치지 못한다. 예컨대 위법한 상사의 명령을 받은 사람이 그 명령에 따르면 기대가능성이 없어서 책임이 조각된다고 착오한 경우[129]에는 원칙적으로 처벌되고 그러한 착오가 회피불가능한 경우 책임이 조각될 뿐이다.

5. 형법상 기대불가능으로 인한 책임조각사유

형법총칙과 각칙에는 여러 곳에서 기대불가능으로 인한 책임조각사유를 규정하고 있다. 형법총칙에서는 강요된 행위(제12조), 과잉방위(제21조 2항, 3항), 과잉피난(제22조 3항), 형법각칙에서는 친족간의 범인은닉 · 증거인멸(제151조 2항, 제155조 4항) 조항이 여기에 해당한다. 여기에서는 기대가능성의 경우만 자세히 살펴본다.

6. 강요된 행위

가. 의의

강요된 행위란 방어할 수 없는 폭력이나 자기 또는 친족의 생명, 신체에 대한 위해를 방어할 방법이 없는 협박에 의하여 이루어진 행위이다. 이런 경우에는 적법행위를 기대할 수 없어 책임이 부정된다.

---

126) 이재상 26/19.

127) 임웅 323면.

128) 오영근 25/14.

129) 〈대판 99도1911, 대판 86도614, 대판 82도2873〉 "직장의 상사가 범법행위를 하는데 가담한 부하에게 직무상 지휘 · 복종관계에 있다하여 범법행위에 가담하지 않을 기대가능성이 없다고 할 수 없다.

나. 요건

강요된 행위로서 책임이 조각되기 위해서는 다음의 요건이 갖추어져야 한다.

첫째, 저항할 수 없는 폭력이 존재해야 한다. 이 때의 폭력은 절대적 폭력이 아닌 강제적 폭력을 의미한다. 예컨대 甲이 뒤에서 팔을 비틀어 고통을 주고 다른 팔로 허위문서에 서명하도록 하는 것[130]은 절대적 폭력으로 행위성이 결여되어 애당초 가벌성검토의 대상에서 탈락한다. 강요된 행위의 폭력은 강도죄의 폭행보다 범위가 좁은 것으로 단순한 유형력의 행사만으로 부족하고 피강요자의 의사결정을 강제하는 유형력의 행사가 있어야 한다. 저항이 불가능할 정도의 폭력을 행사하지 않은 경우 정범의 행위의 교사 · 방조가 될 뿐이다.

둘째, 자기 또는 친족의 생명 · 신체에 대한 위해를 방어할 방법이 없는 협박이 존재해야 한다. 저항할 수 없는 폭력이 유형력의 행사라 한다면, 협박은 무형력을 수단으로 하는 점에서 구별된다. 생명, 신체이외의 법익에 대한 위해 및 협박은 초법규적 책임조각이 가능하다. 친족 이외의 자에 대한 생명 · 신체에 대한 위해 역시 초법규적 책임조각이 가능하다. 친족의 범위는 민법에 의하여 결정되지만, 사실혼관계의 부부와 사생아도 포함된다고 볼 것이다. 자초한 강제상태는 저항할 수 없는 폭력이나 협박에 해당되지 않아 책임이 조각되지 않는다 (통설, 판례[131]).

다. 효과

강요된 행위로 인정되면 피강요자의 행위는 책임이 조각되어 처벌되지 않는다. 강

---

130) 〈대판 83도2276〉 자신의 아내가 직장동료와 내연관계에 있다는 소문을 듣고 아내를 의심하던 끝에 아내를 폭행 · 협박하여 간통사실을 허위로 시인하게 만든 뒤 간통죄로 고소하였으나, 재판과정에서 아내가 간통사실을 부인하여 석방되자, 다시 아내를 강요하여 그 직장동료에 대한 허위내용의 고소장을 작성하고 제출케 하여 결국 아내는 무고죄로 기소되었다. 형법 제12조의 '저항할 수 없는 폭력'은 심리적 의미에서 육체적으로 어떤 행위를 절대적으로 하지 않을 수 없게 하는 경우와 윤리적 의미에서 강압된 경우를 의미한다. 또한 협박이란 자기 또는 친족의 생명 · 신체에 대한 위해를 달리 막을 방법이 없는 위협행위를 의미하며, 강요라 함은 피강요자의 자유로운 의사결정을 하지 못하게 하면서 특정한 행위를 하게 하는 것을 의미한다. 따라서 이와 같이 고소장을 작성 제출한 것은 폭력이나 자기의 생명 · 신체에 대한 위해를 방어할 방법이 없는 협박에 의해 강요된 행위로 보아야 한다.

131) 〈대판 73도1684, 대판 72도2585, 대판 70도2629〉 "저항할 수 없는 폭력이나 자기 또는 친족의 생명, 신체에 대한 위해를 방어할 수 있는 방법이 없는 위해에 의하여 본건 범행에 이르렀다 하더라도 이상과 같은 상태는 전혀 예기치 못한 것이라야 하고 만일 강요된 자가 이상의 상태를 자초하였거나 예기하였다면 당연히 강요된 행위라고 할 수 없는 것".

요자의 죄책에 대해서는 강요된 행위의 교사범이 된다는 견해[132]와 간접정범의 책임을 진다는 견해[133]가 있다. 교사범설은 강요된 행위에서 피강요자는 의사결정의 자유만 박탈되어 있고, 자기 행위의 의미와 내용 및 결과를 잘 알고 있어서 생명있는 도구라고 보기 어렵다는 것을 근거로 든다. 그러나 형법 제34조 1항이 간접정범을 "어느 행위로 인하여 처벌되지 아니하는 자를 교사 또는 방조하여"라고 규정하고 있으므로 강요자에게는 간접정범의 책임을 지우는 것이 타당하다.

강요죄의 실행의 착수시기는 폭력이나 협박을 개시한 때이고, 강요된 행위는 책임이 조각되지만 위법성은 남으므로 강요된 행위에 대한 정당방위는 가능하다. 예컨대 회사기밀서류를 훔쳐오지 않으면 아들을 죽이겠다고 협박하여 피강요자가 회사기밀서류를 훔쳐왔고, 강요자가 절도죄의 간접정범의 책임을 진다면 절도죄의 실행의 착수시기는 피강요자가 기밀서류를 절취하는 때가 아니라 강요자가 피강요자를 협박하는 때가 되는데 이것은 절도범행을 지배하는 자가 피강요자라기보다 강요자라고 보기 때문이다.

연 | 습 | 문 | 제

1. 기대가능성의 체계적 지위를 적극적 책임요소로 볼 때와 소극적 책임요소로 볼 때의 입증책임의 차이에 대해서 설명하라.
2. 기대가능성의 초법규적 책임조각사유성을 설명하라.
3. 강요된 행위에서 강요자의 죄책을 설명하라.

---

132) 박정근, "강요된 행위", 법정 1965. 7, 22면.

133) 김일수/서보학 301면, 배종대 103/1, 손해목 674면, 안동준 172면, 이재상 26/33, 이형국 248면, 임웅 329면.

제6장
미수론

제1절 미수의 기초이론

1. 범죄의 실현단계

범죄는 다음과 같은 단계를 거쳐 실현된다.

범죄결심 → 예비 · 음모 → 미수 → 기수 → 종료(완수).

먼저 범죄결심은 행위자의 머릿속에 범죄의사가 형성되는 단계로서 외부적 행위로 표현되지 않는 한 형법적 간섭의 대상이 되지 않는다. 다음 예비 · 음모단계는 범죄에 대한 준비단계로서 구성요건실현의 전 단계이므로 역시 불가벌이다. 다만, 형법상 특별규정이 있는 경우는 처벌이 가능하다(제28조, 제101조). 다음 미수단계는 범죄의 실행에 착수하여 행위를 종료하지 못했거나 결과가 발생하지 않은 경우를 말한다. 미수범죄 역시 형법각칙에 처벌규정이 있는 경우에만 처벌이 가능하다.

마지막으로, 기수범죄는 법률에 정한 모든 구성요건표지가 실현되었을 때를 말한다. 기수단계에서 교사범의 성립은 불가능하나 방조 및 공동정범의 성립은 가능하다. 대부분의 범죄는 기수와 동시에 범죄가 종료된다.

그런데, 일부범죄(체포감금죄 등)의 경우 범죄의 기수와 종료단계가 상이하다. 이들 범죄에서 범죄의 종료(완수)는 범죄의 기수 이후 보호법익에 대한 침해범위가 실질적으로 끝났을 때 인정된다. 범죄 기수 후 종료 전까지는 승계적 공동정범과 사후방조가 가능하다. 결과적 가중범과 같은 가중적 구성요건의 실현도 범죄 기수 후 종료 이전까지 가능하다(감금치사). 이들 범죄에서 공소시효는 범죄종료 이후 개시된다.

2. 미수의 처벌근거

구성요건이 실현되지 않았거나 결과 발생이 없는 미수범죄를 처벌하는 근거는 어디에 있는 것일까? 여기에 대하여 형법학파에 따라 가벌성의 근거를 달리 찾는다.

먼저, 객관설은 보호법익에 대한 구체적 · 객관적 위험성에서 미수범의 처벌근거를 찾는다. 객관설은 장애미수의 가벌성은 설명할 수 있을지 모르나, 결과발생의 위험성 없는 불능미수에 대해서는 불처벌이라는 결론에 이르게 되는 문제가 있다.

둘째, 주관설은 구성요건적 행위에 드러난 행위자의 법적대적 의사에서 미수의 처벌근거를 찾는다. 주관설에 의할 경우 예비 · 음모까지 가벌성이 확장되는 문제점이 있다.

셋째, 절충설은 미수의 기본적 처벌근거는 행위자의 법적대적 의사에 있지만, 실행의 착수, 위험성 등의 객관적 조건이 있을 때에만 처벌할 수 있다고 보는 견해이다. 절충설은 범죄인의 주관적 범죄의사가 객관적으로 드러남으로써 일반인의 법질서에 대한 신뢰, 법감정을 저해하는 범죄현상 또는 법동요의 인상을 주었다는 의미에서 인상설이라고 한다(다수설[134]).

3. 미수의 종류

형법총칙상 미수범의 종류는 3가지가 있다. 첫째, 장애미수(제25조)는 행위자가 결과를 실현하려 했지만 외부적 장애로 범죄를 완성하지 못한 경우이다(협의의 미수). 장애미수는 다시 구성요건을 전부 실현하지 못한 미종료미수와 구성요건행위는 전부 실행했으나 결과가 발생하지 않는 종료미수로 나눌 수 있다. 둘째, 중지미수(제26조)는 행위자가 실행에 착수한 행위를 자의로 중지하거나 결과발생을 방지한 경우를 말한다. 셋째, 불능미수(제27조)는 범죄수단이나 대상의 착오로 결과발생이 불능인 경우로서 위험성이 있으면 미수범으로 처벌된다.

134) 김일수/서보학 378면, 배종대 106/4, 손동권 23/9, 손해목 844면, 오영근, 27/18, 이재상 27/12, 임웅 340면, 정성근 494면, 정영일 224면.

연 | 습 | 문 | 제

1. 형법상 미수의 종류에는 어떠한 것이 있으며, 성립요건과 처벌은 어떻게 다른가?
2. 미수범의 처벌근거에 관한 인상설의 문제점은 무엇인가?

제2절 장애미수

1. 의의

장애미수는 행위자가 자신의 의사에 반하여, 즉 외부적 장애로 범죄를 완성하지 못한 경우이다(제25조 1항). 보통의 미수범죄는 장애미수를 말한다. 장애미수는 실행의 착수가 있다는 점에서 예비 · 음모와 구별되고, 행위를 종료하지 못하거나 결과가 발생하지 않았다는 점에서 기수와 구별된다. 또 장애미수는 결과발생이 가능하였음에도 결과가 발생하지 않았다는 점에서 처음부터 결과발생이 불가능한 불능미수와 구별된다. 그리고, 장애미수는 행위의 미종료나 결과의 불발생이 행위자의 자의에 의한 것이 아니고 내 · 외부적 장애에 의한 것이라는 점에서 중지미수와 구별된다.

2. 성립요건

장애미수가 성립하려면 행위자가 실행에 착수하여 구성요건을 완수하지 못하거나, 구성요건적 행위를 완수했으나 구성요건결과가 발생하지 않아야 한다. 주관적 구성요건인 범행결의(고의 및 기타 주관적 불법요소)는 기수범과 동일하다. 고의범에 대한 미수만 성립할 수 있으며, 과실범에 대한 미수는 성립할 수 없다. 과실범에서 결과가 발생하지 않는 경우 주의의무위반이 있더라도 처벌할 수 없기 때문이다.

객관적으로는 실행의 착수가 있어야 한다. 실행의 착수시기에 관해 다양한 학설이 대립한다.

먼저 구성요건적 행위의 개시 여부를 기준으로 실행의 착수를 결정하는 객관설과 행위자의 주관적 의사에 따라 실행의 착수를 결정하는 주관설로 나눌 수 있다. 객관설은 다시 구성요건에 해당하는 행위 또는 그 행위의 일부가 시작되었을 때 실행의 착수를 인정하는 형식적 객관설과 구성요건에 해당하는 행위에 착수하지 않았더라도 그에 밀접한 행위를 개시한 때 실행의 착수를 인정하는 실질적 객관설로 나눌 수 있다. 그러나, 과연 어느 정도의 행위를 밀접한 행위로 볼 수 있는지 그 기준이 명확하지 못하다는 문제점이 있다. 대법원판례는 절도죄에서 실행의 착수시기를 실질적 객관설인 밀접행위설에 따라 판단하고 있다(대판 2003도1985, 대판 99도2461).

주관설에서는 행위자의 범의가 확정적으로 나타나는 행위가 개시되었을 때 또는 범의의 비약적 표동이 있을 때를 실행의 착수시기로 판단한다. 주관설은 행위의 의미를 행위자의 의사만으로 파악함으로써 구성요건행위의 사회적 정형성을 무시하고, 주관설에 의할때 가벌성범위가 예비 · 음모까지 확장되는 문제점이 있다. 대법원판례는 간첩죄에서 주로 주관설에 의하여 실행의 착수시기를 판단하고 있다(대판 84도1381, 대판 84도832, 대판 4291형상294).

절충설에서는 행위자의 범죄계획에 비추어 범죄구성요건실현을 위한 직접적 행위가 있을 때를 실행의 착수로 본다(다수설[135]). 따라서 구성요건해당행위나 그 행위의 일부가 시작된 때, 구성요건에 직접 연결되는 구성요건 전 단계의 행위(밀접행위)도 실행의 착수에 해당한다. 행위자의 범죄계획을 고려하기 때문에 객관적으로 구성요건에 직접 연결되는 행위가 있더라도 범죄계획과 무관하면 실행의 착수가 인정되지 않는다. 예컨대 간첩 甲이 군사기밀을 수집하기 위해 국내에 잠입했지만, 아직 군사시설에 대한 정보수집을 위한 간첩활동을 개시하지 않은 경우 간첩죄의 실행에 착수한 것이 아니다. 최근 판례는 내란음모죄와 관련된 판결에서 "내란음모가 단순히 내란에 관한 생각이나 이론을 논의 내지 표현한 것인지 실행행위로 나아간다는 확정적인 의미를 가진 합의인지를 구분하기가 쉽지 않다는 점을 고려하면, 내란음모죄에 해당하는 합의가 있다고 하기 위해서는 단순히 내란에 관한 범죄결심을 외부에 표시 · 전달하는 것만으로는 부족하고 객관적으로 내란범죄의 실행을 위한 합의라는 것이 명백히 인정되고, 그러한 합의에 실질적인 위험성이 인정되어야 한다"라고 판시하여 단순한 주관적 의사표시만으로는 위험성을 인정할 수 없다고 하였다(대판 2014도10978 전원합의체 판결).

주관적 객관설과 실질적 객관설은 실제 적용에서 크게 차이가 나지 않지만, 행위의 의미를 파악할 때 단순히 행위의 객관적 형식이나 외형만으로 파악하는 것보다 행위자의 주관적 측면인 범죄계획을 고려하는 주관적 객관설이 좀 더 타당하다고 하겠다.

---

135) 김성천/김형준 412면, 박상기 345면, 손동권 23/16, 손해목 861면, 신동운 446면, 오영구 27/27, 이재상 27/28, 임웅 335면.

판례

특수강도죄의 실행의 착수(형식적 객관설)

야간에 강도를 마음먹고 타인의 집에 침입하여 동정을 살피던 중 마침 화장실에서 나오는 피해자를 발견하고 갑자기 욕정을 일으켜 칼을 들이대고 방안으로 끌고 들어가 밀어 넘어뜨려 반항을 억제한 다음 강제로 간음하였다. 형법 제334조 특수강도죄의 실행의 착수는 강도의 실행행위 즉 사람의 반항을 억압할 수 있는 정도의 폭행 또는 협박을 행할 때에 있다. 하지만 야간에 타인의 주거에 침입하여 집안의 동정을 살피는 것만으로는 특수강도죄의 실행에 착수한 것으로 볼 수 없다. 따라서 특수강도에 착수하기 전에 저질러진 강간행위를 구 특정범죄가중처벌법상 특수강도강간죄에 해당한다고 할 수 없다(대판 91도2296).

절도죄의 실행의 착수 ①

- 소를 흥정하고 있는 피해자의 뒤에 접근하여 들고 있던 가방으로 피해자의 돈이 들어 있는 하의주머니를 스치면서 지나갔다. 이러한 행위는 단지 피해자의 주의력을 흐트려 주머니 속에 든 돈을 절취하기 위한 예비단계의 행위에 불과한 것이다. 따라서 이로써 절도죄의 실행의 착수에 이른 것이라고는 볼 수 없다(대판 86도1109).
- 절도죄의 실행의 착수시기는 재물에 대한 타인의 사실상의 지배를 침해하는 데에 밀접한 행위를 개시한 때라고 보아야 하므로(대판 92도1650, 대판 89도1153, 대판 86도2199, 대판 86도1753)
- 소매치기의 경우 피해자의 양복상의 주머니에서 금품을 절취하려고 그 호주머니에 손을 뻗쳐 그 겉을 더듬은 때에는 절도의 범행은 예비단계를 지나 실행에 착수하였다고 봄이 상당하다(대판 84도2524).

절도죄의 실행의 착수 ②

- 노상에 세워놓은 자동차 안에 있는 물건을 훔칠 생각으로 자동차 유리창을 통해 내부를 손전등으로 비추어 본 것에 불과하다면, 비록 유리창을 따기 위해 면장갑을 끼고 있었고 칼을 소지하고 있었다 하더라도 절도의 예비행위는 성립될지라도 타인의 재물에 대한 지배를 침해하는데 밀접한 행위를 한 것이라고 볼 수는 없다. 즉 절도행위의 실행의 착수에 이른 것이라고 볼 수 없다(대판 85도464).
- 피고인이 아파트 신축공사 현장 안에 있는 건축자재 등을 훔칠 생각으로 공범과 함께 위 공사현장 안으로 들어간 후 창문을 통하여 신축 중인 아파트의 지하실 안쪽을 살핀 행위는 특수절도죄의 실행의 착수에 해당하지 않는다(대판 2009도14554).

강간죄의 실행의 착수

- 강간죄의 실행의 착수가 있었다고 하려면 강간의 수단으로 폭행이나 협박한 사실이 있어야 한다. 그런데 강간할 목적으로 피해자의 집에 침입하여 방에 들어가 자고 있는 피해자의 가슴을 만지면서 간음을 기도하다가 피해자가 소리를 치자 도망했다는 사실만으로는 강간죄의 실행에 착수하였다고 보기 힘들다(대판 90도607).
- 피고인이 피해자가 자동차에서 내릴 수 없는 상태에 있음을 이용하여 강간하려고 결의하고, 주행중인 자동차에서 탈출불가능하게 하여 외포케하고 50킬로미터를 운행하여 여관앞까지 강제연행한 후 강간하려다 미수에 그친 경우 위 협박은 감금죄의 실행의 착수임과 동시에 강간미수죄의 실행의 착수라고 할 것이다(대판 83도323).

사기죄의 실행의 착수

- 인정 : 원고뿐만 아니라 방어적인 위치에 있는 피고라 하더라도 허위내용의 서류를 작성하여 이를 증거로 제출하거나 그에 따른 주장을 담은 답변서나 준비서면을 제출한 경우에 사기죄의 실행의 착수가 있다고 할 것이다(대판 97도2786, 대판 93도915, 대판 87도964).
- 불인정 : 태풍 피해복구보조금 지원절차가 행정당국에 의한 실사를 거쳐 피해자로 확인된 경우에 한하여 보조금 지원신청을 할 수 있도록 되어 있는 경우, 허위의 피해신고만으로는 위 보조금 편취범행의 실행에 착수한 것이라고 볼 수 없다(대판 98도3443).
- 가압류는 강제집행의 보전방법에 불과한 것이어서 허위의 채권을 피보전권리로 삼아 가압류를 하였다고 하더라도 그 채권에 관하여 현실적으로 청구의 의사표시를 한 것이라고는 볼 수 없으므로, 본안소송을 제기하지 아니한 채 가압류를 한 것만으로는 사기죄의 실행에 착수하였다고 할 수 없다(대판 88도55, 대판 82도1529).

배임죄에서 실행의 착수

부동산의 이중양도에 있어서 매도인이 제2차 매수인으로부터 계약금만을 지급받고 중도금을 수령한 바 없다면 배임죄의 실행의 착수가 있었다고 볼 수 없다(대판 2002도7134).

간첩죄의 실행의 착수

- (주관설) 간첩의 목적으로 외국 또는 북한에서 국내에 침투 또는 월남하는 경우에는 기밀탐지가 가능한 국내에 침투, 상륙함으로써 간첩죄의 실행의 착수가 있다고 할 것이다(대판 84도1381, 대판 81도2563, 대판 61도61, 대판 4291형상294, 대판 4293형상508).
- (실질적 객관설) 우리나라 내륙에서 반국가단체의 지배하에 있는 지역으로 탈출하려는 탈출죄의 착수가 있었다고 하기 위해서는 북괴지역으로 탈출할 목적이래 일반인의

출입이 통제되어 있는 지역까지 들어가 휴전선을 향하여 북상하는 정도에 이르러야 탈출죄의 실행에 착수하였다고 볼 것이다(대판 97도712).

외화밀반출죄에서 실행의 착수

외국환거래법 제28조 제1항 제3호에서 규정하는, 신고를 하지 아니하거나 허위로 신고하고 지급수단 · 귀금속 또는 증권을 수출하는 행위는 지급수단 등을 국외로 반출하기 위한 행위에 근접 · 밀착하는 행위가 행하여진 때에 그 실행의 착수가 있다고 할 것인데, 피고인이 일화 500만￥은 기탁화물로 부치고 일화 400만￥은 휴대용 가방에 넣어 국외로 반출하려고 하는 경우에, 500만￥에 대하여는 기탁화물로 부칠 때 이미 국외로 반출하기 위한 행위에 근접 · 밀착한 행위가 이루어졌다고 보아 실행의 착수가 있었다고 할 것이지만, 휴대용 가방에 넣어 비행기에 탑승하려고 한 나머지 400만￥에 대하여는 그 휴대용 가방을 보안검색대에 올려 놓거나 이를 휴대하고 통과하는 때에 비로소 실행의 착수가 있다고 볼 것이고, 피고인이 휴대용 가방을 가지고 보안검색대에 나아가지 않은 채 공항 내에서 탑승을 기다리고 있던 중에 체포되었다면 일화 400만￥에 대하여는 실행의 착수가 있다고 볼 수 없다(대판 2000도4298).

3. 실행착수시기의 개별적 문제점

실행의 착수시기는 범죄의 형태에 따라 달라진다.

첫째, 공동정범에서는 공동정범자중 한사람이 공동의 범행계획에 따라 실행에 착수하면 나머지 모든 공동정범에게도 실행의 착수가 인정된다.

둘째, 간접정범의 실행의 착수시기에 대해서는 견해가 대립한다. (i)이용행위시설은 이용자가 피이용자를 이용하기 시작한 때 실행의 착수가 인정된다(통설). (ii) 구성요건행위시설은 피이용자가 구성요건에 해당하는 행위를 한 때를 실행의 착수로 인정한다. 단, 피이용자가 선의의 도구인 경우는 이용행위를 한 때를 실행의 착수로 본다. 결론적으로 구체적 사례에 따라 실행의 착수시기를 다르게 판단하는 주관적 객관설에 의할 필요가 있다. 이에 의하면, 간접정범을 도구형 간접정범과 공범형 간접정범으로 나누어 후자에서 실행의 착수시기는 정범의 행위시(피이용행위시)이고 전자에서는 주관적 객관설에 의하여 이용자의 범행계획을 고려하여 법익침해의 직접적 행위가 개시된 단계에서 실행의 착수를 인정하면 된다[136].

136) 오영근 27/35.

셋째, 원인에서 자유로운 행위에서는 원인행위시에 실행의 착수가 있다고 보는 것이 과거의 다수설이었으나, 근래에는 책임무능력상태를 야기하여 구성요건 또는 그 전단계의 행위를 시작한 때로 보는 견해로 일치되고 있다.

넷째, 부작위범에서는 결과발생을 방지할 수 있는 최초의 시점, 즉 보호법익에 대한 위험이 발생한 시점을 기준으로 하는 견해가 다수설이다[137]. 예컨대, 환자를 치료해야 하는 의사가 환자를 살해할 고의로 치료를 하지 않은 경우 실행의 착수시기는 치료를 하지 않은 최초의 시점이 아니라 환자의 생명이 침해될 수 있는 위험이 발생한 최초의 시점으로 보아야 한다. 따라서 의사가 환자를 살해할 고의로 응급처치를 하지 않고 있는데 다른 의사가 응급처치를 한 경우에는 부작위에 의한 살인미수가 성립한다.

4. 처벌

장애미수는 임의적 감경사유(제25조 2항)로서 형을 감경할 수 있다. 순수한 주관주의 입장에 의하면 장애미수에서 행위자의 위험성은 기수범과 다르지 않으므로 장애미수의 형을 기수범과 동일하게 규정해야 한다. 순수한 객관주의 입장에서는 미수범은 실행에 착수하였지만 기수범에 비해 행위반가치나 결과반가치가 적기 때문에 필요적 감경으로 규정해야 한다. 형법은 임의적 감경으로 하여 양자를 절충하고 있다.

5. 관련문제

첫째, 거동범 · 진정부작위범에서 실행미수는 있을 수 없으나 착수미수는 가능하다. 예컨대, 주거침입죄는 거동범이지만 형법이 주거침입죄의 미수를 벌하고 있음을 감안하면 주거침입죄에서 미수범의 성립가능성을 인정할 수 있다. 판례도 주거침입죄의 미수를 인정한다. "신체의 극히 일부분이 주거안으로 들어갔지만 사실상 주거의 평온을 해할 정도에 이르지 아니하였다면 미수에 그친다"(대판 94도2561). "주거침입죄의 실행의 착수는 주거자, 관리자, 점유자 등의 의사에 반하여 주거나 관리하는 건조물 등에 들어가는 행위, 즉 구성요건의 일부를 실현하는 행위까지 요구하는 것은 아니지

---

137) 김성돈 479면, 김일수 522면, 박상기 316면, 손해목 807면, 이형국 278면, 이재상 27/43, 임웅 337면, 정성근 473면.

만, 주거침입의 범의로 주거로 들어가는 문의 시정장치를 부수거나 문을 여는 등 침입을 위한 구체적 행위를 시작함으로써 범죄구성요건의 실현에 이르는 현실적 위험성을 포함하는 행위를 개시할 것을 요한다. 따라서 2층 다세대 주택의 가스배관을 타고 올라가는 행위만으로는 주거침입의 실행의 착수를 인정할 수 없다"(대판 2008도917).

둘째, 위에서 보았듯이 부진정부작위범의 미수도 역시 가능하다.

셋째, 결과적 가중범의 미수가능성에 대해서는 견해가 대립한다. 다수설은 중한 결과에 대한 과실뿐만 아니라 고의가 있어도 성립하는 부진정 결과적 가중범에서 중한 결과에 대해 고의가 있는 경우에는 고의범과 고의범의 결합이므로 당연히 미수를 인정할 수 있지만, 고의범과 과실범의 결합인 진정 결과적 가중범 및 고의범과 과실범이 결합된 형태의 부진정 결과적 가중범의 미수는 인정하지 않는다고 본다(다수설[138]). 따라서 형법 제324조의5는 인질상해죄, 인질살인죄의 미수범만을 처벌하는 규정이고, 인질치상 · 인질치사죄의 미수범을 처벌하는 규정은 아니라고 한다. 이에 대해 소수설은 기본범죄가 미수이고 중한 결과가 발생한 경우를 결과적 가중범의 미수라고 보기 때문에[139], 형법 제324조의5는 인질상해 · 인질살인죄의 미수범뿐만이 아니라 인질치상 · 인질치사죄의 미수범도 규정한 것이라고 본다. 생각건대, 결과적 가중범의 기본취지가 기본범죄가 중한 결과를 발생시킬 위험성을 지니고 있으므로 이를 예방하기 위한 것이고, 고의결합범인 강도상해나 강도강간죄에서 기본범죄의 기수 · 미수에 상관없이 중한 결과가 발생하면 기수범으로 보면서 결과적 가중범에서 중한 결과가 발생했음에도 불구하고 기본범죄가 미수이면 전체를 미수범으로 보자는 견해는 일관성이 결여된 것이므로 다수설인 부정설이 타당하다.

연 | 습 | 문 | 제

1. 장애미수에서 실행의 착수시기에 관하여 실질적 객관설과 주관적 객관설의 차이는 무엇인가?
2. 부작위범에서 실행의 착수시기는 어떻게 결정되는가?
3. 결과적 가중범이 미수는 어떠한 경우 성립할 수 있는가?

138) 김성천/김형준 187면, 김일수/서보학 346면, 박상기 310면, 배종대 160/14, 신동운 498면, 이재상 27/44, 정성근/박광민 449면.

139) 손동권 23/24, 임웅 516면.

제3절 중지미수

1. 의의

중지미수는 범죄실행에 착수한 자가 범죄완성 전에 자의로 범행을 중지하거나 결과발생을 방지하는 경우를 말한다(제26조). 중지미수의 성립요건이나 처벌은 나라마다 다르다. 우리 형법은 중지미수의 형을 필요적 감면으로 하고 있지만, 독일 형법 및 오스트리아 형법은 필요적 면제로 규정하고 있다.

2. 법적 성격

형법에서 중지미수는 필수적 감면사유로서 미수범 중에서 가장 관대한 처벌을 규정하고 있다. 그 이유에 대해서는 다음과 같은 견해들이 제기된다.

첫째, 형사정책설(황금의 다리이론)[140]에서는 행위자들로 하여금 범죄실행에 착수하였더라도 중지미수라는 황금의 다리를 놓아줌으로써 범죄발생을 예방하는데 중지미수의 감면근거가 있다고 본다. 그러나, 여기에 대해서는 (i)자신의 범죄가 적발되지 않으리라고 믿는 범죄자들에게는 효과가 없고 (ii)중지미수의 형이 필요적 면제가 아니라 필요적 감면이므로 행위자가 처벌되지 않는다는 보장이 없어 정책적 효과를 기대하기 어렵고 (iii)어느 때에 감경하고 어느 때에 면제할 것인가에 관한 기준이 없다는 비판이 제기된다.

이밖에, 은사설(보상설)[141], 형벌목적설, 법률설(위법성 또는 책임의 감소 · 소멸)도 제기되고 있으나 다수설[142]은 결합설에 따라 중지미수의 형감면근거를 파악한다. 즉, 중지미수의 형감면은 위법성감소설과 책임감소설 및 형사정책설의 결합으로 설명가능하다. 우선 중지미수는 행위가 종료하지 않았거나 결과가 발생하지 않았으므로 기수범에 비해 위법성이 감소되고 더불어 자의성(自意性)에 의하여 책임까지 감소되어 필요적 감면이 된다. 하지만 실행의 착수가 있어 위법성이나 책임이 소멸할 수는 없고 이는 형사정책설에 의해서만 설명가능하다. 이러한 점에서 중지미수의 형감면근거는 종합설에 의하여 파

140) 신동운 459면, 안동준 189면, 이정원 256면.

141) 박상기 321면, 손해목 871면, 이재상 28/13, 정성근 508면, 최선호 314면.

142) 김성천/김형준 431면, 손동권 24/8, 류인노, "중지미수의 법적 성격", 김종원교수회갑기념논문집, 1991, 368면.

악하는 것이 타당하다.

3. 성립요건

중지미수가 성립하려면 다음의 요건들이 갖추어져야 한다.

가. 범행중지의 자의성(自意性)

주관적 요건으로서 행위자는 자의에 의하여 범행을 중지하여야 한다(자의성). 자의성의 판단기준에 대하여는 아래와 같이 학설이 대립한다.

첫째, 객관설은 외부사정으로 범죄를 완성하지 못하면 자의성이 없는 장애미수이고, 내부원인으로 완성하지 못하면 자의성 있는 중지미수라고 한다. 문제는 무엇이 내부사정이고 무엇이 외부사정인지 양자의 구별이 곤란하여 자의성 범위가 지나치게 확대될 염려가 있다는 점이다.

둘째, 주관설은 주관적 · 윤리적 동기에 의한 범죄미완성은 중지미수, 그렇지 않으면 모두 장애미수라고 한다. 자의성과 윤리성을 혼동할 염려가 있고, 자의성 인정범위가 지나치게 협소해질 우려가 있다.

셋째, 범행당시의 객관적 사정과 행위자의 내부적 원인을 종합하여 범죄중지가 자율적이면 중지미수, 타율적이면 장애미수라고 한다(통설[143]). 외부사정의 변화가 없었음에도 스스로 그만두었다는 점을 자율적 동기의 핵심으로 본다.

마지막으로, 프랑크공식은 '할 수 있었지만 원치 않아서' 그만두었으면 자의의 중지, '하기를 원했으나 할 수 없어서' 그만두었으면 장애미수라고 한다.

판례의 입장은 '주관설에 가까운 절충설'의 입장이라고 할 수 있다.

생각건대, 중지미수에 대해 '필요적 감경'만을 규정하고 있는 우리 형법의 입장에서는 '필요적 면제'를 규정하고 있는 독일보다 자의성을 넓게 해석해도 무방하다고 생각된다. 따라서 객관설이나 절충설이 타당하다. 이런 점에서 '친해지면 응해주겠다'는 피해자의 말을 믿고 중단한 경우 자의성을 인정하였다면 시장에 간 남편이 곧 돌아온

143) 배종대 114/9, 안동준 190면, 이재상 28/19, 이형국 289면.

다거나[144] 배가 아프다는 피해자의 말을 믿고 중지한 경우[145]에도 자의성을 인정하는 것이 논리일관된 입장일 것이다.

판례

〈대판 99도640〉 피보고 겁먹은 사건

피고인이 피해자를 살해하려고 그의 목부위와 왼쪽 가슴부위를 칼로 수회 찔렀으나 피해자의 가슴부위에서 많은 피가 흘러나오는 것을 발견하고 겁을 먹고 그만두는 바람에 미수에 그친 것이라면, 위와 같은 경우 많은 피가 흘러나오는 것에 놀라거나 두려움을 느끼는 것은 일반사회통념상 범죄를 완수(종료)함에 장애가 되는 사정에 해당한다고 보아야 할 것이므로, 이를 자의에 의한 중지미수라고 볼 수 없다.

〈대판 93도1581〉 '다음에 친해지면' 사건

피해자를 폭행한 다음 강간하려 했지만 다음 번에 만나 친해지면 응해주겠다고 간곡히 부탁하자 피해자를 자신의 차에 태워 집에 되돌려 보내 주었다면, 이는 자의로 강간행위를 중지한 것이고 피해자의 부탁은 사회통념상 범죄실행에 대한 장애라고 여겨지지는 않는다. 따라서 이러한 경우는 중지미수에 해당한다.

〈대판 85도2339〉 잠복근무 사건

범행당일 미리 제보를 받은 세관직원들이 범행장소 주변에 잠복근무를 하고 있어 그들이 왔다 갔다 하는 것을 본 피고인이 범행의 발각을 두려워한 나머지 자신이 분담하기로 한 실행행위에 이르지 못한 경우, 이는 피고인의 자의에 의한 범행의 중지가 아니어서 형법 제26조 소정의 중지범에 해당한다고 볼 수 없다.

나. 실행의 중지 또는 결과발생의 방지

중지미수의 객관적 요건으로 실행을 중지하거나 결과발생을 방지해야 한다.

전자의 경우를 미종료미수(착수미수)라 하고 후자의 경우를 종료미수(실행미수)라고 부른다. 미종료미수의 경우 실행을 중지하기만 하면 중지미수가 성립할 수 있으나, 실행행위를 종료한 종료미수의 경우에는 결과발생을 위한 적극적 노력이 있어야 중지미수가 성립할 수 있다. 즉, 미종료미수는 실행중지가 문제되지만, 종료미수는 결과방지만이 문제가 된다.

144) 대판 93도347.
145) 대판 92도917.

미종료미수와 종료미수는 실행행위를 종료하였는가에 따라 구별된다. 그 구별기준에 관하여 주관설[146]은 행위자의 의사를 기준으로 실행행위의 종료시점을 파악하기 때문에 결과발생에 필요한 행위가 끝났어도 행위자의 범행계획에는 행위가 계속되는 것으로 되어 있으면 중지미수를 인정하지 않는다. 행위자의 의사가 얼마든지 변경될 수 있음을 간과하였다는 비판을 받는다. 예컨대 총알을 2발 발사하기로 하고 1탄을 발사하여 상해를 입혔는데, 상대방이 의사의 도움으로 목숨을 건진 상황에서 행위자가 2탄을 발사하지 않으면 주관설의 입장에서는 아직 실행행위가 종료하지 않았으므로 중지미수가 성립한다는 부당한 결론에 이르게 된다.

객관설은 객관적으로 결과발생가능성이 있는 행위가 있으면 실행행위가 종료된 것으로 본다. 하지만, 이 견해는 결과발생가능성이 있는 행위가 있었더라도 결과가 발생하지 않으면 여전히 중지미수가 성립할 수 있음을 간과하고 있다. 예컨대, 1탄이 발사되어 상대방이 총탄에 맞았지만 아직 죽지 않은 상황에서 행위자가 2탄의 발사를 중지한다면 객관설에 의하여 실행행위가 종료되어 중지미수가 성립될 수 없는 것으로 보나, 이는 어디까지나 실행행위의 중지로 평가되어야 한다.

생각건대, 절충설[147]에 의하여 행위자의 의사와 객관적 상황을 모두 고려하여 결과를 발생시킬 수 있는 행위가 종료되었음에도 더 이상 실행행위가 없으면 실행이 종료된 것으로 보아야 할 것이다. 미종료미수의 경우 실행을 중지하기만 하면 중지미수가 성립할 수 있으나, 실행행위를 종료한 종료미수의 경우에는 결과발생을 위한 적극적 노력이 있어야 중지미수가 성립할 수 있다.

이와 관련하여 구성요건 행위의 종국적 포기가 필요한가에 대해서도 견해대립이 있다. 중지미수를 불가벌로 하는 독일형법과 통설은 중지미수가 인정되려면 행위자가 범행결의를 완전히 포기하고 합법상태로 돌아올 것을 요구하지만, 우리나라는 필요적 감면으로 규정하고 있으므로, 범행을 종국적으로 포기하지 않은 실행중지도 중지미수가 될 수 있다고 생각된다(통설).

판례

〈대판 83도2629〉 판례는 행위종료후의 중지는 중지미수로 인정하지 않고 있다. 예컨

146) 김성천/김형준 442면, 박상기 356면, 이재상 28/31, 이정원 273면, 이형국 290면.

147) 김일수/서보학 403면, 배종대 114/15, 안동준 192면, 임웅 361면, 정성근 512면.

대 피고인이 대마 2상자를 사 가지고 들어오다가 이 장사를 다시 하면 인생을 망친다는 생각이 들어 대마를 모두 불태운 경우에도 이미 매매행위가 있었으므로 중지미수를 인정않는다.

4. 처벌

중지미수의 형은 필요적으로 감면한다.

만약, 중지범이 범행을 중지했으나 다른 죄명에 해당하는 결과가 발생했다면 어떻게 취급해야 하는가? 여기에 대해서는 두 가지의 경우로 나누어 생각해볼 수 있다. 첫째, 법조경합의 경우이다. 중지범이 범행을 중지했으나 다른 죄명에 해당하는 결과가 발생한 경우 중한 죄의 미수범으로 처벌하면 된다. 경한 죄는 중한 죄에 흡수된다. 둘째, 상상적 경합의 경우는 원래 수죄이고 한 죄의 중지는 다른 죄의 가벌성에 영향이 없으므로 형법 제40조에 따라 처리하면 된다. 예컨대 공무집행방해의사로 공무원을 상해하려다 중지하였으나 공무집행방해죄의 기수가 된 경우 상해죄의 중지미수와 공무집행방해죄의 기수의 상상적 경합범으로 처리하면 된다.

5. 관련문제

가. 예비의 중지

예비의 중지 또는 예비 종료후 실행의 착수를 포기한 경우에도 중지미수를 적용할 수 있는가에 대하여 견해가 대립한다[148]. 먼저 부정설[149]은 실행착수가 없는 예비에 대해서는 중지미수의 적용이 불가하다고 한다. 판례의 입장이기도 하다(대판 91도436; 대판 66도617). 부정설 가운데에는 중지미수가 자수의 정도에 이르거나 능동적 후회의 표현에 이른 때에만 예비죄의 자수에 대한 필요적 감면규정(형법 제90조 1항 단, 제101조 1항 단서)을 유추적용하자는 절충적 견해도 있다[150].

이에 대해 긍정설은 예비의 중지에 대해서도 중지미수의 감면규정을 준용하자는 견

148) 〈대판 66도617〉 중지범은 범죄의 실행에 착수한 후 자의로 그 행위를 중지한 때를 말하는 것이므로 실행의 착수가 있기 전인 예비음모의 행위를 처벌하는 경우에는 중지범의 관념을 인정할 수 없다. 따라서 단지 쿠테타계획을 중지 · 단념시키기로 합의하였다해도 중지미수에 해당하지 아니한다.

149) 손동권 24/39, 신동운 473면.

150) 김일수/서보학 411면.

해로, 이는 다시 예비의 형이 중지미수의 형보다 무거울 때에만 형의 균형을 위해 중지미수규정을 준용하자는 견해(다수설[151])와 언제나 중지미수규정을 준용하며, 감경 · 면제할 대상형도 기수형이 아닌 예비 · 음모죄의 형이어야 한다는 견해[152])로 나뉜다.

생각건대, 중지미수란 원래 실행의 착수 이후의 법형상이므로 실행에 착수하지도 않은 예비의 중지란 논리적으로 성립할 수 없지만, 예비의 형이 중지미수의 형보다 무거울 때에만 형의 균형상 중지미수를 유추적용하는 다수설의 태도가 타당하다.

나. 공범과 중지미수

첫째, 공동정범 중 한명이 실행행위 도중 중지하였더라도, 공동정범의 가벌성은 공범자전원의 행위를 기준으로 하므로 다른 공범자전원의 실행행위를 중지하게 하거나 모든 결과발생을 완전히 방지한 때에만 중지미수를 인정한다. 이때 자의로 중지한 자만 중지미수가 인정되고 다른 공범자는 장애미수가 될 뿐이다[153].

둘째, 간접정범에서 이용자가 자의로 피이용자의 실행행위를 중지시키거나 결과발생을 방지하게 한 경우 중지미수가 인정될 수 있다.

셋째, 교사범과 종범에서 중지미수 문제이다. 교사범이 정범의 실행행위를 중지하게 하거나 결과발생을 방지한 때 교사범에게 교사한 범죄의 중지미수가 인정된다. 그러나, 정범이 자의로 중지하면 교사 · 방조자는 장애미수가 된다. 중지방식에 있어서도 교사범은 적극적 저지행위를 요하는 반면, 방조범은 방조의 소극적 철회로도 중지가 인정된다.

연 | 습 | 문 | 제

1. 중지미수의 주관적 성립요건으로 '범죄행위의 자의적 중지'를 판단하는 기준은 무엇인가?
2. 종료미수와 미종료미수에서 중지미수의 판단기준은 어떻게 다른가?
3. 예비의 중지에 대해 중지미수의 규정을 준용할 필요가 있는 경우를 구체적 예를 들어 설명하라.

151) 김성천/김형준 450면, 박상기 362면, 배종대 116/5, 손해목 893면, 이재상 28/47, 임웅 349면.

152) 손해목, "예비행위의 중지", 법정, 1963. 11, 24면.

153) 〈대판 68도1676〉 군부대엔진오일의 처분을 공모한 후 甲은 이를 매각하고 乙은 장부를 조작하기로 하였다면 乙의 행위는 사후에 범행이 발각되지 않도록 하는 수법의 하나이지 甲의 군용물횡령에 절대 필요한 것은 아니다. 더구나 후에 乙이 범의를 철회하고 장부정리를 거절하였다 하더라도 공범자인 甲의 범죄실행을 중지케 하지 않았으므로 乙에게 중지미수를 인정할 수 없다.

제4절 불능미수

1. 의의 및 구별

불능미수란 결과발생이 불가능하더라도 행위자에게 기수범과 동일한 범죄의사가 있고 이에 따른 사회적 위험성 때문에 처벌되는 범죄이다. 장애미수는 구성요건결과의 발생가능성이 있었던 경우로서 행위반가치 이외 법익위태화라는 제2의 결과반가치가 있는 경우이지만[154], 불능미수는 그 정도의 결과반가치가 인정되지 않는 경우이다.

첫째, 불능미수는 결과발생이 불가능하다는 점에서 불능범과 차이가 없지만 위험성유무로 구별된다. 다시 말해서, 불능범은 실행의 착수 이전의 상태로 애당초 형법적으로 의미없는 행위이고, 불능미수는 실행의 착수단계를 지나 실질적 불법을 인정할 수 있는 위험성이 있는 범죄 현상[155]에 해당한다.

둘째, 불능미수와 미신범도 구별하여야 한다. 미신범은 비현실적인 수단(마술도구), 비현실적인 행위(살해를 기원하는 일)로 범죄를 저지르려고 하거나, 비현실적인 대상(혼)에 대해 범죄를 시도하는 행위를 말한다. 따라서 미신범은 형법적으로 행위반가치조차 없는 행위인 반면, 불능미수는 가벌적 불법에 이른 범죄현상이다.

셋째, 불능미수와 환각범도 구별해야 한다. 불능미수는 범죄대상이 없거나 결과발생이 불가능한 방법으로 행하는 경우이고 환각범은 사실상 허용되어 있는 행위를 금지 또는 처벌되는 행위로 오해하고 그럼에도 범행을 저지른 경우이다. 환각범은 반전된 금지착오가 되어 애당초 처벌하지 않는다. 주술로 사람을 살해하려 한 경우 미신범이지만, 저주 자체가 죄가 된다고 생각한 경우 환각범에 해당한다.

넷째, 불능미수와 중지미수도 구별해야 한다. 중지미수란 구성요건실현의 결의를 가지고 범죄의 실행에 착수한 자가 자의로 범행을 중지하거나 결과발생을 방지한 경

154) 〈대판 83도2967〉 남편을 살해하기 위해 국그릇에 농약을 넣어 독살하려 했으나 피해자가 국물을 토해냄으로써 그 목적을 이루지 못했다. 범행에 사용한 독의 양은 치사량에 현저히 미달한 것이었다. 형법은 범죄의 실행에 착수하여 결과가 발생하지 아니한 경우인 장애미수와 실행수단의 착오로 인하여 결과발생이 불가능하더라도 위험성 있는 경우인 불능미수를 구별하여 처벌하고 있으므로 이 사건에서는 농약의 치사량을 좀 더 심리하여 범행이 어떠한 미수의 유형에 해당하는 것인지를 가려야 한다.

155) 〈대판 85도206〉 향정신성의약품인 속칭 히로뽕제조를 공모한 뒤 그 제조원료인 염산에 여러 종류의 약품을 섞어 히로뽕 제조를 시도했으나 약품배합미숙으로 완제품을 제조하지 못했다. 불능범은 범죄행위의 성질상 결과발생의 위험이 절대로 불가능한 경우를 의미하는 것인데, 위의 행위는 그 성질상 결과발생의 위험이 있으므로 습관성의약품제조의 불능미수범이 된다.

우로서 장애미수와 불능미수에서도 성립할 수 있다. 불능미수의 행위자가 결과발생이 가능하다고 잘못 알고 일단 범행을 시작했다가 자의로 중지 또는 방지하는 경우와 같이 불능미수와 중지미수에 모두 해당하는 경우 중지미수 규정이 먼저 적용된다. 종래의 다수설은 행위자의 중지 때문에 결과가 미발한 것은 아니므로 불능미수의 중지미수를 인정하지 않고 불능미수일 뿐이라는 입장이었으나 이는 부당하다.

우리나라에는 주장학자가 없지만 독일의 일부 학자는 불능미수성립을 구성요건요소의 인과관계 흠결에 국한시키고, 주체(비공무원이 뇌물을 받은 경우) · 객체(자기의 재물을 타인의 재물로 알고 절취한 경우) · 수단(치사량 미달의 독약으로 살인을 하려 한 경우) 또는 행위상황이 흠결된 때(전시가 아님에도 불구하고 전시라고 생각하고 군수계약을 불이행한 경우)는 불가벌적 불능범으로 보아야 한다는 구성요건흠결이론을 주장한다. 하지만, 우리는 불능미수의 성립요소로 '위험성'을 척도로 하므로 별다른 의미는 없는 이론이다.

2. 성립요건

불능미수가 성립하려면 다음의 요건들이 갖추어져야 한다.

첫째, 다른 미수범과 마찬가지로 실행의 착수가 있어야 한다.

둘째, 실행수단 또는 대상의 착오로 인하여 결과발생이 불가능해야 한다[156]. 수단 또는 대상의 착오 뿐만 아니라 주체의 착오도 불능미수가 되는 것으로 보는 것이 소수설[157](예컨대 공무원 아닌 자가 공무원으로 착각하고 수뢰죄를 범하는 경우)의 입장이지만, 다수설[158]은 이것이 제27조의 적용범위를 부당하게 확대하는 것이므로 허용되지 않는 해석이라고 한다. 결과발생의 불가능 여부는 자연과학적 · 사실적 법칙에 의하여 결정된다. 따라서 상식적 판단과 전문가의 판단이 모순될 때에는 전문가의 판단이 우선시된다. 예컨대 일반인은 사람이 쥐약을 먹으면 사망할 수 있다고 생각하지만 전문가에 의하면 쥐약을 먹어도 사람이 죽는 일은 없다고 한다면 사람을 살해하기 위해 쥐약을 먹인 행위는 장애미수가 아닌 불능미수에 해당한다[159].

---

156) 〈대판 73도354〉 피고인이 우물과 펌프에 혼입한 농약(스미치온)의 악취가 심하여 보통의 경우에 마시기가 어렵고 또 그 혼입한 농약의 분량으로 보아 사람을 치사에 이르게 할 정도는 아니라고 하더라도 위 농약의 혼입으로 살인의 결과가 발생할 위험성이 없다고 단정할 수 없는 이상 피고인에게 살인미수 등의 죄책을 인정하였음은 정당하다.

157) 박상기 367면, 이정원 273면.

158) 김성천/김형준 460면, 손동권 25/9, 손해목 905면, 신동운 478면, 이재상 29/15, 임웅 369면, 정성근 525면.

159) 판례는 "피고인이 피해자를 독살하려 하였으나 동인이 토함으로써 그 목적을 이루지 못한 경우에는 피

셋째, 위험성이 인정되어야 한다[160]. 위험성의 판단기준에 대해서는 다음과 같이 다양한 견해가 제기된다.

객관설은 행위자가 아닌 제3자의 입장에서 위험성 여부를 판단한다. 객관설은 다시 법관의 입장에서 결과발생의 불능을 절대적 불능과 상대적 불능으로 나누고 상대적 불능만이 위험성이 있다고 하는 구객관설[161]과 행위당시의 사정(행위자가 인식한 주관적 사정과 일반이 인식가능했던 객관적 사정을 종합)을 기초로 일반경험법칙에 비추어 구체적 위험성이 있다고 판단되면 불능미수라고 하는 신객관설(구체적 위험설)[162]로 나뉜다. 신객관설은 행위자가 인식한 사정도 고려하지만 일반인이 인식할 수 있었던 사정을 기초로 한다.

주관설은 행위자의 주관적 표상을 기준으로 행위자의 반사회적 범죄의사가 외부로 표출된 이상 결과발생이 객관적으로 불가능하더라도 위험성이 인정된다고 본다. 미신범을 제외하고는 불능범을 인정하지 않는 견해이다. 주관설에 대해서는 행위자의 주관적 위험성만 가지고 처벌하게 되면 불능미수의 가벌성범위가 지나치게 넓어지므로 형법의 보충성에 반한다는 비판이 주어진다.

절충설은 행위자가 인식한 사정을 기초로(주관설의 측면) 일반인의 관점에서 위험성을 판단하여(객관설적 측면) 결과발생의 가능성 또는 법질서에 대한 위험성이 있으면 불능미수를 인정한다. 따라서 행위자가 인식한 사정을 기초로 하므로 일반인이 구체적으로 위험을 느끼지 못해도 행위자가 느끼는 위험성은 고려되므로 추상적 위험설(법질서위험설)이라고도 부른다. 절충설 중에는 행위자의 법적대적 의사가 일반인에게 법질서를 침

고위이 사용한 독의 양이 치사량 미달이어서 결과발생이 불가능한 경우도 있을 것이고, 한편 형법은 장애미수와 불능미수를 구별하여 처벌하고 있으므로 원심으로서는 이 사건 독약의 치사량을 좀 더 심리하여 피고인의 소위가 위 미수중 어느 경우에 해당하는지 가렸어야 할 것이다"(대판 83도2967)하여 결과발생의 가능성판단은 상식적 판단이 아닌 전문적 판단임을 암시하고 있다.

160) 독일형법 제23조 3항 : 행위자가 범죄실행의 대상이나 수단의 성질상 기수에 이를 수 없음을 현저한 무지로 인하여 알지 못한 때에는 법원은 형을 면제하거나 재량에 의하여 감경할 수 있다(제49조 2항).

161) 판례중에는 이 견해를 취하는 듯한 표현을 한 것들이 있다. (대판 73도354)"혼입한 농약의 분량으로 보아 사람을 치사에 이르게 할 정도는 아니라고 하더라도 위 농약의 혼입으로 살인의 결과가 발생할 위험성이 절대로 없다고 단정할 수는 없는 바이므로". (대판 85도206)"불능범은 범죄행위의 성질상 결과발생의 위험이 절대로 불능한 경우를 말하는 것인바 향정신성의약품인 메스암페타민 속칭 "히로뽕" 제조를 위해 그 원료인 염산에 페트린 및 수종의 약품을 교반하여 "히로뽕" 제조를 시도하였으나 그 약품배합미숙으로 완제품을 제조하지 못하였다면 위 소위는 그 성질상 결과발생의 위험성이 있다고 할 것이므로 이를 습관성의약품제조미수범으로 처단한 것은 정당하다".

162) 박상기 370면, 배종대 118/23, 안동준 204면, 이재상 29/24, 이정원 276면.

해하는 인상(법익평온상태교란)을 심어줄 경우 위험성이 있는 것으로 판단하는 인상설[163] 도 있다. 일반인의 규범의식 강화라는 적극적 일반예방사상을 토대로 한다. 구체적 판단기준이 없다는 비판을 받는다.

다수설[164]과 판례는 추상적 위험설을 지지한다. 추상적 위험설에 의하면 甲이 A를 살해하기 위해 독약을 먹였으나 그것이 사실은 밀가루여서 A가 사망하지 않은 경우, 행위자가 인식한 사실은 "자신이 A에게 독약을 먹인다"는 것이고, 이를 기초로 일반인의 관점에서 A의 사망결과의 발생가능성을 판단하면 가능성이 있다고 인정되어 甲은 살인죄의 불능미수가 된다. 그러나 甲이 사람에게 유황오리를 먹이면 사람이 죽는다고 생각하고 A에게 유황오리를 먹였으나 A가 오히려 더 건강해진 경우, 甲이 인식한 사실은 "A에게 유황오리를 먹인다"는 것이고 이를 기초로 일반인의 관점에서 A의 사망가능성을 판단하면 유황오리를 먹고 A가 사망할 가능성은 없다. 따라서 위험성이 인정되지 않아 甲은 불능범이 되므로 처벌되지 않는다.

판례

〈대판 77도4049〉 "불능범의 판단기준으로서 위험성판단은 피고인이 행위 당시에 인식한 사정을 놓고 이것이 객관적으로 일반인의 판단으로 보아 결과발생의 가능성이 있느냐를 따져야 하므로 히로뽕제조를 위하여 염산에페트린에 빙초산을 혼합한 행위가 불능범이 아니라고 인정하려면 위와 같은 사정을 놓고 객관적으로 제약방법을 아는 과학적 일반인의 판단으로 보아 결과발생의 가능성이 있어야 한다".

3. 처벌

불능미수는 형법 제27조 단서에 따라서 임의적 감면사유로 인정되어 형을 감경하거나 면제할 수 있다.

163) 김일수/서보학 394면, 손해목 914면, 이형국 302면.

164) 김성천/김형준 465면, 손동권 25/18, 임웅 373면, 정성근 528면, 진계호 476면.

연 | 습 | 문 | 제

1. 불능미수와 불능범, 환각범, 미신범은 어떻게 구분할 수 있는가?
2. 불능미수의 위험성 판단방법 가운데 구체적 위험설과 추상적 위험설의 차이를 구체적 예를 들어 설명하라.
3. 주체에 대한 착오의 경우에도 불능미수가 성립할 수 있는가?

제5절 예비죄

1. 의의

예비란 실행의 착수에 이르지 않은 범죄의 모든 준비행위를 일컫는다. 예컨대, 강도가 강도를 위해 흉기를 구입하거나 살인범이 살인을 위해 독약을 음료수에 타는 행위가 이에 해당한다.

예비를 음모와 구별할 것인가에 대해서는 견해가 대립하는 바, 불구별설은 형법이 양자를 동일하게 다루므로 구별실익이 없다[165)]고 하나, 특별법 중에서 음모는 벌하지 않고 예비만 벌하는 규정도 있으므로(밀항단속법 제3조 3항) 구별설이 타당하다. 판례[166)]의 입장이기도 하다.

2. 법적 성격

예비죄의 법적 성격에 대해서는 다음과 같은 견해가 제기된다.

첫째, 발현형태설은 예비죄를 기본범죄의 수정형식(다수설[167)], 판례[168)])으로 본다. 여기서는 예비행위가 실행행위가 아니므로 예비죄의 공범성립이 불가능하다고 본다. 둘째, 독립

---

165) 임웅 341면.

166) 〈대판 86도437〉 피고인이 일본으로 밀항하고자 밀항선 선장 김모씨에게 도항비로 일화 100만엔을 주기로 약속했으나 그 후 이 밀항을 포기한 정도라면 밀항의 음모에 불과할 뿐 예비의 정도에는 이르지 못하였으므로 처벌대상이 안된다.

167) 김성천/김형준 470면, 박상기 340면, 손동권 26/8, 신동운 507면, 오영근 28/7, 이재상 30/9, 임웅 343면, 정성근 457면.

168) 〈대판 75도1549〉 "강도예비죄가 형법상 독립된 구성요건에 해당하는 범죄라는 상고논지는 전술한 바와 같이 수긍할 수 없는 독자적 견해라 할 것이다".

범죄설[169]은 예비죄를 기본범죄와 독립된 범죄로서 독자적 불법성을 가진 것으로 본다. 예비행위를 독자적 범죄실행행위로 보기때문에 예비죄의 공범성립이 가능하다. 셋째, 이분설은 예비를 정범의 발현행태와 독립형태로 구분하여 파악하는 견해이다(일본형법).

미수범과 달리 예비행위는 그 범위가 무한히 확대될 가능성이 있으므로 예비행위의 성립을 엄격히 제한하고 독립범죄로 볼 경우 예비죄의 명확성이 훼손될 염려가 있으므로 독립범죄설이 타당하다.

3. 성립요건

예비죄의 가벌성이 인정되려면 다음의 요건을 갖추어야 한다.

첫째, 주관적 요건으로서 예비의 고의가 있어야 한다. 예비의 고의의 내용에 대해서는 기본범죄 고의설과 준비행위 고의설이 대립한다. 기본범죄 고의설[170]은 예비는 구성요건의 수정형식이고(발현형식설), 예비 · 미수 · 기수는 행위의 일련의 발전단계이므로 고의의 내용이 같으며, 실행의 고의와 준비행위의 고의를 구별할 수 없다고 한다. 이에 대하여 준비행위 고의설[171]은 예비와 기본범죄는 질적 차이가 있고 예비자체에 대한 고의가 있어야 예비에 대한 책임을 물을 수 있으며(독립범죄설), 예비죄를 목적범으로 규정한 점으로 보아 준비행위 자체에 대한 인식을 요한다고 봄으로써 준비행위에 대한 독자적 고의를 요구한다. 현행법의 예비죄 규정들이 대부분 "…의 죄를 범할 목적"이라고 규정되어 있는 점을 감안하면 예비죄는 목적범이라고 해석해야 하므로 기본범죄 고의설이 타당하다.

둘째, 예비죄는 목적범으로 기본범죄를 범할 목적이 있어야 한다. 이 경우 목적의 인식정도에 대해서 미필적 인식으로 족하다는 견해[172]가 있으나, 예비죄는 목적범의 형식이므로 기본범죄에 대한 확실한 인식이 있어야 하고 미필적 인식으로 부족하다고 할 것이다[173]. 판례는 "목적에 대한 인식의 정도는 적극적 인식이나 확정적 인식임

169) 김일수/서보학 407면, 배종대 121/5, 조준현 354면.
170) 박상기 341면, 안동준 207면, 이형국 263면, 정성근/박광민 375면.
171) 김일수/서보학 409면, 배종대 122/2, 손동권 26/13, 손해목 827면, 이재상 30/15, 임웅 345면, 조준현 355면.
172) 신동운 512면, 조준현 356면.
173) 배종대 122/3, 손동권 26/14, 이재상 30/16, 조준현 356면.

을 요하지 않고 미필적 인식이 있으면 족하다"(대판 2003도7112)고 하여 전자의 견해를 따른다.

셋째, 객관적 요건으로서 외부적 준비행위, 특히 물적 준비행위가 있어야 한다. 물적 준비는 예비에 속하고 다수인의 심적 모의는 음모에 해당한다. 여기서 타인의 실행행위를 위해 준비하는 타인예비가 예비죄로서 가벌적인가가 다투어진다. 먼저 긍정설[174]은 타인예비도 법익침해의 실질적 위험성이 있고, '죄를 범할 목적'을 '죄에 供할 목적'(일본형법 제183조)으로 보아 타인에게 범죄를 실행시킬 목적도 예비죄의 목적에 포함된다고 본다. 이에 대해 부정설[175]은 타인예비행위가 정범(자기예비행위자)의 발전단계에 따라 정범이 되기도 하고 공범이 되기도 하는 긍정설은 논리모순이며, 예비죄의 가벌성 범위가 지나치게 넓어질 뿐만 아니라 법문을 무시하는 흠이 있으므로 타인예비의 가벌성을 부정한다(다수설).

판례(대판 75도1549)는 예비죄의 공동정범을 인정하고 방조범은 인정하지 않는데, 이는 타인예비를 한편에서 인정하고 한편에서 부정하는 중간적 입장이라고 할 수 있다.

4. 관련문제

가. 예비죄의 중지

- 위 중지미수의 예비를 참조할 것.

나. 예비죄의 공범

먼저, 예비죄의 공동정범의 성립여부가 문제이다. 예컨대 甲과 乙이 공동으로 강도를 할 목적으로 범행도구를 구입하고 실행행위로 나아가지 않은 경우이다. 이 경우에 각자를 예비죄의 단독범으로 볼 것인가 예비죄의 공동정범으로 볼 것인가에 대해 견해가 대립한다. 다수설[176]과 판례는 예비죄의 공동정범이 성립가능하다고 본다[177]. 이

174) 김일수/서보학 413면, 차용석, "예비죄", 고시계 1985. 5, 68면.

175) 김성천/김형준 476면, 배종대 122/6, 손동권 26/18, 신동운 515면, 이재상 30/19, 이정원 283면, 임웅 346면, 조준현 356면.

176) 김성천/김형준 477면, 김일수/서보학 411면, 박상기 342면, 배종대 123/3, 손동권 26/20, 신동운 517면, 이재상 30/21, 이정원 283면, 임웅 346면, 조준현 356면.

177) 〈대판 75도1549〉 형법 제32조 1항에서 타인이 범죄를 방조한 자는 종범으로 처벌한다고 할 때 타인의 범죄란 정범이 범죄를 실현하기 위해 착수한 경우를 의미하는 것이다. 따라서 종범이 처벌되기 위해서

에 대해 소수설[178]은 예비죄의 단독정범이 성립한다고 한다.

다음, 예비죄의 교사범(교사의 미수)[179]은 예비에 준하여 처벌하므로(제31조 2,3항) 예비죄의 종범만이 문제된다. 예컨대 乙이 A의 재물을 강취하기 위해 도구를 구입하는데 甲이 그 자금을 지원한 경우 甲이 乙의 강도예비죄의 종범이 될 수 있는가가 다투어진다. 소수설[180]은 예비죄도 실행행위성을 지니므로 예비죄의 종범을 인정하지만, 다수설[181]과 판례[182]는 (i)예비행위는 실행행위라 볼 수 없고 정범의 실행행위가 없으면 방조범이 성립하지 않으므로 예비죄의 방조범은 인정되지 않고 (ii)예비죄의 처벌은 예외적이고 또한 방조범의 처벌도 필요적 감경인데 이 두가지를 종합하면 예비죄의 방조범은 처벌하지 않는 것이 바람직하고 (iii)예비행위의 실행행위성을 인정한다고 하더라도 반드시 그 방조범을 처벌해야 되는 것은 아니고 (iv)예비죄는 범죄로서의 사회적 정형성을 갖고 있지 못한데 여기에 방조범까지 처벌하면 처벌이 지나치게 확대되어 형법의 보충성에 반한다고 한다. 생각건대, 예비죄의 가벌성도 예외적인 경우에만 인정하는데 예비행위의 종범은 더욱 그 가벌성 인정을 엄격히 하여야 하므로 부정설이 타당하다.

연 | 습 | 문 | 제

1. 예비와 음모를 구별할 필요성이 있는가? 있다면 그 구별기준은 무엇인가?
2. 타인의 범죄행위를 돕는 타인예비는 예비행위가 될 수 있는가? 판례의 입장은?
3. 예비죄의 공동정범을 인정할 수 있는가? 예비죄의 종범을 인정할 수 있는가?

는 정범의 실행의 착수가 있는 경우에만 가능하고 정범이 실행의 착수에 이르지 않고 예비에 그친 때에는 이에 가공하는 행위가 예비의 공동정범이 되는 경우를 제외하고는 이를 종범으로 처벌할 수 없다. 왜냐하면, 형법 제28조에 의하면 범죄의 음모 또는 예비행위는 실행의 착수에 이르지 않은 때에는 법률에 특별한 규정이 없는 한 벌하지 않는다고 규정하였고, 따라서 형법각칙의 예비죄를 처단하는 규정을 바로 독립된 구성요건개념에 포함시킬 수는 없다고 보는 것이 죄형법정주의원칙에 합당하는 해석이기 때문이다.

178) 임웅 262면.

179) 두 가지 경우가 있을 수 있는 바, 첫째, 기본범죄에 대한 고의없이 예비죄만을 교사하는 경우로서 갑이 을에게 살인할 무기를 구입하라고 교사하는 것으로 통설은 예비의 교사범을 인정하지 않고, 둘째 기본범죄에 대한 고의를 가지고 교사하였으나 피교사자가 예비행위만을 한 경우 이는 효과없는 교사로서 제31조 2항에 의하여 교사자와 피교사자 모두 예비 · 음모에 의하여 처벌된다.

180) 김일수/서보학 413면, 안동준 210면, 정성근 448면.

181) 김성천/김형준 478면, 박상기 342면, 배종대 123/5, 손동권 26/23, 신동운 519면, 이재상 30/23, 이정원 280면, 임웅 347면, 조준현 357면.

182) 대판 75도1549, 대판 79도2201.

제7장
공범론

제1절 정범과 공범의 기초이론

1. 범죄의 참가형태

범죄의 참가형태는 우선 정범과 공범으로 구분할 수 있다. 정범은 자기범죄에 참가한 자로서 다시 단독정범, 공동정범, 간접정범으로 구분할 수 있으며, 광의의 공범에 속한다. 공범은 타인의 범죄를 교사하거나 방조한 자로서 협의의 공범이라 할 때에는 교사범과 종범만을 의미한다.

2. 정범과 공범의 구별

가. 정범의 개념

정범개념에는 크게 확장적 정범개념과 제한적 정범개념이 있다.

확장적 정범개념은 모든 조건의 동가치성을 인정하여 구성요건실현에 원인을 제공한 모든 사람이 정범이 된다는 견해이다. 확장적 정범개념에 의하면 교사범과 종범도 정범이며 형법에서 이들은 형벌축소사유에 해당할 뿐이다.

제한적 정범개념은 형법각칙의 형벌구성요건을 스스로 실현한 자만을 정범으로 본다. 제한적 정범개념에 의할 때, 교사범과 종범은 공범이며 형법에서 이들은 형벌확장사유에 해당한다.

우리 형법에서 고의범은 제한적 정범개념에 입각해 있고(제30조~제34조), 과실범은 확장적 정범개념에 입각해 있다고 할 수 있다. 다시 말해서 고의범은 구성요건을 직접 실현한 자가 정범이며, 이를 교사하거나 방조한 자는 공범에 불과하다. 이에 대하여 과실범은 주의의무위반과 결과발생에 대한 기여만 있으면 누구나 정범으로 취급되며, 정범과 공범의 구별이 없다.

나. 정범과 공범의 구별기준

정범과 공범의 구별기준에 대해서는 역시 다양한 견해가 제기된다.

먼저 객관설은 행위자의 주관적 의사가 아닌 객관적 행위를 기준으로 정범을 결정한다. 객관설은 다시 스스로 구성요건의 실행행위의 전부 또는 일부를 수행하는 자가 정범이고, 실행행위 이외 행위로써 구성요건실현에 기여하는 자를 공범으로 보는 형식적 객관설과 결과발생에 필요불가결한 조건을 부여한 사람은 정범, 결과발생에 필요한 조건만을 부여한 사람은 공범으로 보는 실질적 객관설로 나뉜다. 이외에 시간적 관련성을 중시하여 구성요건행위시에 관여한 사람은 정범, 그 이전이나 이후에 관여한 사람은 공범이라고 하는 동시설, 범죄참가자의 법익침해행위가 협동적 또는 동가치적이었으면 정범, 종속적이었으면 공범이라는 우위설도 실질적 객관설에 속한다고 할 수 있다.

다음, 주관설은 행위자의 의사를 기준으로 정범과 공범을 구별한다. 주관설은 다시 자기의 범죄를 행할 의사 즉 정범의사를 가진 사람은 정범, 타인의 범죄를 행할 의사를 가진 사람을 공범으로 보는 의사설과 자신의 이익을 위해 범죄행위를 한 사람은 정범, 타인의 이익을 위해 범죄행위를 한 사람을 공범으로 보는 이익설(목적설)로 나뉜다. 의사설에 대해서는 타인의 부탁을 받아 범죄를 실행하는 자(예컨대, 살인청부업자)는 정범이 아닌 공범이라는 부당한 결론에 도달하게 되고, 이익설은 강도죄, 사기죄, 배임죄 등에서 제3자로 하여금 이익을 취득케 하는 경우에는 정범이 아닌 공범이라는 비판이 제기된다.

그리하여 통설과 판례는 범행지배설 혹은 행위지배설을 주장한다[183]. 행위지배설은 실행행위를 한 사람만을 정범으로 보는 입장에서 출발하되 주관적 요소들을 고려

183) 〈대판 2000도576, 대판 98도1832, 대판 97도3297, 대판 97도1940, 대판 96도2427, 대판 95도2461, 대판 92도3204〉 공동정범의 본질은 분업적 역할분담에 의한 기능적 행위지배에 있으므로 공동정범은 공동의사에 의한 기능적 행위지배가 있음에 반하여 종범은 행위지배가 없는 점에서 양자가 구별된다(대판 88도1247), 공동정범이 성립하기 위해서는 주관적 요건으로서 공동가공의 의사와 객관적 요건으로서 공동의사에 의한 기능적 행위지배를 통한 범죄의 실행사실이 필요한 바, 주관적 요건으로서의 공동가공의 의사는 타인의 범행을 인식하면서도 이를 제지하지 아니하고 용인하는 것만으로는 부족하고, 공동의 의사로 특정한 범죄행위를 하기 위하여 일체가 되어 서로 다른 사람의 행위를 이용하여 자기의 의사를 실행에 옮기는 것을 내용으로 하는 것이어야 한다.

하여 실행행위의 개념을 넓힌다. 예컨대 단독정범에서는 실행행위를 하는 사람이 범행을 지배하는 것이지만, 간접정범에서는 피이용자가 구성요건을 실행하지만, 전체 범행을 지배하는 것은 이용자라고 할 수 있다. 공동정범에서도 구성요건을 실행하는 자만이 정범이 되는 것이 아니라, 공범자들이 사전공모를 통하여 기능적으로 역할을 분담한 경우 모두가 정범으로 취급된다. 행위지배설에 대해서는 모든 범죄를 범행지배설로만 설명할 수 없다는 비판이 제기된다. 예컨대, 자수범이나 공무원 수뢰죄 같은 의무범에서는 범행지배만으로는 부족하고 자수성이나 신분을 갖추어야 정범이 될 수 있다.

연 습 문 제

1. 형법은 제한적 정범개념과 확장적 정범개념 중에서 어느 정범개념에 입각해있는가?
2. 협의의 공범에는 어떠한 범죄들이 있으며 광의의 공범과 어떻게 다른가?

제2절 간접정범

1. 의의 및 성질

간접정범은 타인을 '생명있는 도구'로 이용하여 범죄를 실행하는 자(제34조 1항)이다. 간접정범에서 정범성의 표지는 의사지배에 있다. 즉, 피이용자가 구성요건을 실행하지만, 이용자인 간접정범이 우월한 의사지배를 통하여 피이용자를 이용하여 자기의 범죄를 실현하는 범죄가 간접정범이다.

독일 형법이 사람을 생명있는 도구로 이용한 도구형 간접정범을 규정한 것과 달리 우리 형법은 교사, 방조범으로 처벌할 수 있는 형태의 간접정범인 공범형 간접정범을 규정한 것이 특징이다. 예컨대 목적은 없지만 고의가 있는 자, 신분없는 고의있는 자를 통해 범죄를 실행하는 경우 우월한 의사지배를 인정하기 어렵기 때문에 도구보다는 교사, 방조의 성격이 더 강하다.

판례에서는 목적범인 문서위조죄 및 동행사죄와 관련하여 주로 문제된다.

2. 피이용자의 유형

간접정범에서 피이용자의 유형은 매우 다양하다.

첫째, 구성요건에 해당하지 않는 행위를 이용하는 경우가 있다. 여기에는 다시 (i) 피이용자의 행위가 객관적 구성요건을 충족시키지 않는 경우(피이용자가 이용자의 강요 또는 기망에 의해 자살한 경우 이론상으로는 살인죄의 간정정범이 성립하지만 형법각칙상 위계 · 위력에 의한 자살결의죄(제253조)로 처벌된다), (ii)피이용자의 행위가 주관적 구성요건요소를 충족시키지 않는 경우 (고의 없는 또는 과실없는 도구를 이용한 경우[184], 형법각칙 제228조(공정증서원본 등의 부실기재)는 고의없이 부실등재하는 공무원의 행위를 조종하여 죄를 범하는 점에서 간접정범에 대한 특별규정[185]임), (iii)진정신분범에서 신분자가 '신분없는 고의있는 도구'를 이용한 경우, 또는 목적범에서 목적없는 고의있는 도구를 이용한 경우가 있다.

신분이나 목적없는 고의있는 도구를 이용한 경우 고의는 있지만 신분이나 목적이 없기 때문에 순수한 의사지배를 인정하기 어렵고 신분범에 있어서 법규범의 명령과 금지는 신분자에게만 과하여지나, 이러한 경우 행위지배는 규범적으로 파악해야 하고, 신분 또는 목적있는 자의 관여없이 범죄가 성립하지 않으므로 규범적 · 심리적 행위지배가 있다고 보아 간접정범이 성립한다고 보아야 한다.[186] 판례도 이 경우 이용자의 의사지배를 인정한다.[187] 일부 학자는 목적없는 고의있는 도구의 경우 완전한 의사지배가 어렵다고 하여 간접정범의 성립을 부인한다.[188] 판례는 12. 12 군사반란과 관

---

184) 예비군훈련을 받지 않은 甲이 소속예비군 중대 방위병 乙에게 예비군훈련확인서를 발급해달라고 부탁했다. 乙은 예비군 중대장에게 甲이 훈련을 받았다고 보고하여 확인서를 발급받도록 지시받고 미리 중대장 직인 찍힌 훈련확인서용지에 甲이 부탁한 내용을 기재, 교부하였다. 공문서 작성권한이 있는 공무원의 직무를 보좌하는 자가 그 지위를 이용하여 행사할 목적으로 허위내용이 기재된 문서초안을 그 사정을 모르는 상사에게 제출하여 결재하도록 하는 방법으로 작성권한이 있는 공무원으로 하여금 공문서를 작성하게 한 경우에는 간접정범이 성립된다. 반드시 공무원의 신분을 가진 자에 한정되지 않는다. 乙은 허위공문서작성죄의 간접정범, 乙은 허위공문서작성죄의 공범으로서의 대한 죄책을 진다(대판 91도2837). 이에 대하여 1심은 공무원이 아니면서 이와 공모한 자에 대하여는 허위공문서작성죄의 본질 및 구성요건의 정형성에 비추어 이에 대한 공범은 성립하고 않는다고 보았다.

185) 〈대판 95도1706〉 경찰서 보안과장이 甲의 음주운전을 눈감아주기 위하여 그에 대한 음주운전자 적발보고서를 찢어 버리고, 부하로 하여금 일련번호가 동일한 가짜 음주운전 적발보고서에 乙에 대한 음주운전사실을 기재케 하여 그 정을 모르는 담당경찰관으로 하여금 주취운전자 음주측정처리부에 乙에 대한 음주운전사실을 기재하도록 한 경우 허위공문서작성 및 동행사죄의 간접정범에 해당한다.

186) 이재상 32/12, 배종대 136/7.

187) 〈대판 96도3376〉 12.12 군사반란으로 군의 지휘권을 장악한 후 대통령과 국무총리를 강압하고, 국무위원들을 강압 · 협박하는 방법으로 비상계엄의 전국확대를 의결, 선포케 하였다면 이는 피고인들에 의하여 국헌문란의 목적을 달성하기 위한 수단으로 이루어진 것이므로 내란죄의 폭동에 해당하고 그러한 목적이 없는 대통령을 이용하여 이루어진 것이므로 피고인들이 간접정범의 방법으로 내란죄를 실행한 것으로 보아야 할 것이다.

188) 김일수/서보학 435면, 박상기 442면, 임웅 461면; 한정환, "간접정범의 고의있는 도구", 정성근교수화갑기념논문집, 1997, 194면; Roxin, Täterschaft, 5. Aufl., S. 345f.

련된 내란죄 사건에서 목적없는 고의있는 도구의 경우 간접정범의 성립을 인정하였다[189].

반대로 비신분자가 신분자를 이용하는 경우, 예컨대 공무원 乙이 뇌물을 받지 않고 청렴하게 사는 것을 시기한 甲이 A가 乙에게 주는 뇌물을 편지라고 속여 乙이 이를 받도록 한 경우 甲은 뇌물죄의 간접정범이 되는가에 대해 통설[190]은 부인하고 판례는 허위공문서작성죄와 관련하여 예외적으로 인정한다. 다른 경우에는 부정한다[191].

둘째, 도구인 피이용자에게 위법성이 없는 경우가 있다. 여기에는 피이용자의 정당방위, 정당행위, 긴급피난을 이용하는 3종류가 있다. 예컨대, 경찰에 허위신고를 하여 구속케 한 경우 무고죄의 간접정범이 되고, 낙태에 착수한 임부에게 생명의 위험이 일어나 의사가 임부의 생명을 구하기 위하여 낙태한 경우 임부는 의사를 도구로 이용한 낙태죄의 간접정범이 된다.

셋째, 도구인 피이용자에게 책임이 없는 경우가 있다. 판례는 형사미성년자를 이용한 경우에는 예외없이 간접정범의 성립을 인정하고 기타의 경우 교사범의 성립가능성도 고려해야 한다고 판시한다[192]. 왜냐하면 제한적 종속형식을 취할 경우 피이용자에게 책임이 없는 때에도 공범의 성립은 가능하여 이용자를 교사범 또는 종범으로 처벌할 수 있기 때문이다. 법률의 착오에 빠진 사람을 교사, 방조하여 범죄행위를 실현한 경우 피이용자에게 정당한 이유가 없는 경우 피이용자는 고의범이나 과실범으로 처벌되고 이용자는 공범이 된다는 입장과 간접정범이 된다는 입장이 있다. 이용자가 그 착오를 야기하였거나 적어도 이를 인식하고 이용한 때에는 간접정범이 되지만, 피이용자의 착오를 알지 못한 때에는 공범이 성립한다고 보아야 할 것이다[193].

---

189) 〈대판 2000도3045〉 정을 모르는 기자에게 허위의 기사를 제공하여 신문에 보도케 한 경우 비방의 목적을 요하는 목적범인 출판물에 의한 명예훼손(제309조)의 간접정범을 인정하였다.

190) 배종대 137/5, 안동준 245면, 이재상 §32-30, 이형국 348면, 임웅 434면.

191) 면장의 거주확인증발급을 위해 허위사실을 신고한 경우(대판 70도2598), 사정을 모르는 공무원에게 허위의 등기부등본을 작성케 한 경우(대판 70도2598), 허위신고를 통해 허위의 도민증을 발급받은 경우(대판 4294형상646) 등에서 허위공문서작성죄의 간접정범의 성립을 부정한다.

192) 이에 비해 독일제국재판소는 피고인이 13세의 소년을 이용하여 방화한 사건에 관하여 "피이용자인 소년이 행위시에 완전하지는 않아도 충분한 이성을 가지고 있었으므로 간접정범이 아니고 교사가 된다" 고 판시하였다(RG. 61, 265). 이에 대해 김일수 교수는 입법취지를 고려할 때 형사미성년자에 대해서는 구체적 · 현실적 지식 · 의식여하를 불문하고 이용자가 우월한 의사지배를 하고 있다고 판단할 목적론적 근거가 있다고 한다(김일수/서보학, 437면).

193) 이재상 32/20.

넷째, 과실범으로 처벌되는 자를 이용한 경우가 있다. 피이용자가 과실범으로 처벌되는 경우는 물론 과실범 처벌규정이 없는 불가벌적 과실범인 때(예컨대 과실재물손괴)에도 간접정범의 성립이 가능하다.

3. 이용행위

이용자의 행위에는 교사 또는 방조가 있다. 이 경우 교사 또는 방조란 교사범, 방조범의 그것과 같은 의미가 아닌 '사주 또는 이용한다'는 뜻으로 해석해야 한다(통설). 즉 간접정범의 이용행위로서 교사는 우월한 의사지배에 의한 조종행위를 말하며, 방조는 우월한 의사지배에 의한 원조행위를 말한다.

부작위에 의한 간접정범은 사리상 성립하기 어렵다. 예컨대 정신병자의 감호자가 그 정신병자의 타인에 대한 공격을 의도적으로 방치하여 타인이 상처를 입도록 내버려 두었다면 부작위에 의한 간접정범이 아니라 부작위에 의한 상해의 방조범, 즉 부작위범이 된다.

4. 간접정범의 실행의 착수시기

간접정범의 실행의 착수시기에 대해서는 이용자의 행위를 기준으로 이용자가 도구에 대해 영향력을 행사함과 동시에 실행의 착수가 있다고 보는 것이 통설[194]의 입장이다.

이에 대해 도구의 실행행위와 더불어 실행의 착수가 있다고 보는 견해,[195] 선의의 도구에 대한 작용과 악의의 도구에 의한 실행을 구분하여 전자의 경우 이용자의 이용행위, 후자의 경우 피이용자의 실행행위시에 실행의 착수가 있다고 보는 견해(개별적 해결설), 피이용자가 이용자의 행위권을 벗어나 독자적 진행을 시작한 때에 실행의 착수가 있다고 보는 견해[196] 등이 있다.

생각건대 범행을 위해 흉기나 물건과 같은 도구를 다루었다고 해서 실행의 착수를 인정할 수 없듯이 사람을 도구로 이용하는 경우에도 그 이용행위가 단순히 예비정도에 불과한지 아니면 직접적 법익침해행위인지를 구별하여야 한다. 예컨대 의사가 사

194) 이재상 32/24, 임웅 303면, 정영석 205면, 조준현 260면.
195) 이형국 348면.
196) 김성천/김형준 420면, 김일수 477면, 박상기 399면, 배종대 136/24, 손동권 415면, 신동운 623면.

정을 모르는 간호사에게 독주사를 주어 환자를 살해한 경우 단순히 의사가 간호사에게 독주사를 주는 시점에 실행의 착수가 있다고 하기보다는 의사가 간호사에게 지시할 수 있는 가능성이 없어서 더이상 간호사가 독주사를 놓는 행위를 되돌릴 수 없는 단계에서 실행의 착수가 있다고 보는 견해가 타당하다.

5. 간접정범의 처벌

형법 제34조 1항에 의하면 간접정범의 처벌은 교사 또는 방조의 예에 의하여 처벌한다. 하지만, 이것은 입법상의 잘못이다. 독일형법 제25조 1항처럼 적극적으로 간접정범을 정범으로 규정하여 처벌하는 것이 타당하다.

6. 간접정범의 미수

간접정범에서도 미수범이 성립할 수 있는가가 문제된다. 피이용자가 범죄의 실행을 승낙하고 실행의 착수에 이르지 아니하거나 범죄의 실행을 승낙하지 아니한 때에는 교사의 경우에만 예비 또는 음모에 준하여 처벌하고(제31조 2항, 3항), 기타의 경우(도구가 실행에 착수하여 기수에 이르지 못한 경우)는 간접정범의 미수로서 처벌해야 한다. 이 경우 간접정범의 미수에는 교사의 미수규정이 적용되지 않는다. 왜냐하면 그렇게 되면 실행에 착수한 정범을 실행착수 이전의 예비음모로서 처벌하는 결과가 되어 범죄이론상 모순이 발생하기 때문이다.

7. 관련문제

가. 간접정범과 착오

간접정범의 경우 착오가 발생할 수 있다. 여기에는 피이용자에 대한 착오와 피이용자의 실행행위의 착오가 있다.

첫째, 배후의 피이용자에 대한 착오는 이용자가 피이용자를 사정을 모르는 도구인 줄 알고 이용했으나 사실은 악의있는 도구일 경우 발생한다. 이 경우 우월한 의사지배가 있다고 보기 어려우므로 이용자를 공범으로 취급하는 것이 합리적이다. 피이용자가 사정을 모르는 도구였으나 이용자는 그를 악의있는 도구로 오인한 경우에는 실제 이용자가 악의있는 도구로 간주한 이상 간접정범으로서 우월한 의사지배를 할만큼의 범행지배를 할 수 없으므로 이용자를 공범으로 취급해야 한다.

둘째, 피이용자의 실행행위의 착오는 피이용자가 도구로서 실행행위를 하면서 방법의 착오를 일으킨 경우이다. 예컨대 甲이 정신이상자인 乙을 이용하여 丙을 살해하려고 하였으나 乙의 착오로 丁을 살해하게 된 경우, 이용자인 甲에게 방법의 착오가 인정되어 구체적 부합설에 따르면 甲은 丙에 대한 살인미수와 丁에 대한 과실치사의 상상적 경합의 책임을 진다. 甲은 결국 중한 살인미수에 대한 간접정범이 된다.

셋째, 피이용자가 이용자가 의도한 범위를 초과하여 실행한 경우에는 초과부분에 대한 간접정범은 성립하지 않으며 실현된 부분에 대해서만 간접정범의 책임을 진다. 그러나 초과된 부분에 대해 미필적 고의가 있었거나 결과적 가중범의 중한 결과를 예견할 수 있었을 때에는 그러하지 아니하다.

나. 간접정범의 성립 한계

간접정범이 성립할 수 없는 경우로 다음의 3가지가 있다.

첫째, 신분범의 경우이다. 신분없는 자는 신분있는 자를 이용하여 진정신분범의 간접정범이 될 수 없다고 보는 것이 통설, 판례[197]의 입장이다.

둘째, 의무범의 경우이다. 의무없는 국외자가 의무있는 자를 이용하더라도 간접정범이 될 수는 없다. 단지 공범이 성립할 수 있을 뿐이다.

셋째, 자수범의 경우이다. 원래 자수범이란 정범 자신만이 손수 구성요건을 실행하여 저지를 수 있는 범죄이므로 간접정범이나 공동정범이 성립할 여지가 없다.[198] 행위와 결과 사이에 자연과학적 인과관계만 있으면 누구나 정범이 될 수 있다고 보는 입장에서는 자수범이 있을 수 없으나[199], 타인을 이용한 범죄가 불가능한 경우로서 자수

---

197) 〈대판 92도1342〉 甲은 자신의 친구인 乙에게 70만원을 빌려주면서 乙이 발행한 백지가계수표 한 장을 다른 곳에 할인하지 않는다는 조건으로 교부받았다. 그런데 甲은 이 수표의 금액란에 70만원이라고 기재하여 할인을 의뢰하였다. 이에 할인의뢰를 받은 사람이 다시 다른 사람에게 할인의뢰를 하였고 이 사람은 가계수표를 은행에 지급제시하였다. 은행으로부터 연락받은 乙이 이러한 사실을 따지자 甲은 책임을 면하기 위해 가계수표를 분실했다고 거짓말을 하고 乙에게 분실신고를 하도록 요구하였다. 그래서 乙은 은행에 수표분실신고를 하였다. 그런데 부정수표단속법상 발행인이 아닌 자는 허위신고죄의 주체가 될 수 없고 허위신고의 고의없는 발행인을 이용한 간접정범의 형태로 허위신고죄를 범할 수도 없는 것이다. 따라서 甲은 무죄이다.

198) 박상기 84면, 배종대 133-6, 안동준 245면, 이재상 §32-31.

199) 차용석, 형사법강좌 II, 272면을 자수범부인설로 분류하지만 이는 각칙상의 자수범은 있을 수 없다는 견해로서 후술하는 문언설에 속한다고 보아야 한다. 오영근 35/45.

범이 존재한다고 보는 것이 타당하다.

자수범의 판단기준에 대해서는 다양한 견해가 제기된다. (i)문언설 내지 거동범설에 의하면 범죄는 결과범과 거동범으로 나뉘고, 결과범에서는 행위보다는 결과가 중시되므로 누가 실행을 했느냐 보다는 어떤 결과가 발생하였는가가 중요하기 때문에 간접정범의 형태로 실행이 가능하지만, 거동범은 반드시 정범의 신체동작이 필요하므로 거동범을 자수범이라고 본다(Maurach). 그러나 모든 거동범이 자수범이 되는 것은 아니며 주거침입죄는 거동범이지만 자수범은 아니다. (ii)진정 · 부진정자수범 이분설은 자수범을 진정자수범과 부진정자수범으로 나누어 진정자수범에는 상습도박죄(제246조 2항), 영리목적 약취 · 유인죄(제288조) 처럼 제3자가 아닌 행위자만이 구성요건적 불법을 지배할 수 있는 '행위자중심적 범죄'와 간통죄(제241조), 직무유기죄(제122조), 계간죄(군형법 제92조)처럼 법익침해 없이 윤리적 비난가능성으로 처벌되는 '법익침해 없는 행위중심적 범죄'가 있다고 한다(김일수, 신동운, 록신). 그리고 부진정자수범에는 위증죄(제152조), 도주죄(제145조), 유기죄(제271조)와 같이 의무범의 일종으로서 특수한 의무침해가 구성요건표지가 되기 때문에 타인에 의한 범행이 불가능한 범죄가 있다고 한다. 그러나 법익침해 없이 행위의 반윤리성 내지 의무위반 자체만으로 자수범이 성립한다고 보는 것은 의문이다. 또한 법익침해를 수반하지 않는 진정자수범과 법익침해를 수반하는 부진정자수범의 구별실익이 없고, 법익침해가 중시되는 한 간접정범의 형태로도 위의 범죄들을 범할 수 있다는 비판이 제기된다[200].

3분설[201]은 자수범을 (i)행위자 자신의 신체를 행위수단 내지 행위대상으로 하는 간통죄, 준강간죄 · 준강제추행죄, 피구금부녀간음죄, 병역법상 자상행위(제86조), 군형법상 계간죄, (ii)제3자에 의해서는 불가능하고 행위자 자신의 인격적 태도의 표현에 의해서만 구성요건이 실현되는 명예훼손죄(제307조), 모욕죄(제311조), 업무상비밀누설죄(제317조), (iii)범죄성질에 근거하지 않고 소송법 기타 법률이 행위자 자신의 범행을 요구하는 위증죄(제152조), 군무이탈죄(군형법 제30조)의 3가지 형태로 구분한다. 자수범의 판단기준을 하나의 학설로 획일적으로 판단하기는 어려우므로 자수범을 인정하는 이유, 보호법익, 행위양태, 타인에 의한 실현가능성 등을 고려할 때 3분설이 타당하다고 생각된다.

---

200) 오영근 35/47.

201) 박상기 86면, 배종대 138/13, 손동권 28/52, 이재상 32/37, 임웅 442면, 정/박 524면, 조준현 424면.

다. 특수간접정범(형법 제34조 2항)

형법은 자기의 지휘 · 감독을 받는 자를 교사 또는 방조하여 범죄를 실행케 한 경우 특수간접정범으로 가중처벌한다.

연 습 문 제

1. 신분없는 고의있는 도구, 목적없는 고의있는 도구를 이용한 경우 간접정범이 성립할 수 있는가? 학설과 판례를 소개하고 비판하라.
2. 간접정범의 착오의 유형과 그 법적 효과를 설명하라.
3. 간접정범이 성립할 수 없는 구체적인 경우를 예를 들어 설명하라.

제3절 공동정범

1. 의의와 본질

가. 의의

공동정범이란 2인 이상이 공동의 범죄계획에 따라 각자 실행의 단계에서 범행에 본질적인 기능을 분담하여 이행함으로써 성립하는 정범형태이다. 공동실행이 있다는 점에서 동시범과 비슷하지만, '공동의 범행결의'가 있다는 점에서 동시범과 구별된다.

1인으로도 실현가능한 범죄를 2인이상이 공동하여 실현하는 임의적 공동정범이라는 점에서 범죄단체조직죄(제114조)나 다중불해산죄(제116조)와 같이 구성요건상 2인 이상의 공동을 필요로 하는 필요적 공동정범과 구별되고 어떤 상황에 의한 제약도 받지 않고 성립한다는 점에서 '현장에서'라는 상황에 의해 제약을 받는 합동범과 구별된다(제331조 2항, 제334조 2항, 제146조).

나. 본질

공동정범의 본질에 대해서는 범죄공동설과 행위공동설의 대립이 있다.

먼저, 범죄공동설은 공동정범을 수인이 공동하여 특정한 범죄를 행하는 것이라고 해석하고 행위공동설은 수인이 사실상의 행위를 공동으로 하는 것이라고 이해한다. 예컨대, 甲은 상해의 고의로 乙은 살인의 고의로 A를 폭행하여 사망시킨 경우 甲과 乙 중 누구의 행위에 의하여 사망하였는지 판명되지 않은 경우 범죄공동설에 의하면 공동정범이 성립되지 아니하고 동시범이 되어 甲은 제263조 상해죄의 동시범의 특례에 따라 상해기수죄(혹은 상해치사죄)의 단독정범이 되고 乙은 제19조에 따라 살인미수죄의 단독정범의 책임을 지지만, 행위공동설에 의하면 부분실행 · 전체책임 원칙에 따라 甲은 상해치사죄, 乙은 살인기수죄의 공동정범이 된다. 판례는 결과적 가중범[202]과 과실범에 대한 판례[203]에서 행위공동설을 취하고 있다.

행위공동설에 의하면 공동으로 행한 사실이 수개의 범죄사실이라도 공동정범이 성립한다. 또한 승계적 공동정범의 경우에도 공동정범을 인정하게 된다.

최근 수정적 견해로 부분적 범죄공동설과 구성요건적 행위공동설이 제기된다. 부분적 범죄공동설은 범죄공동설[204]에 약간의 수정을 가하여 살인죄, 상해죄, 폭행죄와 같이 고의가 중첩되는 범죄에서는 부분적 공동정범이 성립할 수 있다고 한다. 예컨대 甲은 살인의 고의로 乙은 상해의 고의로 함께 폭행을 가해 상해를 입힌 경우 각각 살인미수죄와 상해죄의 단독정범이 되는 것이 아니라 살인의 고의는 상해의 고의를 포함하므로 살인죄에 대해서는 공동정범이 인정되지 않지만, 상해죄에 대해서는 공동정범을 인정하는 견해이다.

구성요건적 범죄공동설[205]은 전법률적 행위를 공동으로 해서는 공동정범이 성립하지 않지만 구성요건적 행위를 공동으로 하면 공동정범이 성립할 수 있다고 한다. 그리고 구성요건적 행위는 고의행위 뿐만 아니라 과실행위도 포함하므로 과실범의 공

202) 〈대판 2000도745, 대판 96도1185, 대판 90도1977〉 결과적 가중범인 상해치사죄의 공동정범은 폭행 기타의 신체침해행위를 공동으로 할 의사가 있으면 성립되고 결과를 공동으로 할 의사는 필요없으며, 여러 사람이 상해의 범의로 범행중 한 사람이 중한 상해를 가하여 피해자가 사망에 이르게 된 경우 나머지 사람들은 사망의 결과를 예견할 수 없는 때가 아닌 한 상해치사의 죄책을 면할 수 없다.

203) 〈대판 97도1741〉 성수대교와 같은 교량이 그 수명을 유지하기 위하여는 건설업자의 완벽한 시공, 감독 공무원들의 철저한 제작시공상의 감독 및 유지, 관리를 담당하고 있는 공무원들의 철저한 유지 · 관리라는 조건이 합치되어야 하는 것이므로, 위 각 단계에서의 과실 그것만으로 붕괴원인이 되지 못한다고 하더라도, 그것이 합쳐지면 교량이 붕괴될 수 있다는 점은 쉽게 예상할 수 있고, 따라서 위 각 단계에 관여한 자는 과실이 없다거나 과실이 있다고 하여도 교량붕괴의 원인이 되지 않았다는 등의 특별한 사정이 있는 경우를 제외하고는 붕괴에 대한 공동책임을 면할 수 없다.

204) 정영석 245면 이하.

205) 이재상 33/8, 정성근 561면, 김종원, "공동정범의 본질", 법정 1977. 6, 54면.

동정범도 인정된다고 한다.

이에 대해 기능적 행위지배설은 공동정범이 성립하기 위해서 단순히 범죄나 행위를 공동으로 하는 것보다는 범인들이 기능적으로 범행을 지배하여야 한다고 본다. 범행지배를 강조한다는 점에서 범죄공동설이나 행위공동설과 다르지만, 기본적으로는 범죄공동설에 입각하여 행위공동설의 입장을 가미한 것이다.

기능적 범행지배설에서는 과실범의 공동정범을 긍정하는 입장도 있고 부정하는 입장도 있다. 긍정설은 과실범에서도 기능적 범행지배가 인정되는 경우에는 공동정범이 성립할 수 있다고 하고, 부정설은 범행지배란 특정한 범죄행위를 위하여 서로 일체가 되어 다른 사람의 행위를 이용하여 자기의 범죄의사를 실행에 옮기는 것이기 때문에 고의범에서만 인정할 수 있고 과실범에서는 인정할 수 없다고 한다.

2. 성립요건

가. 주관적 성립요건으로서 의사의 공동

1) 의사의 공동의 방법

공동정범이 성립하려면 주관적 요건으로서 공동정범들 사이에 의사의 공동이 있어야 한다. 의사의 공동은 기능적 범행지배에 의하여 성립되는 공동정범의 본질적 요건이며, 이로 인하여 개별적 행위가 전체적으로 결합하면서 구성요건 결과를 행위자 모두에게 귀속시킬 수 있게 된다. 의사의 공동이란 행위자 사이에 공동의 범행결의가 형성되었음을 의미하며, 어느 일방에만 공동범행의사가 있는 편면적 공동정범은 성립할 수 없으며 이는 동시범이나 종범만이 문제가 될 뿐이다(통설, 판례[206]). 범죄공동설에 의하면, 고의가 일치하는 범위에서만 공동정범으로 처벌되므로 초과부분에 관해서

206) 〈대판 84도2118〉 甲과 乙이 함께 술을 마시다가 술을 더 마시기 위해 甲이 앞서 술집으로 향하던 중 甲이 행인 丙과 시비가 붙어 싸움을 하고 있는데, 뒤따라오던 乙이 이를 목격하고 달려들어 丙을 폭행하다 넘어뜨려 사망케 했다. 甲은 乙의 가세를 미리 인식하였거나 의욕하지도 않았고 乙의 폭행에 가담하지도 않았으니, 이 과정에서 甲과 乙이 암묵적으로라도 공동실행의 의사가 형성되었다고 볼 수도 없다. 공동정범은 행위자 상호간에 범죄행위를 공동으로 한다는 공동가공의 의사를 가지고 범죄를 공동실행하는 경우에 성립하는 것이다. 여기서 공동가공의 의사는 공동행위자 상호간에 있어야 하며 행위자 일방의 가공의사만으로는 상해치사죄의 공동정범관계가 성립할 수 없다.

다른 참가자는 공동정범의 책임을 부담하지 않는다.

의사연락의 방법에는 제한이 없다.[207] 동시적 · 순차적, 명시적 · 암묵적 연락이 모두 가능하다. 그러나, 공동정범들 사이에 의사연락은 적어도 실행행위시까지 이루어져야 한다. 의사연락의 시기에 따라 공동정범은 다음과 같이 나뉜다.

①예모적 공동정범 : 의사연락이 실행행위이전에 이루어진 경우로서 공동정범의 일반적 형태이다.

②우연적 공동정범 : 실행행위를 시작할 때 우연히 의기가 투합, 공동의사가 형성된 경우이다.

③승계적 공동정범 : 실행행위 도중 다른 사람의 공동의사를 물려받아 그 의사를 갖게 된 경우이다. 이를 공동정범으로 인정할 것인가에 대하여 긍정설과 부정설이 대립이다. 우선 긍정설[208]은 선행자의 범행의사에 가담한 후행자는 당연히 범행전체에 대한 공동의사를 전제하기 때문에 후행자는 선행자의 행위를 포함한 전체행위에 대해 공동정범의 책임을 져야한다고 본다. 이에 대해 부정설[209]은 후행자의 의사와 선행자의 행위사이에 인과관계가 없고, 공동범행의사는 소급불가능하며, 즉 선행행위를 인식하고 동의하는 후행자의 가담의사와 전체범행에 대한 공동의사는 구별해야 하고, 선행행위에 대한 후행자의 기능적 행위지배도 인정할 수 없어 공동정범이 성립할 수 없다고 본다. 따라서 후행자는 개입한 이후 행위에 대해서만 책임을 진다. 판례는 부정설의 입장이다[210][211].

---

207) 〈대판 2000도1319, 대판 2000도3483, 대판 99도4923, 대판 98도2654, 대판 98도30〉 "공모는 법률상 어떤 정형을 요구하는 것이 아니고 2인 이상이 공모하여 범죄에 공동가공하여 범죄를 실현하려는 의사의 결합만 있으면 되는 것으로서, 비록 전체적인 모의과정이 없었다고 하더라도 수인 사이에 순차적으로 또는 암묵적으로 상통하여 그 의사의 결합이 이루어지면 공모관계가 인정된다".

208) 이보영, "승계적 공동정범논고", 김종원교수화갑기념논문집, 489면; 정영석 253면, 황산덕 266면.

209) 김성천/김형준 509면, 김일수/서보학 451면, 박상기 393면, 배종대 131/11, 안동준 230면, 이정원 347면, 임웅 406면, 이재상 33/20, 오영근 33/47, 조준현 325면.

210) 〈대판 82도884〉 포괄일죄의 일부에 공동정범으로 가담한 자는 비록 그가 그 때에 이미 이루어진 종전의 범행을 알았다 하여도 그 가담 이후의 범행에 대해서만 공동정범으로서 책임을 진다.

211) 〈대판 82도884〉 공소외 유춘원이 이미 1981년 1월 초순경부터 히로뽕제조행위를 하여 오던 중 1981년 2월 9일경 피고인이 비로소 위 유춘원의 히로뽕제조행위를 알고 그에 가담한 사실이 인정되는 바, 이처럼 연속된 제주행위 도중에 공동정범으로 범행에 가담한 자는 비록 그 범행에 가담할 때 이미 이루어진 종전의 범행을 알았다 하더라도 그 가담이후의 범행에 대해서만 공동정범으로 책임을 진다.

판례

[묵시적 범죄연락의 예]

〈대판 82도1373〉 피고인들은 원심 공동피고인이 피해자를 강간하려고, 동녀를 정읍군 입암면 접지리 소재 천원천 제방으로 유인하여 가는 것을 알고서 그 뒤를 따라가다가, 제방뚝에서 원심공동피고인이 피해자를 강간하려고 폭행하기 시작할 무렵, 원심공동피고인의 주위에 나타나서, 원심공동피고인의 폭행으로 항거불능의 상태에 있는 피해자를 강간하기 위하여 하의를 벗고 대기하고 있었고, 원심공동피고인이 강간을 끝내자마자 그의 신호에 따라 차례로 윤간한 사실이 인정되는 바, 이에 의하면 피고인들이 원심공동피고인의 뒤를 따라갈 때까지는 강간의 모의가 있었다고는 할 수 없으나, 원심공동피고인이 강간의 실행에 착수할 무렵에는 원심공동피고인과 피고인들 사이에 암묵적으로 범행을 공동할 의사연락이 있었다고 할 것이다.

[연쇄적 · 간접적 의사연락의 예]

〈대판 93도2305〉 원심이 확정한 바와 같이 위 피고인들이 K대학교 교무처장 등에게 자녀들의 부정입학을 청탁하면서 그 대가로 위 대학교 측에 기부금 명목의 금품을 제공하고 이에 따라 위 교무처장 등이 그들의 실제 입학시험성적을 임의로 고쳐 그 석차가 모집정원의 범위 내에 들도록 사정부를 허위로 작성한 다음 이를 그 정을 모르는 위 대학교 입학사정위원들에게 제출하여 그들로 하여금 그 사정부에 따라 입학사정을 하게 함으로써 위 자녀들을 합격자로 사정처리하게 한 것이라면, 이는 위계로써 위 입학사정위원들의 사정업무를 방해하였다고 할 것이므로 … 또한 2인 이상이 공모하여 범죄에 공동 가공하는 공범관계에 있어 공모는 법률상 어떤 정형을 요구하는 것이 아니고 공범자 상호간에 직접 또는 간접으로 범죄의 공동실행에 관한 암묵적인 의사의 연락이 있으면 족한 것으로, 비록 전체의 모의과정이 없었다고 하더라도 수인 사이에 의사의 연락이 있으면 공동정범이 성립될 수 있다 할 것이다.

2) 과실범의 공동정범

과실범에서 견해의 대립이 심한 부분은 과실범의 공동정범을 인정할 것인가의 문제이다. 공동정범의 성립을 위해서는 행위자들 사이에 주관적 의사연락이 있어야 하는데 과실공동정범에서는 어떤 구성요건표지를 의사연락으로 볼 수 있는가가 문제이다.

과실범의 공동정범을 인정할 것인가에 대해서는 여러가지 견해가 대립한다. 긍정설은 과실범의 경우에도 주의의무위반의 공동과 기능적 행위지배가 인정되면 공동정범이 성립할 수 있다고 한다. 하지만, 다수의 견해[212]는 과실범에서는 공동범행의사에 기초한 기능적 역할분담이 없으므로 과실범의 공동정범은 성립할 수 없으며, 과실의 공동은 동시범으로 처리해야 한다고 주장한다.

학설		내 용	주장학자
긍정설	행위 공동설	행위공동만 있으면 충분하고 고의공동을 요하지 않으므로 과실의 공동정범도 성립할 수 있다.	
	공동행위 주체설	공동행위주체가 되어 실행행위를 분담하면 과실의 공동정범에 대한 책임이 있다.	유기천
	기능적 행위지배설	과실범에서도 기능적 행위지배가 인정되면 공동정범 성립. 주의의무위반의 공동과 기능적 행위지배가 그 요건이다.	심재우 정성근
	수정적 행위공동설	주의의무위반과 행위의 공동이 있으면 과실범의 공동정범도 성립가능하다.	이재상 이용식
부정설	범죄 공동설	행위자들의 특정범죄에 대한 고의의 공동을 요하므로 과실의 공동정범은 성립할 수 없다.	정영석
	목적적 행위지배설	과실범에서는 목적적 행위지배가 없으므로 과실범의 공동정범도 성립할 수 없다.	
	기능적 행위지배설	과실범에는 공동범행의사에 기초한 기능적 역할분담이 없으므로 과실범의 공동정범을 부정하고 과실의 공동은 동시범으로 처리해야 한다.	배종대 이형국
제한적 긍정설		과실행위와 결과사이에 인과관계 확인이 불가능한 경우 중에서 ①공장실화사건[232], ②돌굴리기사건[233], ③ 단독으로는 결과발생이 불가능한 수개의 과실행위가 누적된 인과관계 속에서 결과가 야기된 경우 (삼풍백화점, 성수대교 붕괴사건), ④ 다수의 과실로 잘못된 의사결정을 내려 법익침해가 발생한 경우(피혁분무기사건, 기사공개의 위법, 행정당국의 잘못된 결정) 등에서 제한적으로 인정한다.	김일수

212) 김일수/서보학 460면, 박상기 400면, 배종대 126/21, 손해목 1028면, 신동운 559면, 안동준 233면, 이정원 344면, 이형국 331면, 임웅 409면.

213) 두 사람이 절도의 고의로 공장에 침입하여 전등불을 켜지 않으려고 성냥으로 불을 밝힌 후 성냥개비를 버렸는데 미쳐 꺼지지 않고 이것이 합성섬유에 옮겨붙어 건물이 불탄 사건이다. OLG Schelswig, NStZ 1982, S. 116 f.

214) 두 사람이 산비탈 아래로 암석파편을 굴러 보내기로 하고 밑을 향해 소리 질렀으나 아무도 대답하는 소리가 없자 돌 하나씩을 밑으로 굴렸는데 이 돌에 맞아 행인이 크게 다쳤다. 그러나 누가 굴린 돌에 의해 다쳤는지 확인할 수 없었다. BGE IV 1987, S. 58 ff.

판례

[부정판례]

〈대판 4289형상276〉 선원법에 따르면 선박에 긴급한 위험이 있는 때에는 선장은 인명, 선박 및 화물구조에 필요한 수단을 다하고 여객과 선원을 모두 배에서 떠나게 한 후가 아니면 선박을 떠날 수 없다. 이는 해운행정상 특히 선장에게 과한 의무를 규정한 것으로서 선장의 고의 또는 과실에 의하여 그 의무를 위반한 경우라 할지라도 이러한 선박법상 제재규정에 해당하는 과실이 반드시 형법상의 과실에 해당한다고 볼 수는 없다.
등화단속에 대한 직접책임자가 乙로 특정되어 있음이 명백하므로 선장(甲) 자신은 부하선원인 乙 등에 대하여 직무상 지휘감독할 행정상의 책임은 있을지언정 등화단속 등에 대한 직접책임자는 아니요, 그 책임은 오로지 乙에게 있다 할 것이다. 그러므로 만일 선장인 甲에게 과실이 있다면 이는 즉 지휘감독을 태만한 점에 대한 행정상의 과실이 있음에 불과하다 할 것이다. 그리고 과실에 있어서는 의사연락의 관념을 논할 수 없으므로 고의범과 같이 공동정범이 있을 수 없고 과실범의 교사 · 방조도 있을 수 없다 할 것이므로 결국 乙의 실화책임을 甲의 형사책임으로 돌릴 수 없다 할 것이다.

[인정판례]

〈대판 82도781〉 열차의 통행이 빈번하고 시야가 산에 가려 열차충돌사고가 예측되는 만큼 세심한 주의를 기울여야 하는데도 건널목 진입시 우선멈춤을 하지 않은 채 열차를 운행하다가 사고를 냈다. 그렇다면 정기관사의 지휘감독을 받는 부기관사라 하더라도 사고열차의 운행에 관하여 서로 의논하고 동의한 이상 과실책임을 면할 수 없다 할 것이다. 공동정범은 고의범이나 과실범을 불문하고 의사의 연락이 있는 경우면 그 성립을 인정할 수 있다.

〈대판 94도660〉 터널굴착공사를 도급받은 건설회사 현장소장과 공사발주회사의 지소장은 공사의 진행정도를 정확히 파악하여 암반상태 등을 확인하고 발파시기를 정하는 등 사고를 미연에 방지할 업무상 주의의무를 게을리 한 결과 운행하던 열차가 전복되었다. 두 사람 이상이 서로의 의사연락하에 과실행위를 하여 범죄되는 결과를 발생하게 하면 과실범의 공동정범이 성립한다.

〈대판 96도1231〉 건물(삼풍백화점) 붕괴의 원인이 건축계획의 수립, 건축설계 · 건축공사공정, 건물완공후의 유지관리 등에 있어서 과실이 복합적으로 작용한데에 있다고 보아 각 단계별 관련자들을 업무상 과실치사상죄의 공동정범으로 처단하였다.

〈대판 97도1740〉 성수대교와 같은 교량이 그 수명을 유지하기 위하여는 건설업자의 완벽한 시공, 감독공무원들의 철저한 제작시공상의 감독 및 유지 · 관리를 담당하고 있는 공무원들의 철저한 유지 · 관리라는 조건이 합치되어야 하는 것이므로, 위 각 단계에서의 과실 그것만으로 붕괴원인이 되지 못한다고 하더라도, 그것이 합쳐지면 교량이 붕괴될 수 있다는 점은 쉽게 예상할 수 있고, 따라서 위 각 단계에 관여한 자는 전혀 과실이 없다거나 과실이 있다고 하여도 교량붕괴의 원인이 되지 않았다는 등의 특별한 사정이 있는 경우를 제외하고는 붕괴에 대한 공동책임을 면할 수 없다.

나. 객관적 요건으로서 행위의 공동

공동정범이 성립하려면 객관적 요건으로서 행위의 공동이 있어야 한다. 공동의 실행행위는 작위 · 부작위를 불문한다. 또, 실행행위의 주체에는 원칙적으로 제한이 없으나 실행행위의 공동주체 중 형사미성년자가 포함된 경우 형사미성년자는 책임능력이 없다고 간주되므로 이 경우 배후자의 간접정범을 인정하는 것이 타당하다.

신분범이나 의무범의 경우에는 이러한 객관적 표지를 완전히 구비한 자만 정범이 될 수 있다. 형법 제33조가 비신분자가 신분자에게 가공하여 공동정범까지 될 수 있다고 한 규정은 문제가 있으므로 형법개정시 손질이 필요하다.

1) 공모공동정범의 성립여부

범죄의 공모에만 가담하고 실행행위를 하지 않은 사람도 공동정범으로 처벌할 수 있는가? 이것이 공모공동정범의 문제이다. 여기에 대해서는 다음과 같이 다양한 견해가 대립한다. 하지만, 공모공동정범의 개념은 부정하는 것이 옳다. 기능적 범행지배설에 따르면 일정한 범위의 역할분담에 따라 본질적 범행기여를 하지 않은 단순공모자는 공동정범이 될 수 없다. 공모공동정범을 인정하여 기능적 범행지배 밖에 있는 단순공모자를 공동정범으로 취급하려는 것은 개별책임원칙과 충돌되는 단체주의 사고 내지 심정형법의 잔재일 뿐이다.

<table>
<tr><th colspan="2">학설</th><th>내 용</th><th>주장학자</th></tr>
<tr><td rowspan="4">긍정설</td><td>공동의사 주체설</td><td>실행행위를 하지 않은 공모자도 발생된 결과가 공동의 사주체의 행위에 의한 것이기 때문에 공동정범이 성립한다.</td><td>일본학설, 대판 82도3248</td></tr>
<tr><td>간접정범 유사설</td><td>타인을 도구로 이용하여 범죄행위를 하는 간접정범과 유사한 정범성을 가진 공동정범으로 이해한다. 하지만 단순히 공모한 점만으로 간접정범과 유사한 이용행위가 있다고 하는 것은 사실관계를 왜곡하는 것이며, 이용행위를 실행행위의 분담으로 보는 것은 주관주의에 치우쳤다는 비판이 가능하다.</td><td>대판 87도2368</td></tr>
<tr><td>적극이용설</td><td>공모자의 적극적 이용행위를 실행행위와 같은 것으로 보아서 공모공동정범을 인정한다.</td><td></td></tr>
<tr><td>기능적 행위 지배설</td><td>전체계획의 중요한 기능을 담당한 공모자는 공동정범으로 처벌하자는 견해이다.</td><td>이재상
김종원</td></tr>
<tr><td colspan="2">부정설</td><td>①형법 제30조의 해석상 실행행위를 분담하지 않은 공동정범은 인정할 수가 없고, ②공동정범, 교사범, 종범의 개념적 구별이 불명확해지며, ③형법 제31조가 교사범과 정범의 법정형을 동일하게 규정하고 있고, ④제34조 2항에 따라서 조직범죄의 우두머리를 처벌할 수 있으므로 개별책임원칙에 반하는 공모공동정범은 인정할 수 없다.</td><td>다수설</td></tr>
</table>

판례

〈대판 82도3248〉 공모공동정범은 공동범행의 인식으로 범죄를 실행하는 것으로 공동의사주체로서의 집단 전체의 하나의 범죄행위의 실행이 있음으로써 성립하고 공모자 모두가 그 실행행위를 분담하여 이를 실행할 필요가 없고 실행행위를 분담하지 않아도 공모에 의하여 수인간에 공동의사주체가 형성되어 범죄의 실행행위가 있으면 실행행위를 분담하지 않았다고 하더라도 공동의 사주체로서 정범의 죄책을 면할 수 없다.(공동의사주체설)

〈대판 87도2368〉 甲은 법원등기과 공무원인 乙과 등기부등본을 위조하여 타인의 토지를 자신의 형의 소유명의로 돌려 놓고 이를 팔기로 모의하였다. 이후 乙이 단독으로 위조된 등기부등본을 행사하여 丙을 기망하고 금품을 편취하였다. 그렇다면 甲은 乙의 사기행위를 자신의 범죄적 수단으로 이용하여 각자 사기죄를 범하였다고 볼 수 없다. 공모공동정범이 성립되려면 두 사람 이상이 공동의 의사로 특정한 범죄행위를 하기 위하여 일체가 되어 서로가 다른 사람의 행위를 이용하여 각자 자기의 의사를 실행에 옮기

> 는 것을 내용으로 하는 모의를 하여 그에 따라 범죄를 실행한 사실이 인정되어야 하고, 이와 같이 공모에 참여한 사실이 인정되는 이상 직접 실행행위에 관여하지 않았더라도 다른 사람의 행위를 자기의사의 수단으로 하여 범죄를 하였다는 점에서 자기가 직접 실행행위를 분담한 경우와 형사책임의 성립에 차이를 둘 이유가 없다.(간접정범유사설)

조직폭력의 두목과 같이 비록 실행단계에서는 범죄의 지휘 내지 다른 본질적인 기여가 없더라도 전체 범행계획을 수립하고 실행을 지시한 경우 기능적 관점에서 전체 범행의 수행에 본질적 기여를 한 것으로 보아 교사범이나 방조범이 아니라 공동정범으로 보는 것이 옳다. 이 경우 조직내 특성과 두목의 강압에 의한 부하들의 행동에 대한 의사지배관계가 인정될 수 있다면 두목은 특수간접정범(제34조 2항)이 되어 가중처벌된다.

공모공동정범을 인정하게 되면, 구성요건 실행행위의 분담여부가 아니라 전체 범행에의 기여여부를 가지고 공동정범과 종범을 구별해야 한다. 예컨대, 절도죄에서 망보는 행위를 담당한 범인이 공동정범과 종범 중 어디에 속할 것인가는 그 범인의 역할이 단순히 다른 범인의 절취행위를 용이하게 하는 정도가 아니라, 그의 망보는 행위가 없으면 절도범행이 불가능하고 따라서 망보는 행위가 절도범행의 성공여부를 결정할 수 있을 정도의 상황이면 공동정범으로 보아야 한다[215].

공동정범과 교사범은 어떻게 구별되는가? 형식적 의미의 실행행위에 가담하지 않고 범행을 지시하거나 범행방법을 알려주는 행위 등을 하는 경우에도 기능적 범행지배가 인정될 수 있는 경우에는 교사범이 아니라 공동정범으로 보아야 한다[216].

필요적 공범인 합동범은 현장성을 필요로 하지만 공동정범에서는 기능적 범행지배가 반드시 현장에서 이루어질 필요는 없다. 예컨대 甲, 乙이 공모하여 甲은 서울에서

---

215) 〈대판 86도843, 대판 83도3321〉 두사람이 공모합동하여 타인의 재물을 절취하려고 한 사람은 망을 보고 한 사람은 기구를 가지고 출입문의 자물쇠를 떼어내거나 출입문의 환기창을 열었다면 특수절도죄의 실행에 착수한 것이다.
〈대판 83도2941〉 피고인 등이 금품을 강취할 것을 공모하고 피고인은 집밖에서 망을 보기로 하였으나, 다른 공모자들이 피해자의 집에 침입한 후 담배를 사기 위해서 망을 보지 않았다고 하더라도, 피고인은 판시 강도상해죄의 공동정범의 책임을 면할 수 없다.

216) 〈대판 87도1240〉 부하들이 흉기를 들고 싸움을 하고 있는 도중에 폭력단체의 두목급 수괴의 지위에 있는 乙이 그 현장에 모습을 나타내고 더욱이 부하들이 흉기들을 소지하고 있어 살상의 결과를 초래할 것을 예견하면서도 전부 죽이라는 고함을 친 행위는 부하들의 행위에 큰 영향을 미치는 것으로서 乙은 이로써 위 싸움에 가세한 것이라고 보지 아니할 수 없고, 나아가 부하들이 칼, 야구방망이 등으로 피해자들을 난타, 난자하여 사망케 한 것이라면 乙은 살인죄의 공동정범으로서의 죄책을 면할 수 없다.

청주에 있는 주인 A에게 전화를 걸어 주위를 산만하게 하고 그 사이 乙이 슈퍼마켓에서 물건을 절취한 경우에도 甲의 행위가 범행을 지배한 것이라고 평가될 경우에는 甲은 절도죄의 종범이 아니라 공동정범이 된다.

부작위에 의한 공동가공도 가능하다. 이때에도 부작위는 타인의 범행을 인식하면서도 이를 제지하지 아니하고 용인하는 정도가 아니라 특정한 범죄행위를 하기 위하여 일체가 되어 서로 다른 사람의 행위를 이용하여 자기의 의사를 실행에 옮기는 정도에 이르러야 한다(대판 2000도576).

판례

[공모공동정범에 관한 판례]

〈대판 94도1831〉 甲과 乙은 서로 공모하여 군부대부지를 고위권력층을 통해 특혜불하받을 수 있는 것처럼 丙을 속이고, 丙으로 하여금 적법한 업무권한 없는 丁과 불하계약을 체결하도록 했다. 이어 丙으로부터 불하대금을 편취하였는데, 다만 乙은 이러한 범행의 실행행위를 직접 분담하지는 않았다. 공모공동정범에서 공모는 법률상 어떤 정형을 요구하는 것이 아니고 두 사람 이상이 공모하여 범죄에 공동가공하여 범죄를 실현하려는 의사의 결합만 있으면 된다. 즉 전체의 공모과정이 없었다 하더라도 여러사람 가운데 순차적으로 또는 암묵적으로 상통하여 그 의사의 결합이 이루어지면 공모관계가 성립한다. 그리고 이러한 공모가 이루어진 이상 실행행위에 직접 관여하지 않은 사람도 다른 공모자의 행위에 대해 공동정범으로서 형사책임을 지는 것이다. 따라서 乙도 특정경제가중처벌법상 사기죄의 공동정범의 죄책을 지게 된다.

〈대판 91도3279〉 화염병과 돌맹이를 진압경찰관을 향하여 무차별적으로 던지는 시위현장에 적극 참여하여 투석행위로 다른 사람의 화염병투척을 용이하게 하고 이로써 타인의 생명신체에 대한 위험을 발생케 했다. 그렇다면 비록 직접 화염병투척행위는 하지 않았다 하더라도 시위대의 화염병투척행위의 공동정범으로서 죄책을 면할 수는 없다.

2) 공모관계의 이탈

다른 공동행위자의 실행행시 개시 전에 명시적 또는 묵시적인 방법으로 고의를 철회한 경우에는 그 철회자(이탈자)는 공동정범으로서의 죄책을 지지 않는다. 그러나 이 경우에도 철회자 자신의 기여도가 유효하게 남아있는 한 이를 제거하기 위한 노력이 있어야 공동정범의 죄책을 면할 수 있다[217].

3. 처벌

공동정범은 각자를 그 죄의 정범으로 처벌한다. 따라서 가담자는 범행의 일부만 실행하였더라도 발생된 결과전체에 대하여 책임을 진다.

공동정범은 공동의사의 범위안에서만 책임을 부담하며, 초과부분에 대해서는 다른 공동자의 과실이 있을 때에만 결과적 가중범의 공동정범이 된다. 그러나 대법원은 이 부분에 대하여 상당히 혼란된 입장을 보이고 있다. 판례 중에는 ①중한 결과발생에 대한 과실(예견가능성)이 없는 경우에도 기본범죄에 대한 공모만으로 중한 결과에 대한 '고의책임'을 인정하는 판례(과실없는 고의책임인정)[218], ②기본범죄에 대한 공동이 있는 경우 중한 결과에 대한 '고의책임'을 인정하되 과실을 요구하는 판례(과실있는 고의책임인정)[219], ③기본범죄에 대한 공모가 있는 경우 중한 결과에 대한 과실없이도 '과실책임'을 인정하는 견해(과실없는 과실책임 인정)[220], ④기본범죄에 대한 공모가 있는 경우 '과실'(예견가능성)을 전제조건으로 중한 결과에 대하여 '과실책임'을 인정하는 판례(과실있는 과실책임 인정)[221] 등이 혼재되어 있다. 최근 판례는 네 번째 입장에 기초하고 있다.

진정신분범에 비신분자가 가담한 경우에도 공동정범이 성립한다(제33조 본문). 이에 대해 제33조 본문을 목적론적으로 제한하여 위법연대는 결과관련신분범에 국한시키고, 행

217) 김일수/서보학 449면, 신동운 513면.

218) 〈대판 98도356(강도상해)〉 "강도합동범중 1인이 피고인과 공모한 대로 과도를 들고 강도를 하기 위하여 피해자의 거소를 들어가 피해자를 향하여 칼을 휘두른 이상 이미 강도의 실행행위에 착수한 것임이 명백하고, 그가 피해자들을 과도로 찔러 상해를 가하였다면 대문밖에서 망을 본 공범인 피고인이 구체적으로 상해를 가할 것까지 공모하지 않았다 하더라도 피고인은 상해의 결과에 대하여도 공범으로서의 책임을 면할 수 없다".

219) 〈대판 83도3162〉(강도살인) "수인이 합동하여 강도를 한 경우 … 피고인이 피해자를 강타, 살해하리라는 점에 관하여 나머지 피고인들도 예기할 수는 없었다고는 보여지지 아니하므로 피고인들을 모두 강도살인죄의 정범으로 처단함은 정당하다". 〈대판87도2460〉(준강도에 의한 강도상해): " 2인이상이 합동하여 절도를 한 경우 범인중의 1인이 체포를 면탈할 목적으로 폭행을 하여 상해를 가한 때에는 나머지 범인도 이를 예기하지 못한 것으로 볼 수 없으면 강도상해죄의 죄책을 면할 수 없다".

220) 〈대판 88도1046〉(강도치사) "강도의 공범자중 1인이 강도의 기회에 피해자에게 폭행 또는 상해를 가하여 살해한 경우에 다른 공범자는 강도의 수단으로 폭행 또는 상해가 가해지라는 점에 대하여 상호인식이 있었으므로 살해에 대하여 공모한 바가 없다고 하여도 강도치사죄의 죄책을 면할 수 없다".

221) 〈대판 91도2156〉(강도살인) "강도의 공범자중 1인이 강도의 기회에 피해자에게 폭행 또는 상해를 가하여 살해한 경우 다른 공모자가 살인의 공모를 하지 아니하였다고 하여 그 살인행위나 치사의 결과를 예견할 수 없었던 경우가 아니면 강도치사죄의 죄책을 면할 수 없다".

위자관련신분범인 의무범에는 공동정범의 성립을 부인하는 견해가 있다. 이 경우 여자도 남자와 같이 강간죄의 공동정범이 될 수 있지만, 비공무원은 공무원과 같이 수뢰죄의 공동정범이 될 수 없다고 본다.

4. 관련문제

가. 공동정범의 미수

공동정범의 1인이 미수에 그치더라도 다른 공동자가 기수에 도달하면 공동정범 전원이 기수의 책임을 진다.

나. 공동정범과 합동범

공동정범과 합동범의 관계를 어떻게 볼 것인가에 대하여 다음과 같이 견해가 나뉜다.

첫째, 공모공동정범설은 합동범을 상위개념으로 보아 그 안에 공동정범과 공동의사주체설을 토대로 한 공모공동정범이 함께 포함된다는 견해이다.

둘째, 가중적 공동정범설은 본질상 공동정범이지만 집단범죄에 대하여 특별히 형을 가중한 것으로 보는 견해이다.

셋째, 현장설은 합동범을 공동정범의 하위개념으로 보아, 시간적 · 장소적으로 밀접한 협동만을 합동범으로 이해하는 견해이다(다수설, 판례 222))

222) 〈대판 88도11971〉 형법 제331조 2항 후단의 "2인 이상이 합동하여"라 함은 주관적 요건으로서의 공모와 객관적 요건으로서의 실행행위의 분담이 있어야 하고 그 실행에 있어서는 시간적으로나 장소적으로 협동관계가 있음을 요한다. 그런데 사전에 절도를 공모한 후 공범들이 절취행위를 하는 동안 그 부근에서 차량에 대기하여 실행행위를 분담했다면, 절취행위장소가 대기중인 차량으로부터 다소 떨어졌다해도 시간적 · 장소적 협동관계에서 이탈했다고 보여지지는 않는다.

〈대판 96도313〉 甲은 乙로부터 자신의 동생 丙이 여행을 떠나 집을 비우고 있는데 백지가계수표가 보관되어 있다는 말을 듣고 그 수표를 절취하기로 공모하였다. 이후 함께 丙의 집에 들어가 甲이 절취하는 동안 乙은 대기하고 있다가 수표를 함께 가지고 나왔다. 그렇다면 甲에게는 시간적 · 장소적으로 협동관계가 있었다고 볼 수 있다. 따라서 甲은 특수절도죄의 죄책을 지게 된다.

〈대판 92도917〉 합동범은 주관적 요건으로서 공모외에 객관적 요건으로서 현장에서의 실행행위의 분담을 요하지만 이 실행행위의 분담은 반드시 동시에 동일장소에서 실행행위를 특정하여 분담하는 것만을 뜻하는 것이 아니라 시간적으로나 장소적으로 서로 협동관계에 있다고 볼 수 있으면 충분하다.

〈대판 98도321〉 삐끼주점 지배인 甲이 피해자에게 술을 먹여 신용카드를 빼앗고 비밀번호를 알아낸 후, 乙 丙 丁과 인출과 현금을 분배할 것을 공모하고 甲이 피해자를 계속 붙잡아 두면서 감시하는 동안, 乙 丙 丁이 타처의 현금자동지급기에서 현금을 인출한 사건에서 甲은 합동절도의 공모공동정범의 책임을 진다.

최근에는 현장에서 단지 방조적 기여를 한 데 불과한 사람까지 합동범으로 보는 것과 달리 현장에서 기능적 역할분담을 한 사람만 합동범으로 취급하는 현장적 공동정범설도 유력하게 등장하고 있다.

다. 공동정범의 착오

공동정범의 한 사람이 구체적 사실착오를 한 경우 다른 공범자의 고의는 조각되지 않는다. 추상적 사실착오의 경우에는 제15조 1항으로 처리하면 된다. 즉, 인식사실의 미수범과 발생사실의 과실범의 상상적 경합범이 된다. 나머지 공범자는 발생사실에 대한 과실을 전제로 함께 처벌한다.

라. 공동정범과 교사 · 방조범의 역할

교사 · 방조자가 공동정범이 된 경우에 교사 · 방조죄는 공동정범에 흡수된다(법조경합).

5. 동시범(독립행위의 경합)

가. 의의 및 성질

동시범이란 다수인이 의사의 연락없이 동시 또는 이시에 동일한 객체에 대하여 범죄결과를 실현한 경우이다. 동시범은 강학상의 용어이고 우리 형법 제19조는 '독립행위의 경합'이란 용어를 사용하고 있으며 동시범에서 다수인은 반드시 동시에 실행할 것을 요하지 않으므로 '독립행위의 경합'이 더 정확한 용어라고 할 수 있다.

다수인의 실행행위가 필요하다는 점에서 단독정범과 구별되고, 공동의 행위결의가 없다는 점에서 공동정범과 구별된다. 고의범과 과실범 모두에 성립할 수 있으나 과실범에서 흔히 발생한다.

결국 동시범은 동시이건 이시이건 간에 2인이상이 정범이면서 공동의 범행결의가 없기 때문에 공동정범이 되지 않는 모든 현상을 의미한다.

나. 종류

동시범에는 원인행위가 분명한 동시범과 불분명한 동시범이 있다. 형법 제19조는 동시범 중 원인행위가 불분명한 경우를 특별히 취급하고 있다.

다. 성립요건

동시범이 성립하기 위해서는 다음의 요건이 갖추어져야 한다.

첫째, 다수인의 행위는 시간적 동일성을 요한다. 하지만, 다수인의 행위가 반드시 동시에 이루어질 필요는 없으며 이시라도 상관없다. 왜냐하면 동시범에서는 행위의 동시성 또는 계속성보다 결과발생의 원인이 된 행위가 판명되지 아니한 때 미수범으로 처벌한다는 결과면이 중요하기 때문이다.

둘째, 다수인의 행위는 장소적으로 동일한 것이 원칙이다. 하지만, 동시범에서 다수인의 행위는 반드시 동일한 장소에서 행하여질 것을 요하지 않는다. 따라서 甲은 부산에서 乙은 대구에서 동시 또는 이시에 서울에 사는 丙에게 협박장을 발송하였으나 피해자 丙이 누구의 협박장에 의하여 외포를 일으켰는지 불분명한 경우에 甲, 乙의 행위는 협박죄의 동시범이 된다.

셋째, 객체가 동일해야 한다.

넷째, 다수인 사이에 의사연락이 존재하지 않아야 한다. 이 점에서 상호간에 의사연락을 요하는 공동정범과 구별된다.

다섯째, 원인된 행위가 누구의 것인지 분명하지 않아야 한다.

연 습 문 제

1. 형법 제30조에서 요구하는 공동정범의 성립요건은 무엇인가?
2. 공범 상호간에 의사의 상호이해없이 한 사람만 공동의 의사를 가진 경우를 무엇이라 하며, 이를 공동정범으로 인정할 수 있는가?
3. 승계적 공동정범의 경우 범죄공동설과 행위공동설에 따른 결론의 차이는 무엇인가?
4. 같은 기능적 행위지배설을 취하는 경우에도 과실범의 공동정범을 인정할 것인가에 대한 견해가 나뉜다. 양설의 내용과 차이점을 설명하라.
5. 판례가 취하는 공모공동정범의 이론적 근거를 설명하고 이를 비판하라.

제4절 교사범

1. 의의

교사범이란 협의의 공범의 하나로서 타인으로 하여금 범죄를 결의하여 실행케 하는 자를 말한다. 형법 제31조 1항은 "타인을 교사하여 죄를 범하게 한 자는 죄를 실행한 자와 동일한 형으로 처벌한다"고 규정하고 있다. 교사범은 타인을 이용하여 죄를 범하는 점에서 간접정범과 유사한 구조를 가지고 있으나, 간접정범은 이용자에게 의사지배가 인정되는 정범임에 반하여 교사범은 정범의 범죄를 전제로 하는 공범이라는 점에서 구별된다. 간접정범은 이용자가 피이용자를 이용하기 시작할 때에 실행의 착수가 있지만, 교사범은 피교사자(정범)가 실행에 착수하여야 성립한다.

교사범은 또한 타인에게 범죄의 결의를 생기게 하였다는 점에서, 타인의 범죄결의를 전제로 하여 그 실행을 유형적 또는 무형적으로 돕는 종범과 구별된다.

2. 성립요건

교사범이 성립하려면 다음의 요건이 갖추어져야 한다.

가. 교사자의 교사행위

먼저, 교사자의 교사행위가 있어야 한다. 교사행위란 타인에 대한 고의적인 범행결의의 야기를 의미한다. 교사의 고의는 피교사자에게 범행을 결의케 하는 것 뿐만 아니라 정범에 의하여 실행할 범죄의 고의를 모두 포함한다. 즉 이중의 고의를 의미한다. 따라서, 이미 범행결의를 가지고 있는 자에 대해서는 교사행위가 성립할 수 없다[223]. 또한, 부작위나 과실에 의한 교사는 불가능하다(통설).

미수의 교사를 처벌할 수 있는가가 문제된다. 정범이 실행에 착수한 이상 교사범이 성립하고 교사자를 미수의 교사로 처벌해야 한다는 긍정설이 있으나 교사자가 구성

---

223) 〈대판 91도542〉 甲은 乙과 丙이 절취해 온 물건을 상습적으로 매수하여 취득해 오던 중, 乙과 丙에게 드라이버를 사주면서 "동료가 구속되어 도망다니려면 돈도 필요할텐데 열심히 일하라"고 말했다. 이는 종전의 절도를 다시 계속하면 그 장물을 매수해 주겠다는 것으로 甲의 乙과 丙에 대한 절도의 교사가 있었다고 보아야 한다. 즉 교사범이란 타인 즉 정범으로 하여금 범죄를 결의하게 하여 그 죄를 범하게 한 때 성립하는 것이고 피교사자는 교사범의 교사에 의하여 범죄실행을 결의해야 하는 것이다. 따라서 피교사자가 이미 범죄의 결의를 가지고 있을 때에는 교사범이 성립할 여지가 없다.

요건결과의 발생을 인식 · 인용하지 않은 경우는 교사의 완전한 고의가 없는 경우이므로 교사범이 성립하지 않는다는 부정설이 통설의 입장이다. 예컨대 타인을 처벌할 목적으로 범죄하도록 사주하여 그 범죄기수 전에 체포하는 함정수사는 가벌성이 없다는 것이 판례의 입장이다[224].

미수의 교사를 했으나 피교사자가 기수에 이른 경우는 과실유무에 따라 과실책임을 진다[225].

나. 피교사자의 실행행위

교사범이 교사를 하였지만, 피교사자가 범행결의를 하지 않으면 교사자는 범죄의 예비 또는 음모에 준하여 처벌된다(제31조 3항). 이를 실패한 교사라 한다.

정범의 범죄실행의 고의가 없는 과실범에 대한 교사는 불가능하다.

교사자가 교사하여 피교사자가 범행을 승낙하였지만, 실행행위가 없을 때에는 역시 교사자와 피교사자 모두 예비 · 음모에 준하여 처벌한다(제31조 2항). 이를 효과없는 교사라 한다.

3. 교사범의 착오

교사범의 착오에는 피교사자에 대한 착오와 피교사자의 실행행위의 착오가 있다.

가. 피교사자에 대한 착오

피교사자의 책임능력에 대한 인식은 교사자의 고의의 내용에 포함되지 않는다. 따라서 이에 대한 착오는 교사범 성립에 영향이 없다.

나. 실행행위의 착오

피교사자가 교사자의 교사내용과 다른 실행행위를 한 경우, 교사범은 실행행위가

---

224) 〈대판 63도190〉 "마약사범을 단속하는 공무원이 정보원을 앞세워 마약을 매수케 하여 결과적으로 범죄를 행하게 했다 할지라도 전혀 범의가 없는 자로 하여금 범행을 유발하게 한 경우가 아니라면 범죄가 되지 않는다고 할 수 없다. 또한 이와 같은 수사행위는 도의적인 비난은 별 문제로 하고, 그로 말미암아 함정교사에 빠진 자의 인권이 침해된 것으로 보기는 어렵다".

225) 김일수/서보학 486면.

그의 고의와 일치하는 범위에서만 책임을 져야하므로 초과부분에 대해서는 원칙적으로 책임을 지지 않는다.

이는 다시 교사내용보다 적게 실행한 때와 교사내용보다 초과실행한 때로 나눌 수 있다. 교사내용보다 적게 실행한 때에는 교사자는 피교사자가 실행한 범위에서 책임을 지면 된다. 예컨대 특수강도를 교사받은 피교사자가 강도를 범한 경우, 살인을 교사하였지만 살인미수에 그친 경우 강도죄 또는 살인미수의 교사범이 될 뿐이다. 이는 공범의 정범에 대한 종속성의 당연한 결과이다. 그러나 여기에도 예외가 있다. 예컨대, 강도를 교사하였는데 피교사자가 절도를 범한 경우 절도의 교사범이 되는 것은 물론이지만 강도교사의 미수에도 해당하고 양죄는 상상적 경합의 관계에 있으므로 형이 중한 강도의 예비 · 음모에 의하여 처벌된다.

교사내용보다 초과실행한 경우는 다시 질적 초과와 양적 초과의 경우로 나눌 수 있다. 질적 초과의 경우 교사자는 교사범으로서의 책임을 지지 않는다. 예컨대 상해를 교사받은 자가 절도를 행한 경우 교사자는 상해의 교사도 절도의 교사도 되지 않는다. 다만 교사한 범죄의 예비 · 음모를 벌하는 규정이 있을 때에는 교사자는 형법 제31조 2항에 의하여 교사한 범죄의 예비 · 음모로 처벌된다. 그러나, 질적 초과로 인한 교사범의 면책은 그 차이가 본질적인 때에 한한다. 따라서 사기를 교사했는데 기망을 근거로 공갈을 하였거나[226] 공갈을 교사했는데 강도를 범한 경우 교사한 범죄에 대한 교사범이 성립한다고 볼 것이다.

양적 초과의 경우, 즉 교사의 내용과 실행행위가 구성요건을 달리하나 공통적 요소를 포함하고 있는 경우 교사자는 초과부분에 대하여만 책임을 지지 않는다. 예컨대 절도를 교사하였는데 강도를 실행한 때, 상해를 교사하였는데 살인을 실행한 때에는 각각 절도죄와 상해죄의 교사범이 될 수 있다. 다만 사망의 결과에 대하여 과실이 있느냐에 따라 결과적 가중범의 교사범으로서의 책임을 지울 수 있다[227]. 이 경우 과실의 유무는 어디까지나 교사자를 기준으로 판단하여야 하고, 피교사자에게 결과에 대

226) 〈BGHSt. 11, 66〉 "공갈피고인의 협박이 기망으로 인한 것이라면 협박을 인식하지 못하고 기망만을 도우려고 한 종범은 그에게 사기의 구성요건이 충족되는 때에는 사기의 방조로 처벌된다".

227) 〈대판 2002도4089〉 "교사자가 피교사자에 대하여 상해 또는 중상해를 교사하였는데 피교사자가 이를 넘어 살인을 실행한 경우 일반적으로 교사자는 상해죄 또는 중상해죄의 교사범이 되지만 이 경우에 교사자에게 피해자의 사망이라는 결과에 대하여 과실 내지 예견가능성이 있는 때에는 상해치사죄의 교사범으로서의 죄책을 지울 수 있다".

한 고의 또는 과실이 있었는가는 문제되지 않는다[228].

4. 처벌

교사범은 정범과 동일한 형으로 처벌한다(제31조 1항). 공범의 정범에 대한 종속성이 처벌의 종속성까지 갖는 것은 아니므로 반드시 정범의 처벌을 전제로 하지 않는다. 피교사자가 미수에 그쳤을 때에는 미수범 처벌규정이 있는 한 교사자도 미수로 처벌된다.

자기의 지휘 · 감독을 받는 자를 교사한 때에는 정범의 형에 장기 또는 다액의 2분의 1까지 가중하여 처벌한다(제34조 2항).

진정신분범에서는 비신분자도 교사범이 될 수 있으나(제33조 본문), 부진정신분범에서 신분관계로 인한 형의 가중 · 감면은 당해 신분자에게만 적용된다(제33조 단서).

5. 관련문제

가. 교사의 교사

교사의 교사에는 간접교사와 연쇄교사가 있다.

먼저, 간접교사란 교사자와 피교사자 사이에 한 사람의 중간교사자가 개입한 경우를 말하며, 교사범을 교사한 자의 책임에 대해서 형법에는 아무런 규정도 없다. 간접교사의 가벌성에 대해서는 간접교사는 기본적 구성요건해당행위가 아니고 단순한 교사행위를 교사하는 것에 불과하므로 처벌불가능하다는 견해[229]와 형법은 교사방법에 제한을 두지 않고, 간접교사자와 교사자 사이에 질적 차이가 없기 때문에 처벌을 인정하는 견해(다수설, 판례[230])로 나뉜다. 간접교사도 타인을 교사하여 죄를 범한 자에 해당한다고 보아야 하므로 교사범과 같이 처벌하는 것이 옳다.

---

228) 〈BGHSt. 10, 339〉 "강도의 교사범은 정범이 고의를 가졌거나 과실의 유무를 불문하고 그 자신에게 사망의 결과에 대하여 과실이 있으면 형법 제251조(강도치사)에 의하여 처벌되어야 한다".

229) 남흥우 239면, 정영석 244면, 황산덕 283면.

230) 〈대판 73도3104〉 甲으로부터 소송부대 저장창고에 있는 군용물을 부정인출하여 처분해달라는 말을 乙에게 전해달라는 부탁을 받고 그 요청이 군용물을 위법하게 처분하려고 교사한다는 사실과 그 취지를 전달하면 乙이 범의를 일으켜 군용물을 처분할 것이라는 점을 알면서도 그 결과를 용인하여 乙에게 군용물처분을 요청하였다. 그렇다면 범죄를 저지르도록 요청한다는 것을 알면서 부탁을 받고 甲의 요청을 乙에게 전달하여 乙로 하여금 범의를 가지게 하는 것은 교사에 해당한다.

연쇄교사는 교사가 수인을 거쳐 순차적으로 계속되는 경우를 말한다. 간접교사의 가벌성을 인정하는 한 연쇄교사의 가벌성도 인정하는 것이 논리일관된 입장이다.

나. 교사의 미수

교사의 미수에는 효과없는 교사와 실패한 교사가 있다.

효과없는 교사는 피교사자가 범죄의 실행을 승낙하고 실행의 착수에 이르지 않은 경우로서 교사자와 피교사자 모두 예비 · 음모에 준하여 처벌한다(제31조 2항).

실패한 교사는 교사를 하였으나 피교사자가 범죄의 실행을 승낙하지 않은 경우와 교사 이전에 이미 범죄의 실행을 결의하고 있었던 경우로서 교사자만 교사한 범죄의 예비 · 음모로 처벌한다(제31조 3항).

연 습 문 제

1. 미수의 교사의 개념과 그 법적 효과를 논하라.
2. 강도를 교사하였는데 피교사자가 절도를 범한 경우 법효과를 설명하라.
3. 교사의 미수의 유형과 그 법적 효과를 논하라.

제5절 종범(방조범)

1. 의의

종범이란 정범의 범죄행위를 방조한 자를 말한다(제32조 1항). 여기서 방조란 정범에 의한 구성요건의 실행을 가능하게 하거나 쉽게 하거나 또는 정범에 의한 법익침해를 강화하는 것을 말한다. 종범은 정범의 범죄실행에 가담하는 자로서 행위지배가 없는 점에 특색이 있다.

방조에는 언어방조와 거동방조가 있다. 언어방조는 지적 · 정신적 방조를 말하며 이미 범죄를 결의하고 있는 자에게 결의를 강화시켜 주고 조언을 한다는 점에서 교사와 구별된다. 거동방조는 기술적 · 물리적 방조를 말하며 범행지배가 없다는 점에서 공동정범과 구별된다.

2. 성립요건

종범이 성립하려면 다음의 요건을 갖추어야 한다.

첫째, 종범의 방조행위가 있어야 한다. 여기에는 정신적 방조[231], 물질적 방조, 부작위에 의한 방조[232]를 모두 포함한다.

방조의 시기에 있어서는 실행착수 이전의 예비행위에 대한 방조나 실행착수 이후 결과발생 전까지의 방조도 가능하다. 예컨대 방화에 의해 불이 붙은 후 휘발유를 뿌려 건물이 전소하도록 돕는 것, 절도범을 추격하는 자를 방해하여 도주를 도와주는 행위도 실행의 착수 이후의 방조행위로서 방조에 해당한다.

방조는 범죄기수 후 범죄종료 전까지 가능하지만, 범죄종료 후 사후방조는 불가능하다. 범죄종료 후 범인은닉, 증거인멸은 사후방조가 아닌 독립된 범죄로 처벌된다.

둘째, 정범의 실행행위가 있어야 한다. 이 경우 정범의 행위는 기수 또는 적어도 가벌적 미수단계에 이를 것을 요한다. 따라서 정범이 실행의 착수로 나아가지 않고 예비단계에서 그치는 예비의 종범의 가벌성에 대해서는 예비의 독자성을 들어 긍정하는 견해가 있지만, 예비는 독립된 구성요건이 아니라 기수라는 구성요건의 수정형식에 불과하므로 예비에 대한 방조는 있을 수 없다는 것이 판례의 일관된 입장이다(대판 75도1549; 대판 77도3406; 대판 79도2201).

셋째, 방조행위와 정범의 실행행위 사이의 인과관계가 인정되어야 한다.

물론 여기에 대해서도 불요설[233]은 방조행위가 정범의 실행행위를 용이하게 하면 되고 꼭 원인이 될 필요는 없다고 한다. 이는 다시 ①위험야기이론: 방조행위가 정범에 의한 구체적인 법익침해의 위험을 실현할 필요는 없고 모종의 위험을 야기하기만 하면 충분하므로 인과관계를 필요로 하지 않는다는 설, ②위험증대이론: 방조행위가

---

231) 〈대판 95도456〉 증권회사직원인 甲은 주식의 입출고절차를 비롯한 주식관리에 관한 일체의 절차를 정확히 알고 있으면서 乙에게 병의 주식을 인출해오면 관리해 주겠다고 약속했고, 이에 乙은 그 주식을 인출절차에 관련된 출고전표를 위조하는 방법으로 인출해왔다. 甲은 이를 자신이 관리하는 증권계좌에 입고하여 관리운용해 주었다. 형법상 방조행위는 정범의 실행행위를 용이하게 하는 직접 간접의 모든 행위를 의미한다. 그러한 방조행위는 유형적 · 물질적 방조뿐만 아니라 정범에게 범행의 결의를 강화하도록 하는 것과 같은 무형적 · 정신적 방조행위까지도 포함한다. 따라서 甲은 사문서위조행사죄의 방조범의 죄책을 진다.

232) 〈대판 85도1906〉 종범의 방조행위는 작위에 의한 경우 뿐만 아니라 부작위에 의한 경우도 포함하는 것으로서 법률상 정범의 범행을 방지할 의무있는 자가 그 범행을 알면서도 방지하지 아니하여 그 범행을 용이하게 한 때에도 부작위에 의한 종범이 성립한다.

233) Wessels/Beulke, Stafrecht AT, Rn. 582.

정범의 범행에 대해서 원인이 될 필요는 없고 정범의 범죄실현의 위험을 증대시키기만 하면 충분하다는 설, ③정범행위촉진설: 방조행위가 원인이 될 필요는 없고 단지 정범행위를 사실상 촉진 · 용이하게 해주면 충분하다는 설로 나뉜다.

이에 대하여 필요설은 다시 ①합법칙적 조건설[234]: 방조행위가 정범의 실행행위와 합법칙적 조건관계가 성립될 정도로 영향을 미쳤거나 기여했을 때 인과관계를 충족한다는 설, ②상당인과관계설[235]: 방조범의 기여가 어떠한 형태로든지 정범의 범행에 영향을 끼쳤을 때 인과관계가 인정된다는 설, ③기회증대설[236]: 통상의 인과관계나 수정된 인과관계로 부족하고 방조행위가 특정한 구성요건적 결과발생의 기회를 증대시켜야 한다는 설로 나뉜다.

생각건대, 부정설은 방조범의 정범에 대한 종속성을 파괴하고, 가벌적 방조행위와 불가벌적 방조행위의 한계를 불분명하게 만들기 때문에 필요설이 타당하다. 그러나, 여기서 요구되는 인과관계는 방조행위를 가벌적 범행의 범주로 귀속시키기 위한 필요조건일 뿐 충분조건은 아니다. 합법칙적 인과관계는 필요조건에 불과하고 그 충분조건은 객관적 귀속의 검토에서 찾아야 한다. 그런 점에서 인과관계와 객관적 귀속의 관점을 함께 고려하는 기회증대설이 타당하다. 예컨대 간첩의 심부름으로 안부편지나 사진을 전달했거나 간첩인줄 알면서 숙식을 제공한 것만으로는 간첩방조가 될 수 없고, 甲이 乙에게 범죄에 사용할 흉기를 제공했으나 乙이 이를 사용하지 않고 범행한 경우 甲의 물질적 방조는 성립되지 않지만, 甲의 흉기제공이 乙의 범의를 강화시켜 주었다면 정신적 방조로 객관적 귀속을 인정할 수 있다.

3. 처벌

종범의 형은 정범의 형보다 필요적으로 감경한다(제32조 2항). 다만, 형법각칙이나 특별법에는 정범과 동일하게 처벌하는 경우가 있다. 예컨대, 간첩방조(제98조 1항), 관세법위반(제182조 1항)의 종범이 여기에 해당한다. 또한, 자기의 지휘나 감독을 받는 자를 방조한 특수방조의 경우 정범과 동일한 형으로 처벌한다(제34조 2항).

---

234) 이재상 35/10.

235) 배종대 146/8.

236) 김일수/서보학 493면.

신분없는 자도 진정신분범의 종범이 될 수 있으며, 부진정신분범에서 비신분자는 기본범죄의 종범이 된다(제33조).

4. 관련문제

가. 종범과 착오

종범의 착오의 경우에도 원칙적으로 교사의 착오에 관한 이론이 그대로 적용된다. 따라서, 정범의 양적 초과의 경우 방조범에게는 책임이 없다[237]. 다만, 정범이 결과적 가중범을 실현한 경우 방조범도 그 결과를 예견할 수 있었을 때 한하여 결과적 가중범의 방조범의 책임을 진다.

정범의 질적 초과의 경우에는 종범의 미수는 처벌하지 않으므로 교사범의 경우와 달리 종범은 불가벌이다.

만약, 정범이 방조범의 인식보다 적게 실행한 경우에는 정범의 실행행위의 범위내에서 방조가 성립한다.

나. 방조의 방조, 교사의 방조 및 방조의 교사

1) 방조의 방조

방조의 방조도 단순히 종범에 대한 방조에 그치는 것이 아니라 정범에 대한 간접방조 내지 연쇄방조가 된다. 따라서, 간접방조 내지 연쇄방조도 가벌성이 인정된다.

2) 교사의 방조

가벌설과 불가벌설이 대립한다. 교사의 방조도 정범에 대한 방조로 보아 정범이 실

237) 〈대판 84도2987〉 甲은 乙의 부탁으로 밀수행위를 도왔지만 그 내용물이 무엇인지 또는 얼마나 되는 것인지 인식하지도 못한 채 다만 밀수품일 것이라는 막연한 생각만 가지고 범행에 가담하였다. 따라서 甲은 정범 乙이 특가법에 의해 가중처벌되는 액수의 밀수를 한다는 것을 전혀 인식하지 못하고 오로지 관세법상의 관세포탈행위를 방조하는 것으로만 인식했을 뿐이다. 그렇다면 방조자의 인식과 정범의 실행간에 착오가 있고 양자의 구성요건을 달리하는 경우에는 원칙적으로 방조자의 고의는 조각된다. 하지만 그 구성요건이 중첩되는 부분이 있는 경우에는 그 중복되는 한도내에서는 방조자의 죄책을 인정해야 한다.

행에 착수했을 경우 교사의 방조도 그 가벌성을 인정할 수 있다(다수설). 따라서, 정범이 실행이 착수하지 않은 기도된 교사에 대한 방조는 불가벌이다.

3) 방조의 교사

방조범을 교사한 자도 실질적으로 정범을 방조한 것이므로 정범의 방조행위로 보아야 할 것이다.

제6절 공범과 신분

1. 신분의 개념과 분류

신분이란 범죄성립이나 형벌의 가감에 영향을 미치는 일신상의 특성, 관계, 상태를 말한다. 따라서, 단순히 행위에 연관된 표지는 비록 행위자의 인적 불법과 연관된 것일지라도 공범과 신분관계의 적용대상인 신분요소가 될 수 없다(고의, 목적, 표현, 경향 등).

전통적 분류방법은 신분을 다음과 같이 분류한다.

첫째, 구성적 신분으로서 일정한 신분이 있어야 범죄가 성립하는 경우이다(진정신분범). 따라서, 신분의 착오는 고의를 조각하고, 비신분자는 신분범의 주체가 될 수 없다. 수뢰죄(제129조)의 공무원 또는 중재인이란 신분, 위증죄(제152조)에서 선서한 증인이란 신분이 여기에 해당한다.

둘째, 가감적 신분으로서 신분에 의하여 형이 가감되는 범죄(부진정신분범)의 신분이다. 존속살해죄의 직계비속, 영아살해죄의 직계존속, 업무상횡령죄에서 업무자가 여기에 해당한다. 신분없는 자의 행위도 보통의 범죄는 성립한다. 그리고, 가감적 신분에 관한 착오는 고의를 조각하지 않으며 경한 죄로 처벌될 뿐이다.

셋째, 소극적 신분으로서 신분으로 인하여 범죄의 성립 또는 형벌이 조각되는 경우이다. 소극적 신분은 다시 위법성조각신분과 책임조각신분으로 나뉜다. 위법성조각신분은 의료법에 그 활동이 저촉되지 않는 의사, 변호사법에 그 활동이 저촉되지 않는 변호사 등이 이에 해당한다. 책임조각신분은 범인은닉죄, 증거인멸죄에서 친족, 동거의 가족, 14세미만의 형사미성년자 등의 신분이 이에 해당한다. 이밖에 형벌조각신분으로서 친족상도례에서 친족 등의 신분이 있다.

2. 형법 제33조의 해석

형법은 제33조 본문에서 "신분관계로 인하여 성립될 범죄(신분범)에 가공한 행위는 신분관계가 없는 자에게도 전 3조의 규정을 적용한다"고 규정하고 있다. 이에 대해 단서는 "다만, 신분관계로 인하여 형의 경중이 있는 경우에는 중한 형으로 벌하지 아니한다"고 규정하고 있다.

이렇게 형법은 본문에서 공범종속성설의 입장을, 단서에서는 공범독립성설의 입장을 취함으로써 양자를 절충하고 있다. 신분없는 자는 단독으로 신분범의 정범이 될 수 없지만 그 공범은 될 수 있다는 의미이다.

가. 신분관계로 인하여 성립될 범죄의 범위

이 부분의 해석에서 문제되는 것은 '신분관계로 인하여 성립될 범죄'란 진정신분범만을 의미하는가 아니면 부진정신분범을 포함하느냐이다.

통설은 부진정신분범에서는 신분이 범죄의 구성에 영향을 미치지 않고 형벌을 가감하는 기능을 가질 뿐이며 별도로 동조 단서에서 규정하고 있으므로 본문은 진정신분범에 대해서만 적용되고 단서는 부진정신분범에 대해서 적용된다고 해석한다.

이에 대하여 본문이 진정신분범 뿐만 아니라 부진정신분범에도 적용된다는 것이 소수설[238]과 판례의 입장이다. 즉, 본문은 진정신분범과 부진정신분범의 성립의 근거를 규정하고, 단서는 부진정신분범의 과형만을 규정한 것이라고 한다. 이 견해는 ① 통설과 같이 본문을 진정신분범에게만 적용된다고 해석하면 부진정신분범에 대해서는 공범성립의 근거가 없게 되고, ②형법 제33조는 단서에서 부진정신분범의 과형에 대해서만 규정한 것이 명백하다는 것을 근거로 한다.

그러나 ①본문을 부진정신분범에 대해서도 공범성립의 근거로 보면 진정신분범의 과형에 대한 규정이 없게 되고, ②소수설과 같은 해석은 '신분관계로 인하여 성립될 범죄'라고 규정한 본문의 문언에 부합되는 해석이라고 볼 수 없으므로 통설의 입장이 타당하다. 따라서 형법 제33조 본문은 비신분자도 진정신분범의 공범이 될 수 있다는

238) 신동운 695면, 염정철 489면, 정영석 270면, 진계호 564면.

것을 규정한 것이라고 보아야 한다.

나. 「전 3조를 적용한다」의 의미

이 경우 '전 3조'에 어디까지 포함되느냐가 문제이다. 공범종속성설에 의하면 정범에 대한 종속성이 인정되는 교사범과 종범의 경우 정범에게 신분이 있는 한 비신분자도 그 공범이 될 수 있음은 당연하다. 문제는 비신분자가 진정신분범의 공동정범 또는 간접정범이 될 수 있는가이다.

①공동정범 : 구 형법에서 해석상 논란이 있었던 부분을 현 형법 제33조에서 입법적으로 해결하였다. 따라서 제33조 본문에 의하여 비신분자도 신분자와 함께 진정신분범의 공동정범이 될 수 있음이 명백하다. 판례는 공무원 아닌 자도 수뢰죄(대판 91도3191) 또는 허위공문서작성죄의 공동정범이 될 수 있고(대판 71도795), 비점유자도 점유자와 함께 횡령죄의 공동정범이 될 수 있다(대판 65도493)고 하고 있다[239].

②간접정범 : 형법 제34조가 간접정범을 공범의 예에 의하여 처벌한다고 규정하고 있으므로, 간접정범에 대해서도 제33조가 적용된다고 긍정하는 견해가 있으나[240], 제33조 본문은 비신분자도 신분자와 같이 진정신분범의 공동정범이나 교사범, 종범이 될 수 있음을 특별히 규정한 것에 지나지 않고 비신분자는 진정신분범의 간접정범이 될 수 없다는 것이 통설의 입장이다. 따라서 비신분자는 신분자를 이용하여 진정신분범의 간접정범이 될 수 없다.

판례

[비신분지가 신분범의 간접정범이 될 수 있다는 판례]

〈대판 2011도1415〉 공무원 甲이 허위의 사실을 기재한 자동차운송사업변경(증차)허가신청 검토조서를 작성한 다음 이를 자동차운송사업변경(증차)허가신청 검토보고에 첨부하여 결재를 상신하였고, 담당계장으로서 그와 같은 사정을 알고 있는 중간 결재자인 피고인과 담당과장으로서 그와 같은 사정을 모르는 최종 결재자인 乙이 차례로 결재를 하여 자동차운송사업 변경허가가 이루어진 사안에서, 피고인과 甲의 행위가 허위공문서작성죄의 간접정범에 해당하는데도 공동정범에 해당한다고 본 것은 원심의 잘못이다.

---

239) 그러나 위증죄와 같은 의무범은 행위자에게 특유한 신분상의 의무위반이 없는 한 정범성을 취득할 수 없으므로 비신분자는 타인의 신분을 차용하여도 신분범의 공동정범이 될 수 없다(김일수/서보학 503면).

240) 박양빈, "공범과 신분", 고시연구 1991. 6, 47면; 신동운, "공범과 신분", 고시계 1991. 12, 45면. 판례도 이를 긍정한다. 대판 91도2387, 대판 2011도1415.

다. 신분자가 비신분자에 가공한 경우

제33조 본문이 비신분자가 신분자에게 가공한 경우에 적용되는 규정이라는 것에 대해서는 의문이 없으나, 신분자가 비신분자에게 가공한 경우에도 제33조 본문이 적용될 수 있느냐가 문제이다.

예컨대, 공무원이 비공무원을 교사하여 뇌물을 수수하거나 의사가 간호사를 교사하여 허위진단서를 작성한 경우에도 여기의 가공한 행위에 포함되느냐가 문제이다. 신분자가 비신분자의 행위에 가공한 때에도 신분관계로 인하여 성립될 범죄에 가공한 것이라고 보아야 한다는 견해도 있지만(염정철), 이러한 경우는 신분자가 비신분자를 '신분없는 고의있는 도구'로 이용한 경우에 해당하여 간접정범이 성립하므로 제33조 본문은 이 경우 적용될 여지가 없다(통설). 따라서, 공무원이 비공무원을 교사하여 뇌물을 수수하거나 의사가 간호사를 교사하여 허위진단서작성죄를 범한 경우 신분자만 간접정범으로 처벌된다.

3. 형법 제33조 단서의 해석

형법 제33조 단서는 "신분관계로 인하여 형의 경중이 있는 경우에는 중한 형으로 벌하지 아니한다"고 규정하고 있다. 이 단서가 부진정신분범의 과형에 관한 규정으로 교사범, 종범뿐만 아니라 공동정범에도 적용된다는데 이론이 없다. 문제는 단서가 동시에 부진정신분범의 공립성립의 근거가 될 수 있는가, 그리고 "중한 형으로 벌하지 아니한다"의 의미를 어떻게 해석할 것인가에 있다.

가. 공범의 성립과 과형

본문이 진정신분범에 대해서만 적용된다고 해석하는 통설은 단서를 부진정신분범의 공범성립과 과형에 대한 규정으로 이해한다. 따라서, 비신분자가 신분자와 공동정범으로 죄를 범한 때 신분자는 부진정신분범, 비신분자는 보통범죄의 공동정범이 된다. 만약 비신분자가 신분자를 교사 또는 방조하여 부진정신분범을 범한 때에도 비신분자는 보통범죄의 교사범 또는 방조범이 되지만 신분자는 부진정신분범의 정범이 된다.

이에 대하여 본문이 진정신분범과 부진정신분범의 성립근거를 규정한 것이고, 단서가 부진정신분범의 과형에 대해서만 특별히 규정한 것이라고 해석하는 것이 소수설의 입장이다. 대법원은 ①처가 아들과 공모하여 남편을 살해한 때에 처에게도 존속살해죄의 공동정범의 성립을 인정하고(대판 4294 형상284), ②공무원의 업무상 배임에 가공한 비공무원에 대하여도 업무상 배임죄의 공동정범을 인정하였고(대판 4294 형상564), ③은행원이 아닌 자가 은행원과 공모하여 업무상 배임죄를 저지른 때에는 비신분자를 단순배임죄로 처벌해야 한다고 하였으며(대판 86도1517), ④상호신용금고의 임원이 아닌 자가 신분관계있는 임원과 공모하여 상호신용금고법을 위반한 경우 비신분자에게도 상호신용금고법위반죄가 성립하지만 형법 제33조 단서에 의하여 업무상횡령죄의 형으로 처벌해야 한다고 판시(대판 97도2609)하여 소수설의 입장을 취하고 있음을 분명히 하고 있다[241)242)].

그러나, 소수설과 같은 해석은 지나치게 기교적이며, 부진정신분범에서 비신분자에게 신분자와 같은 책임을 묻는 것은 타당하다고 할 수 없으므로 통설이 타당하다고 생각된다.

나. 「중한 형으로 벌하지 아니한다」의 의미

1) 가중적 신분에 가공한 경우

가중적 신분에서는 제33조 단서를 적용함으로써 비신분자는 신분자의 공범이 아니

241) 〈대판 86도1517〉 甲은 은행원인 乙과 은행예금주의 예금을 빼돌리기로 공모하고 예금을 가로챘다. 이와 같이 은행원이 아닌 자가 은행원들과 공모하여 업무상 배임죄를 저질렀다 해도, 이는 업무상 타인의 사무를 처리하는 신분관계로 인하여 형의 경중이 있는 경우이다. 따라서 그러한 신분관계가 없는 자에 대해서는 형법 제33조 단서에 의해 처단해야 한다. 따라서 甲은 형법 제356조 업무상배임죄의 공동정범이 아니라 제355조 2항 배임죄의 죄책을 지게 된다.

242) 〈대판 93도1002〉 甲은 乙을 모해할 목적으로 丙에게 위증을 하도록 교사하였고, 이에 丙은 자신의 기억에 반하는 내용의 증언을 했다. 형법 제33조의 이른바 신분관계라 함은 남녀의 성별, 내 · 외국인의 구별, 친족관계, 공무원인 자격과 같은 관계뿐만 아니라 널리 일정한 범죄행위에 관련된 범인의 인적관계인 특수한 지위 또는 상태를 지칭하는 것이다. 형법 제152조 제1항과 제2항은 위증을 한 범인이 형사사건의 피고인 등을 '모해할 목적'을 가지고 있었는가 아니면 그러한 목적이 없었는가 하는 범인의 특수한 상태의 차이에 따라 범인에게 과할 형의 경중을 구별하고 있으므로, 이는 바로 형법 제33조 단서 소정의 "신분관계로 인하여 형의 경중이 있는 경우"에 해당한다고 봄이 상당하다. 또한 형법 제31조 제1항은 협의의 공범의 일종인 교사범이 그 성립과 처벌에 있어서 정범에 종속한다는 일반적인 원칙을 선언한 것에 불과하고, 신분관계로 인하여 형의 경중이 있는 경우에 신분이 있는 자가 신분이 없는 자를 교사하여 죄를 범하게 한 때에는 형법 제33조 단서가 형법 제31조 제1항에 우선하여 적용됨으로써 신분이 있는 교사범이 신분이 없는 정범보다 중하게 처벌된다. 결국 甲은 모해위증교사죄, 丙은 위증죄의 죄책을 지게 된다.

라 보통범죄의 공동정범, 교사범 또는 종범이 되므로 책임의 개별화를 달성할 수 있다. 예컨대 甲과 乙이 공동하여 乙의 아버지 A를 살해한 경우 甲은 보통살인죄, 乙은 존속살해죄의 공동정범이 되며, 甲이 乙을 교사 · 방조하여 乙의 아버지 A를 살해한 때에도 乙은 존속살해죄의 정범이 되지만 甲은 보통살인죄의 교사범 또는 종범이 될 뿐이다.

2) 감경적 신분에 가공한 경우

그런데, 감경적 신분에서도 이러한 해석이 타당한가? 제33조 단서의 규정에 충실하게 비신분자는 언제나 경한 죄로 처벌해야 한다는 견해도 있으나,[243] 책임의 개별화를 달성하기 위하여 비신분자는 중한 형으로 처벌하고 형의 가중이나 감경사유는 언제나 신분자의 일신에 한하고 공범에 미치지 않는다고 해석하는 것이 타당하다(통설[244]). 예컨대 甲이 산모 乙의 영아살해에 가담한 경우에 甲을 중한 보통살인죄로 처벌하느냐 또는 영아살해죄의 공범으로 처벌하느냐가 문제되는데 이 경우 공범종속성의 완화, 책임개별화에 따라 甲을 보통살인죄로 처벌하는 것이 타당하다.

다. 신분자가 비신분자에게 가공한 경우

제33조 본문이 비신분자가 신분자의 범죄에 가공한 경우에만 적용됨에 반하여 단서는 비신분자가 신분자의 범죄에 가공한 경우 뿐만 아니라 신분자가 비신분자의 범죄에 가공한 경우에도 적용된다는데 이론이 없다. 예컨대 甲이 乙을 교사하여 자기 아버지 A를 살해한 경우 乙은 보통살인죄의 정범이지만 甲은 존속살해죄의 교사범으로 처벌된다.

243) 신동운, 앞의 글, 47면; 오영근 36/24; 진계호 565면.

244) 김일수/서보학 505면; 박상기 470면, 배종대 151/2, 이재상 36/17, 임웅 476면, 정/박 602면.

3

제 3 편
특별한 범죄유형

제 1 장
과실범

제1절 과실범의 기초이론

1. 과실의 의의

형법상의 행위를 "사회적으로 의미있는 인간의 행태"라고 정의할 때 이러한 행위에는 고의행위 뿐만 아니라 과실행위도 포함된다. 고의가 구성요건의 객관적 요소에 대한 인식 또는 의사를 의미한다면, 과실이란 정상의 주의를 태만히 함으로써 죄의 성립요소인 사실을 인식하지 못한 행위이다(제14조). 즉, 주의의무에 위반하여 구성요건을 실현하는 것이 과실범죄이다.

과실범은 법질서의 명령을 의사에 의해서가 아니라 부주의에 의하여 위반하는 것이므로 그 불법과 책임이 고의범에 비하여 가볍다고 할 수 있다. 그러므로 과실은 언제나 처벌되는 것이 아니라, 법률에 처벌규정이 있는 경우에 한하여 처벌된다. 형법은 실화(제170조), 과실폭발성물건파열등(제173조의2), 과실일수(제181조), 과실교통방해(제189조 1항), 과실치사상(제266조, 제267조, 제268조) 및 과실장물취득(제364조) 등의 죄를 과실범으로 벌하고 있다.

2. 과실의 체계적 지위

가. 책임요소설

종래 인과적 행위론에 의하면 과실은 고의와 마찬가지로 주관적 범죄성립요소로서 책임단계에 배치된다. 따라서 과실범의 불법내용은 구성요건적 결과발생에 제한되며, 과실범의 구성요건으로는 구성요건적 결과발생 및 행위와 결과 사이의 인과관계만이 요구되었다.

과실을 책임요소로 이해함에 따라 과실의 기준도 규범적 기준이 아니라 주관적으로 결정되었고 행위자는 개인적으로 가능한 것만을 해야 할 의무를 부담하게 되었다. 그러나 ①결과가 발생하였다는 것만으로 그 행위를 구성요건에 해당하며 위법하다고 보는 것은 구성요건의 보장적 기능을 해할 뿐만 아니라, 회피가능한 결과야기만을 위법하다고 보는 위법성의 본질에도 반한다. 예컨대 자동차의 운전사가 제한속도로 자동차전용도로를 운행하는데 갑자기 자살기도자가 뛰어들어 급제동하였으나 미치지 못하여 그를 사망에 이르게 한 경우 이를 위법하다고 할 수는 없다. ②인과적 행위론은 결과발생만으로 과실범의 구성요건에 해당되고 위법성조각사유가 없으면 위법하다고 하면서 위법성조각사유로 정당방위, 피해자의 승낙 및 허용된 위험을 들고 있다. 그러나 허용된 위험의 법리에 의하여 과실여부를 결정하는 것은 과실을 책임요소로 보는 것과 모순된다고 하지 않을 수 없다.

나. 신과실이론

과실이론에서 과실은 단순한 책임요소가 아니라 위법성요소가 된다. 형법이 보호하려는 법익을 침해 또는 위태롭게 하는 모든 행위가 과실행위인 것이 아니라 정상의 주의를 태만히 한 경우에만 과실행위가 된다. 그러므로 과실범의 본질적 불법요소는 법익침해의 결과가 발생하였다는 결과반가치가 아니라 필요한 주의의무를 다하지 않았다는 행위반가치에 있으며, 과실은 책임요소가 아니라 주관적 위법요소가 된다. 그러나, 과실, 즉 주의의무위반을 과실범의 본질적인 불법요소로 이해한다면 그것은 단순히 위법성의 요소에 그치는 것이 아니라 구성요건요소로 이해하여야 한다.

다. 구성요건요소설

과실을 단순한 위법요소가 아닌 구성요건요소로 파악한 것은 목적적 범죄체계의 공헌이다. 벨첼(H. Welzel)에 의하면 과실행위의 본질적 요소는 결과가 아니라 행위수행의 방식, 즉 주의의무위반에 있다. 고의범이 의식적으로 구성요건적 결과를 실현하는 행위라고 한다면, 과실범은 구성요건적 결과를 사회에서 요구되는 주의의무를 위반하여 초래하였다는 점에 있고, 따라서 주의의무위반은 구성요건요소인 동시에 위법성판단의 기초가 된다.

이와 같이 과실을 과실범에서 단순한 책임요소나 위법성의 요소에 그치는 것이 아니라 구성요건요소로 보아야 한다는 목적적 범죄체계의 결론은 목적적 행위론자 뿐만 아니라 사회적 행위론자와 행위론을 부정하는 학자들에 의해서도 일반적으로 지지되고 있다. 과실범과 고의범은 불법내용에서 구별되지만, 불법의 내용은 결과반가치에서 차이가 나는 것이 아니라 행위반가치에서 차이가 난다. 따라서 과실범의 구성요건은 결과발생만으로 성립하는 것이 아니라 주의의무에 위반하여 결과가 발생하였다는 점에 있으며, 고의가 없다고 하여 바로 과실범이 되는 것이 아니라 이러한 과실범의 구성요건을 충족하여야 과실범이 성립하는 것이다.

라. 과실의 이중적 기능

벨첼은 과실을 과실범의 구성요건요소로 이해한 결과 과실범의 책임요소로는 위법성의 인식 또는 그 가능성만 남는다고 보았다. 즉 과실은 구성요건요소이지 책임요소가 될 수는 없다고 보았다. 그러나 과실이 구성요건요소가 되었다고 하여 책임요소로서의 의의를 잃어버린 것은 아니며, 책임요소로서의 기능도 가지고 있다고 하지 않을 수 없다. 즉, 과실은 구성요건요소와 책임요소로서의 이중기능을 가진다. 구성요건요소로서 과실에서는 객관적으로 요구되는 주의의 태만이 문제됨에 반하여, 책임요소로서는 행위자의 개인적 능력에 따라 그가 객관적 주의의무를 다할 수 있었느냐가 문제된다.

[과실범의 신경향]
과실의 본질을 2중의 주의의무위반으로 이해하는 통설적 견해와 달리 객관적 주의의무위반은 단지 객관적 귀속의 일척도로서 과실범의 객관적 구성요건요소가 되고, 그 대신 주관적 주의의무위반만이 과실의 본질요소로서 과실범의 주관적 구성요건요소가 된다고 보는 견해이다. 구성요건단계에서 고의범과 과실범의 논리적 구조가 같아지게 된다는 점에서 이론적 진보라고 한다.

3. 과실의 종류

가. 인식있는 과실과 인식없는 과실

과실은 구성요건적 결과의 발생가능성에 대한 인식여부에 따라 인식있는 과실과 인식없는 과실로 구별할 수 있다.

인식있는 과실이란 행위자가 법적 구성요건의 실현가능성을 인식했으나 자신의 능력을 과신하거나 기타 필요한 주의의무를 다하지 않음으로써 자신에게는 그러한 결과가 발생하지 않을 것으로 믿은 경우로서 미필적 고의와 경계선에 있다. 이러한 점에서 형법 제14조가 과실을 "죄의 성립요소인 사실을 인식하지 못한 행위"라고 하여 인식있는 과실을 포함하지 않는 것처럼 규정한 것은 입법론적으로 잘못이다.

인식없는 과실은 필요한 주의의무를 게을리함으로써 아예 법적 구성요건의 실현가능성을 인식하지 못한 경우이다.

양자는 형법상 본질적인 가치의 차등이 없으며 불법이나 책임 정도에서 경중의 차이가 있는 것도 아니다.

나. 보통과실과 업무상 과실 및 중과실

업무상 과실은 업무자가 보통인보다 높은 주의의무를 가짐으로 인하여 보통 과실보다 무겁게 처벌되는 경우이다. 여기서 업무란 "사람이 사회생활에서 가지는 지위로서 계속적으로 종사하는 사무"를 의미한다.

중과실이란 중대한 주의의무위반, 약간의 주의만 기울였더라도 결과발생을 방지할 수 있었던 경우[1]를 말한다. 형법각칙에서는 중실화죄(제171조), 중과실교통방해죄(제189조), 중과실치사상죄(제268조), 중과실장물죄(제364조)에서 중과실행위를 벌하고 있다.

1) 〈대판 97도538〉 피고인이 84세 여자 노인과 11세의 여자 아이를 상대로 안수기도를 함에 있어서 그들을 바닥에 반듯이 눕혀 놓고 기도를 한 후 "마귀야 물러가라", "왜 안 나가느냐" 는 등 큰 소리를 치면서 한 손 또는 두 손으로 그들의 배와 가슴 부분을 세차게 때리고 누르는 등의 행위를 여자 노인에게는 약 20분간, 여자 아이에게는 약 30분간 반복하여 그들을 사망케 한 사안에서, 고령의 여자 노인이나 나이 어린 연약한 여자 아이들은 약간의 물리력을 가하더라도 골절이나 타박상을 당하기 쉽고, 더욱이 배나 가슴 등에 그와 같은 상처가 생기면 치명적 결과가 올 수 있다는 것은 피고인의 연령이나 경험 지식을 가진 사람으로서는 약간의 주의만 하더라도 쉽게 예견할 수 있었음에도 그러한 결과에 대하여 주의를 다하지 않아 사람을 죽음으로까지 이르게 한 행위는 중과실치사죄에 해당한다.
〈대판 89도204〉 호텔오락실의 경영자가 그 오락실 천정에 형광등을 설치하는 공사를 하면서 그 호텔의 전기보안담당자에게 아무런 통고를 하지 아니한 채 무자격 전기기술자로 하여금 전기공사를 하게 하였더라도, 전기에 관한 전문지식이 없는 오락실경영자로서는, 시공자가 조인트박스를 설치하지 아니하고 형광등을 천정에 바짝 붙여 부착시키는 등 부실하게 공사를 하였거나 또는 전기보안담당자가 전기공사사실을 통고받지 못하여 전기설비에 이상이 있는지 여부를 점검하지 못함으로써 위와 같은 부실공사가 그대로 방치되고 그로 인하여 전선의 합선에 의한 방화가 발생할 것 등을 쉽게 예견할 수 있었다고 보기는 어려우므로 위 오락실경영자에게 위와 같은 과실이 있었더라도 사회통념상 이를 화재발생에 관한 중대한 과실이라고 평가하기는 어렵다.

제2절 과실범의 성립요건

1. 과실범의 구성요건

가. 객관적 주의의무위반

객관적 주의의무위반은 행위자가 객관적으로 요구되는 주의의무를 다하였더라면 결과발생을 당연히 방지할 수 있었음에도 주의의무를 태만히 하여 그렇게 하지 못한 경우에 인정된다.

문제는 주의의무위반을 어떠한 표준에 의하여 판단할 것인가에 대하여 견해가 대립한다.

우선, 객관설은 구성요건요소로서 주의의무위반을 객관적으로 결정해야 한다는 견해로서 통설의 입장이다. 주의의무위반이란 '객관적 주의의무의 침해' 또는 '사회생활에서 요구되는 주의의 태만'을 의미한다. 이에 따르면 주의의무위반은 행위자가 소속한 거래범위의 신중하고 사려깊은 사람(평균인)[2]의 판단이 기준이 된다. 예컨대, 신중한 운전자, 사려깊은 의사 또는 건축사라면 법익침해의 결과를 예견할 수 있었느냐가 기준이 된다.

이에 대하여 주관설은 구성요건의 단계에서 이미 행위자 개인에게 가능한 의무에 국한되어야 한다는 이론이다. 이에 의하면 주의의무위반은 먼저 행위자가 결과발생의 가능성을 인식할 수 있을 것을 전제로 하므로 오로지 그의 능력과 지식을 기준으로 하여 판단해야 한다. 행위자가 평균인 이상의 능력을 가졌다면 그가 할 수 있는 모든 조치를 취할 의무가 있다는 것이다.

생각건대, 주관설은 "법은 불가능을 명하지 않는다"는 것을 전제로 행위자가 예견가능한 때에 비로소 주의의무를 부과해야 한다는 것에 근거한다. 그러나 예견가능성

---

2) 〈대판 99도5086〉 휴즈코크사건. 임차인이 자신의 비용으로 설치 · 사용하던 가스설비의 휴즈콕크를 아무런 조치 없이 제거하고 이사를 간 후 가스공급을 개별적으로 차단할 수 있는 주밸브가 열려져 가스가 유입되어 폭발사고가 발생한 경우, 구 액화석유가스의안전및사업관리법상의 관련 규정 취지와 그 주밸브가 누군가에 의하여 개폐될 가능성을 배제할 수 없다는 점 등에 비추어 그 휴즈콕크를 제거하면서 그 제거부분에 아무런 조치를 하지 않고 방치하면 주밸브가 열리는 경우 유입되는 가스를 막을 아무런 안전장치가 없어 가스 유출로 인한 대형사고의 가능성이 있다는 것은 평균인의 관점에서 객관적으로 볼 때 충분히 예견할 수 있다.

도 고정적인 것이 아니라 시간, 장소에 따라 유동적임을 감안하면 이는 결국 법정책의 문제로 귀착한다. 그런데 과실범의 해석에서 객관적 · 평균적 표준에 의하여 주의의무를 과하는 것은 정상이 되지 못하는 사람에게 좀 더 노력하여 보통인의 수준에 도달하도록 하겠다는 형법의 근본정신의 표현이라 할 수 있으므로 객관설이 타당하다고 생각된다. 법규범의 예방기능은 법과 불법을 객관적 기준에서 판단할 때 극대화될 수 있다. 형법이 "정상의 주의를 태만히 하여"라고 규정한 것도 객관설의 근거로 볼 수 있다. 주관적 주의의무는 책임단계의 문제로서 이를 구성요건해당성 단계까지 끌어올려야 할 이유는 없다고 할 것이다.

나. 객관적 주의의무위반의 제한원리

1) 허용된 위험(Erlaubtes Risiko)

허용된 위험이란 자동차 · 항공기 운행, 공장운영과 같은 고도의 기술적 영역에서 현대산업사회가 불가피하게 인정해야 하는 위험을 말한다. 즉, 이러한 사회생활영역에서 참여자들에게 가능한 최대한의 주의의무를 과하되, 그 이후의 남은 위험은 사회가 감수해야 함을 의미한다. 허용된 위험에 해당하는 행위는 구성요건결과가 발생하더라도 구성요건해당성이 배제되어 과실행위가 되지 않는다(다수설).

즉, 일정한 생활범위에서는 예견가능하고 회피할 수 있는 위험이라도 전적으로 금지할 수 없음을 의미한다. 예컨대 현대의 자동차교통에서 모든 교통규칙을 준수한 경우라 할지라도 타인에게 피해를 입힐 가능성은 여전히 남아있으며, 발전소 운영, 건축 및 교량 건설 등 여러 분야에서 일정한 위험은 항상 내포되어 있다. 현대사회에서 이러한 시설과 결합된 사회적 효용성은 필요한 안전조치를 강구한 이상 그 시설과 전형적으로 결합된 위험은 법질서가 인용할 것을 요구한다.

2) 신뢰의 원칙(Vertrauensgrundsatz)

(1) 의의 및 적용영역

신뢰의 원칙이란 주의의무규칙을 준수한 사람이 다른 참여자들도 그렇게 하리라는 것을 신뢰하고 한 행위의 결과로 구성요건결과가 발생하더라도 그 행위는 과실행위가 되지 않는다는 원칙이다. 현대사회에서 도로교통의 사회적 의미를 고려하여 운전자에게 다른 사람의 적법한 행위를 신뢰할 수 있게 함으로써 과실범의 처벌을 완화하고 주의의무를 합리적으로 조정하여 원활한 교통을 가능하게 하는 이론이다.

신뢰의 원칙이 적용된 최초의 판례는 '1935. 12. 9. 독일제국재판소판결'이고 우리나라에서는 '대판 4289형상330'에서 기관조수견습생이 잘못하여 일으킨 사고로 입은 재해에 대해 기관사에게 신뢰의 원칙을 적용하여 업무상 과실치상을 부인한 이래, '대판 71도623'에서 고속도로에서 자동차를 운행함에 있어서는 일반적으로 감속서행 등의 주의의무가 없다고 판결함으로써 신뢰의 원칙이 확립되었다.

이밖에도 신뢰의 원칙을 적용한 판례로는 ①우선권을 가진 차량의 운전자는 상대방 차가 대기할 것을 기대하면 족하고(대판 77도409), ②교차로에서 진행신호에 따라 진행하는 차는 다른 차가 신호를 무시하여 자기 앞을 가로 질러 진행하는 차가 있음을 예상하여 사고를 방지할 주의의무가 없고(대판 82도3071, 대판 89도1774, 대판 92도2579, 대판 98도1854) ③자동차전용도로에 자전거를 탄 사람이 나타날 것을 예견할 수는 없고(대판 80도1446), ④보행자의 횡단이 금지된 육교 밑을 운행하는 운전자는 보행자가 뛰어들 것을 예상하여 주의할 의무는 없고(대판 84도1572), ⑤교차로에 진입한 이상 통행의 후순위 차량이 통행법규를 위반하면서 빠르게 진입해 들어올 가능성까지 예상하여 운전하여야 할 주의의무는 없다(대판 99다21264, 대판 92도934)는 판례 등이 있다.

이에 대하여 보행자에 대한 사고에 대해서는 대법원이 아직 신뢰의 원칙을 철저히 적용하지 않고 있다. 횡단보도 아닌 곳에서 횡단하는 보행자를 다치게 한 운전자는 물론(대판 80도842), 무단횡단하던 보행자가 중앙선 부근에 서 있다가 마주오던 차에 충격당하여 쓰러지는 것을 충격한 경우에도 과실을 인정하고 있다(대판 95도715).

오늘날 신뢰의 원칙은 도로교통의 분야를 넘어서서 책임이 각자에게 분담된 상태하에서 분업활동이 행하여지는 곳이면 어디서나 적용되고 있다(의료적 공동수술[3], 과학적 공동실험). 따라서 종합병원에서 공동으로 외과수술을 행하는 의사는 다른 의사가 주의의무를 다하였다는 것을 신뢰하면 족하며, 다른 의사가 적절하게 행위하는가 또는 검사결과가 정당한

3) 수술하는 의사는 간호사가 제공하는 수술도구가 정상적으로 소독되었다고 신뢰하여도 좋다. 하지만 자격 없는 사람이나 수습중인 사람이 관여한 경우 신뢰원칙의 적용여지는 없게 된다.

가에 대하여 조사 · 확인할 주의의무는 없다고 한다. 또한 수술을 하는 의사는 간호사가 제공하는 수술도구가 정상적으로 소독되었다고 신뢰하여도 좋다.

(2) 적용이 배제되는 경우

신뢰의 원칙은 모든 교통관여자가 교통규칙을 준수할 것을 신뢰할 수 있는 정상적인 관계를 전제로 한다. 따라서 이러한 신뢰관계를 기대할 수 없는 특별한 사정이 있는 경우 신뢰의 원칙은 적용될 수 없다.

첫째, 스스로 규칙을 위반한 경우이다. 스스로 규칙을 위반하여 야기된 위험을 타인이 극복할 것으로 신뢰할 수 없다(대판 72도2655[4]). 단, 행위자의 규칙위반이 결과발생의 결정적 원인이 아닌 경우에는 정황에 따라서 신뢰원칙이 인정될 수 있다.

둘째, 교통참여자가 상대방의 규칙위반을 이미 인식하고 있었거나 예견할 수 있었을 때에는 역시 신뢰의 원칙이 적용되지 않는다. 예컨대, 다른 운전자가 음주운전하는 것을 알고 있었거나, 무모한 보행자임이 명백한 경우에는 상대방의 적법행위만을 신뢰할 수 없다(대판 98도2605[5]).

셋째, 상대방의 규칙준수를 신뢰할 수 없는 경우 신뢰의 원칙은 적용되지 않는다. 예컨대 유아, 노인 또는 불구자와 같이 경험상 적법행위를 기대하는 것이 불확실한 자에 대하여도 신뢰의 원칙은 적용되지 않는다(대판 98도2605). 버스정류장 또는 초등학교나 유치원 앞과 같은 특수한 장소를 지날 때에도 운전자는 서행해야 한다. 사고가 자수 일어나는 장소에서도 신뢰의 원칙은 적용되지 않는다.

다. 결과발생, 인과관계와 객관적 귀속

과실범의 구성요건으로서 법익의 침해 또는 위험이라는 구성요건적 결과가 발생하여야 하는 것은 당연하다. 그리고 행위와 결과사이에 인과관계도 있어야 한다. 그러

4) 과속으로 진행하면서 제동조치를 취하지 못한 운전사는 상대방의 중앙선침범 또는 추월방법위반의 잘못을 들어 신뢰원칙을 주장하지 못한다.

5) 야간에 고속도로에서 차량을 운전하는 자는 주간에 정상적인 날씨 아래에서 고속도로를 운행하는 것과는 달리 노면상태 및 가시거리상태 등에 따라 고속도로상의 제한최고속도 이하의 속도로 감속 · 서행할 주의의무가 있다. 따라서 야간에 선행사고로 인하여 전방에 정차해 있던 승용차와 그 옆에 서 있던 피해자를 충돌한 사안에서 운전자에게 고속도로상의 제한최고속도 이하의 속도로 감속운전하지 아니한 과실이 있나.

나 과실범의 결과귀속을 위해서는 조건적 인과관계로 있는 것으로 족하지 않고 결과를 행위자에게 객관적으로 귀속시킬 수 있어야 한다. 과실범에서 객관적 귀속의 문제는 결과가 주의의무위반으로 발생하였는가, 또 주의의무위반으로 침해된 규범이 이러한 결과의 방지를 목적으로 했던 규범이었는가에 의하여 결정된다.

1) 주의의무위반관련성

과실범의 결과는 주의의무위반으로 발생한 때에만 행위자에게 객관적으로 귀속될 수 있다. 따라서 행위자가 주의의무를 위반하였고 구성요건적 결과가 발생하였다 하더라도 주의의무를 다한 때에는 결과의 객관적 귀속이 부정된다. 예컨대 부주의하게 운전한 운전자가 갑자기 차도에 뛰어든 보행자를 충격하여 부상케 하였지만 주의하여 운전하였더라도 같은 결과를 피할 수 없었던 경우에는 주의의무위반관련성이 부정된다.

2) 보호목적관련성

결과는 규범의 보호범위 내에서 발생해야 한다. 침해된 규범의 보호범위 밖에서 결과가 발생한 때에는 구성요건실현이 그 규범의 침해로 인한 것이라고 할 수 있으며, 이를 보호목적관련성이라 한다. 예컨대 운전자가 과속으로 일찍 교차로에 도착하였고, 그 지점에서는 주의의무를 다하였으나 사고가 일어난 경우, 운전자가 제한속도를 지켰다면 사고시간에 그 교차로에 도착할 수 없어 사고를 피할 수 있었을 것이다. 그러나 속도제한은 운전자가 일정한 장소에 도달하는 것을 지연시키기 위한 규범이 아니므로 발생한 결과는 침해된 규범의 보호범위 내에서 일어난 것이 아니며, 그 결과를 운전자에게 귀속시킬 수 없다. 대법원은 운전자가 조수에게 운전케 하여 사고가 일어난 경우에 운전자의 과실과 사고결과 사이에 인과관계가 없다고 판시하고 있다[6].

3) 예견가능성

결과와 인과관계의 본질적 요소는 예견가능하여야 한다. 상해의 결과를 예견할 수

6) 〈대판 71도1082〉 "운전수가 발동을 끄고 시동열쇠를 꽂아 둔 채로 하차한 동안에 조수가 이를 운전하다가 사고를 낸 경우에 시동열쇠를 그대로 꽂아 둔 행위와 본건 사고로 인한 상해의 결과 사이에는 특별한 관계가 없는 한 인과관계가 없다".

있었지만 사망의 결과는 예견할 수 없었을 때에는 비록 사망의 결과가 발생하였어도 과실치사죄가 성립하지 않는다. 결과에 대한 예견가능성은 객관적 표준에 의하여 결정하여야 한다. 결과에 대한 객관적 예견가능성은 행위자가 구체적 상황에서 결과를 예견할 수 있었으냐의 문제와는 구별된다. 이러한 주관적 예견가능성은 책임문제에 속한다.

2. 과실범의 위법성

가. 과실범의 위법성조각사유

과실범에서도 고의범과 같이 불법구성요건이 실현되면 정당화사유가 존재하지 않는 한 위법성이 징표된다. 예컨대 경찰관이 강도범을 발견하고 경고발사하였는데 탄환이 범인을 맞춰서 상처를 입한 경우 과실범의 정당방위가 되고, 의사가 중환자의 생명을 구하기 위하여 과속으로 자동차를 운전한 경우 긴급피난에 의하여 위법성이 조각되며, 운동경기를 하다가 과실로 상처를 입힌 때에는 피해자의 승낙으로 위법성이 조각된다.

나. 과실범의 정당화에 주관적 정당화요소가 필요한가?

과실범에서는 행위자가 객관적인 정당화상황에서 행위하면 족하고 주관적 정당화요소가 없어도 그것으로 행위불법이 조각된다고 한다[7]. 이 경우 법익침해나 법익위태화에 놓여있는 불법은 상쇄되고 남는 것은 행위불법인데 이것은 미수상황에 해당하고 과실범의 미수는 불가벌이기 때문이다.

3. 과실범의 책임

①과실범의 책임도 구성요건에 해당하는 위법한 행위의 비난가능성이라는 점에서 고의범과 같다. 따라서 행위자의 책임능력과 위법성의 인식을 전제로 한다. 그리고, 고의범과 마찬가지로 적법행위의 기대가능성이 없으면 책임이 조각된다. 마지막으로 주관적 주의의무위반이 인정되어야 한다. 객관적 주의의무

7) 배종대 156/36, 이재상 14/34.

위반이 인정될 때 원칙적으로 주관적 주의의무위반이 징표되고 그 입증은 특별한 절차를 필요로 하지 않는 것이 실무상 관행이다. 다만, 행위자에게 객관적 주의의무를 지킬 수 없었던 구체적인 상황, 특히 행위자의 개인적인 신체적 · 정신적 관계에서 기인했다는 사정이 있으면 행위자의 주관적 능력 및 주관적 주의의무위반여부를 특별히 검토해야 한다. 과실범의 미수는 불가벌이기 때문에 객관적 주의의무위반이 인정되지 않으면 주관적 주의의무위반 여부를 검토할 필요없이 과실범은 성립하지 않는다.

②주관적 주의의무위반의 판단에는 행위자가 행위시 구체적으로 갖고 있었던 지적 · 신체적 능력의 모든 잠재력을 고려해야 한다. 행위자의 성격적 또는 정서적결함으로 인하여 건전한 사회인의 수준에 못미치는 것이더라도 주관적 주의의무위반판단에서 고려해서는 안되며 양형단계에서 고려해야 한다. 예컨대 환경이나 교육의 잘못 탓으로 행위자가 갖게 된 냉혹성, 공격성, 무사려, 무관심, 경솔, 덩범댐 따위가 그 실례이다.

③인수과실(Übernahmenverschulden) : 주관적 과실이 없더라도 행위자가 자신의 능력에 벗어나는 일을 스스로 하겠다고 나선 경우 과실책임이 인정된다. 예컨대 능력 밖의 성형수술을 하겠다고 응락한 의사가 여기에 해당한다.

④감독과실이론은 구성요건결과를 직접 야기한 행위자 이외의 상급감독자의 책임을 추궁하기 위한 이론이지만 자기행위의 결과가 아닌 타인행위의 감독책임을 묻는 것은 법치국가적으로 의문이다. 판례는 성수대교사건(대판 97도1740)에서 지휘 · 감독에 대한 감독과실을 인정한 바 있다.

제2장
결과적 가중범

제1절 결과적 가중범의 의의

1. 의의

결과적 가중범이란 고의에 의한 기본범죄에 의하여 행위자가 예견하지 않았던 중한 결과가 발생한 때 그 형이 가중되는 범죄이다. 독일형법은 기본범죄를 과실범까지 확대하지만(실화치사죄, 과실일수치사죄), 형법은 과실범에 대해서는 결과적 가중범을 인정하지 않고 있다.

결과적 가중범은 과거 결과책임사상의 유물로서 결과적 가중범에 대한 가중적 형벌은 책임주의와 평등원칙에 반한다는 비판이 많았다. 그리하여 형법은 기본범죄에 기한 중한 결과에 대한 과실을 요구하여 결과적 가중범과 책임주의의 조화를 이루고자 하였다. 하지만 그것만으로는 결과적 가중범에 과하여지는 형벌이 고의와 과실의 결합형식에 비하여 지나치게 무겁다고 하지 않을 수 없다. 여기서 결과적 가중범을 폐지하고 기본범죄의 고의범과 중한 결과의 과실범의 상상적 경합으로 처벌해야 한다는 견해도 있다(Lorenzen, Schubarth).

그러나, 기본범죄의 전형적 위험이 실현되어 중한 결과가 발생한 결과적 가중범의 불법은 단순한 상상적 경합의 경우에 비하여 현저히 무겁다는 점에서 결과적 가중범의 책임원칙과 조화되는 한도에서 유지되어야 한다. 여기서 중한 결과가 기본행위의 직접적 결과일 경우에 한하여 결과적 가중범을 인정하거나 중과실이 있을 때에 한하여 인정하자는 주장(직접성원칙[8]과 중과실요청)이 제기된다.

---

8) 안경옥, "결과적 가중범의 직접성원칙", 형사법연구 제12호(1999), 137면 이하; 조상제, "결과적 가중범의 제한해석", 형사판례연구 3, 1995, 49면 이하.

2. 종류

결과적 가중범은 다시 진정 결과적 가중범과 부진정 결과적 가중범으로 나뉜다. 진정 결과적 가중범은 고의의 기본범죄와 과실의 중한 결과가 결합되어 발생한 경우이다. 형법각칙에 상해치사죄(제259조), 폭행치사죄(제262조), 낙태치사상죄(제269조 3항, 제270조 3항), 유기치사상죄(제275조), 체포감금치사상죄(제281조), 강찬치사상죄(제301조의 2, 제301조), 인질치사상죄(제304조의 4, 제304조의 3), 강도치사상죄(제337조, 제338조) 등이 있다.

이에 대하여 부진정 결과적 가중범은 중한 결과를 과실로 야기한 경우 뿐만 아니라 고의에 의하여 발생케 한 경우에도 성립하는 결과적 가중범을 말한다. 예컨대, 교통방해치사상죄(제188조), 중상해죄(제258조), 중손괴죄(제368조), 현주건조물방화치사상죄(제164조 2항)가 있다. 부진정 결과적 가중범을 인정할 것인가 또 이를 어느 범위까지 인정할 것인가에 대해서는 견해가 일치하지 않는다. 결과적 가중범에서 진정 · 부진정의 구별은 필요없다고 하여 부진정 결과적 가중범을 인정하지 않는 견해도 있다(정성근/박광민, 황산덕, 권문택). 그러나 ①중한 결과를 예견할 수 있으면 결과적 가중범이 성립하는데, 예견보다 의식적 요소가 더 강한 고의가 있는 경우가 제외된다고 볼 수 없고, ②기본범죄를 통하여 고의로 중한 결과를 발생케 한 경우를 결과적 가중범 보다 무겁게 벌하는 구성요건이 마련되어 있지 않은 때에는 고의 있는 경우를 과실범의 경우보다 가볍게 벌하지 않을 수 없으므로 부진정 결과적 가중범의 인정은 불가피하다. 예컨대 현주건조물 내의 사람을 살해할 목적으로 현주건조물에 방화하여 사람을 살해한 경우 중한 결과인 사람의 사망에 대하여 과실이 아닌 고의가 있다고 하여 결과적 가중범인 현주건조물방화치사죄의 성립을 부정하면, 결국 현주건조물방화죄와 살인죄의 경합범으로 처벌해야 하는 바, 이 경우의 형벌(결국 중한 죄인 살인죄의 법정형으로 처벌)은 현주건조물방화치사죄의 형보다 낮아 행위의 불법에 상응한 처벌이라고 할 수 없다.

제2절 결과적 가중범의 성립요건

1. 인과관계의 의미

결과적 가중범을 책임주의와 조화시키기 위하여 중한 결과에 대하여 과실을 요구한다 할지라도 기본범죄와 중한 결과 사이에 인과관계가 있어야 함은 당연하다. 결과적 가중범에서 기본범죄와 중한 결과에 대한 인과관계는 상당인과관계를 요한다는 것이 종래 통설과 판례의 태도였다(대판 96도1142, 대판 95도435, 대판 78도1331 등). 상당인과관계설은 바로 결과적 가중범에서 중한 결과에 의한 형의 가중을 제한하기 위하여 결과에 대해 상당한 조건에 대해서만 인과관계를 인정하는 견해이다.

그러나, ①상당인과관계설이 결과적 가중범에 대한 형의 가중을 예견가능성이 아닌 인과관계에 의하여 인정하는 것은 결과적 가중범을 책임주의의 예외로 인정하는 것으로 옳다고 할 수 없고, ②형법 제15조 2항이 결과적 가중범에 관하여 중한 결과에 대한 예견가능성, 즉 과실을 요한다고 규정하고 있으므로 인과관계의 범위를 다시 상당인과관계설에 의하여 제한할 필요성도 별로 없다. 따라서 중한 결과에 대한 인과관계는 합법칙적 조건설에 의하여 행위가 시간적으로 뒤따르는 외계의 변화에 합법칙적으로 연결되어 구성요건적 결과가 실현되면 인정해야 한다. 다시 말해 기본범죄의 결과 때문에 후에 중한 결과가 발생하였거나 기본범죄로 인하여 즉시 중한 결과가 발생하였다면 인과관계가 인정되어야 한다.

2. 기본행위와 중한 결과 사이의 직접관계(직접성원칙)

기본범죄와 중한 결과 사이에 인과관계가 있는 때에도 중한 결과를 행위자에게 객관적으로 귀속시키기 위해서는 중한 결과가 항상 기본범죄에 내포된 전형적 위험이 실현된 것으로서, 중간원인을 거치지 않고 기본행위로부터 직접 야기된 것이어야 한다.

따라서, 중한 결과가 제3자의 행위나 피해자의 행위(자살)에 의하여 야기된 때에는 결과적 가중범이 성립하지 않는다. 예컨대, 피해자의 도망으로 인하여 발생한 결과는 감금치사상이나 강간치사상의 경우와 같이 피해자가 기본범죄 자체를 피하기 위하여 행한 경우에는 직접성이 인정되지만 새로운 행위를 피하기 위한 경우에는 직접성이 부정된다. 이 점에서 판례가 강간하려고 폭행이나 협박을 가하자 이를 피해기 위하여 탈출하려다가 추락사한 경우에 강간치사죄를 인정하고(대판 95도425), 승용차에 피해자를 태우고 질주하던 중 피해자가 차량을 빠져나오다가 떨어져 사망한 경우에 감금치사죄의 성립을 인정한 것은 이해되지만, 폭행을 당하던 피해자가 별개의 폭행을 피하기 위하여 숨으려다가 실족사한 경우(대판 90도1786), 상해행위를 피하려다가 다른 차량에 치여 사망한 경우(대판 96도529)에도 폭행치사죄 및 상해치사죄를 인정한 것은 의문이다.

중한 결과의 직접성이 기본범죄의 행위와의 사이에 인정되어야 하는가(행위표준설), 아니면 기본범죄의 결과와의 사이에 인정되어야 하는가(결과표준설)가 문제된다. 결과가 기본범죄의 결과로부터 직접 발생한 것을 요구할 때는 상해치사죄가 성립하기 위하여 기본범죄가 치명상을 가하였을 것을 요구하며, 결과적 가중범은 기본범죄가 기수에 이를 것을 요건으로 하게 된다. 그러나 결과는 행위의 산물임에도 불구하고 행위가 내포한 전형적인 위험을 고려하지 않는 것은 부당하다. 따라서 중한 결과는 기본범죄의 행위로부터 직접 발생할 것을 요한다고 해야 한다.

판례

〈대판 90도1786〉 피고인들이 공동하여 피해자를 폭행하여 당구장 3층에 있는 화장실에 숨어 있던 피해자를 다시 폭행하려고 피고인 甲은 화장실을 지키고, 피고인 乙은 당구치는 기구로 문을 내려쳐 부수자 위협을 느낀 피해자가 화장실 창문 밖으로 숨으려다가 실족하여 떨어짐으로써 사망한 경우에는 피고인들의 위 폭행행위와 피해자의 사망 사이에는 인과관계가 있다고 할 것이므로 폭행치사죄의 공동정범이 성립한다.

〈대판 85도1537〉 피고인과 피해자가 여관에 투숙하여 별다른 저항이나 마찰없이 성행위를 한 후, 피고인이 잠시 방밖으로 나간 사이에 피해자가 방문을 안에서 잠그고 구내전화를 통하여 여관종업원에게 구조요청까지 한 후라면, 일반경험칙상 이러한 상황아래에서 피해자가 피고인의 방문 흔드는 소리에 겁을 먹고 강간을 모면하기 위하여 3층에서 창문을 넘어 탈출하다가 상해를 입을 것이라고 예견할 수는 없다고 볼 것이므로 이를 강간치상죄로 처단할 수 없다.

3. 중한 결과에 대한 과실

가. 과실의 내용

결과적 가중범이 성립하기 위해서 중한 결과에 대한 과실, 즉 예견가능성이 있어야 한다. 과실범에서 주의의무는 예견의무와 결과방지의무를 내용으로 한다. 예견의무는 예견가능성을 전제로 한다. 그런데 결과적 가중범에서 예견가능성은 중한 결과의 발생에 대한 과실과 동의어에 지나지 않는다. 중한 결과는 기본범죄에 내포된 전형적 위험이 실현된 것에 지나지 않으므로 기본범죄를 범하였다는 점에서 이미 과실의 다른 요건은 충족된 것이며, 과실의 판단은 예견가능성에 의하여 좌우된다.

대법원은 상해치사죄에 관하여 "안면이나 흉부와 같이 인체의 중요한 부위를 강하게 타격하면 이로 인하여 정신의 흥분과 혈압의 항진을 초래하여 사망에 이를 수 있다는 것은 누구나 예견할 수 있다"고 판시하고 있다(대판 84도2183). 그러나, 폭행치사죄에서 폭행의 정도가 경미하여 사망의 결과를 예견할 수 없는 경우에 피해자의 특수체질(대판 85도303) 또는 특히 이례적인 일로 인하여(대판 90도1596)[9] 사망의 결과가 발생한 때에는 사망의 결과에 대한 예견가능성이 없기 때문에 폭행치사죄가 성립할 수 없다.

나. 과실의 기준시기

결과적 가중범에서 중한 결과에 대한 과실은 기본범죄, 즉 기본적 구성요건의 실행시에 존재해야 한다. 따라서 강간 후에 살해의 고의가 생겨 사람을 살해하거나, 그 후의 새로운 과실로 사람을 사망에 이르게 한 때에는 별개의 살인죄 또는 과실치사죄가 성립하며 결과적 가중범(강간치사죄)은 성립하지 않는다.

제3절 관련문제

1. 결과적 가중범의 공범

가. 결과적 가중범의 공동정범

결과적 가중범의 공동정범에 대하여 과실범의 공동정범을 부정하는 견해는 결과적 가중범은 고의범과 과실범의 결합형식으로서 기본범죄인 고의범의 공동정범과 중한 결과인 과실범의 동시범이 되며, 따라서 기본범죄에 대한 공동정범의 각자가 중한 결과에 대하여 과실이 있는 때에만 결과적 가중범의 죄책을 진다고 한다.

9) 피고인이 피해자에게 상당한 힘을 가하여 넘어뜨린 것이 아니라 단지 공장에서 동료 사이에 말다툼을 하던 중 피고인이 삿대질하는 것을 피하고자 피해자 자신이 두어걸음 뒷걸음치다가 회전 중이던 십자형 스빙기계 철받침대에 걸려 넘어진 정도라면, 당시 바닥에 위와 같은 장애물이 있어서 뒷걸음치면 장애물에 걸려 넘어질 수 있다는 것까지는 예견할 수 있었다고 하더라도 그 정도로 넘어지면서 머리를 바닥에 부딪쳐 두개골절로 사망한다는 것은 이례적인 일이어서 통상적으로 일반인이 예견하기 어려운 결과라고 하지 않을 수 없으므로 피고인에게 폭행치사죄의 책임을 물을 수 없다.

과실범의 공동정범이 가능하다는 견해에 의하더라도 주의의무위반의 공동이 있는 경우에만 결과적 가중범의 공동정범이 성립한다. 따라서 중한 결과에 대하여 과실이 있는 자와 없는 자가 기본범죄를 공동으로 행한 때에는 과실없는 자는 기본범죄에 대해여만 공동정범이 되고, 과실이 있는 자들만 결과적 가중범의 공동정범이 된다.

대법원은 결과적 가중범의 공동정범은 기본범죄를 공동으로 할 의사가 있으면 성립한다고 판시하고 있으나[10], 공동정범의 각자가 중한 결과를 예견할 수 있었던 경우에 한하여 그 성립을 인정하여야 할 것이다. 다만, 상해의 공동정범 가운데 1인이 살인의 고의로 사람을 살해하거나, 강간의 공동정범 가운데 1인이 강간의 기회에 피해자를 상해한 때에도 중한 결과에 대하여 고의없는 공동정범이 그 결과를 예견할 수 있었을 때에는 결과적 가중범인 상해치사죄(대판 91도580) 또는 강간치상죄(대판 83도3120)의 책임을 진다.

나. 결과적 가중범의 교사 · 방조

결과적 가중범에 대한 교사 · 방조도 가능하다. 그러나, 결과적 가중범에 대한 교사 · 방조가 성립하기 위해서는 기본범죄에 대한 교사 · 방조 외의 교사범 · 방조범에게도 중한 결과에 대한 과실이 필요하다. 정범이 중한 결과에 대하여 고의를 가졌거나 과실이 없었다는 것은 문제되지 않는다.

2. 결과적 가중범의 미수

결과적 가중범의 미수문제는 다음의 3가지 경우로 나누어 볼 수 있다.

첫째, 전통적으로 결과적 가중범의 미수범 처벌규정이 없을 때에는 기본범죄가 미수라도 중한 결과가 발생하면 결과적 가중범의 미수는 인정되지 않고 기수로 처벌하였다[11]. 그리고, 부진정 결과적 가중범, 예컨대 교통방해치사상죄(제188조), 중상해죄(제258조)에서도 상해의 고의가 있었지만 상해결과가 발생하지 않은 경우 결과적 가중범의 미수가 성립할 수 있으나 처벌규정이 없으므로 문제되지 않는다. 기본범죄의 고의기수범으로 처벌하면 족하다.

10) 〈대판 77도2913〉 결과적 가중범인 상해치사죄의 공동정범은 죽일 의사는 없이 폭행 기타의 신체침해행위를 공동으로 할 의사가 있으면 성립되고 결과를 공동으로 할 의사는 필요없다.

11) 〈대판 71도1294〉 강간미수에 그친 경우라도 강간의 수단인 폭행에 의하여 피해자에게 상처를 입혔으면 강간치상죄가 성립한다.

둘째, 개정형법상의 결과적 가중범의 미수범 처벌규정이 도입된 범죄, 예컨대 인질치상(제324조의3)과 인질치사(제324조의4)의 미수범처벌(제324조의5), 강도치상(제337조)과 강도치사(제338조), 해상강도치상(제340조 2항)과 해상강도치사(제340조 3항)의 경우 기본범죄가 미수에 그쳤는데 중한 결과가 발생한 경우 결과적 가중범의 미수로 처벌된다(제342조).

셋째, 성폭력특별법에서도 결과적 가중범의 미수범 처벌규정이 도입되었다. 동법 제5조 1항(특수강도강간)과 제6조(특수강간)의 치상(제9조 1항)과 동법 제7조(친족강간), 제8조(장애인에 대한 간음)의 치상(제9조 2항), 위 죄의 치사(제10조 2항)의 미수를 처벌하도록 하고 있다(제12조).

제 3 장
부작위범

제1절 부작위범의 의의 및 종류

1. 의의

부작위범이란 행위자가 할 수 있었고, 또 마땅히 해야 할 것으로 명령된 행위를 하지 않아서 구성요건적 결과가 발생한 경우 성립하는 범죄이다. 작위범이 금지규범을 위반하는 것과 달리 명령규범에 대한 위반행위가 부작위범죄이다. 작위범은 그 주체에 특별한 제한이 없지만, 부작위범이 성립하기 위해서는 행위주체에게 명령규범에 근거가 되는 보증인적 지위와 의무가 있어야 한다.

부작위의 행위성은 행위론에 따라 달리 설명된다. 첫째, 인과적 행위론에서는 부작위에 거동성이 없으므로 부작위를 행위로 포섭하는데 어려움이 있었다. 목적적 행위론 역시 부작위에서 목적적 행위지배의 입증하는데 어려움이 있어 부작위를 "잠재적 목적성" 또는 "행위목표에 대한 수단" 등으로 부작위를 설명하려 하였다. 그러나, 이러한 잠재적 목적성에서는 "목적달성을 위한 의사활동과 인과과정에 대한 목적적 조종"을 찾을 수 없는 문제가 있다[12].

부작위의 행위성은 행위를 "의사에 의하여 지배되거나 지배될 수 있는 사회적으로 중요한 인간의 행태"로 이해하는 사회적 행위론에 의하여 가장 잘 설명할 수 있다. 사회적 행위론에서 부작위는 아무 것도 하지 아니하는 단순한 무위가 아니라 "규범적으로 요구된 일정한 행위를 하지 않는 것"을 의미한다.

작위가 사물의 인과연관에 대한 적극적 작용과 조종에 본질을 두고 있음에 반하여, 부작위는 가능하고 기대되는 특정한 행위를 하지 않는데 본질이 있다.

---

12) 배종대 161/4.

2. 작위와 부작위의 구별

작위와 부작위는 대부분의 경우 쉽게 구별할 수 있다. 그러나 경우에 따라 작위와 부작위의 요소가 모두 포함되어 있어 형법적 판단의 대상이 작위인지 부작위인지가 명백하지 않은 경우가 있다. 특히 과실범에서 필요한 방어조치를 취하지 않고 행위한 점에 주의의무위반이 있는 때에는 작위와 부작위의 요소가 함께 포함되어 있다. 여기서 작위와 부작위를 구별하는 기준에 대하여 다음과 같이 견해가 대립한다.

우선, 법적 비난의 중점에 따라 판단해야 한다는 견해가 있다(평가적 관찰방법)[13]. 작위와 부작위의 구별은 자연과학적 · 인과적 분류가 아니라 법적 평가의 대상이라는 것을 이유로 한다. 그러나 법적 비난의 중점이 어디에 있는가는 법률심리의 결과 비로소 밝혀질 수 있는 것이므로, 이를 처음부터 요구하는 것은 비합리적 감정판단을 초래할 위험이 있다. 따라서 작위와 부작위의 구별이 명백하지 않을 경우 먼저 작위해당여부를 검토하여 작위범에 해당하지 않을 경우 보충적으로 부작위가 문제된다고 해석함이 타당하다(작위우선 판단설[14]). 판례도 후자의 입장을 취한다[15].

판례

①야간에 전조등을 켜지 않고 차를 몰고 가던 운전자가 행인을 친 경우, 상해라는 사상에 대한 비난의 중점은 부작위, 즉 전조등을 켜지 않은 것이 아니라 작위, 즉 전조등없이 행위한 것이다. ②또한 스프링클러와 같은 방화설비나 비상계단과 같은 피난설비를 충분히 갖추지 않은 채 호텔을 경영하다가 호텔화재로 사상사를 낸 경우 호텔경영지에게 돌아갈 사상에 대한 비난의 중점은 안정설비를 갖추지 않았다는 부작위에 있는 것이 아니라 화재사고예방에 대한 감독부주의라는 작위에 있다. ③소독되지 않은 중국산 염소털을 가공하도록 고용원들에게 교부함으로써 탄저병에 감염된 근로자가 사망한 사례(RGSt 63, 213) 및 법정간격을 위반하여 추월하다가 사고를 낸 경우(BGHSt 11, 1)에도 마찬가지 이유로 작위로 평가된다. 그러나 ④건강을 해칠 위험있는 제품을 유통에 제공한 사람은 그러한 위험을 방지해야 할 보증인적 지위에 있을 뿐만 아니라, 이러한 지위로부터 그 유해한 제품을 수거해야 할 보증인적 의무가 발생하기 때문에 부작위에 의한

---

13) 신동운 119면, 이형국 396면, 임웅 549면, 정/박 469면.

14) 배종대 161/7, 이재상 10/4, 오영근 16/9, 조상제, "현행 부작위범규정(형법 제18조)의 개정방안, 고려법학 제49호(2007), 429면 이하.

15) 〈대판 71도1176, 대판 96도51〉 "세무공무원이 범칙사건을 수사하고 관계서류를 작성함에 있어 그 혐의사실을 고의로 은폐하기 위하여 내용허위의 전말서나 진술조서 등을 작성 · 행사하였다면 허위공문서작성 · 행사죄만이 성립하고 직무유기죄는 성립하지 않는다".

의한 사상 또는 부작위에 의한 과실치상으로 평가된다.

3. 부작위범의 종류

가. 진정부작위범과 부진정부작위범

부작위범은 다시 진정부작위범과 부진정부작위범으로 나뉜다.

진정부작위범은 행위에 대한 명령규범을 부작위로 위반하는 범죄로서 명령된 활동을 단순히 이행하지 않거나 거부함으로써 성립하는 범죄이다. 전시군수계약불이행죄(제103조 1항), 다중불해산죄(제116조), 집합명령위반죄(제145조 2항), 퇴거불응죄(제319조 2항)가 이에 해당한다.

부진정부작위범은 결과방지의 의무있는 보증인이 부작위로써 작위범의 구성요건을 실현하는 범죄이다. 우리 형법 제18조(부작위)는 일정한 전제하에서 결과방지에 나아가지 않은 부작위를 적극적인 작위에 의한 결과야기와 동일시함으로써 형법각칙상 구성요건의 적용범위를 2배나 확장시켜 주고 있다[16].

나. 구별기준

진정부작위범과 부진정부작위범을 구별하는 기준에 대해서는 형식설과 실질설의 대립이 있다.

형식설은 입법자가 규정한 구성요건의 형식적 유형에 따라 진정부작위범과 부진정부작위범을 구별한다. 진정부작위범은 구성요건 자체가 부작위의 형식으로 규정되어 있어 부작위에 의해서만 실현가능한 범죄(우리나라 통설)로서 형법각칙상 다중불해산죄(제116조), 퇴거불응죄(제319조 2항), 전시군수계약불이행죄(제103조 1항), 집합명령위반죄(제145조 2항)가 여기에 속한다. 이에 대하여 부진정부작위범은 부작위에 의하여 작위범의 구성요건을 실현하는 경우를 말한다. 산모가 영아에게 젖을 주지 않아 굶어죽게 하거나, 이미 발생한 화재를 소화하지 아니하여 살인죄 또는 방화죄를 범하는 경우가 여기에 해당한다.

실질설은 범죄의 내용과 성질을 검토하여 양자를 실질적 관점에서 구별하는 견해이다. 독일 다수설의 입장이다. 진정부작위범은 단순한 부작위에 의하여 충족됨에 반

16) 김일수/서보학 352면.

하여(거동범), 부진정부작위범은 결과의 발생을 요한다(결과범). 진정부작위범은 결과의 발생을 요하지 않으므로 형법의 특별한 규정이 있는 때에만 처벌할 수 있음에 반하여, 결과의 발생을 요하는 부진정부작위범은 특별한 규정이 없는 경우에도 처벌할 수 있다. 실질설은 형법이 특별히 진정부작위범의 처벌을 규정하고 있는 근거를 밝혔다는 점에서 기여한 바가 있으나, 이에 의하면 결과발생이 필요없는 거동범에 대해서는 부진정부작위범이 성립할 수 없게 된다. 그러나, 결과범에만 부진정부작위범이 성립한다고 할 이유가 없고[17] 거동범에 대해서도 부진정부작위범이 성립가능하므로 형식설[18]이 타당하다고 생각된다.

제2절 부작위범의 성립요건

진정부작위범이건 부진정부작위범이건 범죄가 성립하기 위해서는 작위범의 체계처럼 구성요건해당성, 위법성, 책임이 있어야 한다. 그리고, 진정부작위범에 관하여는 각칙에서 부작위를 처벌하는 특별규정을 두고 있으므로 별 문제가 없으나, 부진정부작위범은 작위의 형식으로 규정되어 있는 구성요건을 부작위에 의하여 실현하는 경우이므로 작위범과의 동치성(Gleichstellung)이 필요하다. 이 동치성에는 두가지 요소가 있다. 첫째가 보증인 지위, 둘째가 행위태양의 동가치성(Gleichwertigkeit)이다. 행위태양의 동가치성을 상응성(Entsprechung)이라고도 부른다.

1. 보증인적 지위 (동가성의 제1요소)

금지규범을 전제로 하여 작위를 금지하는 작위범의 구성요건을 부작위에 의하여 실현하기 위해서는 부작위범의 일반적 구성요건 이외 부작위가 작위와 같이 평가될 수 있는 요소, 즉 부작위의 동가치성이 필요하다. 그 첫 번째 요소가 보증인 지위이다. 형법 제18조가 "위험의 발생을 방지할 의무가 있거나 자기의 행위로 위험발생의

17) 예컨대, 다중불해산죄를 현행법과 달리 "해산하지 않음으로써 공공의 위험을 발생시킨 자"라고 규정하였다면 독일형법식의 분류에 의하여 결과범으로서 부진정부작위범이 되지만, 우리 형법에서는 부작위의 형식으로 규정되어 있으므로 진정부작위범이 된다.

18) 우리나라 다수설. 김성돈 513면, 배종대 163/4, 이재상 10/22, 오영근 16/20.

원인을 야기한 자가 그 위험발생을 방지하지 아니한 때에는 그 발생된 결과에 의하여 처벌한다"고 규정한 것은 보증인 지위에 있는 자의 부작위만이 문제됨을 의미한다.

부작위범의 보증인 지위를 인정하기 위해서는 ①법익의 담당자가 위협되는 침해에 대하여 스스로 보호할 능력이 없고 ②부작위범에게 그 위험으로부터 법익을 보호해야 될 작위의무가 있고(보증인 의무) ③부작위범이 이러한 보호기능에 의하여 법익침해를 야기할 사태를 지배하고 있어야 한다. 여기서 보증인 지위를 인정하기 위한 가장 중요한 요소는 작위의무이다.

보증인 의무는 법적 의무이자 행위자의 신분상 지위로 인하여 특별히 주어진 것이어야 한다. 따라서 모든 사람이 다같이 부담하는 일반적 부조의무[19], 과실범의 객관적 주의의무와 같은 법적 의무는 보증인 의무가 아니다.

가. 보증인적 지위의 체계적 지위

①위법성요소설(종래통설)에 의하면 종래 부진정부작위범에서 작위의무위반을 위법성의 요소로 이해하고 부작위범의 동가치성은 위법성의 특수성에 있다고 보았다. 즉 부진정부작위범의 구성요건은 위법성을 징표하지 못하며, 구성요건적 결과를 방지해야 법적 의무있는 자가 그 의무에 위반하여 부작위를 한 때에 비로소 위법성이 인정된다. 그리고 작위의무에 관한 착오는 위법성의 착오로 보아야 한다는 결론에 이른다. 위법성요소설에 대해서는 (i)명령규범에 위반하지 않는 사람의 부작위도 구성요건에 해당하게 되어 부작위범의 구성요건해당성이 부당하게 확대되고 (ii)작위의무있는 자의 부작위도 작위범에 있어서 작위와 같이 구성요건요소가 되어야 함에도 위법성요소설에 의하면 위법성단계에 이르러 작위의무가 문제되고 (iii)일반적으로 구성요건이 위법성을 징표하는 기능을 가짐에도 불구하고 부작위범에 대해서만 작위의무를 위법성요소로 파악하는 것은 부당하다는 비판이 제기된다.

위법성요소설의 위와 같은 문제점으로 인하여 ②보증인설이 등장하였는 바, 이에 의하면 부진정부작위범에서 부작위를 작위와 같이 평가하기 위해서는 부작위범이 결과발생을 방지해야 할 작위의무에 의하여 법익을 침해하지 않을 것을 법적으로 보증

19) 경범죄처벌법 제1조 7호(관리장소에서 발생한 요부조자 등 신고불이행) 및 36호(재해 또는 화재, 교통사고 등 범죄발생시 공무원 원조불응), 독일형법 제323조 선한 사마리아인 규정 등.

하는 보증인 지위에 있음을 요하며, 이러한 보증인의 부작위만 작위와 같은 가치를 가지게 되어 보증인 지위가 부진정부작위범의 구성요건요소가 된다. 보증인설에 따르면 부진정부작위범은 보증인 지위가 있는 사람만이 범할 수 있는 진정신분범의 성격을 가지게 된다. 그러나 작위범에서 법적 의무가 구성요건요소가 아님에도 부작위범에서만 작위의무를 구성요건요소라고 하는 것은 부당하다.

여기서 ③보증인 지위는 구성요건요소이나 보증인의무는 위법성의 요소로 보는 2분설이 등장하게 되었다(통설). 2분설에서 보증인 지위의 착오는 구성요건착오가 되고 작위의무에 관한 착오는 위법성의 착오가 된다. 작위의무는 체계적으로 구성요건고의의 인식대상인 구성요건표지가 아니라 단지 위법성과 관련된 일반적 범죄표지로서 불법의식의 인식대상이 될 뿐이므로 이분설이 타당하다고 할 것이다. 마치 작위범에서 금지의무위반에 대한 인식이 불법의식이 되듯이, 부진정부작위범에서는 명령의무위반에 대한 인식이 불법의식이 되는 것이다.

나. 보증인 지위의 발생근거와 내용

형식설에 의하면 부진정부작위범에서 작위의무의 발생근거는 법령, 계약, 선행행위이다. 형식설에 대해서는 (i)선행행위로 인한 작위의무는 형법의 동가치판단에 앞서는 조형법적 특수의무를 전제로 하는 것이 아니므로 형식설과 일치할 수 없고 (ii)형법적 작위의무 인정을 사법적 사고에 예속시키며, (iii)작위의무의 내용과 한계를 명확히 할 수 없다는 비판이 제기된다.

여기서 아민 카우프만(Armin Kaufmann)은 보증인 의무를 실질적 관점에서 파악할 것을 주장하고 이를 법익의 보호기능에 의한 작위의무인 보호의무와 위험에 대한 감시의무에 따른 안전배려의무로 분류하였다. 이를 실질설 내지 기능설이라 한다. 그러나, 보증인 의무의 법적 발생근거를 전혀 고려하지 않고 기능설에 의해 설명할 경우 보증인 의무가 지나치게 확대되는 문제가 있다.

생각건대, 형식설은 작위의무의 내용과 한계를 명확히 정할 수 없는 난점이 있고 실질설은 보증인의무가 지나치게 확대할 위험이 있으므로 양자를 절충하여 보증인의무를 파악하는 것이 타당하다.

다. 보증인 지위의 내용과 한계

1) 보호의무와 관련된 보증인 지위

①가족적 보호관계

보증인의무가 발생하는 가장 강력하고 명백한 근거는 가족과 같은 자연적 결합체이다. 친권자의 보호의무, 친족간 부양의무, 부부간 부양의무 등이 다 여기서 발생한다. 따라서 아버지를 독살하려는 것을 알고 방치한 때에는 살인방조죄의 죄책을 면할 수 없고(BGHSt. 19, 167), 남편이 자살을 기도하여 의식을 잃고 있는 것을 방치한 경우 자살방조죄의 책임을 면할 수 없다. 그러나, 부부사이에는 상대방의 범죄를 저지해야 할 보증인의무가 없다[20]. 부부사이에서 발생하는 보호의무는 타방의 법익을 보호하기 위한 의무이지 타방을 감독할 안전의무가 아니기 때문이다.

②긴밀한 연대관계

탐험, 등산 등 위험한 일을 함께 하는 사람들끼리의 위험공동체에서는 각 구성원들의 보증인 지위가 인정된다. 그러나 비자의적 연대관계는 그것이 공동체를 형성한다해도 보증인 지위가 발생하지 않는다. 예컨대 교도소내 재소자 상호간, 군내부반 동료군인 상호간에는 보증인 지위가 인정되지 않는다.

③보호기능의 자의적 인수

고용계약에 의한 보호의무인수, 환자간호를 맡은 간호사나 호스피스, 등산의 인도를 맡은 등산안내인, 수영지도를 맡은 수영교사, 환자의 치료를 맡은 의사에게는 보증인 지위가 인정된다. 여기서 중요한 것은 인수인이 일정한 보호의무를 사실상 자의로 인수했느냐 여부이다. 인수관계는 보통 계약이나 사무관리에 의하여 발생하지만 반드시 계약상 또는 사법상 근거를 필요로 하는 것은 아니고 계약이 무효이거나 유효기간이 종료된 후에도 사실상 보호를 계속하고 있으면 보증인 지위가 인정된다.

---

20) 이에 대해 BGSt 6, 332는 서로 상대방의 범죄행위를 저지할 보호의무가 있다고 판시한 바 있으나 많은 학자들에 의하여 비판받는다. Dreher/Tröndle, §13 Rn. 6/Haft, S. 181; Jescheck/Weigend, S. 628; Rudolphi, SK Rn. 36 a; Sch/Sch/Stree, Rn. 53.

판례

〈대판 96도1639〉 백화점에서 바이어를 보조하여 특정매장에 관한 상품관리 및 고객들의 불만사항 확인 등의 업무를 담당하는 직원은 자신이 관리하는 특정매장의 점포에 가자 상표가 새겨진 상품이 진열 · 판매되고 있는 사실을 발견하였다면 고객들이 이를 구매하도록 방치하여서는 아니되고 점주나 그 종업원에게 즉시 그 시정을 요구하고 바이어 등 상급자에게 보고하여 이를 시정하도록 할 근로계약상 · 조리상의 의무가 있다".

〈대판 85도1906〉 아파트 지하실의 소유자에게 임차인이 지하실에 대한 용도변경행위를 방지할 의무가 있다.

2) 위험원에 대한 안전의무로 인한 보증인 지위

①선행행위

선행행위자는 선행행위로 인한 위험이 구성요건적 결과로 발전하지 않도록 할 보증인 지위가 있다. 그러나 선행행위만으로 언제나 결과방지의 의무를 인정하는 것은 보증인 지위를 지나치게 확대하는 결과를 초래한다. 따라서 선행행위로 인한 보증인 지위를 인정하기 위해서는 첫째, 선행행위가 결과발생에 대한 직접적이고 상당한 위험을 야기해야 하며(따라서 단순히 칼을 빌려준 것만으로 그 칼을 사용한 범죄의 보증인이 되는 것은 아니다), 둘째, 선행행위가 객관적으로 의무에 위반했거나 위법한 것이거나 불법한 것이어야 하며(적법한 선행행위가 있는 경우에는 선행행위가 발생하지 않는다. 예컨대 정당방위에서 공격자기 피해를 입었다고 하여 방위자가 공격자의 생명에 대한 보증인이 될 수는 없다), 셋째, 의무위반은 그 법익을 보호하기 위한 규범을 침해한 것이어야 한다(간통관계를 맺고 있는 것만으로 이혼소송에서 위증을 방지해야 할 보증인의무가 있는 것은 아니다).

선행행위로 인한 보증인 지위의 예로는 지하시설물을 구축하기 위해 구덩이를 판 자는 주위에 통행금지 표지판을 세우거나 야간에 조명시설을 설치하여 위험이 발생하지 않도록 보증해야 하고, 타인에게 고의 또는 과실로 상해를 입힌 자는 그를 구호할 의무가 있다. 신뢰의 원칙이 적용될 운전자나 정당방위로 행위한 자에게 상해나 중상을 입은 피해자를 구조해야 할 보증인의무가 있는가에 대해서 긍정설과 부정설이 대립하나 부정설이 타당하다. 이들은 피해자에 대한 일반적 부조의무(Hilpspflicht)는 있을지 몰라도 이를 넘어가는 특별한 구조의무(Rettungspflicht)는 발생하지 않기 때문이다.

우리나라 도로교통법은 사고운전자에게 비록 위법하지 않은 사고였을지라도 필요한 구호조치를 취하도록 하는 부조의무를 법적으로 과하고 있다. 따라서 위법하지 않은 사고를 일으킨 운전자라도 일단 일정한 부조의무를 행하지 않으면 진정부작위범으로서 도로교통법 제106조, 제50조 1항(교통사고운전자의 구호의무)에 의한 처벌을 받는다. 또한 과실없는 사고운전자가 도로교통법상 부과된 구조의무를 행하지 않고 현장을 이탈하면 공법상 부과된 부조의무를 다하지 않았기 때문에 형법상 유기죄(제272조)에도 해당되고 양죄는 상상적 경합관계에 있다. 그러나 특가법 제5조의3에 규정된 이른바 '뺑소니 범죄'는 형법 제268조에 규정된 업무상과실치사상죄를 범한 사람만이 행위주체가 될 수 있기 때문에 사고자체에 과실이 없는 운전자는 구호의무를 행하지 않고 현장을 이탈하더라도 뺑소니죄에는 해당하지 않는다.

②위험원의 감독

위험한 물건, 시설, 기계 또는 동물의 소유자와 점유자는 이로 인하여 발생한 위험이 타인의 법익을 침해하지 않도록 감독할 보증인 의무가 있다. 임대 · 전세건물의 소유자는 어두운 계단에 조명시설을 갖출 의무가 있고, 건축공사장의 감독자, 야구장 골프연습장과 같은 운동시설의 소유자는 안전그물망 시설의무가 있으며, 생산기업체 내 안전관리 책임자에게도 보증인 의무가 있다.

③타인의 행위에 대한 감독

제3자의 행위에 대한 책임 때문에 보증인 지위가 인정되는 경우가 있다. 책임무능력자의 친권자 또는 후견인, 학생을 지도 · 감독하는 교사, 부하직원을 감독하는 상사, 선원을 통솔하는 선장, 부하사병을 지휘하는 군지휘관, 재소자를 감독하는 교도관 등이 이에 해당한다. 대부분 법령상의 근거가 있는 경우에 한하지만, 계약상 또는 사실상 인수에 의한 경우도 있다. 예컨대 변호사가 법률사무소직원의 변호사법 위반행위를 알고 방치한 경우 부작위에 의한 방조가 성립한다. 대법원은 부하직원의 배임행위를 방치한 은행지점장에게는 배임죄의 방조가 성립하고(대판 84도1096), 백화점의 상품관리를 담당하는 직원이 가짜 상표가 새겨진 상품을 판매하는 점주의 행위를 방치한 때에는 상표법위반 등의 방조죄가 성립한다고 판시하고 있다(대판 96도1639).

감독권에 의한 보증인 의무의 범위는 피감독자의 범죄행위를 방지하는데 그치며 피해자를 구조할 의무까지 인정되는 것은 아니다.

2. 행위태양의 동가치성 (동가성의 제2요소)

①부진정부작위범의 성립요건은 보증인적 지위만으로 충분하지 않다. 환자의 진료를 거부하여 환자가 사망한 경우 의사는 작위에 의한 살인과 같은 책임을 져야하는가? 이와같이 요건행위태양의 동가치성이란 부진정부작위범의 기술되지 않은 구성요건요소로서 부작위범의 수단 · 방법이 작위범의 수단 · 방법과 동일하거나 또는 같은 가치가 있는 것으로 평가될 때 인정된다.

구성요건이 특별한 행위양태를 규정하고 있지 않은 단순결과범(살인, 상해, 손괴, 방화 등)에서는 동가치성이 문제될 여지가 없으나, 일정한 행위태양을 요구하는 범죄(사기, 공갈, 강제추행, 특수폭행)에서는 부작위가 구성요건이 요구하는 방법에 해당해야 한다(행태의존적 결과범). 따라서 어떤 범죄행위가 부작위에 의하여 충족될 수 있는가의 문제는 결국 각칙상의 개별적 구성요건의 해석에 의하여 결정된다고 하겠다. 예컨대 사기죄에서 기망이 성립하려면 단순히 상대방의 착오를 불러일으키는 것으로는 부족하고 그 행위가 거래에서 통상 요구하는 신의칙에 반하는 것이어야 한다. 특정시술을 받으면 아들을 낳을 수 있을 것이라는 착오에 빠져있는 피해자들에게 그 시술의 효과와 원리에 관하여 사실대로 고지하지 아니한 채 아들을 낳을 수 있는 시술인 것처럼 가장하여 일련의 시술과 처방을 행한 의사(대판 99도2884), 임대차계약을 체결하면서 임차인에게 임대목적물이 경매진행중인 사실을 알리지 아니한 임대인(대판 98도3263, 대판 79도2734), 토지에 대하여 도시계획이 입안되어 있어 장차 협의매수되거나 수용될 것이라는 사정을 매수인에게 고지하지 아니한 매도인 (대판 93도14, 대판 81도1638) 등에서 신의칙에 반한 사기죄가 인정된다.

②행위태양의 동가치성의 체계적 위치는 동가치성의 표지가 행태의존적 결과범에만 제한적으로 적용된다고 보는 한 보증인 지위와 같이 객관적 불법구성요건요소로 보아야 할 것이다.

판례

〈대판 91도2951〉 부작위범의 동가치성

피고인이 조카인 피해자(10세)를 살해할 것을 마음먹고 저수지로 데리고 가서 미끄러지기 쉬운 제방 쪽으로 유인하여 함께 걷다가 피해자가 물에 빠지자 그를 구호하지 아니하여 피해자를 익사하게 한 것이라면 피해자가 스스로 미끄러져서 물에 빠진 것이고, 그 당시는 피고인이 살인죄의 예비 단계에 있었을 뿐 아직 실행의 착수에는 이르지 아니하였다고 하더라도, 피해자의 숙부로서 익사의 위험에 대처할 보호능력이 없는 나이 어린 피해자를 익사의 위험이 있는 저수지로 데리고 갔던 피고인으로서는 피해자가 물에 빠져 익사할 위험을 방지하고 피해자가 물에 빠지는 경우 그를 구호하여 주어야 할 법적인 작위의무가 있다고 보아야 할 것이고, 피해자가 물에 빠진 후에 피고인이 살해의 범의를 가지고 그를 구호하지 아니한 채 그가 익사하는 것을 용인하고 방관한 행위(부작위)는 피고인이 그를 직접 물에 빠뜨려 익사시키는 행위와 다름없다고 형법상 평가될 만한 살인의 실행행위라고 보는 것이 상당하다.

제3절 부작위범의 처벌

형법은 부진정부작위범의 처벌에 관하여 아무런 규정도 두고 있지 않다. 따라서 부진정부작위범도 작위범과 같이 처벌하면 된다. 그러나 결과의 발생을 방지하지 않은 부진정부작위범의 책임은 작위범의 경우에 비하여 경미하다고 할 수 있고, 부작위가 작위와 동가치성이 인정된다고 할지라도 대부분의 경우 그 불법내용이 작위범의 경우보다 가볍다고 할 수 있다. 이와 같이 부작위의 행위반가치가 작위에 비하여 경미한 이상 입법론으로는 부진정부작위범의 형을 임의적 감경사유로 하는 것이 바람직하다[21].

21) 이재상 10/38.

제4절 관련문제

1. 부작위범의 미수

부작위범에서도 미수범이 성립할 수 있다. 부작위범에서 실행의 착수시기는 보호법익에 대한 급박하고 구체적인 위험이 있음에도 불구하고 부작위로 나아가 구성요건적 결과발생을 가능하게 한 때이다(통설).

2. 부작위범과 공범

가. 부작위범에 대한 공범

부작위범에 대하여도 적극적인 작위에 의한 교사와 방조가 가능하다. 여기서 교사란 부작위범에게 구성요건적 상황을 인식하면서 부작위에 나갈 결의를 일으키게 하는 것을 말한다. 또한 부작위하겠다는 부작위범의 결의를 강화하는 방법에 의한 방조도 가능하다. 부작위범에 대한 교사 · 방조는 보증인 지위와 관계없이 가능하다.

부작위범 사이의 공동정범도 다수의 부작위범에게 공통된 의무가 부여되어 있고 의무를 공동으로 이행할 수 있을 때에만 성립한다(대판 2008도89). 작위범과 부작위범 사이의 공동정범도 이론상 가능하며, 부작위범을 도구로 이용한 간접정범도 있을 수 있다. 예컨대, 보증인 지위에 있는 사람을 협박 또는 기망하여 부작위하게 하는 경우가 여기에 해당한다.

나. 부작위에 의한 공범

부작위에 의한 교사는 불가능하지만, 보증인 지위의 구비를 전제로 부작위에 의한 방조는 가능하다.

4

제 4 편

죄수론

제1장 죄수의 일반이론

제2장 일죄

제3장수죄

제1장
죄수의 일반이론

제1절 죄수의 의의 및 결정기준

1. 의의

죄수론이란 범죄의 수가 1개인가 또는 수개인가를 밝히는 문제로서 형의 적용과 형사소송법상 공소의 효력, 기판력의 범위 등에서 중요한 의미를 가지는 문제이다.

형법은 죄수론에 관하여 총칙 제2장에서 제37조 내지 제40조에 걸쳐 경합범과 상상적 경합을 규정하고 있다. 그러나 죄수론은 행위자가 한 개 또는 수개의 행위로 같은 구성요건을 수회 실현하거나 수개의 구성요건을 실현한 경우에 어떤 범죄가 성립하는가, 즉 그것이 일죄인가 수죄인가 뿐만 아니라, 어떻게 처벌할 것인가도 해결해야 한다. 이러한 의미에서 죄수론은 범죄론과 형벌론에 모두 관련된 문제이며, 범죄론과 형벌론의 중간에 위치하는 이론이라고 할 수 있다.

2. 죄수결정기준

가. 행위표준설

범죄의 본질이 행위에 있다고 보는 객관주의 범죄론의 입장에서는 행위를 표준으로 하여 행위가 하나이면 범죄도 하나고 행위가 수개면 범죄도 수개라고 한다. 행위표준설에 의하면 행위가 수개인 연속범은 수죄, 행위가 하나인 상상적 경합은 일죄가 되는데, 이는 현행법의 태도와 부합하지 않는다.

판례는 강간과 추행의 죄[1], 간통죄[2], 공갈죄[3]에서 행위표준설을 취하고 있다. 행위표준설에 의하면, 수개의 행위로 1개의 범죄요건을 실현한 경우도 수죄가 되는 결함이 발생한다(강도강간죄 등).

나. 법익표준설

범죄의 본질을 법익침해라고 보는 객관주의 범죄론의 입장에서 범죄의 수를 범죄행위로 인하여 침해되는 보호법익의 수 또는 결과의 수를 기준으로 하여 결정하려고 한다. 따라서 1개의 행위에 의하여 수개의 법익을 침해하였거나 수개의 결과를 발생케 한 경우는 수죄이지만, 수개의 행위에 의하여 1개의 법익을 침해하면 일죄가 된다. 이에 의하면 상상적 경합은 실질상 수죄이지만 처벌상 일죄로 취급하는데 불과하다.

판례[4]는 위조통화를 행사하여 재물을 불법영득하면 위조통화행사죄와 사기죄의 경합범이 된다고 하여 법익표준설을 취하였으며, 포괄일죄 특히 연속범의 경우 이외에는 원칙적으로 법익표준설을 취하고 있다. 법익표준설은 상상적 경합이나 수개의 법익침해행위가 1개의 범죄를 구성하는 경우를 설명하지 못하는 문제가 있다.

다. 의사표준설

행위자의 범죄의사를 기준으로 죄수를 결정한다. 범죄의사가 1개이면 범죄도 1개, 의사가 수개이면 범죄도 수죄가 된다. 이에 의하면, 상상적 경합과 의사의 단일성이 인정되는 연속범은 일죄가 된다.

판례는 수개의 수뢰행위가 동일한 상대방에 대해 단일한 범의에 의하여 계속되고 피해법익도 동일하면 포괄하여 일죄로 본다(연속범)[5]. 또한, 폭행후에 강간의 범의가 일어난 경우에는 별개의 독립한 죄를 구성하지만(대판 83도304), 소유자를 달리하는 수필지의 임야를 훼손한 때에도 단일하고 계속적인 의사가 인정되는 이상 포괄일죄가 된다고

---

1) 〈대판 82도2442〉 "미성년자의제강간죄 또는 미성년자의제강제추행죄는 행위시마다 한 개의 범죄가 성립한다".

2) 〈대판 82도2448〉 "간통죄는 성교행위마다 1개의 간통죄가 성립한다".

3) 대판 4290형상360.

4) 대판 79도840.

5) 대판 98도3584.

판시한 것(대판 83도122)은 의사표준설의 입장에 따른 것이라고 할 수 있다. 그러나 의사표준설도 범죄의 수를 범죄의사에 의해 결정함으로써 범죄의 정형성을 무시하고, 하나의 범죄의사를 가졌다고 다수의 범죄결과가 발생한 때에도 일죄라고 하는 것은 옳지 않다는 비판을 받고 있다.

라. 구성요건표준설

구성요건해당사실을 기준으로 구성요건해당사실이 1개이면 범죄도 1개, 수개이면 수죄라고 보는 견해이다. 이에 의하면, 상상적 경합은 원래 수죄이지만 과형상 일죄가 될 뿐이다.

판례중에는 예금통장과 인장을 절취한 행위와 저금환급금수령증을 위조한 행위는 별개의 구성요건을 충족하므로 경합범이 된다고 하여 구성요건표준설을 취한 것이 있다[6]. 그러나 구성요건을 몇 번 충족했는 가는 결정하기가 쉽지 않고, 반복된 행위가 동일한 구성요건에 해당할 경우 죄수를 명백히 하기 어렵다는 비판을 받는다.

마. 결론

범죄는 객관적 요소와 주관적 요소의 결합으로 이루어져 있으므로 법익과 범죄의사를 모두 고려하여 죄수를 밝혀야 한다. 따라서 법익이나 의사의 하나만으로 범죄의 수를 결정하고자 하는 법익표준설이나 의사표준설은 타당하지 않다.

형법 제40조는 "1개의 행위가 수개의 죄에 해당하는 경우에는 가중 중한 죄에 정한 형으로 처벌한다"고 하여 상상적 경합의 처벌례에 대하여 규정하고 있으며, 제37조는 "판결이 확정되지 아니한 수개의 죄 또는 금고 이상의 형에 처한 판결이 확정된 죄와 그 판결확정 전에 범한 죄를 경합범으로 한다"고 하여 동시적 경합범의 처벌례를 규정하고 있다. 따라서 형법의 해석상 행위와 죄는 동의어가 될 수 없으며, 죄수결정에서도 죄가 행위를 의미한다고 할 수 없다. 이러한 의미에서 구성요건표준설이 기본적으로 타당하다. 범죄는 자연적 · 현실적 사건이 아니라 행위를 구성요건이라는 관점에서 평가한 것이기 때문이다. 그렇다면 구성요건표준설에 의해서 구성요건 충족의 횟수를 어떻게 결정한 것인가가 문제되는데, 죄수결정의 기준으로서 행위도 자연적

6) 대판 68도1510, 대판 99도3822.

의미에서의 행위가 아니라 구성요건적 행위를 의미한다고 보아야 한다. 그리고 행위의 수는 범죄의사와 법익을 떠나서 판단할 수 없다. 즉, 1개의 행위로 1개의 구성요건을 실현하면 일죄이고, 1개의 행위(상상적 경합) 또는 수개의 행위(경합범)로 수개의 구성요건을 실현하면 수죄이지만, 여기에는 범죄의사와 법익을 동시에 고려해야 한다. 대법원이 구체적 사건에 따라 여러 표준에 의하여 죄수를 결정한 이유도 이러한 의미에서 이해할 수 있다.

제2절 수죄의 처벌원칙

수죄를 어떻게 처벌할 것이냐에 대하여 입법례, 형벌의 종류에 따라 태도가 일치하지 않는다. 수죄의 처벌에 관하여 적용되는 기본원칙에는 다음의 원칙들이 있다.

1. 병과주의

병과주의는 각 죄에 정한 형을 병과하는 원칙이다(영미법). 우리 형법은 경합범에서 각죄에 정한 형이 무기징역이나 무기금고 이외 이종의 형인 경우 병과주의를 채택하고 있다(제28조 1항 3호). 병과주의에 대해서는 ①자유형 가운데 유기형을 병과하는 때에는 실질적으로 무기형과 같은 효과를 가져오게 되어 형벌의 성질을 바꾸는 결과가 되고, ②병과주의의 기초가 되고 있는 개개의 형의 가산은 자유형 뿐만 아니라 벌금형에 있어서도 본래의 개개의 형벌보다 심한 고통을 주기 때문에 정당한 형벌이 될 수 없다는 비판이 제기된다.

2. 흡수주의

흡수주의는 수죄 가운데 가장 중한 죄에 정한 형을 적용하고 다른 경한 죄의 형은 여기에 흡수한다는 원칙이다. 형법은 상상적 경합(제40조)과 경합범 가운데 중한 죄에 정한 형이 사형 또는 무기징역이나 무기금고인 때(제38조 1항 1호)에 흡수주의를 적용하고 있다. 흡수주의는 경한 죄에 정한 형의 하한이 중한 죄에 정한 형의 하한보다 높은 때에 경한 죄의 하한 이하로 처벌할 수 있느냐는 문제와 관련하여 각 죄에 정한 형의 결합을 요구하는 결합주의로 나타난다.

3. 가중주의

가중주의는 수개의 죄중 가장 중한 죄의 형에 일정한 형을 가중하여 처벌하는 원칙이다. 스위스 형법(제49조)과 오스트리아 형법(제28조)은 상상적 경합과 경합범을 모두 가중주의에 의하여 벌하고 있지만, 우리 형법은 경합범에서 각죄에 정한 형이 사형 또는 무기징역이거나 무기금고 이외의 동종의 형인 경우에 가중주의를 채택하고 있다(제38조 1항 2호).

제 2 장
일죄

<table>
<tr><td rowspan="3">일죄</td><td rowspan="2">단순일죄
(외형상 경합,
부진정 경합)</td><td>법조경합</td><td>특별관계
보충관계
흡수관계</td></tr>
<tr><td>포괄일죄</td><td>결합범
계속범
집합범
접속범
연속범</td></tr>
<tr><td colspan="3">과형상(처분상) 일죄: 상상적 경합</td></tr>
</table>

제1절 일죄의 의의 및 종류

범죄의 수가 1개인 것, 즉 범죄행위가 하나의 구성요건에 해당하는 경우를 일죄라고 한다. 일죄의 대표적 경우는 1개의 자연적 의미의 행위로 1개의 구성요건을 충족하는 경우이다. 그러나 죄수론에서의 행위는 자연적 의미의 행위가 아니라 구성요건적 행위가 문제된다. 따라서 1개 또는 수개의 행위가 수개의 구성요건을 충족하지만 구성요건 상호간의 관계에 따라 1개의 구성요건만 적용되거나, 하나 하나가 독자적으로 구성요건을 충족하는 수개의 행위가 포괄하여 일죄를 구성하는 경우가 있다. 전자를 법조경합, 후자를 포괄일죄라고 한다. 법조경합과 포괄일죄를 포함하여 1개의 구성요건을 1회 충족하는 경우를 일죄라고 하며, 이는 실질상은 수죄이지만 일죄로 처벌하는데 불과한 과형상의 일죄와 구별된다[7].

7) 김일수 교수는 단순일죄와 포괄일죄의 구분은 이론상 무의미할 뿐만 아니라 인식론적으로 불가능하다고 한다. 즉 위의 구분론은 ①행위가 하나인가 수개인가 여부는 지각되는 그대로 자명하게 인식될 수 있고 ②범죄행위의 불가분성은 소박하게 지각되는 그대로 자명하게 인식될 수 있으며 ③포괄일죄는 본래 수죄인데 평가상 일죄로 포괄되는 것이며, 이 포괄성 역시 자명하게 인식될 수 있다는 전제에 근거하나, 우리에게 중요한 것은 단순과 포괄이라는 인식론적으로 유지될 수 없는 구분이 아니라 자연적 의미에서는

제2절 법조경합

1. 의의

법조경합이란 외형상으로는 수죄에 해당하는 것 같지만, 실제로는 한 구성요건이 다른 구성요건을 배척하여 단순일죄가 되는 경우를 말한다. 적용되는 구성요건의 불법내용이 배척되는 구성요건을 완전히 포섭하므로 수개의 구성요건을 적용하는 것은 이중평가금지원칙에 반한다.

법조경합은 또한 행위가 외관상으로만 수개의 구성요건에 해당할 뿐이고 실제로는 1개의 구성요건만 적용된다는 점에서 상상적 경합이나 실체적 경합과 구별된다. 이러한 의미에서 법조경합을 외형상의 경합 또는 부진정경합이라 한다.

2. 유형

가. 특별관계

특별관계는 어떤 구성요건이 다른 구성요건의 모든 요소를 포함하고 그 밖의 특별한 표지까지 포함하는 경우를 말한다. 특별관계에서는 「특별법은 일반법에 우선한다」는 원칙에 의하여 특별법만 적용되고 일반법이 적용되지 않는다. 보통살인죄에 대한 존속살해죄, 영아살해죄, 촉탁살인죄의 관계, 폭행죄(제260조)에 대한 특수폭행(제261조)의 관계, 절도죄(제329조)에 대한 특수절도(제331조)의 관계[8]등을 특별관계의 대표적 예로 들 수 있다.

나. 보충관계

보충관계는 어떤 구성요건이 다른 구성요건의 적용이 없을 때에 보충적으로만 적용되는 경우이다. 보충관계는 여러 형벌법규가 같은 법익에 대하여 서로 다른 침해단계에 적용되는 때에 인정된다. 보충관계에서는 「기본법은 보충법에 우선 적용된다」는

무수히 분할가능한 행위를 구성요건과의 해석학적 순환과정에서 어떻게 (하나의 행위로 혹은 수개의 행위로) 평가할 것인가 하는 문제라 할 수 있다고 한다.

8) 대판 93도498.

원칙에 따라 보충법의 적용이 배제된다. 보충관계는 법률의 규정 또는 형벌법규의 의미연관에 대한 해석에 의하여 인정된다. 전자를 명시적 보충관계, 후자를 묵시적 보충관계라고 한다.

명시적 보충관계의 예로는 일반이적죄(제99조)와 외환유치죄(제92조), 여적죄(제93조), 모병이적죄(제94조)의 관계를 들 수 있으며, 묵시적 보충관계의 예로는 경과범죄의 경우와 가벼운 침해방법의 경우가 있다.

경과범죄(불가벌적 사전행위)란 범죄실현을 위한 앞단계의 범죄는 같은 법익에 대한 다음 단계의 침해가 있으면 독자적 의미를 상실하게 되는 경우이다. 따라서 예비는 미수와 기수에 대하여, 미수는 기수에 대하여 보충관계에 있게 된다(대판 65도695). 같은 이유로 상해죄와 살인죄, 위태범과 침해범처럼 서로 다른 구성요건 사이에도 보충관계가 인정된다. 또, 같은 법익에 대하여 가벼운 침해방법은 무거운 침해방법에 대하여 보충관계에 있다. 종범은 교사범과 정범에 대하여, 교사범은 정범에 대하여 보충관계에 있다. 따라서 공범이 교사행위로 방조한 때에는 교사범으로만 처벌되며, 그가 공동정범이 된 때에는 공동정범으로만 처벌된다. 또한 부작위법은 작위범에 대하여[9], 과실범은 고의범에 대하여 보충관계에 있다.

다. 흡수관계

흡수관계는 어느 구성요건에 해당하는 행위의 불법 · 책임내용이 다른 행위의 것을 포함하면서 특별관계나 보충관계에 해당하지 않는 경우를 말한다. 이는 흡수범의 구성요건이 피흡수범의 구성요건을 완전히 포함하는 것이 아니라는 점에서 특별관계와 다르며, 서로 다른 범죄가 전형적으로 결합된 것이라는 점에서 보충관계와 구별된다. 즉 흡수관계는 1개 또는 수개의 행위로 수개의 구성요건을 실현하였지만 「전부법은 부분법을 폐지한다」는 법원리에 의하여 전부법만 적용된다. 흡수관계에는 전형적 또는 불가벌적 수반행위와 불가벌적 사후행위의 두 가지 경우가 있다.

---

9) 〈대판 79도2831〉 위법건축물이 발생하지 않도록 자신은 물론 소관 부하직원들로 하여금 이를 예방단속하게 하여야 할 직무상 의무있는 자가 위법건축을 하도록 타인을 교사한 경우 위 직무위배의 위법상태는 건축법 위반 교사행위에 내재하고 있는 것이므로 건축법위반교사죄와 직무유기죄는 실체적 경합범이 되지 아니한다.

1) 전형적 또는 불가벌적 수반행위

행위자가 특별한 죄를 범하면서 그 죄와 논리적으로 필연적인 것은 아니지만 일반적 · 전형적으로 결합되어 있는 다른 구성요건을 충족하고, 그 구성요건의 불법내용이 주된 범죄에 대하여 경미하기 때문에 고려되지 않는 경우를 말한다. 예컨대, 살인에 수반된 재물손괴행위, 문서위조에 수반된 인장위조 또는 동행사, 낙태에 수반된 상해행위, 자동차절도에 수반된 휘발유절도, 도주죄에 수반된 철창손괴 · 사복절취, 감금죄에 포함된 감금 · 폭행이 여기에 해당한다.

수반행위로 인한 흡수관계는 수반행위가 일반적인 범위를 넘어서 고유한 불법내용을 가질 때에는 성립하지 않는다. 그 경우에는 상상적 경합이 된다.

2) 불가벌적 사후행위

범죄에 의하여 위법하게 획득된 이익을 확보, 사용, 처분하는 사후행위가 불법에 있어서 이미 저질러진 주된 범죄에 의하여 완전히 평가된 것이기 때문에 따로 죄를 구성하지 않는 경우이다. 예컨대, 절도범이 절취한 물건을 손괴하여도 절도죄 이외 손괴죄를 별도로 구성하지 않는 것이 대표적 예이다. 불가벌적 사후행위에서는 주된 범죄와 사후행위가 법익침해에 관하여 단일한 평가를 받는다는 점에 특색이 있다.

사후행위는 주된 선행행위와 동일한 보호법익 또는 동일한 행위객체를 침해해야 하며 그 침해의 양을 초과해서는 안된다. 또한 절취한 신용카드를 부정사용하여 물품을 구입하거나[10] 사람을 살해한 자가 사체를 유기하거나[11] 절취한 대마를 흡입할 목적으로 소지하는[12] 경우처럼 사후행위가 새로운 법익을 침해한 경우에는 별개의 범죄가 성립한다.

그리고, 주된 범죄에 의하여 행위자가 반드시 처벌받을 것을 요하지 않는다. 주된 범죄가 공소시효의 완성 또는 소송조건의 결여로 공소가 제기되지 않거나, 주된 범죄가 사후행위보다 법정형이 낮거나 사실상 처벌될 수 없을 때에도 사후행위는 불가벌이다. 예컨대 횡령행위자가 타인에게 장물인 횡령물을 취득하도록 교사한 경우에는

10) 대판 96도2715.

11) 대판 97도1142.

12) 대판 98도3619.

법정형이 중한 장물취득교사는 불가벌적 사후행위가 된다(대판 78도2175).

사후행위는 제3자에 대한 관계에서는 불가벌적 사후행위가 되지 않는다. 제3자에게는 처벌받는 주된 범죄가 없기 때문이다. 따라서 사후행위에만 관여한 공범은 처벌될 수 있다.

판례

[불가벌적 사후행위와 관한 판례]

〈대판 93도213〉 절도범인으로부터 그 정을 알면서 자기앞수표를 교부받아 이를 음식대금으로 지급하고 거스름돈을 환불받은 행위는 장물취득에 대한 가벌적 평가에 당연히 포함되는 불가벌적 사후행위로서 별도의 범죄를 구성하지 아니한다.

〈대판 75도1996〉 열차승차권을 절취한 자가 역직원으로부터 대금의 환불을 받음에 있어서 비록 기망행위가 수반한다고 하더라도 따로 사기죄로 평가할만한 새로운 법익의 침해가 있다고 할 실질을 가지지 못하여 절도의 불가벌적 사후행위로 보아야 한다.

〈대판 74도2817〉 절취한 은행예금통장으로 은행원을 기망하여 예금을 인출한 행위는 절도죄 이외의 새로운 법익을 침해한 것으로 별도로 사기죄를 구성한다.

〈대판 180도2155〉 절취한 전당표를 제3자에게 교부하면서 자기 누님의 것이니 찾아달라고 거짓말을 하여 이를 믿는 제3자가 전당포에 이르러 그 종업원에게 전당표를 제시하여 기망케 하고 전당물을 교부받게 하여 편취하였다면 이는 별도로 사기죄를 구성한다.

제3절 포괄일죄

1. 의의

포괄일죄란 수개의 행위가 포괄적으로 1개의 구성요건에 해당하여 일죄가 되는 경우를 말한다. 외형상으로만 수개의 범죄에 해당하는 것으로 보이는 법조경합, 수개의 범죄이면서도 처벌만 일죄로 하는 과형상 일죄와 구별된다. 포괄일죄에는 다양한 유형이 포함되어 있는 바, 1개의 구성요건이 수개의 행위를 결합하여 이루어지는 경우(결합범), 구성요건의 성질상 동종행위의 반복이 예상되는 경우(집합범), 수개의 행위가 이미 완성된 위법상태를 유지하는데 지나지 않는 경우(계속범), 같은 법익에 대하여 시간적 · 장소적으로 접근한 수개의 행위가 같은 의사에 의하여 반복된 경우(연속범) 등이 있다.

2. 유형

가. 결합범

결합범이란 개별적으로 독립된 구성요건에 해당하는 수개의 행위가 결합하여 일죄를 구성하는 경우이다. 예컨대, 강도죄는 폭행 · 협박죄와 절도죄, 강도강간죄는 강도죄와 강간죄, 강도살인죄는 강도죄와 살인죄의 결합범이다. 결합범과 결합된 범죄들은 특별관계에 있지만, 결합범 자체는 1개의 범죄완성을 위해 수개의 실행행위가 포함되어 있다는 점에서 포괄일죄이다. 결합범은 포괄일죄이므로 그 일부분에 대한 실행착수 또는 방조는 전체에 대한 실행착수와 방조가 된다.

나. 계속범

계속범이란 위법상태 초래와 그 유지가 함께 구성요건의 존재방식으로 규정된 경우이다. 주거침입죄, 감금죄가 대표적이다. 계속범은 위법한 상태가 없어질 때까지 일시적 중단으로는 그 위법상태가 종료되지 않는다. 따라서 위법상태를 유지하기 위한 행위는 그것으로 인하여 같은 구성요건을 다시 충족하는 경우에도 하나의 행위로서 포괄일죄가 될 뿐이다. 예컨대 감금된 피해자가 2일 후에 탈출하는 것을 행위자가 잡아서 2일간 더 감금한 때에는 2개의 감금죄가 성립하는 것이 아니라 1개의 4일간의 감금죄가 성립한다.

다. 접속범

접속범이란 동일한 법익에 대해 구성요건에 해당하는 수개의 행위가 불가분하게 지속하여 행해지는 경우를 말한다. 즉, 단독의 행위에 의하여 구성요건의 충족이 가능한 경우에 수개의 행위가 동일한 기회에 동일한 장소에서 불가분하게 결합되어 구성요건적 결과가 발생한 경우를 말한다.

예컨대 절도범이 차를 세워두고 재물을 수회 반출한 경우(日最判 1949. 7. 23), 같은 부녀와 수회 간음한 경우(대판 70도1516), 하나의 문서에 수개의 명예훼손사실을 적시한 경우 등이 여기에 해당한다.

판례는 접속범의 요건으로 피해법익의 동일성 또는 단일성[13], 범의의 동일성 내지 계속성, 행위양태의 동종성, 시간적 · 장소적 근접성 등을 들고 있다. 따라서 수개의 행위에 의하여 다른 법익을 침해하였거나, 전속적 법익에서 주체를 달리하는 법익을 침해한 때에는 포괄일죄가 되지 않는다.

라. 연속범

연속범이란 연속한 수개의 행위가 동종의 범죄에 해당하는 경우를 말한다. 그러나, 반드시 동일한 구성요건에 해당할 필요는 없고, 시간적 · 장소적으로 긴밀한 연관도 요하지 않는다.

구형법 제55조에서는 "연속한 수개의 행위가 동일한 죄명에 걸릴 때에는 일죄로 처벌한다"는 규정이 있었으나 그러한 규정이 없는 현행법에서 연속범을 어떻게 처벌할 것인가에 대하여 ①포괄일죄라는 개념으로 포섭하여 실체상 일죄로 보는 견해(대판 4293 형상64), ②학설상으로 연속범은 수죄로서 경합범이 되어야 한다는 견해[14], ③연속범은 고의의 단일성이 없으므로 단일행위에 포괄할 수는 없으나 처분상 일죄로 다루어야 한다는 견해[15] 등이 대립한다. 연속범은 명문의 규정이 없는 독일형법에서 18세기초 학설과 판례에 의하여 법적인 단일행위의 특수한 경우로 인정되어 현재까지 우리 판례에서도 널리 적용되는 개념이다.

연속범을 포괄일죄로 다룰 때의 이점은 ①일죄일 경우 형소법에서 모든 개개의 행위를 입증해야 하는 부담이 경감되고, ②수죄로 볼 경우 각 행위에 대한 형을 정하고 다시 전체형을 결정해야 하는 부담을 덜 수 있다는 점이다. 한편, 피고인에게 형량이

---

13) 〈대판 90도466〉 단일하고 계속된 범의하에 동종의 범행을 일정기간 반복하여 행하고 그 피해법익도 동일한 경우에는 각 범행을 통털어 포괄일죄로 보아야 하는 것이므로 공무원이 동일인으로부터 다른 공무원 소관의 관광호텔 사업승인에 따른 직무사항의 알선에 관하여 교제비명목으로 3개월여 동안 3회에 걸쳐 합계금 4,500,000원을 받은 사실을 포괄일죄로 다스린 원심의 조치는 정당하다.

14) 권오걸 668면, 김성돈 711면, 신동운 749면, 정/박 655면.

15) 황산덕 299면.

나 기판력에서 특혜를 준다는 비판이 있다[16].

대법원도 연속범을 일관하여 포괄일죄에 해당한다고 판시하고 있다. 대법원이 요구하는 연속범의 요건으로는 침해법익의 동일성[17], 피침해법익이 희생자의 일신전속적 법익(자유, 명예, 신체, 생명)이 아닐 것(예컨대 여러 여자에 대한 강간은 수죄), 구성요건실현의 외부적 양태의 유사성(행위객체나 목적은 동일할 필요가 없으나 고의범과 과실범, 작위와 부작위범 사이에는 연속범 성립불가능), 고의의 단일성[18]이 있다.

마. 집합범

집합범이란 다수의 동종행위가 동일한 의사로 반복되지만 포괄하여 일죄로 처리되는 경우이다. 상습범, 영업범 등이 대표적 예이다. 영업범이란 행위자가 행위의 반복으로 수입원을 삼는 것을 말하며, 상습범은 행위자가 반복한 행위로 얻어진 경향으로 인하여 죄를 범한 것을 말하고, 직업범은 범죄의 반복이 경제적 · 직업적 활동이 된 경우를 말한다. 이들 범죄의 요소가 되는 영업성 · 상습성 및 직업성이 개별적 행위를 하나의 행위로 통일하는 기능을 가진다는 이유로 집합범은 포괄일죄라는 것이 지배적 견해이다. 대법원도 영업범[19]과 상습범[20]을 일관하여 포괄일죄라고 판시하고 있다.

---

16) 서보학, "연속범이론에 관한 비판적 고찰", 정성근교수화갑기념논문집, 607면; 안동준, "연속범개념의 검토", 이형국교수화갑기념논문집, 434면.

17) 〈대판 95도997〉, 〈대판 96도1181〉.
신용카드를 절취한 후 이를 사용한 경우 신용카드의 부정사용행위는 새로운 법익의 침해로 보아야 하고 그 법익침해가 절도범행보다 큰 것이 대부분이므로 위와 같은 부정사용행위가 절도범행의 불가벌적 사후행위가 되는 것은 아니다. 단일하고 계속된 범의하에 동종의 범행을 동일하거나 유사한 방법으로 일정 기간 반복하여 행하고 그 피해법익도 동일한 경우에는 각 범행을 통틀어 포괄일죄로 볼 것이다. 피고인은 절취한 카드로 가맹점들로부터 물품을 구입하겠다는 단일한 범의를 가지고 그 범의가 계속된 가운데 동종의 범행인 신용카드 부정사용행위를 동일한 방법으로 반복하여 행하였고, 또 위 신용카드의 각 부정사용의 피해법익도 모두 위 신용카드를 사용한 거래의 안전 및 이에 대한 공중의 신뢰인 것으로 동일하므로, 피고인이 동일한 신용카드를 위와 같이 부정사용한 행위는 포괄하여 일죄에 해당하고, 신용카드를 부정사용한 결과가 사기죄의 구성요건에 해당하고 그 각 사기죄가 실체적 경합관계에 해당한다고 하여도 신용카드부정사용죄와 사기죄는 그 보호법익이나 행위의 태양이 전혀 달라 실체적 경합관계에 있으므로 신용카드 부정사용행위를 포괄일죄로 취급하는데 아무런 지장이 없다.

18) 〈대판 96도417〉 불량만화 엑스 사건: 불량만화 X와 화이브스타스토리는 별개의 행위지만 기회 및 장소의 동일성, 범의의 계속성, 일시의 근접성, 방법의 유사상 기타 밀접관계로 그 전체를 1개로 평가함이 상당하다. 〈대판 93도1512〉 군용미 횡령사건.

19) 대판 83도3313, 대판 2001도3312.

20) 대판 82도402, 대판 99도3929, 대판 99도4797, 대판 2001도3206, 대판 2006도7864.

3. 포괄일죄의 처리

포괄일죄는 실체법상 일죄이므로 하나의 죄로 처벌된다. 구성요건을 달리하는 행위가 포괄일죄가 되는 때에는 중한 죄의 일죄만 성립한다. 포괄일죄는 하나의 죄이기 때문에 형의 변경이 있는 때에는 최후의 행위시법을 적용하면 된다[21]. 포괄일죄의 중간에 다른 종류의 죄의 확정판결이 끼어있는 경우에도 그 죄는 2죄로 분리되지 않고 확정판결 후인 최종의 범죄행위시에 완성된다[22]. 다만, 상습성을 이유로 포괄일죄가 되는 범행의 중간에 동종의 죄에 대한 확정판결이 있는 때에는 포괄일죄는 확정판결 전후의 죄로 분리된다[23].

포괄일죄는 소송법상으로도 일죄이다. 따라서 포괄일죄에 대한 공소의 효력과 판결의 기판력은 사실심리의 가능성이 있는 항소심판결 선고시까지 범하여진 다른 사실에 대하여도 미치며, 그 사실에 대하여 별개의 공소가 제기된 때에는 면소판결을 해야 한다[24]. 확정된 공소사실이 포괄일죄로 기소되었느냐 또는 단순일죄로 공소제기 되었느냐는 문제삼지 않는다[25].

---

21) 〈대판 97도183〉 "포괄일죄로 되는 개개의 범죄행위가 법개정의 전후에 걸쳐서 행하여진 경우에는 신구법의 법정형에 대한 경중을 비교하여 볼 필요도 없이 범죄실행 종료시의 법이라고 할 수 있는 신법을 적용하여 포괄일죄로 처단하여야 한다".

22) 대판 2001도3312, 대판 2002도2029.

23) 대판 99도4797.

24) 대판 82도2829, 대판 89도1984.

25) 〈대판 2001도3206〉 대법원은 상습범에 관하여 이 법리가 적용되려면 피고인이 포괄일죄인 상습범으로 기소되어 처단되었음을 요한다는 태도를 취하고 있다.

제3장
수죄

제1절 상상적 경합

1. 의의

상상적 경합이란 한 개의 행위가 수개의 죄에 해당하는 경우를 말한다. 예컨대 1개의 폭탄을 던져 여러 명을 살해하거나, 한 사람을 살해하고 다른 사람에게 상해를 가한 경우이다. 폭탄을 던진다는 1개의 행위가 수개의 살인죄 또는 살인죄와 상해죄에 해당하는 경우이다.

형법 제40조는 상상적 경합에 대하여 "1개의 행위가 수개의 죄에 해당하는 경우에는 가장 중한 죄에 정한 형으로 처벌한다"고 규정하고 있다. 수죄에 해당하기 때문에 판결에서는 실현된 수개의 구성요건에 대한 유죄판결이 있어야 하지만, 행위가 1개이기 때문에 1개의 죄에 정한 형으로 처벌하는 점에 특색이 있다.

2. 본질

상상적 경합이 일죄인가 수죄인가에 대해서는 일죄설과 수죄설이 대립하나 행위가 단일하더라도 수개의 구성요건이 침해되므로 수죄설이 타당하다(다수설, 판례[26]). 따라서 상상적 경합은 법조경합이나 실체적 경합과 엄격히 구별해야 한다.

3. 요건

상상적 경합이 인정되려면 다음의 요건이 갖추어져야 한다.

---

26) 〈대판 4294형상415〉 여러 사람이 함께 공무를 집행하는 경우에 이에 대하여 폭행을 하고 공무집행을 방해하는 경우에는 피해자의 수에 따라 여러 죄가 성립하는 것이 아니고 하나의 행위로서 여러 죄명에 해당하는 소위 상상적 경합관계에 있게 되는 것이다.

가. 행위의 단일성

상상적 경합범이 성립하려면, 우선 행위가 단일해야 한다(실행의 단일성, 동일성). 예컨대 폭탄 하나를 던져 사람을 한명 죽이고 다른 사람들은 다치게 한 경우가 여기에 해당한다.

고의범과 과실범간에도 실행의 동일성이 인정될 수 있다. 예컨대, 폭탄을 던져 고의로 재물을 손괴하고 과실로 사람을 살해한 경우이다. 수개의 부작위범, 예컨대 교통사고를 내고 도주한 경우 도로교통법상 구조의무위반죄와 보고의무위반죄는 상상적 경합관계에 있다. 작위범과 부작위범 사이에는 실행의 동일성이 인정되지 않는다.

부진정 결과적 가중범에서 중한 결과가 고의에 의하여 야기된 경우 부진정 결과적 가중범과 고의범의 상상적 경합이 성립할 수 있다. 판례는 결과적 가중범의 법정형이 고의범보다 낮은 경우에 상상적 경합을 인정한다(대판 96도485[27]).

계속범과 상태범에서 계속범이 상태범을 실현하기 위한 수단인 경우, 예컨대 강간·강도를 범하기 위해 주거침입을 하는 경우 실행행위의 동일성이 없으므로 실체적 경합범이 된다. 그러나, 감금죄가 동시에 강간의 수단이 되는 경우와 같이 계속범에 의해서 비로소 특정한 상태범의 실행의 전제조건이 충족되는 경우에는 실행의 부분적 동일성이 인정되므로 상상적 경합범이 성립한다[28].

---

27) 〈대판 96도485〉 형법 제164조 후단이 규정하는 현주건조물방화치사상죄는 그 전단이 규정하는 죄에 대한 일종의 가중처벌 규정으로서 과실이 있는 경우뿐만 아니라, 고의가 있는 경우에도 포함된다고 볼 것이므로 사람을 살해할 목적으로 현주건조물에 방화하여 사망에 이르게 한 경우에는 현주건조물방화치사죄로 의율하여야 하고 이와 더불어 살인죄와의 상상적 경합범으로 의율할 것은 아니며, 다만 존속살인죄와 현주건조물방화치사죄는 상상적 경합범 관계에 있으므로, 법정형이 중한 존속살인죄로 의율함이 타당하다.

28) 〈대판 83도323〉 강간죄의 성립에 언제나 직접적으로 또 필요한 수단으로서 감금행위를 수반하는 것은 아니므로 감금행위가 강간미수죄의 수단이 되었다 하여 감금행위는 강간미수죄에 흡수되어 범죄를 구성하지 않는다고 할 수는 없는 것이고, 그때에는 감금죄와 강간미수죄는 일개의 행위에 의하여 실현된 경우로서 형법 제40조의 상상적 경합관계에 있다. 피고인이 피해자가 자동차에서 내릴 수 없는 상태에 있음을 이용하여 강간하려고 결의하고, 주행중인 자동차에서 탈출불가능하게 하여 외포케 하고 50킬로미터를 운행하여 여관 앞까지 강제연행한 후 강간하려다 미수에 그친 경우 위 협박은 감금죄의 실행의 착수임과 동시에 강간미수죄의 실행의 착수라고 할 것이다. 형법 제40조의 소위 상상적 경합은 1개의 행위가 수개의 죄에 해당하는 경우에는 과형상 1죄로서 처벌한다는 것이고, 또 가장 중한 죄에 정한 형으로 처벌한다는 것은 경한 죄는 중한 죄에 정한 형으로 처단된다는 것이지, 경한 죄는 그 처벌을 면한다는 것은 아니므로, 이 사건에서 중한 강간미수죄가 친고죄로서 고소가 취소되었다 하더라도 경한 감금죄(폭력행위등처벌에 관한 법률 위반)에 대하여는 아무런 영향을 미치지 않는다.

나. 수개의 죄

상상적 경합범이 성립하려면 1개의 행위는 수개의 죄에 해당해야 한다. 여기에는 서로 다른 수개의 구성요건에 해당하는 경우와 같은 구성요건에 수회 해당하는 경우가 있다. 전자를 이종의 상상적 경합, 후자를 동종의 상상적 경합이라고 한다. 이종의 상상적 경합이 성립할 수 있다는 것은 의문의 여지가 없으나 문제는 동종의 상상적 경합이 가능한가에 있다. 주관설 내지 의사표준설에 의하면 상상적 경합은 단순일죄에 해당하므로 상상적 경합이 성립할 수 없다고 함에 반하여, 구성요건표준설 또는 법익표준설의 입장에서는 상상적 경합이 가능하다고 한다.

생각건대, 생명, 신체, 자유, 명예와 같은 일신전속적 법익에서는 수인의 법익주체의 법익에 대한 침해가 단순히 한번 해당한 구성요건이 양적으로 증가하는데 그치는 것이 아니라 수개의 죄에 해당한다. 그러므로 1개의 행위로 수인을 살해 또는 상해한 때에는 그 주체의 수에 상응하는 살인죄 또는 상해죄의 상상적 경합이 성립한다. 개인적 법익 가운데 비전속적 법익에 속하는 재산죄에 있어서는 1개의 행위에 의한 이상 소유자가 수인이라 하여도 구성요건적 불법이 양적으로 증가되거나 강화되는데 지나지 않으므로 1개의 범죄가 성립할 뿐이라고 해석해야 한다. 다만, 재산죄 가운데 강도죄나 공갈죄와 같이 개인의 전속적 법익을 동시에 보호하는 범죄에 있어서는 동종의 상상적 경합이 가능하다.

국가적 또는 사회적 법익 가운데 개별적 고유가치를 가진 범죄에서도 상상적 경합이 성립할 수 있다. 1개의 고소장으로 수인을 무고하거나, 수인의 공무집행을 방해한 경우[29]는 물론 수인의 공무원에게 동시에 증뢰하거나, 수인에 위증을 교사한 경우, 수개의 문서를 동시에 행사한 때[30]에도 상상적 경합이 성립한다.

4. 처벌

가. 실체법적 효과

상상적 경합은 가장 중한 죄에 정한 형으로 처벌한다(제40조). 여기에서 가장 중한

29) 대판 4294형상415.

30) 대판 4289형상188.

형이란 법정형을 의미한다. 예컨대 살인죄와 손괴죄가 상상적 경합인 때에는 살인죄에 정한 형으로 처벌된다. 형의 경중은 형법 제50조가 정한 바에 의한다.

형의 경중의 비교에서는 중점적 대조주의와 전체적 대조주의가 대립되어 있다. 중점적 대조주의는 중한 형만 비교·대조하면 족하다고 함에 반하여, 전체적 대조주의는 두 개 이상의 주형의 전체에 대하여 비교·대조할 것을 요한다고 한다.

문제는 중한 죄의 법정형의 하한이 경한 죄의 법정형의 하한보다 경한 경우에 경한 죄의 법정형의 하한보다 가벼운 형으로 벌할 수 있느냐에 있다. 상상적 경합의 본질을 실질상의 수죄로 이해해야 하는 이상 전체적 대조주의가 이론상으로 타당하다고 생각된다. 따라서 수죄의 법정형 가운데 상한과 하한이 모두 중한 형으로 처벌해야 하고(전체적 대조주의)[31], 경한 형에 병과형 또는 부가형이 있을 때에는 이를 병과(통설, 판례 [32])해야 한다.

나. 소송법적 효과

1) 과형상의 일죄

상상적 경합은 과형상의 일죄이다. 따라서 상상적 경합관계에 있는 수개의 죄 중에서 어느 죄에 관하여 확정판결이 있는 때에는 그 전부에 대하여 기판력이 발생하고[33], 그 일부에 대하여 공소의 제기가 있는 때에도 전체에 대하여 효력이 생긴다. 수개의 죄 가운데 일부분이 무죄인 때에는 판결주문에서 무죄를 선고할 필요가 없다.

2) 실질적인 수죄

상상적 경합은 실질적으로는 수죄이다. 따라서 판결이유에서는 상상적 경합관계에

---

31) 대판 2008도9169.

32) 〈대판 83도3160〉 술에 취해 길가던 여자의 물건을 강취하고 강간하려다 미수에 그쳤으나 상해를 입혔다. 그렇다면 하나의 행위가 강도강간미수와 강도상해에 해당하므로, 강도강간미수와 강도상해죄의 상상적 경합에 해당한다. … 그러므로 강도강간미수죄에 정한 형으로 처벌하되, 소정의 형벌중 유기징역형을 선택한 다음 형법 제25조 2항에 의한 미수감경과 형법 제53조에 의한 작량감경을 하여 처단형의 범위를 정할 때, 강도상해죄는 기수이므로 강도상해죄의 하한의 범위내에서 강도강간미수죄의 유기징역형을 감경한 후에 작량감경을 한 형기 범위에 의해야 할 것이다.

33) 대판 89도252, 대판 2010도13801.

있는 모든 범죄사실과 적용법조를 기재해야 하고, 일부분이 무죄인 때에는 그 이유를 설시해야 한다. 친고죄에서 고소와 공소시효도 각 죄별로 따로 논해야 한다. 상상적 경합관계의 죄 중에서 한 죄는 친고죄이고 다른 죄는 비친고죄인 때에 친고죄에 대하여 고소가 없거나 고소가 취소된 때에도 비친고죄의 처벌에는 영향을 미치지 않는다(대판 68도105). 친고죄가 중한 죄인 때에도 같다(대판 83도323).

제2절 실체적 경합

1. 의의

실체적 경합범이란 판결이 확정되지 아니한 수개의 죄(동시적 경합범) 또는 판결이 확정된 죄와 그 판결이 확정되기 전에 범한 죄(사후적 경합범)를 말한다. 예컨대 1개의 폭탄으로 여러 명을 상해한 때에는 상상적 경합이 되지만, 같은 장소에서 같은 방법으로 순차로 여러 명을 살해하거나 상해한 때에는 경합범이 된다. 그러나 수개의 행위가 있다는 것만으로 경합범이 되는 것은 아니고, 수개행위가 법조경합 또는 포괄일죄의 관계에 있어서 일죄가 되어서는 안되며, 그것이 수죄에 해당해야 한다.

또 경합범이 성립하기 위해서는 수개의 행위로 수개의 죄를 범하였다는 실체법상의 요건 이외에 수죄가 하나의 재판에서 같이 판결되어야 하는 소송법적 요건이 충족되어야 한다.

경합범은 동일한 행위자에 의하여 수죄가 실현된 경우이다. 따라서 경합범에 대해서는 행위자가 실현한 범죄의 형을 병과하는 것이 원칙이다. 그러나 병과주의는 유기자유형의 성질을 변경함으로써 정당한 형이 될 수 없기에 형법은 경합범에 대하여 가중주의를 취하고 있다.

2. 요건

가. 동시적 경합범

동시적 경합범이 성립하기 위해서는 수개의 죄가 모두 판결이 확정되지 않아야 하고, 수개의 죄는 동시에 판결될 것, 즉 수개의 죄가 모두 기소되어야 한다. 예컨대 甲이 ABCDE의 5개의 죄를 범하고 그 어느 것도 확정판결을 받지 아니한 때 그 전부가 경합범이 된다.

나. 사후적 경합범

판결이 확정된 죄와 그 전에 범죄(제37조 후단)를 같이 판결할 때 사후적 경합범이 성립한다. 甲이 순차적으로 범한 ABCDE의 5개 죄 가운데 C죄에 대하여 판결이 확정된 때에는 ABC의 3죄가 여기에 해당한다. 이에 반하여 판결이 확정된 후에 범한 DE의 죄는 동시적 경합범이다. 제1의 경합범(ABC죄)과 제2의 경합범(DE죄), 즉 판결확정 전후의 죄는 서로 경합범이 되지 않는다(대판 70도2271).

제37조 후단의 경합을 인정하는 이유는 판결확정 전에 범한 죄는 그것이 법원에 알려진 경우에는 마땅히 경합범의 예에 의하여 처벌되었을 것이므로 법원에 알려지지 않았다는 이유만으로 유리하게도 불리하게도 취급되어서는 안된다는 점에 있다.

확정된 판 결은 금고 이상의 형에 처하는 것이어야 한다. 따라서, 벌금형을 선고한 판결이 확정된 때에는 물론, 약식명령이나 즉결심판이 확정된 재판도 여기의 판결이 확정된 죄라고 할 수 없다. 금고 이상의 형에 처하는 판결이 확정된 이상 그 집행유예나 선고유예가 확정된 경우도 판결이 확정된 죄에 포함된다. 이들 판결의 유예기간이 경과하여 형의 선고가 실효되었거나 면소된 것으로 간주된 때(대판 92도1417)는 물론, 확정판결의 죄에 대하여 일반사면이 있는 경우(대판 95도2446)도 같다.

판결확정 전에 범한 죄라고 할 경우 판결확정 전의 의미는 대법원판결 확정 전이 아니라 최종사실심인 항소심판결 선고전까지[34]를 의미한다고 보아야 한다. 사후적 경합범을 인정한 취지가 동시심판의 가능성이 있었던 사건에 대하여 동시적 경합범과 같이 취급하자는 데 있을 뿐만 아니라, 판결의 기판력도 최종의 사실심인 항소심을 기준으로 하는 것이기 때문이다.

34) 〈대판 83도1200〉 형법 제37조 후단의 경합범규정의 "판결확정전"의 의미는 판결이 상소 등 통상의 불복방법에 의하여 다툴 수 없게 된 상태가 되기 전을 말한다.

3. 경합범의 처분

가. 동시적 경합범

1) 흡수주의

가장 중한 죄에 정한 형이 사형, 무기징역, 무기금고인 경우[35]에는 가장 중한 죄에 정한 형으로 처벌한다(제38조 1항 1호)[36]. 가장 중한 죄에 정한 형이 사형 또는 무기형인 때에 여기에 다른 형을 병과하거나 그 형을 가중하는 것은 무의미하고 잔혹하기 때문이다.

2) 가중주의

가장 중한 죄에 정한 형이 사형 또는 무기징역이나 무기금고 이외의 동종의 형인 때 가장 중한 죄에 정한 장기 또는 다액에 2분의 1까지 가중하는 가중주의를 취한다(동조 1항 2호). 다만 과료와 과료, 몰수와 몰수는 병과할 수 있다(동호 단서). 이 경우에 징역과 금고는 동종의 형으로 간주하여 징역형으로 처벌한다(동조 2항). 유기자유형을 가중하는 때에는 50년을 넘지 못한다(제42조 단서).

3) 병과주의

각죄에 정한 형이 무기징역이나 무기금고 이외의 이종의 형인 경우 병과한다(제38조 1항 3호). 여기서 이종의 형이라 함은 유기자유형과 벌금 또는 과료, 벌금과 과료, 자격정지와 구류와 같은 이종의 형을 말한다.

---

35) 〈대판 91모54〉 경합범관계에 있는 수개의 형이 선고 확정된 경우에는 경합범의 처벌례에 따라 집행하도록 되어 있으므로 피고인에 대하여 선고 확정된 경합범관계에 있는 2개의 형 중 1개의 형이 무기징역형이고, 1개의 형이 징역 5년 형인 경우에는 위 무기징역형이 사후에 징역 20년 형으로 감형되었다 하더라도 그 감형된 형만을 집행할 수 있을 뿐 위 5년형은 집행할 수 없는 것이니 위 20년 형에다가 위 5년 형을 합산하여 집행하라는 검사의 집행지휘처분은 위법하다.

36) 〈대판 83도2370〉 형법 제55조 제1항 제3호에 의하여 형기를 감경할 경우 여기서의 형기라 함은 장기와 단기를 모두 포함하는 것으로서 당해 처벌조항에 장기 또는 단기의 정함이 없을 때에는 형법 제42조에 의하여 장기는 15년, 단기는 1월이라고 볼 것이어서 형법 제250조의 소정형중 5년 이상의 유기징역형을 선택한 이상 그 장기는 15년이므로 법률상 감경을 한다면 장기 7년 6월, 단기 2년 6월의 범위내에서 처단형을 정하여야 한다.

나. 사후적 경합범

경합범 중 판결을 받지 않은 죄가 있는 때에는 그 죄와 판결이 확정된 죄를 동시에 판결할 경우와 형평을 고려하여 그 죄에 대해 형을 선고한다. 이 경우 그 형을 감경 또는 면제할 수 있다(제39조 1항).

"경합범 중 판결을 받지 아니한 죄가 있는 때"란 이미 확정판결을 받은 죄가 있는 경우, 형법 제37조 후단의 경합범을 의미한다. 여기서 그 죄에 대하여만 형을 선고하도록 한 것은 이미 확정판결이 있는 죄에 대해서는 일사부재리의 원칙에 의하여 다시 판결할 수 없음을 고려한 것이며, 동시에 판결할 경우와 형평을 고려하여 형을 선고하도록 한 것은 원래 판결확정 전에 범한 죄가 법원에 알려진 경우에는 당연히 경합범의 예에 의하여 처벌받았을 것이므로 사후적 경합범이 동시적 경합범보다 무겁게 처벌되는 불합리를 피하기 위한 것이다. 따라서 판결을 받지 아니한 죄에 대하여 형을 선고함에 있어서는 형법 제38조의 범위를 벗어날 수 없다. 판결이 확정된 죄에서 선고된 형이 사형 또는 무기징역이나 무기금고인 때에는 형을 면제하고, 각 죄에 정한 형이 동종의 형인 때에는 가중주의에 의한다.

중간에 확정판결이 있는 전후에 범한 죄는 경합범이 아니다. 따라서 이 경우에는 두 개의 주문에 의하여 형을 선고해야 한다. 예컨대 甲이 범한 ABCDE 5개의 죄중 C죄에 대하여 확정판결이 있는 때에는 AB죄와 C죄는 경합범이고, DE죄도 경합범이지만, ABC죄와 DE죄는 경합범이 아니므로, 법원은 ABC죄에 대하여 징역 1년, DE죄에 대하여 징역 1년에 처한다고 판결해야 한다(대판 66도1416, 대판 67도701). 이 때에는 경합범에 대한 규정이 적용될 여지가 없고 두 형이 병과되는 것이므로 2형의 합계가 어떤가는 전혀 문제되지 않는다. 따라서 소년에 대한 두 단기형의 합계가 5년을 초과하여도 소년법 제60조 1항 단서에 반하다고 할 수 없다(대판 83도2323).

4. 형의 집행과 경합범

경합범에 의한 판결의 선고를 받은 자가 경합범 중의 어떤 죄에 대하여 사면 또는 형의 집행이 면제된 때에는 다른 죄에 대하여 다시 형을 정한다(제39조 3항). 이는 경합범에 대하여 1개의 형이 선고되었을 때에 적용된다. 여기서 "형을 정한다"란 그 죄에 대한 심판을 다시 한다는 뜻이 아니라 형의 집행부분만 다시 정한다는 의미이다. 이 경우에 형의 집행에서는 이미 집행한 형기를 통산한다(동조 4항).

5

제 5 편
형벌론

제 1 장
형 벌

제1절 서론

1. 형벌과 형사제재

가. 형사제재의 개념

오늘날 형사제재(criminal sanction)란 형벌을 포함한 보안처분과 보호관찰, 사회봉사명령, 수강명령 등과 같은 제3의 형사제재를 모두 포함하는 개념이다. 제3의 형사제재란 형벌과 보안처분의 성격을 가지고 있으면서 이들과 다른 성격도 지닌다고 할 수 있다. 형벌은 과거범죄에 대한 응보지향적 형사제재이며, 보안처분은 대상자가 갖는 미래의 재범위험성으로부터 사회를 보호하려는 형사제재이지만, 보호관찰, 사회봉사명령, 수강명령은 과거범죄에 대한 응보적 형사제재의 성격과 미래의 재범위험성에 대비한 보안처분적 성격을 동시에 지니고 있다고 할 수 있다.

나. 현행법의 입장

1950년 제정 형법전에서는 형사제재로서 형벌만을 규정하고 있었으나, 1980년 사회보호법 제정 이후 수많은 형사특별법에서 보안처분제도가 도입되었다. 1995년 개정형법은 형벌과 보안처분의 성격을 모두 지니고 있는 보호관찰, 사회봉사명령, 수강명령과 같은 제3의 형사제재를 도입하였다. 2005년 사회보호법이 폐지됨에 따라 보호감호는 폐지되었으나 치료감호와 보호관찰은 존치되었다.

이렇게 서로 다른 목적이나 내용을 지닌 3개의 형사제재를 형사제재라는 상위개념으로 포괄할 수 있는 것은 이러한 제도들이 모두 범죄인에 대한 법적 제재이고 자유의 제한이나 박탈이라는 공통된 요소를 포함하고 있기 때문이다.

형벌, 보안처분, 기타 형사제재의 구별은 절대적인 것이 아니며 상대적이다[1]. 형벌도 응보나 일반예방 이외에 특별예방의 목적을 추구하며, 보안처분도 응보나 일반예방의 기능을 가지고 때문이다. 그러나 대체적으로 형벌은 과거의 범죄의 책임에 대한 상쇄로서 피고인에게 고통을 가하는 것을 목적으로 하기 때문에 피고인의 책임에 상응한 형벌이 부과되어야 한다는 책임주의원칙이 지배하고, 보안처분은 장래의 범죄에 대한 특별예방을 목적으로 하기 때문에 대상자의 위험성에 비례한 처분이 부과되어야 한다는 비례성원칙이 지배한다.

2. 형벌의 종류

형법 제41조는 사형, 징역, 금고, 자격상실, 자격정지, 벌금, 구류, 과료, 몰수의 9가지 형벌을 규정하고 있다. 이 중에서 사형을 생명형, 징역 · 금고 · 구류를 자유형, 자격상실과 자격정지를 명예형, 벌금 · 과료 · 몰수를 재산형이라고 분류한다.

또한, 형벌은 주형과 부가형으로 나눌 수 있는 바, 주형은 다른 형벌과 관계없이 독자적으로 선고할 수 있는 형벌이고, 부가형은 원칙적으로 그 형벌만을 선고할 수 없고 다른 형벌에 부가하여 선고할 수 있는 형벌을 말한다. 몰수는 원칙적으로 부가형이다(제49조).

자격상실은 사형, 무기징역, 무기금고의 선고의 효과로 인정되고, 각칙에서 특별히 자격상실을 과하는 규정은 없다. 몰수는 범죄에 사용된 물건이나 이익을 박탈하는 형벌로서 범죄의 반복을 방지하고 범죄에 의한 이익을 향유하지 못하게 하는 것으로서 형벌이외 보안처분의 성격도 지니고 있다. 이 때문에 1992년 형법개정법률안 제36조는 자격상실과 몰수를 형벌의 종류에서 제외하였다.

가. 사형

1) 개념 및 연혁

사형이란 피고인의 생명을 박탈하는 제일 무거운 형벌이다. 사형은 고대부터 존재하였고, 근대초기 절대왕정국가에서 특히 많이 사용되었다. 예컨대, 영국 엘리자베스

---

1) 오영근 41/3.

여왕 치하(1558년~1603년) 40여년간 약 8만명이 사형에 처해졌다고 한다. 당시에는 반역죄나 살인죄와 같은 중범죄에 대해서 뿐만 아니라 절도와 같은 재산범죄에 대해서도 사형이 과하여졌다.

그러나, 범죄와 형벌의 균형을 강조하는 고전학파의 인도형사상이 전파되면서 사형을 부과하는 국가가 현저히 줄어들고 상당수의 문명국가는 사형을 폐지하였다. 독일, 프랑스, 영국, 스위스, 스웨덴, 노르웨이, 네덜란드, 벨기에 등 대부분의 서유럽국가들이 사형폐지국가이며, 사형제도를 존치하는 국가에서도 사형을 과할 수 있는 범죄를 모살(謀殺)이나 반국가범죄 등 극히 일부 범죄에 제한하고 있다.

2) 형법상 사형규정

우리 형법은 제정 당시부터 사형을 두고 있는 바, 현재 형법전상 사형이 규정된 범죄로는 살인죄(제250조 1항, 2항), 위계 등에 의한 촉탁살인 등(제253조), 강간 등 살인(제301조의 2 전문), 인질살해(제324조의 4 전문), 강도살인(제338조 전문), 해상강도살인, 해상강도치사, 해상강도강간죄(제340조 3항), 폭발물사용죄(제119조), 현주건조물 등 방화치사죄(제164조 2항 후문), 현주건조물 등 일수치사죄(제177조 2항 후문), 음용수혼독치사죄(제194조 후문), 내란수괴 · 중요임무종사죄(제87조), 외환유치죄(제92조), 여적죄(제93조), 모병이적죄(제94조), 시설제공이적죄(제95조), 시설파괴이적죄(제96조), 간첩죄(제98조) 등이 있다.

3) 형사특별법상의 사형규정

형사특별법에도 형법 못지 않은 사형규정이 존재한다. 군형법에는 대부분의 범죄에 대하여 사형이 규정되어 있고, 특정범죄가중처벌등에관한법률, 특정경제범죄가중처벌에관한법률, 국가보안법, 보건범죄단속에관한특별조치법 등에도 사형규정이 산재한다. 이는 역대 독재권력들이 전근대적 사고에 입각하여 사형을 정치적 위하도구로 활용했기 때문이다. 현재는 폐지되었지만, 구 특별법 중에서 사형에 처해질 수 있는 범죄로는 수뢰액 5천만원 이상의 뇌물수수죄(구 특가법 제2조 1항 1호), 포탈액 1억원 이상의 관세포탈죄(구 특가법 제6조 1항 2호), 임산물원산지가액 1천만원 이상의 산림절도 및 5만평방미터 이상 산림훼손죄(구특가법 제9조 1항 1호), 수수액 5천만원 이상 금융기관임직원의 금품수수죄(구특경법 제5조 4항 1호) 등이 있었다.

4) 사형의 집행방법

동서고금을 통털어 역사적으로 다양한 사형집행방법이 존재하였다. 과거에는 능지처사형, 교열형, 화형 등의 잔인한 사형방법이 많이 존재하였지만, 근대형법이 확립되면서 잔인한 집행방법과 공개적 사형집행은 많이 축소되었다. 오늘날 주로 사용되는 사형집행방법으로는 교수형, 총살형, 전기살, 가스살, 주사살 등이 있다.

우리 형법은 "사형은 형무소 내에서 교수하여 집행한다"(제66조)고 규정하여 교수형을 사형집행방법으로 정하고, 사형집행도 공개하지 않도록 하고 있다. 군형법 제3조는 "사형은 소속 군참모총장 또는 군사법원의 관할관이 지정한 장소에서 총살로써 이를 집행한다"고 규정하여 총살을 사형의 집행방법으로 규정하고 있다.

나. 자유형

1) 개념 및 연혁

자유형이란 수형자의 신체를 자유를 박탈하거나 제한하는 형벌이다. 신체의 자유를 박탈하는 자유형으로는 징역, 금고, 구류 등이 있고, 신체의 자유를 제한하는 자유형으로는 유형(流刑), 추방 등이 있다.

가장 중한 형벌이 사형이었던 시대에는 자유형이 형벌에서 차지하는 비중이 적어 주로 사형집행을 대기하는 수단으로 자유형이 사용되었다. 하지만, 사형이 폐지되거나 제한적으로만 집행되는 오늘날 자유형은 대표적인 형벌로서 자리잡게 되었는 바, 이것은 사유형이 사형에 비해 인도적일 뿐만 아니라 그 기간을 적절히 조절함으로써 범죄와의 균형을 맞추는데 적합하기 때문이다.

이후 형법에서 근대학파의 등장과 함께 자유형이 범죄인의 자유를 박탈한다는 소극적 의미를 넘어서서 적극적으로 범죄인을 개선 · 교육하는 수단으로서 사용되고 있다. 우리나라도 1962년 행형법 개정을 통해 형무소, 소년형무소, 형무관이라는 명칭을 교도소, 소년교도소, 교도관으로 바꾸고, '형의 집행 및 수용자의 처우에 관한 법률'(구 행형법) 제1도 수형자의 교정 · 교화와 건전한 사회복귀 도모를 목적으로 규정하고 있다.

2) 종류

형법은 징역, 금고, 구류의 3가지 자유형을 규정하고 있다. 징역(懲役)과 금고(禁錮)는 정역(定役)에 복무할 의무의 유무에 의하여 구별되고, 징역 및 금고와 구류는 그 기간에 의하여 구별된다. 자유형은 그 자체가 법관이 선고하는 형벌의 일종이라는 점에서 벌금이나 과료의 미납을 강제하기 위한 수단인 노역장유치(제69조)와 구별된다. 노역장유치기간은 벌금형미납의 경우에는 1일 이상 3년 이하, 과료미납의 경우에는 1일 이상 30일 미만이다.

징역은 유기징역과 무기징역으로 구분되고 유기징역의 기간은 1개월 이상 30년 이하이지만, 가중할 때에는 50년까지로 한다(제42조 본문 및 단서).

판례

〈대판 92도1428〉 형법 제38조 제1항 제1호는 경합범 중 가장 중한 죄에 정한 형이 사형 또는 무기징역이나 무기금고인 때에는 가장 중한 죄에 정한 형으로 처벌하도록 규정하고 있으므로, 경합범 중 가장 중한 죄의 소정형에서 무기징역형을 선택한 이상 무기징역형으로만 처벌하고 따로이 경합범가중을 하거나 가장 중한 죄가 누범이라 하여 누범가중을 할 수 없음은 더 말할 나위도 없고, 위와 같이 무기징역형을 선택한 후 형법 제56조 제6호의 규정에 의하여 작량감경을 하는 경우에는 같은 법 제55조 제1항 제2호의 규정에 의하여 7년 이상의 징역으로 감형되는 한편, 같은 법 제42조의 규정에 의하여 유기징역형의 상한은 15년이므로 15년을 초과한 징역형을 선고할 수 없다.

금고는 범죄인을 교도소 내에 구치하는 형벌로서 수형자가 정역에 복무할 의무가 없으며 기간은 1개월 이상이다. 연혁적으로 보면 금고형은 과실범이나 정치범과 같이 파렴치범의 성격을 지니지 않은 범죄에 대한 형벌로 입안된 것이고, 현행형법도 이러한 입장을 따르고 있다. 예컨대 업무상과실치사상죄(제268조), 업무상과실장물취득죄(제364조), 업무상실화죄(제171조), 과실폭발성물건파열죄(제173조의2) 및 기타 과실범에 대해서는 징역이 아닌 금고형, 벌금형을 과하고 있다.

구류는 1일 이상 30일 미만의 기간 동안 형무소(교도소)에 구치하는 것을 내용으로 하는 형벌이다(제46조, 제58조).

3) 자유형의 개선방안

현행법은 3가지 종류의 자유형을 규정하고 그 기간도 1일 이상부터 종신까지로 정하고 있다. 이에 대해 3가지 종류의 자유형을 하나로 통일하고, 무기자유형과 단기자유형은 폐지해야 한다는 의견이 제시되고 있다(자유형의 단일화).

자유형의 단일화란 법률에서 징역, 금고, 구류 등을 정하지 않고 행형단계에서 구체적으로 수형자의 인격, 소질, 환경 등을 감안하여 정역의 필요여부를 판단하자는 입장이다. 자유형단일화론은 ①범죄인의 사회복귀를 위해서는 정역에의 복무 여부를 행형전문가의 판단에 맡기는 것이 바람직하고, ②징역과 금고를 구별하여 정치범 내지 과실범에게만 금고를 부과하도록 하는 것은 노동천시사상이 반영된 것이며, ③행형의 실제에서도 대부분의 금고형 수형자들이 신청에 의해 정역에 복무한다는 점들을 근거로 든다.

아울러 단기자유형의 폐지도 주장된다[2]. 자유형의 가장 큰 문제점인 형사시설의 범죄감염효과를 방지하기 위해 6개월 이하의 자유형을 폐지하자는 것이다. 단기자유형에 대해서는 "범죄수법을 습득하기에는 충분한 시간이고 개선 · 교육되기에는 불충분한 기간"이므로 단기자유형을 폐지하거나 제한하고 벌금형이나 사회내처우로 전환하자는 것이다. 예컨대 독일형법은 6개월 이하의 징역은 일반예방효과를 위해 특별히 필요한 경우에만 선고하도록 제한하였다.

그러나 최근 외국에서는 범죄인에게 구금에 의한 충격을 통해 반성의 기회를 주고 사회복귀를 촉구한다는 의미에서 충격보호관찰(shock-probation)을 실시하자는 주장이 제기되고 있다. 우리 소년법 제32조 2항 5호는 보호처분으로서 장기보호관찰처분과 1개월 이내의 소년원 송치처분을 병과할 수 있도록 규정하고 있는 바, 같은 취지라고 할 수 있다.

다. 명예형

1) 개념 및 종류

명예형은 범죄인의 명예 내지 자격을 박탈하거나 정지하는 형벌이다. 형법은 명예

2) 김/서 736면, 박상기 512면, 이재상 40/25, 임웅 590면, 정/박 690면, 진계호 609면.

가 아닌 일정한 자격을 박탈 · 제한하는 자격상실 및 자격정지의 형벌을 두고 있다.

2) 자격상실

자격상실이란 일정한 형벌을 선고받으면 그 부수효과로서 일정한 자격이 상실되는 것을 말한다. 사형, 무기징역 또는 무기금고의 판결을 받는 경우 ①공무원이 되는 자격, ②공법상의 선거권과 피선거권, ③법률로 요건을 정한 공법상의 업무에 관한 자격, ④법인의 이사, 감사 또는 지배인 기타 법인의 업무에 관한 검사역이나 재산관리인이 되는 자격(제43조 1항)이 상실된다.

자격상실을 독립적 형벌로 규정하는 각칙상의 규정은 없고 모두 부수형으로 자격상실을 선고할 수 있을 뿐이다.

3) 자격정지

자격정지란 일정한 자격의 전부 또는 일부를 일정기간 정지시키는 형벌이다. 자격정지는 다시 일정한 형벌을 선고받으면 그에 의해 자격이 정지되는 당연정지와 자격정판결의 선고에 의한 자격정지가 있다.

(1) 당연정지

유기징역 또는 유기금고의 판결을 받은 자는 그 형의 집행이 종료하거나 면제될 때까지 ①공무원이 되는 자격, ②공법상의 선거권과 피선거권, ③법률로 요건을 정한 공법상의 업무에 관한 자격이 정지된다(제43조 2항).

법인의 의사, 감사 또는 지배인 기타 법인의 업무에 관한 검사역이나 재산관리인이 되는 자격은 정지되지 않는다.

(2) 판결선고에 의한 자격정지

판결선고에 의하여 일정한 자격의 전부 또는 일부를 정지시킬 수 있다. 자격정지가 다른 형벌과 선택형으로 규정되어 있을 때에는 자격정지만을 독립적으로 선고할 수 있고, 병과형으로 할 수도 있다. 판결선고에 의한 자격정지 기간은 1년 이상 15년 이하이다(제44조 1항). 유기징역 또는 유기금고에 자격정지를 병과한 때에는 징역 또는 금고의 집행을 종료하거나 면제된 날로부터 정지기간을 기산한다(제44조 2항).

자격정지가 선택형으로 규정된 범죄는 국기, 국장모독 · 비방죄(제105조, 제106조), 공무원의 직무에 관한 죄(제122조 이하), 허위진단서작성죄(제233조), 상해죄(제257조), 명예훼손죄(제307조 2항), 업무상비밀누설죄(제317조), 점유강취죄(제325조), 자격정지가 병과되는 범죄는 수뢰후부정처사죄(제131조 4항), 아편에 관한 죄(제204조), 통화에 관한 죄(제209조), 유가증권 · 우표 · 인지에 관한 죄(제220조), 공문서 · 공인위조등죄(제237조, 제238조), 상해 · 폭행죄(제265조), 낙태죄(제270조 4항), 체포 · 감금죄(제282조), 약취 · 유인죄(제295조), 절도 · 강도죄(제345조), 사기 · 공갈죄(제353조), 횡령 · 배임죄(제358조), 상습장물취득죄(제363조 2항) 등이 있다.

자격정지의 병과는 필요적인 경우와 임의적인 경우가 있는 바, 낙태죄(제270조 4항)만이 필요적 병과이고 나머지는 임의적 병과이다.

라. 재산형

1) 개념 및 종류

재산형이란 피고인의 재산을 박탈하는 형벌이다. 형법은 벌금, 과료, 몰수의 3가지 재산형을 규정하고 있는데, 벌금과 과료는 액수의 차이가 있을 뿐이지만, 벌금 및 과료와 몰수는 그 성격, 요건, 내용 등에서 차이가 있다.

몰수는 범죄의 반복을 방지하고, 범죄로부터 얻은 이익을 박탈한다는 의미를 가진 형벌로서 보안처분의 성격을 함께 가지고 있다.

2) 벌금

(1) 의의

벌금형은 피고인에게 일정한 금액을 국가에 납부하도록 의무지우는 형벌이다. 벌금을 납부하지 않는 경우 미납자를 노역장에 유치한다(제69조).

벌금형의 궁극적 목적은 피고인에게 재산적 부담을 지우는 데 그치는 것이 아니라, 이를 통해 그의 일상생활이나 활동 및 자유에 제약을 가하고 이를 통해 응보, 일반예방, 특별예방의 목적을 달성하는데 있다.

현재 벌금형은 모든 형벌중 가장 많이 부과되고 있으며, 전체 범죄사건에서 벌금형이 선고되는 사건은 90%에 이른다. 벌금형은 피고인을 구금하지 않고 일상생활을 하면서 그 실질적 자유를 제한하는 것이므로, 자유형에 비해서 인도적이고 수형자를 구금하지 않기 때문에 구금비용을 아끼고 구금으로 인한 범죄학습을 피할 수 있어 재범방지에 효과적이다.

그러나 벌금형은 범죄인 이외에 다른 사람들에게 벌금을 전가하거나 재산이 많은 피고인의 경우에는 위하력을 갖지 못하는 문제점이 있다.

(2) 내용

벌금은 5만원이 최저이지만, 감경하는 경우에는 5만원 미만으로 할 수 있다(제45조). 벌금의 상한은 각칙에서 범죄마다 달리 정한다. 벌금액수만을 규정하는 우리 형법과 달리 독일형법은 일수벌금제도를 운영하고 있다.

벌금과 과료는 판결확정일로부터 30일 내에 납입하여야 한다. 단 벌금을 선고할 때에는 동시에 그 완납시까지 노역장에 유치할 것을 명할 수 있다. 벌금을 납입하지 아니한 자는 1일 이상 3년 이하의 기간 노역장에 유치하여 작업에 복무하게 한다(제69조).

(3) 개선방안

현재 총액벌금제도는 경제적 약자에게 지나치게 큰 부담을 주고 경제적 강자에게 별 부담이 되지 않으므로 형평 차원에서 문제가 있다. 또한 벌금형의 선고유예는 인정하면서 벌금형의 집행유예는 인정하지 않는 것, 벌금분납제를 인정하지 않는 것, 특정범죄에 대해서 자유형만 규정하고 벌금형을 규정하자 않는 것 등이 문제점으로 지적된다.

①일수벌금제의 도입

일수벌금제도란 범죄에 대한 행위자의 책임에 따라 벌금을 일수로 정하고, 행위자이 자력에 따라 하루의 벌금을 정하는 제도이다. 이 제도는 경제적 약자에게 불리하지만 강자에게 유리한 총액벌금제도의 문제점을 시정하고 배분적 정의를 실현하는데 적합하다고 평가된다. 일수벌금제도에서 벌금액의 확정은 두단계로 이루어진다. 첫째, 벌금일수를 정하는 것인데, 이는 범죄인의 경제적 사정을 고려하지 않고 책임만을 고려하여 정한다. 둘째, 하루의 벌금액을 정할 때에는 범죄자의 경제적 사정이 고려된다. 예컨대 "피고인에게 120일의 벌금을 선고한다. 하루의 벌금액은 10만원으로 한다"는 형식으로 벌금을 선고한다.

일수벌금제도가 제대로 효과를 발휘하려면 개인의 정확한 재산상태를 파악할 수 있는 제도가 완비되어야 한다. 하지만 도입논의가 한창이었던 1992년 이전에는 금융실명제나 부동산실명제와 같이 개인의 재산상태를 파악하는 제도가 정착되지 않아 시기상조라는 이유로 일수벌금제 도입이 좌절되었다.

②벌금형의 집행유예제도 도입

현행법상 벌금형의 선고유예는 인정되지만(제59조), 집행유예는 인정되지 않는다(제62조). 이에 대해서는 벌금형보다 무거운 징역과 금고에 대해서는 집행유예를 인정하면서 그보다 가벼운 벌금형의 집행유예를 인정하지 않는 것은 균형이 맞지 않는다는 비판이 제기된다. 그리하여 1992년 형법개정법률안 제62조는 벌금형의 집행유예를 인정하였다.

③벌금분납제, 납부연기제 도입

현행법상으로는 벌금선고후 30일 이내에 벌금을 납부하도록 되어 있고, 벌금을 완납하지 아니하면 노역장에 유치하도록 규정되어 있다(제69조 1항). 이는 경제력이 약한 피고인에게는 지나치게 짧은 기간이고, 타인이 대납하는 경우 형벌의 일신전속적 성격에 반한다. 따라서 벌금형의 납부를 일정기간 연기하여 주거나 분납을 허용하는 제도를 도입할 필요가 있다.

④벌금형의 확대 및 조정

현행법에서는 자유형만을 규정한 범죄들이 많다. 이에 대해서는 자유형, 특히 단기형은 그 폐해가 크기 때문에 벌금형의 적용범위를 확대해야 한다는 의견들이 많았다. 이러한 주장을 받아들여 1995년 개정형법은 직권남용죄(제123조), 공무집행방해죄(제136조, 제137조), 무고죄(제156조), 허위공문서작성죄(제227조), 사문서위조죄(제231조), 자격모용에 의한 사문서작성죄(제232조), 상해죄 및 존속상해죄(제257조 2항), 존속폭행죄(제260조 2항), 유기죄 및 존속유기죄(제271조 1항 · 2항), 체포 · 감금죄 및 존속체포 · 감금죄(제276조), 명예훼손죄(제307조) 등의 범죄에 벌금형을 선택형으로 신설하였다.

그러나, 아직도 자유형만이 규정된 범죄가 산재하여 있다. 예컨대 구 폭처법

제3조 2항은 야간에 행한 집단폭행 등에 대해 징역형만을 규정하고 있었다(2016년 삭제됨). 또한 형법에서도 외국원수나 외국사절들에 대한 폭행(제107조, 제108조), 직무유기죄 등 공무원의 직무에 관한 죄(제122조 이하), 도주원조죄(제147조), 분묘발굴죄(제160조), 사체 등의 영득죄 등(제161조), 진화방해죄(제169조), 수도불통죄(제195조), 판매목적의 아편 및 아편흡식기소지죄(제198조, 제199조), 아편흡식 및 동장소제공죄(제201조), 간통죄(제241조), 낙태치상죄(제269조 3항), 업무상낙태죄(제270조), 특수주거침입죄(제320조), 주거수색죄(제321조), 합동절도죄(제331조 2항) 등에서 벌금형을 선택형으로 규정할 필요가 있다.

⑤ 벌금형의 과태료 전환

많은 행정형법에서 행정상의 의무불이행에 대해 벌금형에 처하는 규정을 두고 있다. 그러나 행정상의 의무불이행에 대해서는 과태료를 부과하는 것이 원칙이고 형벌인 벌금형을 부과하는 것은 비례성의 원칙에 맞지 않는다.

3) 과료

과료는 2,000원 이상 5만원 미만의 금액을 납부하는 형벌이다(제47조). 과료는 액수가 적지만 행정벌의 일종인 과태료와 구별된다. 과료를 납입하지 않는 경우 1일 이상 30일 미만의 노역장유치에 처해진다(제69조 2항).

하지만 과료를 법정형으로 규정한 형법상 범죄는 없다. 더구나 벌금과 과료를 굳이 구별할 실익이 없으므로 과료를 폐지하는 것이 타당하다.

4) 몰수

(1) 개념

몰수란 범죄와 관련된 물건이나 문서 등을 국가가 강제로 취득하거나 폐기하는 형벌이다. 몰수는 원칙적으로 타형에 부가하여 과하는 부가형이고, 예외적으로 행위자에게 유죄의 재판을 아니할 때에도 몰수의 요건이 있는 때에는 몰수만을 선고할 수 있다(제49조). 예컨대, 주형의 선고를 유예하면서 몰수만을 선고할 수 있다. 그러나 주형의 선고를 유예하지 않으면서 몰수에 대해서만 선고유예를 할 수는 없다(대판 88도551, 대판 81도614, 대판 78도3098).

(2) 종류

몰수에는 필요적 몰수와 임의적 몰수가 있다. 총칙 제48조는 임의적 몰수를 규정하고 있으나, 각칙에서는 때때로 필요적 몰수를 규정하고 있다. 범인 또는 정을 아는 제3자가 받는 뇌물 또는 뇌물에 공할 금품(제134조), 아편에 관한 죄에 제공한 아편, 몰핀이나 그 화합물 또는 아편흡식기구(제206조), 배임수증죄에 의해 취득한 재물(제357조 3항) 등에 대한 몰수는 필요적 몰수이다. 필요적 몰수의 경우라도 주형을 선고유예하는 경우에는 몰수 또는 몰수에 갈음하는 추징도 선고유예를 할 수 있다(대판 76도2262).

(3) 법적 성격

①학설과 판례

다수설은 몰수가 실질적으로는 보안처분이라 하고, 소수설은 범죄인의 물건에 대한 몰수는 재산형이고 제3자의 물건에 대한 몰수는 보안처분이라고 이해한다[3].

형법이 몰수를 형벌의 일종으로 규정하고 있으므로 재산형으로 파악해야 할 것이다. 몰수가 보안처분의 성격을 가지고 있음은 분명하지만 모든 형벌이 보안처분의 성격을 가지고 있으며 몰수만 특별히 보안처분의 성격을 가진 것은 아니나[4]. 따라서, 몰수도 벌금이나 과료와 마찬가지로 범죄인에게 재산상의 고통을 부과함으로써 응보, 일반예방 및 특별예방의 목적을 추구하는 형벌이라고 보아야 할 것이다.

판례는 범죄행위로 인한 이득의 박탈을 목적으로 하는 몰수[5]와 징벌적 성격의 몰수[6]를 모두 인정하고 있다.

②몰수의 대상

형법 제48조 1항은 "범인 이외의 자의 소유에 속하지 아니하거나 범죄 후 범

---

3) 박상기 561면, 신동운 771면, 이재상 40/37, 진계호 612면.

4) 오영근 42/46.

5) 〈대판 2002도1283〉 형법 제134조의 규정에 의한 필요적 몰수 또는 추징은 범인이 취득한 당해 재산을 범인으로부터 박탈하여 범인으로 하여금 부정한 이익을 보유하지 못하게 함에 그 목적이 있는 것이다.

6) 〈대판 2001도5158〉 마약류관리에관한법률 제67조에 의한 몰수나 추징은 범죄행위로 인한 이득의 박탈을 목적으로 하는 것이 아니라 징벌적 성질의 처분이므로, 그 범행으로 인하여 이익을 취득한 바 없더라도 법원은 그 가액의 추징을 명하여야 한다.

인 이외의 자가 정을 알면서 취득한 다음 기재의 물건은 전부 또는 일부를 몰수할 수 있다. 1)범죄행위에 제공하였거나 제공하려고 한 물건, 2)범죄행위로 인하여 생하였거나 이로 인하여 취득한 물건, 3)"전 2호의 대가로 취득한 물건"이라고 규정하고 있다. 몰수대상 물건이 압수되어 있는가 또는 적법한 절차에 의하여 압수되었는가는 문제되지 않는다(대판 2003도705).

(i)범죄행위에 제공하였거나 제공하려고 한 물건

살인행위에 사용한 흉기, 장물의 운반에 사용된 자동차 등 범행에 사용한 도구나 수단 등이 이에 해당한다. 반드시 경제적 가치가 있을 필요는 없다.

판례에 의하면 사행성 게임기의 기판뿐만 아니라 본체(대판 2006도6400), 대형할인매장에서 수회 상품을 절취하여 자신의 승용차에 싣고 간 경우의 승용차(대판 2006도4075), 오락실업자, 상품권업자 및 환전소 운영자가 공모한 사행행위에서 환전소 운영자가 환전소에 보관하던 현금 전부(대판 2006도3302), 구 외국환관리법 소정의 허가 없는 수출미수행위에 제공된 토지개발채권(대판 2000도515), 통일원장관의 반입승인없이 북한으로부터 수입한 물건(대판 93도1750), 강도범행에 사용된 자동차(대판 90도1904), 특경법에 위반하여 외국으로 도피시킨 재산(대판 94도1075), 청탁명목으로 받은 금품(대판 96도2490), 범죄행위에 제공된 물건으로 압수되었다가 피고인에게 환부된 물건(대판 76도4001) 등은 몰수의 대상이 된다.

그러나 체포될 당시 미처 송금하지 못하고 소지하고 있던 자기앞수표나 현금은 장차 실행하려고 한 외국환거래법 위반의 범행에 제공하려는 물건일 뿐, 그 이전에 범해진 '범죄행위에 제공하려고 한 물건'으로는 볼 수 없고(대판 2007도10034), 부동산 미등기 전매계약에 이하여 제3자로부터 받은 대금은 처벌대상인 '1차 계약에 따른 소유권이전등기를 하지 않은 행위'로 취득한 것이 아니므로(대판 2007도7353), 구 관세법상 수입신고물건을 수입하면서 주요사항을 허위로 신고한 경우, 이 물건은 신고의 대상물에 지나지 않아 신고로서 이루어지는 허위신고죄의 범죄행위 자체에 제공하는 물건이라고 할 수 없어 몰수의 대상이 되지 않는다(대판 74도352).

(ii)범죄행위로 생하였거나 이로 인하여 취득한 물건

범죄행위로 생한 물건이란 문서위조죄에 의한 작성된 위조문서나 위조된 화폐 등이 해당된다. 범죄행위로 인하여 취득한 물건이나 절도로 훔친 금전과 같이 재산범죄에 의하여 취득한 재물이다.

판례에 의하면 향정신성의약품 매도의 대가로 받은 대금(대판 2001도5158), 뇌물로 받은 자기앞수표(대판 98도3584, 대판 82도2462), 구 부정임산물단속에관한법률에 위반한 임산물(대판 66오2, 대판 65모25), 몰수하여야 할 압수물이 멸실 · 파손 또는 부패의 염려가 있거나 보관하기에 불편하여 이를 형사소송법 제132조의 규정에 따라 매각하여 그 대가를 보관하는 경우의 현금(대판 96도2477)은 몰수할 수 있으나, 외국에서 휴대하고 들어온 구 외국환관리법에 의해 등록하지 않은 달러화(대판 81도2930) 등은 범죄행위로 생하였거나 취득한 물건이라고 볼 수 없어 몰수의 대상이 되지 않는다.

(iii)전 2호의 대가로 취득한 물건

'전2호의 대가로 취득한 물건'이란 범죄행위에 물건을 제공하고 그 대가로 취득한 물건, 예컨대 범행에 사용될 흉기를 빌려주거나 빌려주기로 약속하고 그 대가로 받은 물건 및 범죄행위로 취득한 물건의 대가로 취득한 물건 예컨대 절취물을 판매하여 취득한 금전 등을 말한다.

판례는 장물의 대가로 취득한 현금은 몰수의 대상이 아니라고 하지만(대판 4279형상84), 이는 장물을 매각하여 얻은 금전으로서 피해자에게 반환하여야 할 물건을 몰수할 수 없다는 의미이고(대판 66도853), 대가로 취득한 물건인 경우에는 몰수할 수 있다고 보아야 한다[7]. 타인의 재물을 절취하여 주기로 하고 받은 금품은 절취물의 대가라고 할 수 없어서 몰수할 수 없다고 해야 한다.

(iv)범인 이외의 자에 속하지 않은 물건

범인의 소유이거나 무주물인 경우에는 몰수할 수 있지만, 범인 이외의 자에 속하는 물건은 몰수할 수 없다. 아무 잘못이 없는 소유자의 물건을 단지 범죄와 관련되었다는 이유로 몰수하는 것은 소유자의 재산권을 침해하는 것이기 때문이다.

7) 오영근 42/55, 이재상 40/41.

범인에는 정범뿐만 아니라 공범도 포함된다. 공범자에는 공동정범, 교사범, 방조범 뿐만 아니라 필요적 공범관계에 있는 자도 포함된다(대판 2006도5586).

판례에 의하면, 다른 사람으로부터 매각위탁을 받은 엽총(대판 66오4), 부동산등기부(대판 57도190), 일부 허위기재된 부분이 있는 공문서(대판 83도808), 도박자금으로 대여한 금원(대판 82도1669), 허위신고에 의한 가호적원본의 부실기재부분(대판 4292형상177), 소유자에게 반환하여야 할 장물대가(대판 66도853), 국고에 환부하여야할 국고수표(대판 4293형상759) 등은 몰수할 수 없다.

그러나 범죄후 범인 이외의 자가 정을 알면서 취득한 물건은 몰수할 수 있다(제48조 1항 본문).

4) 추징 및 폐기

(1) 추징의 개념

추징은 몰수대상 물건이 멸실되거나 환가되어 몰수가 불가능한 경우 몰수대상인 물건의 가액을 납부하도록 하는 강제처분이다. 하지만, 가액을 납부하지 않는 경우에도 노역장유치를 할 수 없고 일반 강제집행절차에 의해 피고인의 재산을 강제집행한다는 점에서 벌금형 및 과료형과 구분된다.

(2) 추징의 법적 성격

몰수가 부가형이므로 추징 역시 부가적 처분이라 할 수 있다. 따라서 주형에 대하여 선고를 유예하는 경우 그에 부가할 추징에 대해서도 선고를 유예할 수 있으나, 그 주형에 대하여 선고를 유예하지 않으면서 이에 부가할 추징에 대해서만 선고를 유예할 수는 없고(대판 78도3098), 종국판결에 대한 상고 없이 추징선고 부분에 한하여 상고할 수는 없다(대판 84도1502). 그러나 주형인 징역형의 선고를 유예할 경우에도 추징만을 선고할 수 있고(대판 89도2291), 범인이 피해자로부터 받은 금품을 소비하고 나서 그에 상당한 금품을 반환하였을 경우나 상호합의에 이르러 고소를 취소한 경우에도 이를 범인으로부터 추징하여야 한다(대판 82도812). 또한 추징은 범죄행위로 취득한 이익박탈이라는 의미도 가지고 있기 때문에 징역형의 집행유예와 추징의 선고를 받은 사람에 대하여 징역형의 선고의 효력을 상실케 하는 동시에 복권하는 특별사면이 있는 경우에도 추징선고의 효력은 상실되지 않는다(대결 96모14).

(3) 추징의 방법

추징은 이익박탈적 성격의 몰수와 징벌적 성격의 몰수의 경우 그 추징방법이 다르다. 이익박탈적 성격의 몰수에서는 개별적 · 분배적 추징원칙에 따르지만, 징벌적 성격의 몰수에서는 공동연대추징의 원칙에 따른다.

판례

〈대판 96도2490〉 몰수는 죄를 범한 자 또는 그 정을 아는 제3자가 받은 금품 기타 이익을 그들로부터 박탈하여 그들로 하여금 부정한 이익을 보유하지 못하게 함에 그 목적이 있는 것이므로, 수인이 공동하여 공무원이 취급하는 사건 또는 사무에 관하여 청탁을 한다는 명목으로 받은 금품을 분배한 경우에는 각자가 실제로 분배받은 금품만을 개별적으로 몰수하거나 그 가액을 추징하여야 한다.

〈대판 95도2002〉 외국환관리법상의 몰수와 추징은 일반 형사법의 경우와 달리 범죄사실에 대한 징벌적 제재의 성격을 띠고 있다고 할 것이므로, 여러 사람이 공모하여 범칙행위를 한 경우 몰수대상인 외국환 등을 몰수할 수 없을 때에는 각 범칙자 전원에 대하여 그 취득한 외국환 등의 가액 전부의 추징을 명하여야 하고, 그 중 한 사람이 추징금 전액을 납부하였을 때에는 다른 사람은 추징의 집행을 면할 것이나, 그 일부라도 납부되지 아니하였을 때에는 그 범위 내에서 각 범칙자는 추징의 집행을 면할 수 없다(다수의견).

(4) 가액의 산정방법

몰수하기가 불능한 때에 추징하여야 할 가액은 범인이 그 물건을 보유하고 있다가 몰수의 선고를 받았더라면 잃었을 이득상당액을 의미한다고 보아야 할 것이므로 그 가액산정은 재판선고시의 가격을 기준으로 하여야 할 것이다(대판 91도352). 범죄수익을 얻기 위해 범인이 지출한 비용은 그것이 범죄수익으로부터 지출되었다고 하더라도 이는 범죄수익을 소비하는 방법에 지나지 않으므로 추징할 범죄수익에서 공제하지 말아야 한다(대판 2007도6755, 대판 2000도440).

5) 폐기

문서, 도화, 전자기록 등 특수매체기록 또는 유가증권의 일부가 몰수에 해당하는 때에는 그 부분을 폐기한다(제48조 3항).

판례에 의하면, 지적등본의 기재를 변개한 경우에 동 등본 중 변개한 부분은 그 공문서변조의 범죄행위로 인하여 생긴 것으로서 누구의 소유도 불허하는 것이므로 이를 폐기할 것이지만(대판 4292형상858), 국고에 환부하여야 할 국고수표(대판 4293형상858), 부실기재원본에 의한 등기부등본의 기재부분(대판 4293형상128), 부동산등기부(대판 57도190)는 폐기할 수 없다.

제2절 양형

1. 양형의 개념 및 의의

가. 양형의 개념

양형 혹은 형의 양정(量定)이란 법정형을 기초로 하여 구체적 선고형을 정하는 과정을 말한다(광의의 양형).

광의의 양형에는 법정형에 수개의 형벌이 선택형으로 규정되어 있는 경우 형벌을 선택하고 형벌의 가중 · 감경 여부를 결정하여 처단형을 정하고, 집행유예 또는 선고유예의 결정, 사회봉사명령 · 수강명령 · 보호관찰의 부과 여부 결정, 처단형의 범위 내에서 구체적 선고형을 정하는 것이 모두 포함된다.

이에 대해 협의의 양형이란 광의의 양형 중 집행유예, 선고유예 등의 결정을 배제한 전체 과정을 말한다. 최협의의 양형은 처단형의 범위 내에서 구체적인 선고형을 결정하는 과정만을 의미한다.

예컨대, 甲이 절도죄와 상해죄를 각각 범한 경우 절도죄에는 6년 이하의 징역 또는 1천만원 이하의 벌금이 규정되어 있고(제329조), 상해죄에는 7년 이하의 징역, 10년 이하의 자격정지 또는 1천만원 이하의 벌금이 규정되어 있다(제257조). 따라서 甲은 두 죄 모두 징역형이 선택되더라도 10년 6개월을 넘는 징역형이 선고되지 않는다(형법 제38조 1항 2호에 의한 경합범 가중). 그러나, 실제 甲에게 선고될 수 있는 형벌은 다양하다. 甲은 선고유예나 집행유예로

석방될 수 있고, 이 경우 사회봉사명령, 수강명령, 보호관찰 등이 부과될 수 있다. 1개월 이상 10년 6개월의 범위내에서 징역형에 처해질 수 있다. 5만원 이상 1천5백만 원까지의 벌금형에 처해질 수도 있고 벌금형이 5만원 이하로 낮아질 수도 있다. 징역형의 실형과 함께 자격정지와 벌금 중 어느 하나 혹은 양자가 함께 선고될 수 있다. 또한 징역형의 선고유예와 함께 자격정지와 벌금 중 어느 하나 혹은 양자 모두가 선고될 수 있다. 또한 징역형은 선고되지 않고 벌금형과 자격정지 중 어느 하나 혹은 양자가 함께 선고될 수 있다.

이처럼 양형의 스펙트럼은 매우 다양하고 그 편차 또한 매우 크다.

나. 양형의 중요성

양형은 유죄가 인정된 피고인에게 선고형을 정하는 과정으로서 재판의 결말에 해당한다. 따라서 범죄인에게 양형은 유무죄확정 이상으로 중요한 의미를 갖는다.

양형이 제대로 이루어지지 않으면 피고인은 자신에게 선고된 형벌을 정당한 것으로서 수긍하기 어렵고 재판과 사회에 대한 원망을 하게 되어 특별예방효과를 거두기 어렵다. 일반인들도 피고인과 그 행위를 비난하고 규범의식 또는 준법의식을 강화하기 보다는 피고인에게 동정심을 갖거나 '유전무죄 무전유죄'라는 인식을 유발시킴으로써 형법 및 형사사법기관에 대한 적개심을 갖게 되어 형벌의 일반예방 효과를 달성하기가 곤란해진다.

다. 양형의 법적 성격

판례는 보호처분의 선고 여부(대판 90도2693, 대판 90도1760), 자수에 의한 형감면 여부(대판 88도1212, 대판 84도1897), 구 관세법상의 관세포탈물운반구에 대한 몰수 여부(대판 4290형상118, 대판 4288형상275) 등은 법관의 자유재량이라고 파악한다. 그러나 다수설은 양형을 법적으로 구속된 재량의 문제로 본다.

죄형법정주의와 형벌이 피고인과 일반국민에게 미치는 영향을 고려할 때, 형법에서 자유재량이란 개념은 기본적으로 인정될 수 없으므로 모든 재량은 기속재량이라 보아야 한다[8].

---

8) 김/서 749면, 오영근 43/5, 이재상 41/23, 임웅 602면.

2. 양형이론

가. 양형과 책임

양형이란 개괄적 법정형에서 구체적 선고형을 발견해 나가는 과정이므로 어떤 목적 및 원칙하에서 이러한 작업을 수행할 것인가가 정하여져야 한다. 하지만 형법은 양형과 책임 및 예방의 관계에 대해 아무런 규정을 두고 있지 않다.

양형과 책임과의 관계에 대해 통설은 "형벌은 범죄인의 책임을 초과할 수 없다", "형벌은 책임에 상응해야 한다"라고 하여 책임주의를 양형의 지도원칙으로 보고 있다. 1992년의 형법개정안 제44조 1항도 "형을 정함에 있어서는 범인의 책임을 기초로 한다"고 규정하였다.

이 때의 책임이란 범죄성립요건으로서의 책임과 구별되는 개념이다. 후자는 책임능력, 위법성인식, 고의 · 과실, 기대가능성 등 주로 행위관련적 요소들을 고려하여 결정되지만, 전자는 행위관련적 요소 이외에도 범죄인의 성행, 지능, 환경 등 형법 제51조에 예시된 사항과 제51조에 예시되지 않은 모든 범죄 및 범죄인에 관련된 사항을 고려하여 결정된다.

나. 양형과 책임 및 예방에 관한 이론

양형은 책임을 기초로 하고 여기에 일반예방과 특별예방을 고려한다. 예컨대, 재벌회장 아들인 甲과 가난한 집의 아들인 乙이, 甲은 유흥비를 마련할 목적으로 乙은 병든 어머니의 약값을 마련할 목적으로 금은방에서 5만원에서 물건을 함께 훔친 경우 이들의 행위는 특수절도죄에 해당하고 법정형은 1년 이상 10년 이하의 징역이다. 甲과 乙의 행위책임만을 놓고 보면 피해액을 감안할 때, 3년 혹은 5년의 징역에 처해질 정도는 아니라고 할 수 있다. 여기서 甲과 乙의 책임 및 일반예방 및 특별예방의 목적을 고려해야 한다.

1) 유일형이론(Punkttheorie)

유일형이론은 책임은 언제나 고정된 크기를 가지므로 정당한 형벌도 하나라고 한다. 유일형이론에 대해서는 설사 일정한 양의 책임이 존재한다고 하더라도 인간은 이를 정확하게 인식할 능력이 없으며, 양형에서 일반예방이나 특별예방의 목적을 고려해서는 안되며, 상대적 부정기형을 인정할 수 없다는 비판이 제기된다.

2) 책임범위이론(Spielraumtheorie)

다수설은 책임은 일정한 범위내에서 정해질 수밖에 없다고 한다. 이에 의하면 책임은 범위나 폭으로 확정될 수 밖에 없어서 상한과 하한을 두어 이 범위내에서 일반예방과 특별예방을 고려하여 형벌을 정할 수 있다고 한다.

위의 예에서 甲과 乙의 책임범위가 10개월에서 1년이라고 할 경우 甲이 재벌의 아들임에도 불구하고 절도를 한 것이 일반예방적 관점에서 형벌가중적 요소로 작용하고, 재범의 위험성이라는 특별예방적 관점에서는 형벌감경적 요소로 작용할 수 있다. 한편 乙이 가난한 가장의 아들이라는 것은 일반예방적 관점에서 형벌감경적 요소이지만, 특별예방적 관점에서는 형벌가중적 요소라 할 수 있다. 이 경우 일반예방과 특별예방의 목적을 모두 고려하여 형벌을 정할 때 형벌이 1년을 초과할 수는 없지만 10개월에 미달할 수는 있다는 것이다.

3) 단계이론(Stufentheorie)

단계이론은 일정한 양형단계에서 각각 책임과 예방을 고려하는 이론이다. 단계이론에 의하면 형량은 불법과 책임의 정도에 따라서 결정하고, 형벌의 종류와 집행여부는 예방적 목적을 고려하여 결정해야 한다고 한다.

단계이론에 대해서는 형량을 결정할 때에도 예방의 목적을 고려해야 하고, 형벌의 종류와 집행 여부를 결정할 때에도 책임을 고려해야 한다는 비판이 제기된다.

4) 결론

위의 3가지 이론은 모두 양형이 법관의 자유재량이라는 입장을 거부하는 것이다. 일정한 사건에서 가장 적합한 형벌을 찾아내는 것은 법관의 중요한 과제이지만 현재 인간의 인식능력의 한계로 인하여 형벌이 오직 하나라는 유일점형이론은 현실적이지 못하다. 단계이론이 주장하는 양형방법도 하나의 대안에 불과하며 그 방법만이 정당하다고 할 수 없다. 책임범위이론이 현실적이기는 하지만, 이 이론 역시 어디부터 어디까지가 범위 혹은 폭인지 이 폭안에서 어떻게 일반예방과 특별예방을 고려해야 하는가가 분명하지 못하다.

다. 양형의 단계 및 양형조건

1) 단계

양형은 법정형을 시발점으로 하여 법정형 중 형벌의 종류를 선택하여 이를 가중하거나 감경하여 처단형을 정하고, 이를 기초로 하여 구체적 선고형을 정하는 과정을 통하여 이루어진다.

(1) 법정형

양형을 하기 위해서는 유죄가 확정된 범죄에 대해 어떤 형벌이 법률에 규정되어 있는가를 판단해야 한다. 하나의 범죄에 대해 수개의 법령이 적용되는 경우에는 적용법조 사이에 특별법우선의 원칙, 신법우선의 원칙, 보충법에 대한 일반법우선의 원칙 등이 적용되어 최종적으로 적용될 법정형이 확정된다.

법정형에는 정기형과 부정기형이 있는 바, 정기형이란 형기의 장단기가 정해져 있지 않고 형기가 고정되어 있는 형태의 법정형이다. 현행법에 정기형은 없다. 다만 여적죄는 사형만이 형벌로 규정되어 있지만(제93조), 이에 대해서도 작량감경(제53조)이 가능하므로 반드시 사형을 선고해야 되는 것은 아니다.

부정기형에는 절대적 부정기형과 상대적 부정기형이 있는 바, 절대적 부정기형은 상한과 하한이 정해져 있지 않고 법관의 재량에 의해 형기를 결정하도록 하는 형태의 형벌로서 죄형법정주의에 위배되므로 현행법에서는 이를 택하지 않고 있다. 상대적 부정기형은 형기의 상한과 하한이 정하여져 있고 그 범위 내에서 법관이 선고형을 결정한다. 형법의 대부분은 상대적 부정기형으로 규정되어 있다. 예컨대 사기죄(제347조)는 1개월 이상 10년 이하의 범위내에서 법관이 형기를 결정한다.

정기형과 부정기형은 자격정지에도 있을 수 있고, 벌금에 대해서는 정액법정형과 부정액법정형이 있을 수 있다. 벌금형 역시 상대적 부정액형으로 규정되어 있다. 예컨대 절도죄의 벌금액 법정형은 5만원 이상 1천만원 이하로서 벌금의 상한과 하한이

정해져 있다.

(2) 처단형

처단형이란 법정형에서 형벌의 종류를 선택한 후 이를 법률상 및 재판상 가중 · 감경한 형벌을 말한다. 처단형을 정할 때에는 책임주의원칙과 형벌의 일반예방 및 특별예방효과를 고려하여야 한다.

예컨대, 절도죄의 법정형은 1개월 이상 6년 이하의 징역 또는 1천만원 이하의 벌금이고, 심신미약자가 절도죄를 범한 경우 형을 필요적으로 감경해야 한다. 법관이 징역형을 선택한 경우 형기의 2분의 1로 감경해야 하므로(제55조 1항 3호) 1개월 이상 3년 이하의 징역형이 처단형이 된다(징역형의 하한이 1개월이므로 하한은 감경되지 않음). 벌금형을 선택한 경우 다액의 2분의 1로 감경하므로 500만원 이하의 벌금이 처단형이 된다.

여기에 법관은 책임주의, 일반예방 특별예방의 목적을 고려하여 작량감경을 할 수 있는데, 작량감경을 하면 각각 1년 6개월 이하의 징역, 250만원 이하의 벌금이 처단형이 된다. 벌금형을 감경하는 경우 5만원 미만으로 할 수 있고 하한에는 제한이 없다.

(3) 선고형

선고형이란 처단형의 범위 내에서 법관이 구체적으로 형량을 결정하여 선고하는 형벌을 말한다. 선고형을 정할 때에도 처단형을 정할 때와 마찬가지로 책임주의원칙과 일반예방 및 특별예방 등 형벌의 목적을 고려하여야 한다.

2) 형의 가중 및 감경

(1) 형의 가중

형의 가중은 법률에 명시적으로 규정되어 있는 경우에만 할 수 있고, 법률의 규정 없이 법관이 가중하는 재판상의 가중 내지 작량가중은 인정되지 않는다.

형의 가중은 총칙상 가중과 각칙상의 가중이 있는 바, 그 구별은 가중, 감경의 순서를 정할 때(제56조) 실익이 있다. 전자에는 특수교사 · 방조에 대한 가중(제34조 2항), 누범가중(제35조 2항), 경합범가중(제38조 1항 2호), 후자에는 공무원의 직무상 범죄에 대한 가중(제135조), 특수

공무방해죄에 대한 가중(제144조), 상습범가중(제203조, 제264조, 제285조, 제332조, 제351조), 특수체포 · 감금죄에 대한 가중(제278조) 등이 있다.

(2) 형의 감경

형의 감경에는 법률상의 감경과 재판상의 감경이 있다. 전자는 법률에 감경할 수 있는 경우가 규정되어 있는 경우이고, 후자는 법률에 규정되어 있지 않지만 법관의 재량에 의하여 감경하는 것으로서 작량감경(酌量減輕)이라고도 한다.

①법률상 감경

ⅰ) 필요적 감경 : 필요적 감경은 일정한 사유가 있으면 반드시 감경해야 하는 경우이다. 심신장애자(제10조 2항), 농아자(제11조), 중지미수(제26조), 종범(제32조), 일정범죄에 대한 자수(제90조, 제101조, 제111조, 제120조, 제153조, 제175조, 제213조) 등에 대한 감경이 있다.

ⅱ) 임의적 감경 : 임의적 감경은 일정한 사유가 있는 경우 법관의 재량에 의해 감경 여부가 결정되는 것을 말한다. 임의적 감경에는 외국에서 형의 전부 또는 일부의 집행을 받은 자(제7조)[9], 과잉방위(제21조 2항), 과잉피난(제22조 3항), 과잉자구행위(제23조 2항), 장애미수(제25조 2항), 불능미수(제27조), 자수 · 자복(제52조), 범죄단체의 조직(제114조), 피인취자 · 인질해방(제295조의2, 제324조의6) 등에 대한 감경이 있다.

②재판상 감경(작량감경)

(ⅰ)개념 및 의의 : 범죄의 정상에 참작할만한 사유가 있는 때에는 작량하여 그 형을 감경할 수 있으며(제53조), 이를 작량감경이라 한다. 정상참작과 같은 의미이다.

(ⅱ)작량감경폐지론 : 작량감경은 법정형이 지나치게 가혹한 경우 이를 시정하기 위하여 도입된 것이다. 우리 형법에는 외국에 비해 법정형이 높게 규정되어 있는 경우가 많아 작량감경을 인정할 여지는 있다.

그러나 형법이 경합범에 대해 병과주의가 아닌 가중주의를 취하고 있으므로 처단형이 높아질 염려는 그리 많지 않고, 과도한 법정형은 입법에 의해 시정되어야지 작

9) 형법 제7조는 2015. 5. 28, 2013헌바129 결정에 의해 헌법불합치결정을 받아 외국에서 집행된 형의 전부 또는 일부를 형에 산입하는 것으로 개정되었다.

량감경에 의하여 시정할 사항은 아니다. 작량감경은 법관이 피고인에게 은혜를 베푼다는 권위주의적 사고가 반영된 것이라 할 수 있고, 그 요건이 명확하지 않아 남용될 우려가 있다. 실무에서도 법관들이 작량감경을 지나치게 널리 적용하여 선고형이 법정형의 하한에 집중되어 있다. 따라서 향후 개정시 작량감경제도는 폐지하는 것이 타당하다.

라. 자수 및 자복

1) 자수의 개념

자수란 범인이 자발적으로 자신의 범죄사실을 수사기관에 신고하여 그 소추를 구하는 의사표시이다(대판 99도1695, 대판 98도4560). 범죄사실은 신고하면 족하고 법적으로 그 요건을 완전히 갖춘 범죄행위라고 인식할 필요도 없다(대판 94도1017). 자기의 범죄사실을 신고한 이상 그 신고에 있어 범죄사실의 세부적인 형태에 있어 다소의 차이가 있더라도 무방하다(대판 68도1780).

그러나 수사기관에의 신고가 자발적이더라도 그 신고의 내용이 자신의 범행을 부인하는 내용일 경우 자수는 성립하지 않는다(대판 2004도2003).

2) 자수의 범위

범인이 자발적으로 자신의 범죄사실을 수사기관에 신고하면 자수가 될 수 있고, 자수에 의해 범죄사실이 새로이 밝혀질 것을 요건으로 하지 않는다. 범인이 직접 하지 않고 제3자를 통한 범죄사실의 신고도 자수에 해당하고(대판 67도350), 지명수배 이후 범죄사실의 신고(대판 68도754)나 신문지상에 혐의사실이 보도되기 시작한 후 수사기관에 자진출석하여 혐의사실을 모두 인정하는 내용의 진술서를 작성한 경우(대판 94도618), 검찰에 자진출석하여 범행을 사실대로 진술한 후 법정에서 범행을 부인한 경우(대판 2002도7262)도 자수로 인정된다.

그러나, 수사기관의 직무상의 질문 또는 조사나 여죄추궁에 응하여 범죄사실을 진술하는 것은 자백일 뿐 자수는 되지 않고(대판 2006도4883, 대판 82도1965), 자수서를 소지하고 수사기관에 자발적으로 출석하였으나 자수서를 제출하지 아니하고 범행사실도 부인하고 그 이후 구속된 상태에서 자수서를 제출하고 범행사실을 시인한 경우(대판 2003도3133), 세관검색시 금속탐지기에 의해 대마휴대사실이 발각된 상황에서 세관검색원의 추궁에 의하여 대마수입범행을 시인한 경우(대판 98도4560), 내심으로 자수할 것을 결심한 것(대판 86도792), 경찰관에게 검거되기 전에 친지 등 수사기관 아닌 자에게 자수의사를 전달한 것(대판 85도1489, 대판 66도1662), 범행 직후 경솔하였던 소행을 크게 뇌우치고 자수하겠다고 나갔다가 그 다음 날 체포된 것(대판 83도3232)만으로는 자수로 볼 수 없다. 양벌규정에 의하여 법인이 처벌다는 경우, 법인의 이사 기타 대표자가 수사책임이 있는 관서에 자수한 경우에만 자수감경을 할 수 있고, 그 위반행위를 한 직원 또는 사용인이 자수한 것만으로는 자수감경을 할 수 없다(대판 95도391).

3) 자수의 효과

자수에 대해서는 형을 감경 또는 면제할 수 있다(제52조 1항). 자수의 효과는 임의적 감경이므로 피고인이 자수하였다 하더라도 법원이 자수감경을 하지 않아도 위법하지 않다(대판 2004도2018).

일단 자수가 성립한 이상 자수의 효력은 확정적으로 발생하고 그 후에 범인이 번복하여 수사기관이나 법정에서 범행을 부인한다고 하더라도 일단 발생한 자수의 효력이 소멸하는 것은 아니다(대판 2002도46).

4) 자복

자복이란 반의사불벌죄에서 피해자에게 범죄를 고백하는 것을 말한다. 반의사불벌죄가 아닌 범죄에서 피해자에게 범죄를 고백하는 것은 양형참작사유는 될 수 있지만 형을 감경하거나 면제할 수 있는 자복의 효과는 발생하지 않는다.

판례는 형사재판에서 형면제를 선고하려면 적용법률에 형면제를 선고할 근거가 있거나 형법이 인정하는 자수, 자복 등 형면제 사유가 있어야 한다고 하므로(대판 94도1), 반의사불벌죄가 아닌 범죄에서 피해자에게 범죄사실을 고백하였다고 하여 형을 감경하거나 면제할 수는 없다.

자수와 마찬가지로 자복이 있는 경우 감경을 할 것인가의 여부는 법원의 재량에 속한다.

마. 형의 가중 · 감경의 순서 및 방법

1) 가중 · 감경의 순서

하나의 범죄에 대하여 여러 종류의 형벌이 선택형으로 규정되어 있는 경우 먼저 형벌의 종류를 선택한 후 그 형을 감경한다(제54조). 가중할 경우에 대해서는 규정이 없으나 다르지 않다고 할 것이다. 가중 · 감경사유가 경합된 때에는 각칙 본조에 의한 가중→제34조 2항의 가중→누범가중→법률상 감경→경합범 가중→작량감경의 순서에 의해 가중 · 감경한다(제56조).

2) 가중 · 감경의 방법

(1) 가중의 방법

누범가중은 장기의 2배까지, 경합범가중은 중한 죄의 장기의 2분의 1까지, 상습범가중은 형기의 2분의 1까지 가중하고, 상습약취 · 유인죄는 2년 이상 10년 이하의 징역(제293조), 상습강도죄는 무기 또는 10년 이상의 징역(제341조), 상습장물취득죄는 1년 이상 10년 이하의 징역(제363조)으로 가중한다.

(2) 감경의 방법

감경에는 법률상 감경과 재판상 감경이 있다.

①법률상의 감경

①사형을 감경할 때에는 무기 또는 20년 이상 50년 이하의 징역 또는 금고로 한다. ②무기징역 또는 무기금고를 감경할 때에는 10년 이상 50년 이하의 징역 또는 금고로 한다. ③유기징역 또는 유기금고를 감경할 때에는 그 형기의 2분의 1로 한다. ④자격상실을 감경할 때에는 7년 이상의 자격정지로 한다. ⑤자격정지를 감경할 때에는 그 형기의 2분의 1로 한다. ⑥벌금을 감경할 때에는 그 다액의 2분의 1로 한다. ⑦구류를 감경할 때에는 그 장기의 2분의 1로 한다. ⑧과료를 감경할 때에는 그 다액의 2분의 1로 한다(제55조 1항).

법률상 감경할 사유가 수개 있는 때에는 거듭 감경할 수 있다(제55조 2항).

②재판상의 감경(작량감경)

형법 제56조는 법률상 감경을 먼저 하고 작량감경을 하도록 규정하고 있다. 이는 법률상 감경을 다하고도 그 처단형보다 낮은 형을 선고하고자 할 때에 작량감경을 해야 한다는 취지이다(대판 93도3608, 대판 91도985).

작량감경은 사건을 전체적으로 보아 정상을 참작하는 것이므로 수회 작량감경하지 못한다[10]. 하나의 범죄에 대해 징역형과 벌금형을 병과할 경우에 특별한 규정이 없는 한, 징역형에만 작량감경을 하고 벌금형에만 작량감경을 하지 않는 것은 허용되지 않는다(대판 96도3466, 대판 77도1827, 대판 77도1094). 그러나 실체적 경합범에서 한 범죄에 대하여 징역형을, 다른 범죄에 대하여 벌금형을 병과하는 경우에는 각 형에 대한 범죄의 정상에 차이가 있을 수 있으므로 징역형에만 작량감경을 하고 벌금형에는 작량감경을 하지 않아도 되고(대판 2006도1076), 양벌규정의 경우 자연인에 대해서는 작량감경을 하고 회사에 대해서는 작량감경을 하지 않아도 무방하다(대판 95 도1893).

라. 양형의 조건

1) 양형참작사항

형을 정함에 있어서는 1. 범인의 연령, 성행, 지능과 환경, 2. 피해자에 대한 관계, 3. 범행의 동기, 수단과 결과, 4. 범행 후의 정황 등의 사항을 참작하여야 한다(제51조). 제51조에 규정된 사항은 열거적인 것이 아니라 예시적인 것이므로 제51조에 규정되어 있지 않은 사항도 참작할 수 있다. 예컨대, 피해액수, 피해자의 수, 범행장소, 범행시간, 전과 등을 양형에서 고려할 수 있다.

(1) 범인의 연령, 성행, 지능과 환경

이는 주로 범죄인의 행위자책임과 특별예방과 관련된다. 소년법 제60조 2항은 "소

10) 이재상 41/22.

년의 특성에 비추어 상당하다고 인정되는 때에는 그 형을 감경할 수 있다"고 하여 연령을 특별감경사유로 규정하고 있다. 성행이란 성격과 행실을 말한다.

(2) 피해자에 대한 관계

범인과 피해자가 가정, 직장, 일상생활 등에서 어떤 관계를 가졌는가를 문제삼는다.

(3) 범행의 동기, 수단, 결과

범행의 수단이나 결과는 주로 행위책임과 관계된다. 잔인한 수단을 사용하였거나 범행결과가 중대한 경우 형벌가중사유가 된다. 범행의 동기는 행위책임 뿐만 행위자책임의 판단요소가 된다.

(4) 범행후의 정황

범행에 대한 일반인의 의식, 범행에 대한 반성 여부 등도 양형시 고려된다. 범인에게 개전의 정이 있다는 것, 피해자에 대한 사과, 피해의 원상회복 등은 형벌감경사유가 된다.

2) 이중평가금지

양형참작사항 등을 고려할 때 하나의 사항을 이중으로 고려해서는 안된다. 예컨대, 범인에게 전과가 있어서 누범가중이 된 때에는 전과를 다시 양형에서 고려해서는 안된다. 흉기나 위험한 물건을 사용하여 법정형이 가중된 경우에는 양형에서 이를 다시 고려해서는 안된다.

마. 양형이론의 문제 및 양형의 개선방안

1) 양형이론의 문제

양형의 중요성에 비추어 양형은 그동안 형법학에서 소홀히 취급되었다. 1960년대 이후 독일 및 영미에서는 양형에 대해 많은 관심을 갖고 양형과정을 체계화 · 합리하하려고 노력하였다. 우리나라에서도 1980년 이후 학계 및 실무에서 이러한 시도가 이루어졌고, 그 결과 양형위원회와 양형기준제도가 도입되었다(법원조직법 제8편).

현재 양형은 전적으로 법관의 결정에 의해 이루어지므로 법관의 양형을 지도해 줄 대원칙 및 체계적 이론이 요구된다. 앞서 보았던 범죄체계론이 법관에게 피고인의 유무죄를 판단해줄 가이드 역할을 하는 것처럼 법관의 양형을 지도해 줄 양형이론의 정립이 필요하다. 예컨대, 법관의 양형시 응보, 일반예방, 특별예방 중 우선순위는 무엇인가, 선택형을 정할 때나 형의 유예여부를 결정할 때에는 어떠한 원리에 따라야 하는가, 일정한 형벌의 상한과 하한의 범위 내에서 형벌을 결정할 때에는 어떠한 원리와 방법에 따라야 하는가 등에 대한 체계적 이론이 그것이다.

2) 양형의 개선방안

법관이 재판시 법률의 구속을 받는다 하더라도 양형에서 법관의 재량은 매우 크다. 예컨대, 살인죄의 경우 법관은 징역형을 선택한 후 이를 작량감경하고 집행유예를 선고함으로써 범죄자를 석방할 수도 있도 있고, 5년 이상 30년 이하의 유기징역, 무기징역 나아가 사형을 선고할 수도 있다.

그러나, 범죄자의 입장에서는 법관의 양형재량이 넓을수록 양형의 예측가능성이 줄어들고, 법관마다 양형편차가 클 경우 사법에 대한 국민의 신뢰가 저하될 수 있는 문제가 생긴다. 또한, 법관의 입장에서도 양형권한을 남용하려고 할 경우 광범위한 재량이 좋은 수단이 될 수 있지만, 정당한 양형을 추구하려고 할 경우 광범위한 재량이 오히려 부담스러울 수 있다.

따라서, 양형의 합리화를 위해서는 법관의 양형재량을 적정한 범위로 축소하는 것이 핵심이 된다. 현재 양형의 합리화방안으로는 양형기준표의 도입, 구성요건의 세분화, 법정형의 조정, 양형이유의 설시 등이 주장된다.

(1) 양형기준표

양형기준표의 도입은 영미에서 많이 시행되는 방안이다. 미국의 경우 범죄행위를 수직축으로, 범죄행위자를 수평축으로 하여 각각에 등급을 매기고 범죄행위의 등급과 범죄행위자의 등급이 교차하는 점에 형벌의 상한과 하한을 정해 놓고 그 범위에서 형을 선고하도록 하고 있다. 이 경우 법관은 양형기준표에서 벗어나 형벌을 선고할 수 있지만 그 경우 이유를 밝혀야 한다. 미국의 양형기준표가 법관의 재량을 극도로 제한하는데 비하여, 영국에서는 개별범죄에 대한 점진적 양형기준표를 채택하여 법관의 양형범위를 비교적 넓게 인정한다.

우리나라에서는 2007. 12. 법원조직법을 개정하여 개별범죄마다 양형기준을 도입하는 영국식 제도를 채택하였다.

(2) 구성요건의 세분화

동일 범죄라고 하더라도 구성요건을 세분화하고 법정형도 차별화하는 입법례가 있다. 예컨대, 우리 형법은 폭행죄를 단순폭행죄와 특수폭행죄로 구분하여 처벌한다. 하지만, 우리 형법은 전반적으로 선진제국의 형법에 비해 구성요건수가 매우 적은데, 이는 구성요건이 매우 추상적이고 광범위함을 의미하고, 그 결과 법관의 양형재량이 지나치게 넓어지게 된다. 따라서, 앞으로 형법각칙의 구성요건을 세분화함으로써 법관의 양형재량을 좁힐 필요가 있다.

(3) 법정형의 조정

법관의 양형재량을 무조건 좁히는 것만이 양형의 합리화를 달성하는 것은 아니다. 우리 형사특별법에는 법관의 재량을 너무 좁게 인정함으로써 문제되는 규정들이 많다.

예컨대, 구 폭처법 제3조 3항 3호는 야간에 집단적 상해행위를 한 경우 5년 이상의 징역에 처하고 있었는데 이러한 범죄는 작량감경을 하더라도 2년 6개월 이상의 징역에 처해진다. 따라서 법관이 1년 징역 정도의 실형에 처하는 것이 적정하다고 판단할 경우에도 최소 2년 6개월 이상의 징역에 처해야 한다. 이 경우 법관은 실형을 선고하지 못하고 2년 6개월의 징역을 선택하여 집행유예를 하게 되는 문제로 위헌결정이 되어 2016년 삭제되었다.

(4) 기타 절차상 개선방안

이밖에 법관의 양형을 통제할 수 있는 방안으로 판결전 조사제도의 도입, 양형이유의 설시 등이 제시된다. 판결전 조사제도(Pre-trial Investigation)란 양형에 참작할 사항을 보호관찰관이나 법원조사관 등 법관 이외의 기관으로 하여금 조사토록 하고 이들이 선고형에 대한 의견을 제시하면 법관이 이를 참고하여 선고형을 정하도록 하는 제도이다.

형사소송법 제323조는 법관이 형의 선고를 하는 때에는 판결이유에 범죄될 사실, 증거의 요지와 법령의 적용을 명시하여야 하고(1항), 법률상 범죄성립을 조각하는 이유 또는 형의 가중 · 감면의 이유되는 사실의 진술이 있는 때에는 이에 대한 판단을 명시하여야 한다(2항)고 규정하여, 선고형에 도달하게 된 이유를 설시하도록 하고 있다. 법관이 선고형에 도달하게 된 이유를 설시하게 되면 자의적 양형을 어느 정도 통제할 수 있을 것이다.

3. 형의 면제, 판결선고전 구금의 통산, 판결의 공시

가. 형의 면제

1) 개념

형의 면제란 범죄가 성립하지만 형벌을 과하지 않는 것을 말한다. 형의 면제는 확정판결 이전의 형면제라는 점에서 확정판결 이후의 형면제인 형집행의 면제와 구별된다.

형의 면제는 법률에 인정된 경우에만 허용되고 이러한 규정이 없음에도 불구하고 법관이 형의 면제를 선고하는 것은 허용되지 않는다(대판 94도1).

2) 종류

법률상의 형면제에는 필요적 면제와 임의적 면제가 있다.

필요적 형면제에는 중지미수(제26조), 실행의 착수 전에 예비 · 음모단계에서의 자수(제90조, 제101조, 제111조, 제120조, 제153조, 제157조, 제175조, 제213조), 친족간의 범행(제328조, 제344조, 제354조, 제361조, 제365조) 등이 있고, 임의적 형면제에는 외국에서 받은 형집행(제7조), 과잉방위(제21조 2항), 과잉피난(제22조 3항), 과잉자구행위(제23조 2항), 불능미수(제27조), 자수 · 자복(제52조) 등이 있다.

나. 판결선고 전 구금일수의 통산

1) 의의

판결선고전의 구금일수란 피고인이 확정판결을 받기 전에 체포, 구속된 기간, 즉 미결구금기간을 말한다. 미결구금은 형벌은 아니지만, 자유를 박탈한다는 점에서는 징역, 금고, 구류, 노역장유치 등 기결구금과 동일하다. 이 때문에 형법은 판결선고전의 구금일수를 유기징역, 유기금고, 벌금이나 과료에 관한 유치 또는 구류에 산입하고, 이 경우 구금일수의 1일은 징역, 금고, 벌금이나 과료에 관한 유치 또는 구류의 기간의 1일로 계산하도록 하고 있다(제57조).

2) 방법

형법 제57조는 미결구금일수의 일부만 산입할 수 있도록 규정하고 있으나 이 규정은 위헌결정을 받음으로 인해(헌재 2007헌바25) 미결구금일수는 전부를 산입해야 한다.

또한 미결구금일수를 전혀 산입하지 않는 것(대판 2007도943), 미결구금일수보다 많은 기간을 산입하는 것(대판 93도2563), 노역장 유치기간을 미결구금일수로 보아 본형에 산입하는 것(대판 2007도2517) 등은 허용되지 않는다.

항소심에서 항소기각의 결정을 하는 경우에도 미결구금일수의 전부를 본형에 산입하여야 하고, 수개의 범죄로 기소된 피고인이 그 중 일부의 범죄사실만으로 구속영장이 발부되어 구금되어 있었고, 법원이 그 수개의 범죄사실을 병합심리한 끝에 피고인에게 구속영장이 발부된 일부 범죄사실에 죄의 형과 나머지 범죄사실에 관한 죄의 형으로 나누어 2개의 형을 선고한 경우에 구속영장이 발부된 범죄의 판결선고전 구금일수를 구속영장을 발부되지 아니한 다른 범죄사실에 관한 죄의 형에 산입할 수도 있다(대판 96도800).

본형 산입의 대상이 되는 미결구금일수(재정통산일수)는 판결 선고 전날까지의 구금일수이다(대판 2005도6246).

다. 판결의 공시

판결의 공시란 피해자나 피고인의 이익을 위해 판결의 선고와 함께 판결을 공적으로 알리는 것을 말한다. 형법은 피해자의 이익을 위한 판결의 공시와 피고인을 위한 판결의 공시를 인정하고 있다.

법원은 피해자의 이익을 위하여 필요하다고 인정하는 때에는 피해자의 청구가 있는 경우에 한하여 피고인의 부담으로 판결공시의 취지를 선고할 수 있고(제58조 1항), 피고사건에 대하여 무죄 또는 면소의 판결을 선고할 때에는 판결공시의 취지를 선고할 수 있다(2항).

제3절 선고유예, 집행유예, 가석방

1. 선고유예

가. 의의

1) 개념

선고유예란 일정기간 동안 형의 선고를 하지 않고 그 기간동안 피고인이 법의 요구사항을 충족하는 경우 면소의 효과를 인정하고, 피고인이 법의 요구사항을 충족하지 못한 경우에는 형을 선고하는 제도를 말한다. 선고유예제도는 경미한 범죄를 저지른 사람에게 형을 선고하여 전과자로 만들지 않고 피고인의 조속한 사회복귀를 돕기 위해 마련된 제도이다. 선고유예제도는 죄를 범한 사람에게 형을 선고하지 않는다는 점에서 응보나 일반예방목적을 포기하고 범죄인의 사회복귀라는 특별예방목적을 더 중시하는 제도라 할 수 있다.

선고유예는 형의 선고 자체를 유예한다는 점에서 형을 선고하되 집행만을 유예하는 집행유예와 구별된다. 선고유예는 유예기간중 피고인이 일정한 요건을 충족하지 못하는 경우 형의 선고가능성이 있다는 점에서 형이 완전히 면제되는 형의 면제와 구별된다.

선고유예는 유죄판결에 속하고, 법률상 불이익이 다르고(금고이상의 형의 선고유예를 받은 사람은 일정기간 공무원이 될 수 없음, 국가공무원법 제33조), 전과에도 해당될 수 있다[11].

11) 과거에는 금고 이상의 형의 선고유예를 받으면 공무원직에서 당연 퇴직되었으나 2002년 12월 개정을 통해 당연퇴직조항이 삭제되었다.

2) 법적 성격

현행법상 선고유예는 보호관찰부 선고유예와 단순 선고유예로 나누어진다. 단순 선고유예는 보안처분에 속하지 않고 형의 선고를 하지 않는다는 점에서 형집행의 변형이라고 할 수 없고 고유한 종류의 형사제재라는 견해[12)]와 선고유예는 징역, 금고, 벌금과 관련하여 인정되는 제도이니만큼 형벌 및 보안처분과 같은 형사제재가 아닌 변형된 형태의 형벌이라는 견해[13)]가 대립한다. 그러나, 선고유예는 형벌이라 볼 수 없으므로 고유한 종류의 형사제재라는 전자의 견해가 타당하다.

이에 대해 보호관찰부 선고유예제도는 형벌과 보안처분의 요소를 모두 지니고 있으면서 어느 하나에 속한다고 보기 어려운 성격을 가지고 있다. 따라서 형벌 및 보안처분과 동등한 지위에 있지만 이들과 구별되는 독자적 형태의 형사제재라고 할 수 있다.

나. 선고유예의 요건

1) 1년 이하의 징역이나 금고, 자격정지 또는 벌금의 형을 선고할 경우

(1) 형벌의 범위

사형이나 1년이 넘는 징역이나 금고, 구류, 과료, 몰수에 대해서는 선고유예를 할 수 없다. 그러나 1년이 넘는 자격정지를 선고할 경우에는 선고유예를 할 수 있다. 선고유예를 하기 전에 선고가 유예된 형에 대한 판단을 먼저 하여야 하므로 선고유예 판결에서도 판결이유에 선고할 형의 종류와 양을 정해 놓아야 하고, 선고를 유예하는 형이 벌금형일 경우에는 벌금액 뿐만 아니라 환형유치처분까지 해두어야 한다(대판 92도3437, 대판 86도2654).

(2) 부가형의 경우

주형과 부가형이 있는 경우 주형을 선고유예하면서 부가형을 선고유예할 수 있으므로(대판 80도584), 필요적 몰수도 선고유예 할 수 있다(대판 76도2262). 그러나 주형을 선고유예하지 않으면서 부가형만을 선고유예할 수는 없다(대판 88도551).

12) 김/서 790면, 손해목 1202면, 이재상 43/14, 이형국 419면.
13) 오영근 44/2.

주형을 선고유예하면서 부가형만을 선고할 수 있는가에 대해 판례는 부정설(대판 70도993)에서 긍정설(대판 73도1133, 전합)로 변경하였다.

(3) 양벌규정의 경우

양벌규정의 경우 개인에 대한 형벌을 선고유예하고, 법인에 대한 형은 선고유예하지 않아도 무방하다(대판 95도1893).

2) 개전의 정상이 현저할 것

개전의 정상이 현저하다는 것에 대해 다수설은 모든 양형조건을 고려하여 재범위험성이 없을 때 인정되는 것이고, 재범위험성 판단은 판결시를 기준으로 한다고 한다[14]. 이에 대해 판례는 죄를 깊이 뉘우치고 있는 것이라고 해석하여 범죄사실을 부인하는 경우에는 죄를 뉘우친다고 할 수 없어 선고유예를 할 수 없다고 하였다가(대판 99도3140), 태도를 변경하여 다수설의 입장에 따라 범죄사실을 부인하는 경우에도 선고유예를 할 수 있다고 한다(대판 2001도6138).

생각건대, 개전의 정상의 문자상 의미는 죄를 뉘우치는 것이므로 재범위험성이 있더라도 죄를 뉘우치면 선고유예를 할 수 있다고 보아야 한다[15].

3) 자격정지 이상의 형을 받은 전과가 없을 것

선고유예는 특별예방의 목적을 위해 응보나 일반예방의 목적으로 형의 선고를 포기하는 것이므로 피고인의 행위자책임이 현저하게 적은 경우에만 허용된다. 따라서 이전에 자격정지 이상의 형을 선고받았음에도 불구하고 재범을 한 사람에게는 이와 같은 사정이 있다고 할 수 없으므로 선고유예의 대상에서 제외한 것이다.

또한 자격정지 이상의 형을 선고받은 경우에는 형의 실효 등에 관한 법률에 따라 실효되었다 하더라도 선고유예를 할 수 없다(대판 2004도4869). 사후적 경합범에 대해서도 선고유예를 할 수 없다(대판 2010도931).

14) 김서 792면, 이재상 43/19, 임웅 630면, 정/박 691면.

15) 동지 오영근 44/7.

4) 한 개의 형의 전부에 대한 것일 것

제2항의 취지는 형을 병과할 경우 하나의 형의 전부에 대해 선고유예를 할 수 있다는 것을 의미하고, 하나의 형의 일부에 대한 선고유예는 할 수 없음을 의미한다. 예컨대 1년의 징역형과 500만원의 벌금형을 병과하는 경우 벌금형은 선고하고 1년 징역형은 선고유예할 수 있으나, 1년 징역형의 일부만을 선고유예할 수는 없다. 즉 1년의 징역형 중 6개월의 징역형은 선고유예하고 4개월의 징역형만을 선고하는 형식의 선고유예는 허용되지 않는다.

다. 보호관찰부 선고유예

구형법에서 선고유예를 하는 경우 보호관찰을 할 수 있는 규정이 없었다. 따라서 법원은 무조건 석방하거나 형집행이라는 양극단의 선택밖에 할 수 없었다. 그러나 개전의 정상이 뚜렷하여 선고유예를 받은 피고인도 석방후 일상생활을 감독·지도해 줄 필요가 있다.

그리하여 1995년 개정형법 제59조의2는 "형의 선고를 유예하는 경우에 재범방지를 위하여 지도 및 원호가 필요한 때에는 보호관찰을 받은 것을 명할 수 있다"(1항)는 규정을 두었고 그 기간을 1년으로 한정하였다(2항). 선고유예의 경우 보호관찰만을 명할 수 있고, 사회봉사나 수강은 명할 수 없다는 점에서 집행유예의 경우와 차이가 있다.

라. 선고유예의 실효

형의 선고유예를 받은 자가 유예기간중 자격정지 이상의 형에 처한 판결이 확정되거나 자격정지 이상의 형에 처한 전과가 발견된 때에는 유예한 형을 선고한다. 집행유예의 경우에는 유예된 형이 당연히 집행되지만, 선고유예의 경우에는 형의 선고 자체가 없었으므로 별도로 형을 선고해야 한다.

보호관찰부 선고유예를 받은 자가 보호관찰기간 중에 준수사항을 위반하고 그 정도가 무거운 때에는 유예한 형을 선고할 수 있다(제61조 2항).

마. 선고유예의 효과

형의 선고유예를 받은 날로부터 2년을 경과한 때에는 면소된 것으로 간주한다. 선고유예의 기간은 법률에 의해 2년으로 일률적으로 정해진다는 점에서 법관이 1년에서 5년 사이에서 재량으로 정하는 집행유예기간과 구별된다. 면소란 확정판결, 사면, 공소시효의 완성, 범죄후 형의 폐지(형소법 제326조) 등으로 인해 소송수행의 이익이 없는 경우를 말한다. 집행유예의 기간을 경과한 경우에는 형선고가 실효되는 것과 구별된다.

2. 집행유예

가. 의의

1) 개념

집행유예란 피고인에게 징역 또는 금고의 형을 선고하면서, 일정기간 형벌의 집행을 유예하고 그 기간이 경과한 뒤에는 형선고의 효력을 상실시키고, 피고인이 유예기간 동안 재범을 하거나 준수사항을 위반한 경우에는 선고된 형을 집행하는 제도이다(제62조 이하).

형을 선고하면서도 집행을 유예하는 이유는 피고인이 장차 재범을 하지 않고 사회에서 정상적으로 살아갈 수 있음이 예상됨에도 불구하고 징역, 금고 등의 형을 집행하는 경우에는 피고인의 사회복귀에 방해가 되고 재범가능성이 높아지는 폐해를 막기 위해서이다. 따라서, 현행법은 집행유예를 선고하면서 보호관찰, 사회봉사 · 수강 등을 명할 수 있도록 규정하여(제62조의 2) 집행유예를 통한 특별예방 목적을 좀 더 효과적으로 달성하려고 하고 있다.

2) 법적 성격

집행유예제도는 영미의 probation제도와 유사하지만, probation에서는 일반적으로 보고관찰이 부과되는데 비해 우리나라에서는 1995년 형법개정 이전까지 집행유예에 보호관찰을 부과하지 않았다.

현행 형법에서 보호관찰을 명할 것인가는 법관의 재량에 속하므로 우리의 집행유예는 단순한 집행유예와 보호관찰 등이 부과되는 집행유예로 나뉜다.

나. 집행유예의 요건

법원은 1년 이상 5년 이하의 기간 동안 선고된 형벌의 집행을 유예할 수 있는데 그 요건은 다음과 같다(제62조).

1) 3년 이하의 징역 또는 금고의 형을 선고할 경우

3년 이하의 징역 또는 금고라 함은 법정형이 아닌 선고형을 의미한다(대판 89도780). 형법 제57조에 의해 산입된 미결구금기간이 징역 또는 금고의 본형 기간을 초과하는 경우에도 집행유예를 할 수 있다(대판 2007도9137). 집행유예는 징역, 금고를 선고하는 경우에만 가능하고, 사형, 벌금, 구류, 과료, 몰수에 대한 집행유예는 인정되지 않는다.

2) 정상에 참작할만한 사유가 있을 것

형법 제51조의 사항을 참작하여 그 정상에 참작할만한 사유가 있어야 한다. 정상참작사유라 함은 형벌의 집행을 하지 않더라도 재범을 하지 않으리라고 인정되는 경우라는 다수설[16]과 재범위험성은 미래 예측적인 개념이고 정상참작이라는 것은 과거 회고적인 개념이어서 그렇게 해석할 수는 없다는 견해[17]가 대립한다. 이 규정은 앞으로 '재범위험성이 없다고 판단될 때'로 개정하는 것이 타당하다.

3) 금고 이상의 형선고판결 확정시부터 그 형의 집행종료 또는 면제후 3년의 기간이 경과하였을 것

(1) 취지

본 요건의 취지는 형집행 종료 또는 집행면제 이후 3년 내에 재범을 한 경우 정상참작의 여지가 없기 때문이라고 할 수 있다. 여기서 3년의 경과 여부는 금고 이상의 판결 확정시부터 계산한다. 따라서 금고 이상의 판결 확정 이전에 범한 죄에 대해서는 집행유예를 할 수 있다.

구형법에서는 현재 판결의 대상이 되는 범죄사실이 이전 판결의 전후인가를 불문

16) 김/서 780면, 박상기 542면, 배종대 189/4, 이재상 43/7, 임웅 625면.
17) 오영근 44/17.

하였으나(대판 90도1803), 이전 판결 전에 범한 죄에 대해서 무조건 집행유예를 하지 못하도록 하는 것은 집행유예의 취지에 맞지 않으므로 2005년 이전 판결 이후의 범죄에 대해서만 집행유예를 할 수 없도록 개정하였다.

(2) 집행유예기간 중의 재차 집행유예의 가부

구형법에서는 집행유예기간 중 재차 집행유예가 가능한가에 대해 '금고 이상의 형의 선고'가 실형만을 의미하므로 가능하다는 견해[18]와 이에는 집행유예도 포함되므로 불가능하다는 견해[19]가 있었다. 판례는 동시적 경합범관계에 있는 범죄들에 대해 한 번에 판결을 하였다면 한꺼번에 집행유예가 가능하다고 여겨지는 경우에 한하여 집행유예가 가능하다고 하였으나, 집행유예기간중 재판할 범죄에 대해 재차의 집행유예를 제한적으로 허용할 수 있다는 입장이다(대판 87도2365).

그러나 2005년 개정형법은 금고 이상의 형선고 판결확정 이후에 범한 죄에 대해서만 집행유예를 할 수 없다고 하고 있으므로, 집행유예판결을 받고 유예기간 중에 있는 자가 집행유예판결 이전에 범한 죄에 대해서는 집행유예를 할 수 있다고 해석된다.

a범죄로 집행유예기간 중에 있는 자가 그 기간 중 b죄를 범하고, a범죄의 집행유예기간이 만료된 이후 b죄에 대한 유죄판결을 선고하는 경우 집행유예가 가능하다는 것이 판례의 입장이다(대판 2006도6196).

4) 하나의 형의 전부에 대한 것일 것

형이 병과되는 경우 그 중 일부의 형에 대해서만 집행유예를 하는 것도 가능하다(제62조 2항). 여러 개의 형이 병과된 사람에 대하여 그 병과형 중 일부의 집행을 면제하거나 그에 대한 형의 선고의 효력을 상실케 하는 특별사면이 있는 경우, 그 특별사면의 효력이 병과된 나머지 형에까지 미치는 것은 아니므로 징역형의 집행유예와 벌금형 혹은 추징이 병과된 경우 징역형의 집행유예의 효력을 상실케 하는 내용의 특별사면이 그 벌금형 혹은 추징의 선고의 효력까지 상실케 하는 것은 아니다(대결 96모33, 대결 96모14).

이와 같이 병과된 형 중 일부의 형에 대한 집행유예는 허용되지만, 2년의 징역형

18) 김/김 690면, 김/서 782면, 김성돈 906면, 박상기 542면, 배종대 189/11, 임웅 625면.

19) 손해목 1200면, 이재상 43/13, 이형국 422면, 정/박 698면.

중 1년 6개월만을 집행유예하고 6개월은 집행하는 것과 같이 하나의 형의 일부에 대한 집행유예는 허용되지 않는다(대판 2006도8555). 하지만, 많은 국가에서 형의 일부의 집행유예를 인정하고 있는데, 이는 범죄인에게 구금의 충격을 주어 재범을 방지하기 위한 것이다.

다. 집행유예와 보호관찰, 사회봉사 · 수강명령

구형법에서는 집행유예를 선고받은 사람에 대해 아무런 사회내에서의 감독이나 원조가 없어서 법관은 무조건 석방과 구금이라는 양 극단의 방법을 택할 수밖에 없었으나, 1995년 개정형법은 집행유예를 하면서 보호관찰, 사회봉사 · 수강을 명할 수 있는 규정을 도입하였다(제62조의 2).

보호관찰은 범죄인이 사회내에서 정상적으로 생활하면서 교정기관인 보호관찰관의 지도 · 감독 · 원호를 받게 하는 제도이다. 사회봉사명령은 범죄인으로 하여금 일정시간 동안 무보수의 공익적 봉사활동을 하도록 하는 것, 수강명령은 범죄인으로 하여금 일정시간 지정된 장소에 출석하여 강의 · 훈련 등을 받게 하는 제도이다. 따라서 법원이 사회봉사명령으로 일정한 금원을 출연하거나 이와 동일시 될 수 있는 행위를 명하는 것은 허용될 수 없다(대판 2007도8378).

보호관찰, 사회봉사 · 수강명령의 집행은 보호관찰소가 담당하며(보호관찰등에 관한법률 제15조), 보호관찰기간은 원칙적으로 집행유예기간이지만 법원은 유예기간의 범위 내에서 보호관찰기간을 정할 수 있다(형법 제62조의2 2항). 사회봉사명령 또는 수강명령은 집행유예기간 중에 집행한다(3항). 법원은 사회봉사를 명할 때에는 500시간, 수강을 명할 때에는 200시간의 범위내에서 그 기간을 정하여야 한다(보호관찰등에관한 법률 제59조 1항).

보호관찰과 사회봉사명령 또는 수강명령은 어느 하나만을 해야 하는 것이 아니라 동시에 명할 수 있다(대판 98도98).

라. 집행유예의 실효 및 취소

1) 집행유예이 실효

집행유예의 실효라 함은 일정사유가 있는 경우 집행유예의 선고가 당연히 효력을 상실하는 것을 말한다. 집행유예의 선고를 받은 자가 유예기간중 고의로 범한 죄로 금고 이상의 실형의 선고를 받아 그 판결이 확정된 때에는 집행유예의 선고는 효력을 잃는다(제63조)[20]. 즉, '유예기간중'에 재범이 재범이 행해져야 하고, 재범은 '고의범'이어야 하고, 재범에 대해 금고 이상의 '실형'이 선고되어야 한다. 따라서, 집행유예기간중 집행유예판결 이전의 범죄나 과실범으로 실형을 선고받은 경우에는 집행유예가 실효되지 않는다. 이는 단기자유형의 폐해방지와 피고인의 사회복귀라는 집행유예제도의 취지를 더욱 살리기 위한 것이다.

2) 집행유예의 취소

집행유예의 취소란 일정한 사유가 있는 경우 법원의 재판에 의해 집행유예선고의 효력이 상실되는 것을 말한다. 집행유예의 실효는 법원의 재판 없이 이루어지지만, 집행유예의 취소는 법원의 재판에 의하여 이루어진다.

집행유예의 취소에는 취소사유가 있는 경우 반드시 집행유예를 취소해야 하는 필요적 취소와 법원의 재량에 의해 취소 여부를 결정할 수 있는 임의적 취소가 있다.

(1) 필요적 취소

피고인이 집행유예를 선고받은 범죄가 금고 이상의 형을 선고한 판결이 확정된 후 그 집행을 종료하거나 면제된 후 3년 이내에 범한 죄라는 것이 발각된 때에는 집행유예의 선고를 취소한다(제64조 1항).

구형법하에서도 필요적 취소가 일사부재리원칙 및 피고인의 진술거부권을 고려할 때 문제가 있었다는 비판이 있었는데[21], 이는 현행형법에 대해서도 타당하다.

판례

〈대결 2001모135〉 형법 제64조 제1항에 의하면 집행유예의 선고를 받은 후 형법 제62조 단행의 사유가 발각된 때에는 집행유예의 선고를 취소한다고 규정되어 있는바, 여기에서 집행유예를 선고받은 후 형법 제62조 단행의 사유 즉 금고 이상의 형의 선고를 받

20) 구형법에서는 단순히 "유예기간중 금고 이상의 형의 선고를 받어"라고만 규정하여 실형이 아닌 집행유예나 선고유예의 형을 선고받거나 과실범으로 금고 이상의 실형의 선고를 받은 경우에도 집행유예가 실효될 가능성이 있었으나 이런 비판이 제기되자 현행규정과 같이 개정하였다.

21) 김/서 789면, 배종대 18/17, 안동준 361면, 이재상 43/13, 임웅 628면, 진계호 707면.

아 집행을 종료한 후 또는 집행이 면제된 후로부터 5년을 경과하지 아니한 자인 것이 발각된 때라 함은 집행유예 선고의 판결이 확정된 후에 비로소 위와 같은 사유가 발각된 경우를 말하고 그 판결확정 전에 결격사유가 발각된 경우에는 이를 취소할 수 없으며, 이때 판결확정 전에 발각되었다고 함은 검사가 명확하게 그 결격사유를 안 경우만을 말하는 것이 아니라 당연히 그 결격사유를 알 수 있는 객관적 상황이 존재함에도 부주의로 알지 못한 경우도 포함된다.

(2) 임의적 취소

보호관찰이나 사회봉사 또는 수강을 명한 집행유예를 받은 자가 준수사항이나 명령을 위반하고 그 정도가 무거운 때에는 집행유예의 선고를 취소할 수 있다(제64조 2항).

판례

〈대결 99모33〉 형법 제62조의2의 규정에 의하여 보호관찰이나 사회봉사 또는 수강을 명한 집행유예를 받은 자가 준수사항이나 명령을 위반한 경우에 그 위반사실이 동시에 범죄행위로 되더라도 그 기소나 재판의 확정여부 등 형사절차와는 별도로 법원이 보호관찰등에관한법률에 의한 검사의 청구에 의하여 형법 제64조 제2항에 규정된 집행유예 취소의 요건에 해당하는가를 심리하여 준수사항이나 명령 위반사실이 인정되고 위반의 정도가 무거운 때에는 집행유예를 취소할 수 있다.

마. 집행유예의 효과

집행유예를 선고받은 자는 1년에서 5년의 기간 동안 형벌집행이 유예되고, 집행유예의 선고를 받은 후 그 선고의 실효 또는 취소됨이 없이 유예기간을 경과한 때에는 형의 선고는 효력을 잃는다(제65조).

3. 가석방

가. 의의

1) 개념

가석방이란 징역 또는 금고의 집행중에 있는 자를 형기 만료 이전에 일정한 조건하에 석방하는 것을 말한다(제72조 1항).

가석방제도의 존재이유는 일정기간 징역, 금고의 집행을 받았고, 재범가능성이 없다고 판단되는 수형자를 형기만료일까지 구금하는 것은 응보나 일반예방의 요구를 충족시킬 수 있지만 수형자의 사회복귀를 위해서는 효과가 없고 오히려 방해가 되기 때문이다. 가석방제도는 수형자들로 하여금 자발적으로 개선 · 갱생의 의욕을 갖도록 하려는 데 목적이 있다. 부수적으로는 재소자들이 형사시설내에서 행형공무원들의 명령에 순응하도록 하는 효과가 있다.

2) 법적 성격

가석방은 법관이 결정하는 사법처분이 아니라 가석방 심사위원회의 허가신청에 의해 법무부장관이 결정하는 행정처분이다(제72조 1항, 형집행법 제119조 이하). 가석방은 실질적으로 형의 집행유예와 형사정책적 목적을 같이 하면서도 행정처분에 의하여 수형자를 석방한다는 특색을 갖고 있다는 점에서 통설은 가석방의 법적 성격을 형집행작용의 일종으로 이해한다[22].

영미의 parole 제도도 법원이 피고인에게 상대적 부정기형을 선고하고 교정기관이 선고형기의 범위 내에서 구체적으로 집행될 형기를 정하도록 한다는 점에서 가석방과 유사한 면을 가진다. 하지만 우리의 가석방제도는 정기형을 기초로 하기 때문에 parole과 같이 교정기관이 주도적으로 수형자의 형기를 결정하도록 위임하는 성격은 약하고, 개전의 정상 혹은 재범위험성 유무의 판단을 통해 교정기관이 법관의 선고형을 보정하는 성격을 지니고 있다[23].

영미의 parole은 가석방시 보호관찰이 병과되는데 이는 일정기간 구금되어 사회적 응력이 약화된 가석방자의 사회적응을 돕고 재범을 방지하기 위해서이다.

우리의 경우 1995년 개정형법 이전에서는 가석방자에 대한 보호관찰이 규정되어 있지 않았지만 1995년 개정형법을 통해 가석방자에 대해서도 가석방기간 동안 필요적으로 보호관찰을 부과하도록 하였다.

---

22) 김/서 795면, 안동준 362면, 이재상 43/26, 임웅 634면, 정/박 703면.

23) 오영근 44/29.

나. 가석방의 요건

1) 10년(무기징역 · 금고) 또는 형기의 3분이 1 이상 경과(유기징역 · 금고)

가석방은 징역 또는 금고의 집행중에 있는 자에 대해서 인정되고, 사형이나 구류에 대해서는 인정되지 않는다. 유기징역, 유기금고 뿐만 아니라 무기징역, 무기금고를 집행받고 있는 자에 대해서도 가석방이 가능하다. 이 때의 형기란 선고형을 의미하고 선고형이 사면이나 기타 사유로 감형된 경우에는 감경된 형기를 기준으로 한다.

노역장유치에 대해서 가석방이 인정될 수 있는가에 대해서 다수설[24]은 긍정한다. 노역장유치는 대체자유형에 지나지 않고 자유형을 선고받은 자에 대하여 벌금을 선고받은 자를 불이익하게 처우해서는 안된다는 것을 근거로 한다.

형기에 산입된 판결선고전 구금일수는 가석방에서 집행을 경과한 기간에 산입한다(제73조 1항). 그러나 사형이 무기정역으로 감경된 경우 사형집행대기기간을 가석방에 필요한 형의 집행기간에 산입할 수는 없다(개결 90모59).

소년범에 대한 부정기형에서는 단기를 기준으로 형기의 3분의 1 이상의 경과여부를 결정한다(소년법 제65조 3호).

수개의 자유형이 선고된 경우 각 형을 기준으로 기간경과 여부를 계산할 것인가 아니면 각 형을 합산한 전체형을 기준으로 기간경과 여부를 결정할 것인가가 문제될 수 있는 바, 수형자에게 유리하도록 전체형을 기준으로 할 것이다[25].

2) 행장양호 및 현저한 개전의 정

개전의 정이란 자신의 죄를 뉘우치는 마음이다. 가석방여부는 이와 같이 행장의 양호와 개전의 정이 현저한지 여부를 기준으로 결정해야 하고, 피고인이 행한 범죄의 죄질이나 심각성 등을 기준으로 결정해서는 안된다. 하지만, 개전의 정이란 결국 수형자 내부의 주관적 상태로서 외부의 제3자가 판단하기가 쉽지 않다. 따라서, 입법론상으로는 좀 더 객관적 판단이 가능한 '재범위험성'을 요건으로 해야 할 것이다[26].

---

24) 김/서 796면, 손동권 40/6, 안동준 362면, 이재상 43/29, 임웅 636면, 정/박 704면.

25) 김/서 796면, 배종대 191/3, 안동준 362면, 이재상 43/30, 임웅 636면, 정/박 704면.

26) 김/서 796면, 박상기 550면, 배종대 191/4, 손동권 40/8, 안동준 362면, 이재상 43/31, 임웅 636면, 정/박 705면.

3) 병과된 벌금 또는 과형의 완납

자유형에 벌금 또는 과료가 병과된 경우 가석방되더라도 벌금 또는 과료를 미납하면 노역장에 유치되어 다시 구금되어야 하기 때문에 가석방의 요건으로 벌금 또는 과료 금액을 완납할 것을 요구한다. 벌금 또는 과료에 관한 유치기간에 산입된 판결선고전 구금일수는 그에 해당하는 금액이 납입된 것으로 간주한다(제73조 2항).

다. 가석방기간 및 보호관찰

가석방의 기간은 무기형에서는 10년으로 하고, 유기형에서는 남은 형기로 하되, 그 기간은 10년을 초과할 수 없다. 가석방된 자는 가석방기간 중 보호관찰을 받는다. 다만 가석방을 허가한 행정관청이 필요없다고 인정한 때에는 그러하지 아니하다(제73조의 2).

선고유예나 집행유예의 경우에는 법원의 재량에 의해 보호관찰 여부를 결정하는 임의적 보호관찰임에 비해 가석방에서는 가석방자가 원칙적으로 보호관찰을 받아야 하고 예외적으로 보호관찰을 받지 않는다. 가석방자에 대한 보호관찰은 보호관찰소가 담당한다(보호관찰등에관한 법률 제15조 1호).

라. 가석방의 실효 및 취소

1) 실효

가석방의 실효란 일정한 사유가 있는 경우 별도의 조치없이 가석방의 효력이 상실되는 것을 말한다. 별다른 조치없이 가석방의 효력이 상실된다는 점에서 가석방의 취소와 구별된다.

가석방 기간중 금고 이상이 형의 선고를 받아 그 판결이 확정된 때에는 가석방처분이 실효된다. 단, 과실로 인한 죄로 형의 선고를 받았을 때에는 가석방처분이 효력을 잃지 않는다(제74조). 금고 이상이 형의 확정판결이 있어야 하고 단순히 금고 이상의 형의 선고를 받았지만 집행이 유예된 경우에는 해당하지 않는다.

2) 가석방의 취소

가석방의 취소라 함은 일정한 사유가 있는 경우 가석방취소처분을 통해 가석방의 효력을 소급적으로 상실시키는 조치이다. 가석방의 처분을 받은 자가 감시에 관한 규칙을 위배하거나, 보호관찰의 준수사항을 위반하고 그 정도가 무거운 때에는 가석방처분을 취소할 수 있다(제75조). 가석방취소는 필요적인 것이 아니고 임의적이다. 보호관찰부가석방취소의 심사, 결정은 보호관찰심사위원회가 담당한다(보호관찰등에관한 법률 제6조 1호). 일반가석방취소의 심사, 결정은 각각 가석방심사위원회와 법무부장관이 담당한다.

3) 가석방취소 · 실효의 효과

가석방이 취소 · 실효된 경우 가석방중의 일수는 형기에 산입되지 아니한다(제76조 2항). 따라서, 가석방이 취소 · 실효된 사람에 대해서는 가석방의 잔형기간 전부를 집행해야 한다.

마. 가석방의 효과

가석방의 처분을 받은 후 그 처분이 실효 또는 취소되지 아니하고 가석방기간을 경과한 때에는 형의 집행을 종료한 것으로 본다(제76조 1항). 형의 집행을 종료한 효과만이 있고 집행유예처럼 형선고 자체가 실효되는 것은 아니다. 가석방 기간이 경과해야 형의 집행을 종료한 것이 되므로 가석방기간중 재범을 한 경우에는 누범가중을 할 수 없으며(대판 76도2158), 가석방기간이 경과한 이후에 재범을 한 경우에만 누범이 된다.

제4절 형의 시효와 소멸

1. 형의 시효

가. 형의 시효의 의의

형의 시효란 형선고의 시간적 효력, 즉 선고된 형을 집행할 수 있는 시간적 범위를 말한다. 형의 시효가 완성되면 피고인은 형벌의 집행을 면하게 된다(제77조). 공소시효는 공소를 제기할 수 있는 시간적 범위로서 소송상의 문제이므로 형사소송법에 그 기간이 규정되어 있는 데 비해 형의 시효는 선고된 형을 집행할 수 있는 시간적 범위로서 형집행상의 문제이므로 형법에 규정되어 있다.

형의 시효는 다른 시효와 마찬가지로 형벌을 집행하지 않는 상태가 오래 지속되어 형벌을 집행해야 한다는 사회의식이 희박해지기 때문에 인정하는 것이다.

나. 형의 시효의 기간

시효는 형을 선고하는 재판이 확정된 후 그 집행을 받음이 없이 ①사형은 30년, ②무기의 징역 또는 금고는 20년, ③10년 이상의 징역 또는 금고는 15년, ④3년 이상의 징역이나 금고 또는 10년 이상의 자격정지는 10년, ⑤3년 미만의 징역이나 금고 또는 5년 이상의 자격정지는 5년, ⑥5년 미만의 자격정지, 벌금, 몰수 또는 추징은 3년, ⑦구류 또는 과료는 1년 등이 경과함으로써 시효가 완성된다(제78조).

1) 기간의 계산

기간의 계산은 연 또는 월로써 정한 기간은 역수에 따라 계산하고(제83조), 형의 집행과 시효기간의 초일은 시간을 계산함이 없이 1일로 산정한다. 예컨대 2010년 1월 3일 오후 2시에 징역 1년의 확정판결을 받은 사람은 2011년 1월 2일 밤 12시에 형의 시효가 완성된다.

2) 형기의 기산

형기는 판결이 확정된 날로부터 기산한다. 징역, 금고, 구류와 유치에서는 구속되지 아니한 일수는 형기에 산입하지 아니한다(제84조). 석방은 형기종료일에 하여야 한다(제86조).

다. 형의 시효의 정지와 중단

1) 형의 시효의 정지

시효의 정지란 진행하던 시효가 일정한 사유로 인하여 진행하지 않는 것을 말한다. 일정한 사유가 없어지면 다시 시효가 진행된다는 점에서 처음부터 시효가 다시 진행하는 시효의 중단과 구별된다.

시효는 형의 집행의 유예나 정지 또는 가석방 기타 집행할 수 없는 기간은 진행되지 아니한다(제79조). 기타 집행할 수 없는 기간이란 천재지변이나 기타 사변으로 인하여 형을 집행할 수 없는 기간이다.

2) 형의 시효의 중단

시효의 중단이란 진행하던 시효가 일정한 사유로 인하여 진행을 정지하고 다시 시효가 진행하는 것을 말한다. 일정한 사유가 있는 경우 진행이 정지되는 점에서는 시효의 정지와 같지만, 그 사유가 없어진 경우 처음부터 다시 진행된다는 점에서 시효의 정지와 구별된다. 시효는 사형, 징역, 금고와 구류에 있어서는 수형자를 체포함으로써, 벌금, 과료, 몰수와 추징에서는 강제처분을 개시함으로써 중단된다(제80조).

라. 형의 시효완성의 효과

형의 선고를 받은 자는 시효의 완성으로 인하여 그 집행이 면제된다(제77조). 형집행이 면제될 뿐이고 형선고 자체가 실효되는 것은 아니다. 형집행의 면제는 법률상 당연히 인정되고 별도의 재판을 요하지 않는다.

2. 형의 소멸

가. 형의 소멸의 의의

형집행의 종료, 형집행의 면제, 가석방기간의 종료, 형의 시효의 완성, 피고인의 사망 등의 사유가 있는 경우 국가는 형벌집행권을 행사할 수 없게 된다. 하지만 이전의 전과사실이 남아있으면 전과자로 낙인찍히고 이에 따라 사회복귀에 장애가 될 수 있다. 이러한 장애를 제거하고 범죄인의 사회복귀를 원활하게 하기 위해 형법은 형의 소멸이라는 제목아래 형의 실효와 복권제도를 두고 있다.

나. 형의 실효

1) 형의 실효의 개념

형의 실효란 징역 또는 금고의 집행을 종료하거나 집행이 면제된 자에 대해 일정한 요건하에 법원의 재판에 의해 징역, 금고를 선고했던 재판의 효력을 상실시키는 것을 말한다.

형의 실효는 법원의 재판에 의한 것이고 실효의 효력이 소급되지 않고 장래에 향하여진다는 점에서 법률상 당연히 인정되고 소급적으로 형선고가 실효되는 집행유예와 다르다.

2) 형의 실효의 요건

징역 또는 금고의 집행을 종료하거나 면제된 자가 피해자의 손해를 보상하고 자격정지 이상의 형을 받음이 없이 7년을 경과한 때에는 본인 또는 검사의 신청에 의하여 그 재판의 실효를 선고할 수 있다(제81조). 징역 또는 금고의 집행을 종료하거나 면제받은 후 자격정지 이상의 형을 받음이 없이 7년을 경과한 자에게만 형의 실효를 선고할 수 있으므로, 형의 집행종료 후 7년 이내에 집행유예의 판결을 받고 그 기간을 무사히 경과하여 7년을 채우더라도 형의 실효를 선고할 수 없다(대결 83모8).

3) 형의 실효의 효과

형실효의 재판이 있으면 징역, 금고를 선고했던 재판의 효력이 상실된다(제81조). 형선고의 효력이 장래에 향하여 소멸한다는 취지이고, 형의 선고가 있었다는 기왕의 사실 자체까지 없어지는 것은 아니며, 또 소급하여 자격을 회복하는 것도 아니다(대판 74누2).

4) 형의 실효 등에 관한 법률

이 법은 전과기록의 관리와 형의 실효에 관한 기준을 정함으로써 전과자의 정상적인 사회복귀를 보장함을 목적으로 하는 법이다(제1조). 일정한 요건이 갖추어지면 법원의 재판없이 당연히 형이 실효하도록 되어 있다.

이 법은 수형인이 자격정지 이상의 형을 받음이 없이 형의 집행을 종료하거나 그 집행이 면제된 날로부터 ①3년을 초과하는 징역 · 금고는 10년, ②3년 이하의 징역 · 금고는 5년, ③벌금은 2년 등이 경과한 때, ④구류 · 과료는 형의 집행을 종료하거나 그 집행이 면제된 때에 실효되도록 하고 있다(제7조 1항).

이 법에 의하면, 하나의 판결로 수개의 형이 선고된 경우에는 각 형의 집행을 종료하거나 그 집행이 면제된 날로부터 가장 중한 형에 대해서 위의 기간이 경고한 때에는 형의 선고는 효력을 잃는다. 형기를 계산할 때에 징역과 금고는 동종의 형으로 보고 각 형기를 합산한다(제7조 2항).

다. 복권

복권이란 자격정지의 선고를 받은 사람에 대해 일정한 사유가 있는 경우 법원의 재판에 의해 자격을 회복시키는 것을 말한다. 법원의 재판에 의하고 장래에 대해서만 효력이 있다는 점에서 형선고가 소급적으로 실효되는 집행유예의 경우와 다르다.

자격정지의 선고를 받은 자가 피해자의 손해를 보상하고 자격정지 이상의 형을 받음이 없이 정지기간의 2분의 1을 경과한 때에는 본인 또는 검사의 신청에 의하여 자격의 회복을 선고할 수 있다(제82조). 형의 실효재판과 마찬가지로 이러한 요건이 갖추어진 경우 법원은 반드시 자격의 회복을 선고해야 한다.

제2장
보안처분

제1절 보안처분의 의의

1. 개념 및 연혁

가. 개념

통설에 의하면 보안처분이란 장래에 범죄를 저지를 위험성이 있는 범죄인의 재범을 방지하고 이를 통해 사회 일반인의 안전을 확보하기 위한 형사제재이다. 형벌이 과거의 범죄행위를 이유로 한 제재로서 형벌이 책임을 초과해서는 안된다는 책임주의 원칙을 강조하는데 비하여, 보안처분은 범죄인의 재범위험성에 비례해야 한다는 비례성원칙을 강조한다.

예컨대, 정신병으로 인한 심신장애자가 범죄행위를 한 경우 책임조각으로 처벌되지 않거나 형벌이 감경된다(제10조 1항, 2항). 그러나 그 사람이 정신병으로 인한 심산장애상태에 있는 한 재범위험성은 남아 있으므로, 그 사람의 정신병을 치료하여 재범을 하지 않도록 하는 조치가 필요한데, 이러한 조치를 보안처분이라고 한다.

나. 연혁

형벌과 구분되는 현대적 의미의 보안처분제도는 1794년 독일의 클라인(E. F. Klein)이 제정한 일반란트법(Allgemeines Landrecht)에서 형벌로서의 정기자유형 이외 부정기의 보안구금을 규정한데서 비롯한다. 그러나 이는 오늘날의 보안처분제도와는 상당한 차이가 있었고, 현대적 형태의 보안처분은 1893년 스위스 형법예비초안에 규정되었다. 이 초안은 칼 슈토스(Karl Stooß)에 의해서 만들어져서 슈토스초안이라고 한다. 슈토스는 형벌과 보안처분의 목적, 성격, 내용을 달리 파악하는 이원주의 입장에서 보안처분을 규정하였고, 이에 따라 독일 형법 및 다른 유럽국가들도 형법전 혹은 특별형법에 보안처분을 규정하였다.

우리나라의 경우 1953년에 제정된 형법전에는 보안처분을 규정하지 않다가, 1975년에 제정된 사회안전법에서 반국가사범에 대한 보호관찰, 주거제한, 보안감호 등의 보안처분을 규정하였으나(제3조), 이후 1989년의 보안관찰법으로 대체되었다. 이후 본격적인 보안처분의 도입은 1980년 사회보호법에서 상습범, 심신장애범죄자 등으로부터 사회를 보호하고 이들을 교육 · 개선 · 치료하기 위하여 보호처분제도를 도입하였다. 그러나 사회보호법상 보호감호라는 보안처분은 명칭만 보안처분이었지 사실상 징역형과 구별되지 않는다는 비판과 위헌결정(헌법재판소 1989. 7. 14, 88헌가5,8,89헌가44)에 따라 2005년 폐지되었다. 하지만 치료감호와 보호관찰의 필요성은 여전히 인정되기 때문에 2005년 치료감호법은 심신장애자와 마약류중독자 등에 대한 치료감호와 보호관찰은 존치시켰다. 또한 1992년의 형법개정법률안은 사회보호법상의 보안처분을 형법전에 편입시켰다.

현행 치료감호법은 치료감호, 보호관찰 등 두가지의 보안처분을 규정하고 있고, 1995년 개정형법은 보호관찰, 사회봉사명령, 수강명령제도를 도입하였는데 판례는 이들을 보안처분성격을 지닌 형사제재로 파악한다(대판 1997. 6. 13, 97도303).

2. 보안처분의 종류

가. 대인적 보안처분과 대물적 보안처분

보안처분의 대상에 따른 분류이다.

대인적 보안처분에는 성인범에 대한 치료감호, 보호관찰, 보안관찰 등이 있고, 소년범에 대해서는 소년법에 보호처분이 있다.

대물적 보안처분이라 볼 수 있는 몰수가 형법에 형벌의 일종으로 규정되어 있어, 대물적 보안처분은 현행법상 존재하지 않으나, 외국에서는 몰수, 영업소폐쇄 등의 대물적 보안처분이 규정되어 있다.

나. 자유박탈적 보안처분과 자유제한적 보안처분

대인적 보안처분은 대상자를 구금하는 자유박탈적 보안처분과 대상자를 구금하지 않고 사회내에서 일정한 지도 · 감독을 받게 하는 자유제한적 보안처분으로 나뉜다.

치료감호, 소년보호처분중 소년원송치처분은 자유박탈적 보안처분이고, 보호관찰, 보안관찰, 사회봉사명령, 수강명령은 자유제한적 보안처분이다.

3. 보안처분의 법적 성격

가. 보안처분과 형벌의 관계

양자의 관계에 대해서는 일원론과 이원론이 대립한다.

1) 일원론

근대 형법학파에 의하면 경험적으로 검증할 수 없는 응보나 일반예방은 형법적으로 의미가 없는 것이고 오로지 범죄인의 개선, 교육 혹은 격리 · 제거를 통하여 재범을 방지하는 특별예방의 목적만이 의미가 있다. 따라서 형벌이든 보안처분이든 범죄인의 재범방지와 이를 통한 사회일반인의 보호에 형사제재의 목적이 두어져야 하며, 내용, 범위, 한계, 절차 등에서 양자를 구별할 필요는 없다고 한다. 따라서 형벌과 보안처분의 구별 자체가 무의미하고, 양자가 모두 실정법에 규정되어 있는 경우 양자를 선택적으로 선고, 집행해야 한다.

일원주의에 대해서는 ①형벌과 보안처분은 그 정당성의 근거와 본질에서 엄격히 구별되는 것으로 대체할 수 없으며, ②한정책임능력자에게 보안처분만을 선고하거나 상습범에 대하여 부정기의 보안형벌을 가하는 것은 형사정책적으로 적절한 대책이 될 수 없다는 비판을 받는다.

2) 이원론

이에 대해 통설은 양자가 목적, 내용, 범위, 한계, 절차 등에서 본질적으로 차이가 있다고 한다.

첫째, 형벌은 응보나 일반예방의 목적을 가지지만 보안처분은 특별예방과 이를 통한 사회보호에 목적이 있다.

둘째, 형벌은 범죄인에 대한 해악 내지 고통을 내용으로 하는 형사제재인데 비해,

보안처분은 고통 내지 해악을 내용으로 할 필요가 없다.

셋째, 형벌은 행위자의 책임을 전제로 하므로 책임무능력자에게는 과할 수 없지만, 보안처분은 책임을 전제로 하지 않고, 재범위험성을 기준으로 하므로 책임능력 유무에 불구하고 과할 수 있다.

넷째, 형벌은 재범위험성이 있음을 요하지 않으나 보안처분은 재범위험성이 있어야 부과할 수 있다.

다섯째, 형벌은 해악과 고통을 내용으로 하므로 절차의 안정성이 요구되고 법관 등 사법기관에 의하여 부과되어야 하지만, 보안처분은 고통이나 해악이 아닌 원호나 지원 등이 그 내용이 되므로 합목적성이 강조되고 반드시 사법처분이 아닌 행정처분 등에 의해서도 부과될 수 있다.

이원론 내지 대체주의에 대해서는 ①형벌과 보안처분의 구별은 이론상으로는 가능하지만 실제로는 실현될 수 없고, 보안처분의 부정기적 성격으로 인하여 당사자에게는 형벌보다 가혹한 처벌로 받아들여지며, ②형벌의 집행이 종료된 후에 보안처분이 집행되는 때에는 행위자는 형벌과 보안처분의 집행사이를 왕래하게 되어 교육적 · 치료적 목적에 반할 수 있다는 비판이 가해진다.

나. 집행방법

일원론에 의할 경우 형벌과 보안처분은 그 본질이 같음으로 이를 택일, 병과, 대체하는 것은 의미가 없지만, 이원론에 의할 경우 형벌과 보안처분을 어떻게 적용, 집행할 것인가가 문제된다.

1) 택일주의

형벌과 보안처분 중 어느 하나만을 적용하는 방법이다. 응보, 일반예방적 목적이 강조되는 경우에는 형벌을, 특별예방적 목적이 강조되는 경우에는 보안처분을 과하는 방식이다.

2) 대체주의

형벌과 보안처분을 모두 선고하되 보안처분의 집행기간을 산입하는 방식이다. 대체주의는 보안처분을 형벌보다 우선 집행하며, 보안처분후 형벌집행의 유예가능성을 인정한다. 이는 행위자의 사회복귀를 위해서 보안처분이 형벌보다 합리적이고, 형벌의 목적은 보안처분에 의해서도 달성될 수 있음을 이유로 한다. 스위스 형법(제57조)과 독일형법이 채택하고 있고, 우리 형법도 치료감호에 대하여 대체주의를 취하고 있다.

형벌과 보안처분 사이의 본질적 차이를 인정하면서 집행의 단계에서 보안처분에 의한 대체를 허용하는 대체주의가 가장 타당한 방법이라 생각된다. 판례는 이원주의의 입장에 있는 것으로 보인다.

판례

〈대판 2007감도8〉 형벌과 치료감호처분은 신체의 자유를 박탈하는 수용처분이라는 점에서 유사하기는 하나 그 본질과 목적 및 기능에 있어서 서로 다른 독자적 의의를 가진 제도인바, 명시적인 배제 조항 등이 없는 이상 어느 한 쪽의 적용 대상이라는 이유로 다른 쪽의 적용 배제를 주장할 수 없는 것이다.

다. 보안처분의 위헌여부

구 사회보호법이 시행되던 때에는 형벌 이외 보안처분을 부과하는 것이 헌법상 일사부재리원칙, 죄형법정주의, 과잉금지원칙, 적법절차원칙에 반하지 않는가에 대하여 논란이 있었다. 즉 하나의 범죄에 대하여 형벌이외 보안처분을 부과하는 것이 이중처벌이 아닌가, 또 보호감호요건이나 절대적 부정기형인 치료감호가 죄형법정주의에 반하는 것이 아닌가, 법관이 아닌 행정기관인 보호감호위원회에서 결정토록 한 것이 적법절차에 반하는 것이 아닌가 등에 대하여 논란이 있었다. 그리하여 2005년 사회보호법과 보호감호제도가 폐지되고, 치료감호는 존치시키되 그 가간을 심신장애범죄자에 대해서는 15년, 마약류중독자 등에 해서는 2년을 초과을 초과하지 못하도록 규정하여(제16조 2항), 위헌의 소지를 없앴다.

제2절 보안처분의 종류

1. 치료감호

가. 의의

치료감호란 금고이상의 죄를 범한 심신장애자나 마약 등의 습벽자 · 중독자가 치료감호의 필요성이 있고 장차 재범할 위험성이 있는 경우 치료감호시설에 수용하여 치료를 위한 조치를 하는 보안처분을 말한다(치료감호법 제2조, 제16조).

치료감호처분은 자유박탈적 보안처분에 해당한다. 형벌을 과할 수 없는 심신상실자, 형벌이 감경되는 심신미약자, 마약 등의 습벽 내지 중독이 원인이 되어 죄를 범하는 사람들에게는 형벌 이외 이들의 심신장애나 마약 등의 습벽 · 중독을 치료해주는 형사제재가 바로 치료감호처분이다.

나. 요건

치료감호처분이 부과되려면 다음의 요건이 필요하다. 치료감호의 요건에 해당하는가 여부는 범죄행위시가 아니라 판결선고시를 기준으로 판단한다(96감도21, 87감도50). 이는 장래의 재범방지라는 보안처분의 요건에 비추어 당연한 것으로 보인다.

1) 다음 (1), (2) 요건중 어느 하나에 해당하여야 한다

(1) 심신상실 · 미약자가 금고 이상의 형에 해당하는 죄를 범한 때

심신장애 여부는 형법 제10조에 의하여 결정한다. 금고 이상의 형이란 선고형이 아니라 법정형을 의미한다. 심신장애와 죄를 범한 것 사이에는 인과관계가 있어야 하므로 심신장애와 무관하게 죄를 범한 경우에는 치료감호에 처할 수 없다(대판 85감도419).

폐결핵환자는 형법 제10조의 심신장애자에 해당하지 않으므로 치료감호의 대상이 될 수 없다(대판 83도794). 심신미약의 유무에 대한 판단은 행위시가 아니라 치료감호에 대한 판결신고시를 기준으로 한다(대판 82도431).

(2) 마약, 알코올 등 습벽 · 중독자가 금고이상의 형에 해당하는 죄를 범한 때

마약 · 향정신성의약품 · 대마 그 밖에 남용되거나 해독작용을 일으킬 우려가 있는 물질이나 알코올을 식음 · 섭취 · 흡입 · 흡연 또는 주입받는 습벽이 있거나 그에 중독된 자가 금고 이상의 형에 해당하는 죄를 범하여야 한다. 마약 등의 습벽 · 중독과 죄를 범한 것 사이에 인과관계가 있어야 한다.

2) 치료감호의 필요성이 있을 것

구 사회보호법 하에서는 치료감호의 필요성이란 요건을 요구하지 않았으나 치료감호법에서 이를 새로이 규정하였다. 따라서 재범위험성이 있더라도 치료감호의 필요성이 없으면 치료감호를 선고할 수 없다.

3) 재범의 위험성이 있을 것

재범의 위험성이란 피감호청구인이 장래에 다시 심신장애나 마약 등의 습벽 · 중독으로 인한 상태에서 범행을 저지를 상당한 개연성이 있는 경우를 말한다.

판례

〈대판 2003감도8, 대판 2000도1908〉 사회보호법 제8조 제1항 제2호 소정의 '재범의 위험성'이라 함은 피감호청구인이 장차 그 물질 등의 주입등 습벽 또는 중독증세의 발현에 따라 다시 범죄를 저지를 것이라는 상당한 개연성이 있는 경우를 말한다 할 것인데, 그 위험성 유무는 ①판결선고 당시의 피감호청구인의 습벽 또는 중독증세의 정도, 치료의 난이도, 향후 치료를 계속 받을 수 있는 환경의 구비여부, 피감호청구인 자신의 치료에 관한 의지의 유무와 그 정도, ②피감호청구인의 연령, 성격, 가족관계, 직업, 재산정도, 전과사실, 개전의 정 등 사정, ③피감호청구인에 대한 위 습벽 또는 중독증세의 발현에 관한 하나의 징표가 되는 당해 감호청구원인이 된 범행의 동기, 수법 및 내용, ④ 전에 범한 범죄의 내용 및 종전 범죄와 이 사건 범행 사이의 시간적 간격 등 제반 사정을 종합적으로 평가하여 객관적으로 판단하여야 한다.

다. 치료감호의 내용

1) 절차

검사는 치료감호대상자가 치료감호를 받을 필요가 있는 경우 관할법원에 치료감호를 청구할 수 있다(제4조 1항). 치료감호를 청구할 때에는 정신과 등의 전문의의 진단 또는 감정을 참고하여야 한다(2항). 검사는 공소제기한 사건의 항소심 변론종결시까지 치료감호청구를 할 수 있다(제4조 5항). 검사는 공소를 제기하지 않고 치료감호만을 독립적으로 청구할 수 있다(제7조).

판례

〈대판 99도1194〉 피고인의 정신질환이 계속되고 재범의 위험성이 있어 피고인의 치료 후 사회복귀와 사회안전을 도모하기 위하여 피고인에 대한 치료감호처분이 반드시 필요하다고 인정되는 경우 검사는 사회보호법 제15조 제1호의 규정에 따라 치료감호를 독립하여 청구할 수 있다.

법원은 공소제기된 사건을 심리하여 그 청구가 이유있다고 인정하는 때에는 판결로써 치료감호를 선고하여야 하고, 그 이유없다고 인정하는 때 또는 피고사건에 대하여 심신상실 외의 사유로 무죄를 선고하거나 사형을 선고할 때에는 판결로써 청구기각을 선고하여야 한다. 치료감호사건의 판결은 피고사건의 판결과 동시에 선고하여야 한다. 다만 독립적 치료감호청구의 경우에는 그러하지 아니하다(제12조 1항, 2항).

2) 내용 및 시기

치료감호의 선고를 받은 자(이하 '피치료감호자'라 함)에 대하여는 치료감호시설에 수용하여 치료를 위한 조치를 하여야 한다. 치료감호시설에의 수용은 15년을 초과할 수 없다. 다만 알코올등 중독에 의한 피치료감호자의 수용기간은 2년을 초과할 수 없다(제16조 1항, 2항). 구 사회보호법상 치료감호는 절대적 부정기처분이었으나 명확성원칙에 반하여 죄형법정주의에 위배될 소지가 있으므로, 치료감호법에서 기간을 규정하였다.

3) 집행순서

대체주의가 적용되어 치료감호와 형이 병과된 경우에는 치료감호를 먼저 집행하고, 치료감호의 집행기간은 형기에 산입한다(제18조).

4) 치료감호의 집행정지 · 치료위탁과 종료

치료감호 및 보호관찰의 관리와 집행에 관한 사항을 심사 · 결정하기 위하여 법무부에 치료감호심의위원회를 둔다(제37조). 동 위원회는 피치료감호자에 대하여 그 집행개시 후 매 6월 종료 또는 가종료 여부를, 가종료 또는 치료위탁된 피치료감호자에 대하여는 가종료 또는 치료위탁후 매 6월 종료 여부를 심사 · 결정한다(제22조).

동 위원회는 치료감호만을 선고받아 그 집행개시 후 1년을 경과한 자와 치료감호와 형이 병과되어 형기 상당의 치료감호를 집행받은 자에 대하여 상당한 기간을 정하여 그의 법정대리인 · 배우자 · 직계치족 · 형제자매에게 치료감호시설 외에서의 치료를 위탁할 수 있다(제23조 1항, 2항).

치료감호가 가종료된 자와 치료위탁된 자에게는 보호관찰이 개시된다(제32조 1항). 피치료감호자에 대하여 형소법 제471조 제1항 각호의 어느 하나에 해당하는 사유가 있는 때에는 동조의 규정에 따라 검사는 치료감호의 집행을 정지할 수 있다(제24조).

2. 보호관찰

가. 보호관찰의 의의

보호관찰이란 치료감호가 가종료된 자, 치료위탁된 자 등에 대해 보호관찰관이 그들의 사회생활을 지도 · 감독 · 원호하는 보안처분을 말한다. 피보호관찰자를 시설에 수용하지 않고 사회 내에서 지도 · 감독한다는 점에서 자유제한적 보안처분에 속한다.

치료감호법상의 보호관찰은 보안처분의 성격과 함께 형벌집행으로서의 성격도 가지고 있어서 형법상의 보호관찰과는 성격이 다르다. 양자는 요건이나 내용에 등에서도 차이가 있다.

나. 보호관찰의 내용

피보호관찰자는 '보호관찰 등에 관한 법률' 제32조 2항의 규정에 의한 준수사항을 성실히 이행하여야 하고, 치료감호심의위원회는 피보호관찰자의 특성을 고려하여 기타 특별히 준수하여야 할 사항을 따로 과할 수 있다(제33조 1항 · 2항).

다. 보호관찰의 기간 및 종료

보호관찰의 기간은 3년으로 한다(제32조 2항). 보호관찰이 만료된 때, 보호관찰기간 만료 전이라도 치료감호심의위원회의 치료감호의 종료결정이 있는 때, 보호관찰기간 만료 전이라도 피보호관찰자가 다시 치료감호의 집행을 받게 되어 재수용되거나 새로운 범죄로 금고 이상의 형의 집행을 받게 된 때에는 보호관찰이 종료된다(제32조 3항).

3. 보안관찰

가. 보안관찰의 의의

보안관찰이란 보안관찰법 제2조 소정의 범죄(주로 내란 · 외환 등 반국가적 범죄) 또는 이와 경합된 범죄로 금고 이상의 형의 선고를 받고 그 형기 합계가 3년 이상인 자로서 형의 전부 또는 일부의 집행을 받은 사실이 있고 재범위험성이 있는 자(제3, 4조)를 사회내에서 감독 · 지도 · 원호하는 보안처분이다.

치료감호법상 보호관찰처분이 사법처분이고 보호관찰소가 담당하는데 비하여 보안관찰은 보안관찰처분심사위원회에 의한 행정처분이고 경찰서장이 보안관찰업무를 담당한다.

나. 보안처분의 내용

보안관찰처분의 청구는 검사가 행한다(제7조). 검사의 청구가 있는 경우 법무부장관의 심사를 거쳐(제10조) 보안관찰처분심사위원회가 보안관찰처분 혹은 기각의 결정을 한다(제12조 9항). 보안관찰처분을 받은 자는 이 법이 정하는 바에 따라 소정의 사항을 주거지 관할 경찰서장에게 신고하고, 재범방지에 필요한 범위 안에서 그 지시에 따라 보안관찰을 받아야 한다(제4조 2항).

보안관철처분의 기간은 2년이다. 법무부장관은 검사의 청구가 있는 때에는 보안관찰처분심의위원회의 의결을 거쳐 그 기간을 갱신할 수 있다.

사항색인

ㄱ

ㄴ

ㄷ

ㅁ

ㅈ

참고문헌

김성돈	사례연구 형법총론	대왕사, 1998
김성천/김형준	형법총론	동현출판사, 1998
김일수/서보학	새로 쓴 형법총론	박영사, 2004
김일수	한국형법 I	박영사, 1997
	한국형법 II	박영사, 1997
남흥우	형법총론	박영사, 1980
박상기	형법총론	박영사, 2004
배종대	형법총론(9전정판)	홍문사, 2008
손해목	형법총론	법문사, 1998
신동운	형법총론	법문사, 2003
	판례백선 형법총론	법문사, 2003
안동준	형법총론	학현사, 1998
오영근	형법총론	박영사, 2005
유기천	형법학(총론강의)	일조각, 1982
이영란	형법학(총론강의)	형설출판사, 2008
이재상	형법총론(제7판)	박영사, 2011
이정원	형법총론	법지사, 1999
이형국	형법총론	법문사, 1996
임 웅	형법총론	법문사, 2002
정성근/박광민	형법총론	삼지원, 2001
정영석	형법총론	법문사, 1992
정영일	형법총론(개정판)	박영사, 2007
조준현	형법총론	법원사, 2000
진계호	형법총론	대왕사, 2003
차용석	형법총론강의	고시연구사, 1998
최선호	형법총론	대명출판사, 1997
형사판례연구 (제1권~제25권)	형사판례연구회	박영사, 1993~2017
형사법연구 (제1호~제72호)	한국형사법학회	법원사, 1998~2017
황산덕	형법총론	방문사, 1982
Wessels (허일태 역)	독일형법총론	세종출판사, 1998

로스쿨 형법총론

발행 / 2018년 2월 28일

글쓴이 / 박강우
펴낸이 / 박준성
펴낸곳 / 준커뮤니케이션즈
등록일 / 2004년 1월 9일 제25100-2004-1호
주　소 / 대구광역시 중구 봉산동 217-16 삼협빌딩 3층
홈페이지 / www.jbooks.co.kr
전　화 / (053)425-1325
팩　스 / (053)425-1326

ISBN 978-89-93727-10-9

값 20,000원